世界過激音楽Vol.9

Eastern European Black Metal Guidebook 2

東欧ブラックメタルガイドブック

Metal Mania Sayuki
岡田早由

前書き

ブラックメタルは、90年代初頭にノルウェーで誕生したヘヴィメタル音楽のサブジャンルで、今では世界中に数多くのバンドとファンが存在している。死体をイメージしたコープスペイントと呼ばれる白塗りメイクを施し、黒衣と禍々しい鋲を纏い、悪魔崇拝や反キリストについて絶叫するスタイルが一般的なブラックメタルのイメージである。しかし現在は、ブラックメタルの中でもさらにジャンルが枝分かれし、先述のスタイルに当てはまらないバンドも山ほどいる。

前巻では、ポーランド、チェコ、スロヴァキア、ハンガリーのブラックメタルを取り扱った。メインとなるのはポーランドで、今や国を代表し世界中で大人気を博している Behemoth を筆頭に、90年代から活動し、ポーランドのブラックメタルの黎明期を支えた Arkona や Graveland、Besatt、そして2000年代に活動を始め、新たな旋風を巻き起こした Furia、Mgla、Batushka など、新旧ありとあらゆるバンドで賑わっている。ポーランドの真下にあるチェコでは、80年代後半から活動し、エクスペリメンタルな作風で根強い人気を誇る Master's Hammer、90年代初頭に結成してからストイックにプリミティブスタイルを貫く Maniac Butcher、オカルト色の強い Inferno や Cult of Fire など、かなり個性の強いバンドが多い。スロヴァキアは、バンド数自体は少ないものの、クオリティの高いデプレッシブ・ブラック系のバンドが数多く見られる。これら3国とは全く異なる言語を有するハンガリーは、ブラックメタルの生きる伝説といっても過言ではない、Mayhem のボーカリスト Attila の出身地。彼が在籍している Tormentor は、1985年に結成し、その邪悪でスラッシーな音楽性は、数多くのバンドに影響を与えた。

今作で紹介した国々は、ウクライナ、ベラルーシ、リトアニア、ラトビア、エストニア、セルビア、クロアチア、スロベニア、ボスニア・ヘルツェゴヴィナ、モンテネグロ、マケドニア、アルバニア、ブルガリア、ルーマニア、モルドバと実に15か国に及ぶ。その中でも目玉となるのは、約60万km²の国土と、約4500万人の人口を誇るウクライナである。

1991年、ウクライナの東北部の都市ハルキウで、Suppuration というデスメタルバンドが結成された。やがてそのバンドは Nokturnal Mortum と改名し、今ではウクライナを誇るブラックメタルバンドとなっている。フロントマンの Knjaz Varggoth は、Aryan Terrorism や Warhead といったバンドでも活動していたことがあり、NSBM の先駆者の一人として世界的に名を馳せている。1995年には、後に Drudkh というアトモスフェリック・ブラックメタルなどで活動するメンバーによって、Hate Forest も登場する。2000年代に入ってからは Drudkh、Kroda、Khors などが続々と活動を始める。

ウクライナの真上に位置するベラルーシでは、1989年に Chemical Warfare というデスメタルが現れる。そして、1992年には Gods Tower と名前を変えてペイガン・フォークを演奏するようになり、ベラルーシのベテランメタルバンドとして君臨している。

バルト三国は、どの国も人口が少ないこともあり、バンド数自体が少ないものの、良質なペイガン・フォーク

が多く見受けられる。特にリトアニアは、有名バンドがいるわけではないが、90年代初頭から半ばにかけて、個性的なバンドが登場している。

西バルカンには、世界的に知名度の高いバンドはあまりいないものの、正統派ブラックからペイガン系、アトモスフェリック系と、偏りなく様々なジャンルのバンドが揃っている。対する東バルカンは、1994年のルーマニアに Wiccan Rede というシンフォニック・ブラックメタルバンドが現れ、翌年には Negură Bunget と改名し、ルーマニア随一のブラックメタルバンドとして名を挙げた。欧州最貧国とも言われ、バンド数自体がかなり少ないモルドバからも、読めないロゴと美しいアンビエント・ブラックで人気を博す Basarabian Hills がいる。

また、前巻でもそうだったが、あまりブラックメタル要素は感じられないものの、ブラックメタルとの親和性が高いジャンル（フォークメタルなど）のバンドも紹介している。また、西バルカンに位置するコソヴォには、エクストリーム系のバンドがいなかったため、紹介を省略している点もご了承願いたい。

凡例

- ・ウクライナの地名は極力、ウクライナ語にしたが、既に日本で余りにも定着している「キエフ」「オデッサ」「リヴィウ」などに限り、ロシア語とした。

- ・国名の表記は、バ行をヴに変換している国とそうでない国がある。「ボスニア・ヘルツェゴヴィナ」はヴを使用しているが、「ラトビア」「スロベニア」などは、圧倒的に検索結果の多い方を使用した。

目次

002 まえがき
003 目次
007 地図
008 用語解説

010 第1章 ウクライナ

015 ウクライナ出身なのに第一次大戦ドイツ軍に拘る軍事オタク　1914
020 所属していたロシアのレーベルと絶縁した国粋的反共主義バンド　Aparthate
022 黎明期を支え、アンダーグラウンドを貫いたペイガン・ブラック　Astrofaes
025 ...of Celestial/Agruss/Akoman/Algeia
026 Ancient Funeral Cult/Angel of Nature/Anthropolatri/Aryadeva
027 Aryan Terrorism/Balance Interruption/Balfor
028 Bergrizen/Betula/Beskyd/Bezmir
029 シュメール、エジプト、チベット神話謳うエキゾチックブラック　Blood of Kingu
031 コサックへの愛を炸裂させる愛国主義的ペイガン・ブラック　Burshtyn
034 Capitollium/Chapter V:F10/Chernomor/Colotyphus
035 Cuckoo's Nest/Daemonium/Dammerung/Dark Ages
036 Darktrance/Dead Christ Cult/Deathincarnation/Def/Light
037 Deferum Sacrum/Demonium/Deviator/Devilish Art
038 Diagor/Dragobrath/Dusk Chapel/Dying Blaze
039 バンデーラ追悼しておいて世界的人気を勝ち得たアトモスフェリック　Drudkh
043 「ウクライナに栄光あれ！」と絶叫しておきながら後年EDMに傾斜　Dub Buk
045 Echalon/Ego Depths/Elderblood/Endless Battle
046 Endlesshade/Erih/Eskapism/Evil Palace
047 Extravaganth/Fausttophel/Finist/Fleurs du Mal
048 Forgotten Spirit/Funeral Tormently/Gardarika/Gjallarhorn
049 Goliard/GreyAblaze/Gromm/Grotesque Orchestra
050 反共パルチザンやニーチェ主題にしつつもNSBM疑惑は否定する　Hate Forest
052 Hexenmeister/Holy Blood/Ieschure/Ignea
053 Kaosophia/Kladovest/Kurgan
054 スラヴ神話太陽神由来のバンド名で心の拠り所コサックを追憶　Khors
058 民族楽器で美メロを奏で、極右思想を絶叫するフィットネスコーチ　Kroda
061 KZOHH/Lair/Lamia Culta
062 Last Battle/Lava Invocator/Lugburz Sleed/Luna
063 メンバー絶命の後、夫婦で仲睦まじく薄気味悪いビデオクリップ制作　Lucifugum
067 Mars Mantra/Mental Torment/Midgard/Mind Propaganda
068 Mistigo Varggoth Darkestra/Mlekra/Molphar/Morkesagn
069 限定リリースを毎年大量にリリースし続けるアンビエントブラック　Moloch
077 Mørkt Tre/Munruthel
078 My Dying World "Mako"/Myrkvids Draumar/Mysterion Noctum/N■O
079 Nahemoth/Narrow House/Natural Spirit/Nocturnal Amentia
080 ウクライナだけでなく東欧、旧ソ連全域代表するペイガンブラック　Nokturnal Mortum
084 キエフで開催される世界最大規模のNSBMフェス Asgardsrei
086 Ognivir/Old Scythia/Old Silver Key/Ossadogva
087 OwlCraft/Paganland/Primogenorum/Quintessence Mystica
088 帝政ロシア時代の詩や絵画を活用しまくる沈痛ドゥームブラック　Raventale
091 Reusmarkt/Ritual Suicide/Ruina/Sanatana
092 Satan's War Machine/Satanica/Sauroctonos/Screaming Forest
093 女性ダンサーやボンデージも登場するサタニック・ポップ・メタルに転身　Semargl
096 Serpens/Severoth/Shadows Ground
097 Shadows of the Fallen/Sobbing Wind/Somnia/Stryvigor
098 Symuran/Tangorodream/The Misanthropic Apathy/Through
099 Thunderkraft/Total Angels Violence/Ulvegr

Index 003

100 Ulvegr/Ungern
101 Ungoliantha/Unholy Triumphant/Unholyath/Until My Funerals Began
102 Uterus/Vastum Silentium/Vermis Mysteriis/Virvel av Morkerhatet
103 Vitaliy Sytnik/Viter/Võedtæmhtёhactâtt/Voin Grim
104 While They Sleep/White Ward/Windswept/Winter Depression
105 Wolftomb/Xul/Ygg/Zgard
106 Zgard/Бурев i й/Вихор/Гетьман
107 Говерла/Горинь/Дальше Некуда/До Скону
108 Еврокл i дон/Заводь/Лютомысл
109 Лють/Морок/Н i ч/Неизбежность
110 Патриарх/Русич/Сварга/Свентояр
111 Святогор/Сказ/Сокира Перуна
112 Триглав/Тринадцатый Бубен/Чиста Криниця/Чур
113 キエフのメタルショップ案内

116　第2章　ベラルーシ

119 [Für]/Łatanu/Aeon Noctis/Aphoom Zhah
120 Apraxia/Balrog
121 Beyond the Darkness/Blaine Rohmer/Chernolesie/Desolate Heaven
122 Dialectic Soul/Dies Nefastus/Divina Enema/Doomslaughter
123 Door into Emptiness/Dymna Lotva/FolCore/Folkvang
124 Folkvang/Gods Tower/Grafzerk
125 Homoferus/I'm Nothing/ID:Vision/Imšar
126 Infestum/Interior Wrath/Iratus Dominus
127 Kaat/Kamaedzitca/Khrøgkh
128 Kripa/Kruk/Leprous Vortex Sun/Litvintroll
129 Longa Morte/Lutavierje/Massenhinrichtung/Medea
130 MoonWay/Mora Prokaza/Nebulae Come Sweet/Nightside Glance
131 Ordo Templi Orientis/PD SS Totenkopf/Pestilentia/Piarevaracien
132 Pogost/Raven Throne/Reido/Revelation
133 架空の星から来たプレデター風コスチュームなのにエスニックメタル　Plemя
138 Sick/Šmiercieslaǔ/Soulcide/Šturm
139 Tartavara/Thou Shalt Fall/Vapor Hiemis/Victim Path
140 Vietah/Vojstrau/Vox Mortuis
141 Wackhanalija/Wartha/Wisdom of Shadows/Woe unto Me
142 Zaklon/Zdań/Zmrok/Znich
143 Дрыгва/Дьяволиада/Заповет/Коло Прави
144 反共コンセプトなのに「ハンマー」意味するペイガンRAC　Молат
146 Родогост/Сымон-Музыка/Трызна/Яр
147 読み方がわからないバンド名

150　第3章　バルト三国

150 リトアニア
151 ラトビア
152 エストニア
156 Altorių Šešéliai/Amžius/Andaja/Anubi
157 Argharus/Beprasmybé/Blackthru/Cheerful Depression
158 Dark Ravage/Deprivacija/Devlsy/Dissimulation
159 Dissimulation/Extravaganza/Fuck Off and Die!/Ha Lela
160 Haeiresis/Inquisitor/Juodvarnis/Luctus
161 Meressin/Nahash/Nyksta
162 リトアニア人ナルシストが旧東ドイツ人引き連れてポストブラック　NRCSSST

165　Obtest
166　Pergalé/Poccolus/Romuvos
167　Screaming Silence/Sisyphean/Svartthron
168　Ükanose/Zpoan Vtenz/Agares/Audrey Fall
169　Begotten/Catalepsia/Dark Domination/Dothbogria
170　Eschatos/Frailty/Green Novice/Grondh
171　Heaven Grey/Heresiarh/Last Decline/Nycticorax
172　Protean/Shadowdances/Urskumug/Varang Nord
173　米大手レーベルからもリリースした正統派色残るペイガンフォーク　Skyforger
176　ラトガリアのヘヴィメタルを研究し教え子とも共演する古典文学博士　Sovvaļņiks
180　DSBM からまるでヒーリング・ミュージックのシューゲイザーロック　Sun Devoured Earth
183　Velnezers/Bestia/Celestial Crown/Forgotten Sunrise
184　三味線や琴披露、剣道着着用ロシア系ラトビア人による神道メタル　Yomi
186　1920 年代独立期普段着やエストニア人 SS 義勇兵軍服コスプレイヤー　Loits
192　Manatark/Must Missa/Ocean Districts/Realm of Carnivora
193　エストニア語歌詞で文化普及、教育科学省言語学演技賞にノミネート　Metsatöll
197　Sõjaruun/Sorts/Süngehel/Tarm
198　Tharaphita/Thou Shell of Death/Urt
199　Urt/Vanad Varjud/Tapper/Põhjast
200　東欧マニアック観光 2

203　第 4 章　西バルカン

203　セルビア
204　クロアチア
205　スロベニア
206　ボスニア・ヘルツェゴヴィナ
207　モンテネグロ
208　マケドニア
209　アルバニア
216　謝肉祭用獣コスチュームしながら割とまともなメロディックブラック　All My Sins
219　Angelgoat/Bane/Bethor
220　Carnival of Flesh/Dead Shell of Universe/Draconic/Endarken
221　Endlife/Goddess/Hetera/Introitus
222　Joys of Life/Kagan/Khargash/Kolac
223　Kozeljnik/Ljuska/May Result/Mor
224　Númenor/Ophidian Coil/Paimonia
225　Rain Delay/Salamander Funeral/Samrt/Sangre Eterna
226　Sangre Eterna/Satifer/Shadowdream/Simargal
227　Stone to Flesh/Strahor/Svartgren/Terrörhammer
228　検索しにくい名前に改名余儀なくされても旧ユーゴ領域で最も有名　The Stone
233　Triumfall/Utvar/Vranorod/Wolf's Hunger
234　Zloslut/Искон/Armatus/Ashes You Leave
235　Black Cult/Bustum/Castrum/Defiant
236　Depressor/Durthang/Exterior Palnet/Frozen Forest
237　Gorthaur's Wrath/Hysteria/Infernal Tenebra/Johann Wolfgang Pozoj
238　Kult Perunov/Manheim/Mischosen/Necro Forest
239　Nekrist/Pogavranjen/Slavogorje/Stribog
240　Tenebrositas/The Frost/Udûn/Voloh
241　Wasteland/Winterfront/Wolfenhords
242　Zimorog/Ater Era/Avven/Bleeding Fist
243　Brezno/Condemnatio Cristi/Cvinger/Dalkhu
244　Dekadent/Exsilium/Foglet
245　Grob/Human Putrefaction/Inexistenz/Ivje
246　Kreation Kodex/Magus Noctum/Morana/Mordenom

247 Naberius/Nephrolith/Nephthys/Neurotech
248 Noctiferia
249 Provocator/Samomor/Smargroth/Somrak
250 Srd/Stars Will Burn Your Flesh/Temacnost/Torka
251 Valuk/Veldes
252 Vigilance/1389/Agonize/Interfector
253 Krv/Obskuritatem/Odar/Void Prayer
254 Zvijer/Sahrana/Satan
258 ボスニア・ヘルツェゴヴィナの中の「スルプスカ共和国」とは
260 Aeon Arcanum/Ambroz/Arkonian/Dissidens
261 Gargoyles/Maras/Saint of Fear and Rage/Siniac
262 Потоп/Abhoth/Morana/Placid Art
263 Rikavac/Zaimus/Визант/Nihil
264 Shiptarian Darkness
264 コソヴォにブラックメタルは皆無
265 レーベル紹介

271　第5章　東バルカン

271　ブルガリア
272　ルーマニア
273　モルドバ
279 Amor e Morte/Aryan Art/Bagatur
280 Belgarath/Biophobia/Bleeding Black/Bolg
281 Claymore/Cupola/Dark Inversion/Darkflight
202 00/Calth/Exile
283 Gaskammer/Morth/Perverse Monastyr/Raggradarh
287 Dimholt/Forest Troll/Frozen Tears/Inspell
288 Invidia/Khan ъ/Korozy/Melancholic Journey
289 Orenda/Ork/Paganblut/Sabrax
290 Sarakt/Serpentine Creation/Shambless
291 Svarrogh/The Revenge Project/Vrani Volosa/Zaratustra
292 Ненавист/Пантократор/Полуврак/Родна Защита
293 Aabsynthum/Akral Necrosis/An Theos/Apa Simbetii
294 Argus Megere/Ashaena/Athene Noctua/Autumn, Leaves, Scars
295 Belzebut/Bereft of Light/Bloodway/Bucium
296 ポンタ首相を辞任にまで追い込んだルーマニアナイトクラブ火災事故
298 パワーメタル並のクサさで「ブナの国から」来日希望のフォークメタル　Bucovina
303 Carpatica/Cursed Cemetery/Death Nöize/Descend into Despair
304 Dordeduh/False Reality/Fogland/Funeral Baptism
305 God/Grimegod/Hoyt/Inbreed Aborted Divinity
306 Indian Fall/Ka Gaia An/Kandaon/Katharos XIII
307 土着宗教的ポストブラック、「土」も限定販売してフロントマン急死　Negură Bunget
310 Kistvaen/Kultika/Marțolea/Ordinul Negru
311 Prohod/RA/Satanochio/Siculicidium
312 Sorgnatt/Syn Ze Șase Tri/Tenebres
313 The Hourglass/Vermilion/Vokodlok/Wolfsgrey
314 陰毛ロゴで話題かっさらった睡眠導入剤的アンビエントブラック　Basarabian Hills
316 Advent Fog/Caligo/Chordewa/Esperoza
317 Harmasar/Red Star Kommando/Witch Desire
318 沿ドニエストル共和国訪問記

322　索引
326　あとがき

Ambient Black metal

名前の通り、アンビエントの要素を取り込んだブラックメタル。アトモスフェリック・ブラックメタルと似通っており、実際この2ジャンルを明確に分別するのは難しい。また、デプレッシブ・ブラックメタルに通ずる部分もあり、定義づけが非常に難しいジャンルでもある。ちなみに、刑務所に服役していた頃および近年のBurzumは、完全なるダーク・アンビエント作品を演奏している。基本的にはシンセサイザーが多分に使用されていて、スイスのDarkspaceなどはスペーシーなムードを特徴としており、バンドによって様々な世界観を見せてくれる。

例：Darkspace、ColdWorld、Burzum（服役中および近年）

Atmospheric Black Metal

自然や神秘性、民話、神話などを主なテーマにしたブラックメタル。ボーカルは金切り声ながらも、どこか優しささえ漂う浮遊感のある雰囲気が特徴。シンセサイザーやアコースティック・ギターなどを使用することが多い。アメリカの自然崇拝系ブラックメタルであるカスケイディアン・ブラックメタルも、音楽スタイルはアトモスフェリック・ブラックに通じている。ブラックメタルでありながら、アグレッシブさはまったく感じさせず、儚げで美しいメロディーが聴けるジャンルだ。アトモスフェリックは「大気」という意味だが、ふわふわとしたメロディーはまさに大気を思わせる。

例：Summoning、Negură Bunget、Drudkh

Avant-Garde Black Metal

読めない曲展開や、ジャズやクラシックなどの他ジャンルとの融合を試みた、実験要素が強いブラックメタル。エクスペリメンタル・ブラックメタルも同等のジャンルである。サウンドクオリティが良好な場合が多く、演奏力がしっかりとしているのも特徴。中にはもはやブラックメタルという名称をつけなくてもいいのではないかと思わせるようなバンドも存在するが、もともとはブラックメタルをやっていて途中でアヴァンギャルド路線に変更したケースなどもあり、そのようなバンドも基本的にはこのジャンルに包括されている。

例：Arcturus、Deathspell Omega、Sigh

Death/Black Metal

デスメタルの音楽性をふんだんに含んだブラックメタル。本書ではデス／ブラックメタル表記したが、Blackened Death（ブラッケンド・デス）という呼称でも知れ渡っている。コープスペイントを施していない場合も多いが、歌詞はブラックメタルらしくサタニズムや反キリスト教などを取り組む。このジャンルも線引きが難しく、曲だけ聴くとデスメタルにしか聞こえないバンドもいる。たとえば、ポーランドのAzarathなどはボーカルも低音がなり声でだいぶデスメタルらしさがあるが、サタニズム等について歌っており一応ブラック要素もある。

例：Behemoth、Belphegor、Azarath

Depressive Black Metal

絶望や自殺、鬱など、非常にネガティブなテーマをもとにしたブラックメタル。鬱ブラック、自殺系ブラック、DSBMと呼ばれることもある。ボーカルはまるで発狂したかのような金切り声で泣き叫ぶスタイルが多く、ブラックメタル初心者にはオススメしかねるが、曲自体の旋律は美しいバンドも多い。実際にライブで身体を切り刻み自傷行為を行うこともある。また、Lifeloverのようにシューゲイザーの音楽性を取り入れたポスト感漂うバンドも存在し、様々なジャンルとの融合が見られるシーンのひとつだ。

例：Make a Change... Kill Yourself、Silencer、Shining

Fast Black Metal

名前の通り、とにかく速さを売りにしたブラックメタル。最初から最後までブラストビートが炸裂し、獰猛なボーカルに速弾きギターリフなど、終始せわしないところが最大の特徴である。日本ではファスト・ブラックメタルで馴染んでいるが、海外ではその呼称はあまり使われておらず、ブルータル・ブラックメタルと呼ぶのが一般的。また、Infernal Warなどは貫徹してファストで猛り狂うナンバーが多いが、Mardukはファスト・ブラックの雄とはいえミドルテンポでじっくり聴かせる曲などもあり、このジャンルに包括されるからと言ってファストナンバーばかり演奏しているわけでもない。

例：Marduk、Dark Funeral、Infernal War

Funeral Doom Metal

まさにフューネラル（葬式）を思わせるような、スローテンポで鬱々とした雰囲気が特徴的。Black Sabbathが先駆けとも言われる、1970年代に起源を持つドゥームメタルから派生したジャンルのひとつ。ボーカルは地を這うような極めて低音のデスボイスで、ダウンチューニングが施されたヘヴィなギターのフレーズが延々と繰り返されることが多い。フューネラル・ドゥーム自体はブラックメタルとは直接関わりのないジャンルだが、デンマークのNorttなど、ブラックメタルの要素も取り入れいているバンドもいる。

例：Thergothon、Skepticism、Nortt

Melodic Black Metal

メロディアスなパートを伴ったブラックメタル。ボーカルは通常通りのシャウトタイプだが、キャッチーなメロディーでブラックメタル初心者にも比較的取っつきやすいジャンルのひとつ。稀にシンフォニック・ブラックメタルと同等の扱いを受けることもあるが、メロディック・ブラックメタルはシンフォニックなマテリアルが含まれていないことも多々ある。また、オーソドックスな正統派ブラックメタルを演奏しているバンドでも、メロディックな曲を演奏することも度々あり、一概にこのバンドはメロディック・ブラックメタルだと断言するのが難しいジャンルだ。

例：Naglfar、Satyricon、Catamenia（初期）

NS Black Metal

英語にすると National Socialist Black Metal、いわゆる国家社会主義ブラックメタルのことで、ナチズムや極右を礼賛するブラックメタル。白人至上主義者、反キリスト、反共主義、反ユダヤ思想に加え、先祖を敬うペイガニズムを支持するバンドも多い。あからさまにハーケンクロイツなどのナチスを連想させるモチーフを使うバンドもいれば、NS 思想は持っていながらもアートワークにはそれを出さないバンドもいる。サウンド的にはたいがいロウな音質でいかにも厭世的な雰囲気が漂い、SE でヒトラーの演説や行進音を取り入れることもある。ドイツおよび東欧諸国に多く存在する。

例：Absurd、M8L8TH、Goatmoon

Pagan Black metal

キリスト教が広まる以前の土着宗教などにスポットを当てており、本来のブラックメタルにペイガン（自然崇拝、多神教などの異教）要素を織り込んだジャンル。欧州に数多く存在する。キリスト教に蹂躙されるかのように支配された東欧諸国にもたくさんのバンドがいる。笛や民族楽器を使用したフォーキッシュなメロディーが含まれており、歌詞は古代の神や自然神を敬う内容や、騎士の戦などについて書かれたものが多い。ファストな曲よりもミドルテンポでメロディアスさを伴う曲が一般的。ボーカルはブラックメタル特有のがなり声とクリーンボイスを使い分けることもある。

例：Bathory、Graveland、Nokturnal Mortum

Post Black Metal

ブラックメタルの音楽性を基盤としながらも、シューゲイザーやオルタナ・ロックなど他ジャンルからの要素を取り込んだ次世代型ブラックメタル。アヴァンギャルド・ブラックメタル、エクスペリメンタル・ブラックメタルもこのジャンルに包括されることがある。シューゲイザー要素の強いバンドはブラックゲイズと呼ばれる場合も。正統派ブラックメタル信仰者からはポーザー扱いされ敵視されることも多々あるが、アメリカのDeafheaven などは 2010 年に活動を開始しすでに世界中で人気を博しており、飛ぶ鳥を落とす勢いで人気が出ているジャンルでもある。

例：Alcest、Deafheaven、Sólstafir

Primitive Black Metal

まるで自宅の風呂場か地下室でレコーディングしたかのような、籠もりきったひどいクオリティの音質が特徴。また、キーボードやシンセサイザーの類は一切使用せず、あくまでもボーカル、ギター、ベース、ドラムの編成で演奏される。現在はサウンドクオリティの極めて良好な曲を作っているバンドでも、かつてはプリミティブ・ブラックをやっていたケースも多数存在する。また、似たようなジャンルで Raw Black Metal というジャンルもあるが、こちらは Burzum のように音質は極めて悪いが、キーボードなども使用しているバンドのことを指している。

例：初期 Darkthrone、初期 Mayhem、Mütiilation

Thrash/Black Metal

スラッシュメタル要素を含んだブラックメタルで、Blackened Thrash と呼ばれることもある。基本的にコープスペイントは施さず、一見してゴリゴリのブラックメタルではないことが見て取れる。元祖スラッシュ／ブラックメタル・バンドには、1970 年代から活動するイギリスの Venom などが挙げられ、初期はプリミティブ・ブラックを演奏していた Darkthrone なども中～後期はだいぶスラッシーなブラックメタルを演奏している。ハードコアを感じさせる雰囲気を持ち合わせていることもあり、音質はまずまずなことが多い。

例：Venom、Deströyer 666、Absu

Symphonic Black Metal

オーケストラなどを挿入したブラックメタルで、本物のオーケストラ楽団をバックに演奏する本格的なバンドもいる。ブラックメタル界の帝王として君臨するEmperor などは、かつてキーボードでシンフォニック要素を醸し出したブラックメタルを演奏していた。このジャンルのバンドは時にピアノやコーラス、クリーンボイスなども使い、初期 Emperor などを除いて有名なシンフォニック・ブラックメタル・バンドは音質も良好。ボーカルはブラックメタルらしく叫んでいるが、雰囲気作りに長けたバンドも多く、初心者も聴きやすいジャンルのひとつ。

例：Emperor、Anorexia Nervosa、Carach Angren

Unblack Metal

音楽スタイルはブラックメタルだが、キリスト教を敬拝する歌詞やアートワークを用いたジャンル。音楽性は完全にブラックメタルな上、バンドによっては普通にコープスペイントを施しているため、タイトルや歌詞をチェックしないとアンブラックメタルだと気付かない場合もある。さらに、誤解されていることも多いが、アンブラックメタルだからといって必ずしもクリスチャンというわけでもない。ポーランドの Elgibbor は一応アンブラックメタルを演奏しているが、そもそも宗教自体を嫌悪しており、いわば日本の八百万の神のような森羅万象に宿る神を崇拝しているという。

例：Horde、Crimson Moonlight、Antestor

第1章　ウクライナ

　ウクライナは東ヨーロッパに位置する国家。人口4500万人（2016年）。国土は約60万km²と広く、西はポーランド、スロヴァキア、ハンガリー、南はルーマニア、モルドバ、北はベラルーシ、ロシアと多くの国と国境を接している。首都は、東欧最古の都市といわれるキエフ。通貨はフリヴニャ。公用語はウクライナ語だが、キエフを含む東部ではいまだにロシア語話者も多い。2016年時点のGDPは932.7億ドル、一人当たりのGDPは2,185.73ドル。全人口の約8割を占めるのはウクライナ人で、約2割はロシア人、その他クリミア・タタール人、モルドバ人、ルーマニア人、ハンガリー人、ブルガリア人などがいる。宗教に関しては2006年の調査で、約60%強が無宗教もしくは宗派を自覚していないという結果が出ている。しかし、主流は東方正教会で、カトリック（ユニエイト）やプロテスタントは少ない。一方で、今なおかつての土着宗教を大切にしており、夏至には土着宗教に基づいた祭りが開催される。

　古くから農耕が栄え、ウクライナの農耕集落跡は東欧最古とも言われている。4～6世紀頃までに、ウクライナ人の祖先とされる東スラヴ族がこの地に登場する。9世紀後半、北欧から来たルーシと名乗るヴァイキングがキエフを占領し、キエフ大公国（キエフ・ルーシ）を建国。それまではペルーンなどの土着宗教を信仰していたが、10世紀にギリシャ正教に改宗することで、キリスト教文化圏すなわちヨーロッパの仲間入りを果たす。貿易などで繁栄したが、1240年にモンゴル帝国の襲撃により滅亡した。滅亡後はモンゴルに支配され（タタールのくびき）、14世紀にはリトアニアとポーランドの支配下に置かれる。15世紀後半、コサックという軍事的共同体がウクライナ中南部で発祥した。コサックは1648年に、ポーランド・リトアニア共和国に対し反乱を開始（フメリニツキーの乱）。途中からロシアに支援を要請した結果、1667年にウクライナの東側はロシア領、西側はポーランド領となってしまった。18世紀にはコサック制度が廃止され、1772年のポーランド分割により、ウクライナはロシア帝国とオーストリア・ハプスブルクの領土となる。19世紀にはロシア化政策が強まり、ウクライナ語が強制されウクライナ語の使用は禁止されてしまう。第一次大戦中の1917年にロシア帝国が崩壊し、ウクライナ中央ラーダ（ウクライナ中央議会）が発足。ほんの少しの間だけウクライナ人民共和国として独立を果たすが、1922年にソヴィエト社会主義共和国連邦に編入することになる。1929年にはソ連が行った農業集団化により、何百万人にもおよぶ餓死者が出た。1941年に独ソ戦が始まると、ウクライナ全土はドイツに占領されるが、戦後は再びソ連の支配下に置かれる。1991年にソ連が崩壊したことにより、ようやくウクライナとして独立する。2013年の11月から2014年の2月、当時の大統領ヤヌコーヴィチに対し、大規模な反政府デモがキエフを中心に発生。100人以上の死傷者と1000人以上の負傷者が出た。また、ロシアのクリミア半島併合や東部のドンバス侵攻など、現在進行形で国際問題が起きている。

キエフ

キエフ　Київ
ウクライナ中北部に位置する首都。人口約280万人。中世にはキエフ大公国の都が置かれていた。東欧圏の中では最古の首都だ。また、キエフではウクライナ語よりロシア語が日常的に使用されている。キエフ市内には、聖ソフィア大聖堂、キエフ・ペチェールシク大修道院の2つの世界遺産がある。キエフ出身のバンドは、アトモスフェリック・ブラックRaventaleや、元ブラックメタルバンドで現在はダンスミュージックのような音楽をやっているSemarglなどがいる。

ハルキウ

ハルキウ　Харків
ウクライナ北東部に位置し、同国第二の都市。人口約145万人。17世紀頃、コサックによって築かれた。ロシア語読みはハリコフ。19世紀にはハルキウ大学が開設され文化の中心地となり、また工業都市としても発展した。メタルバンドも非常に多く存在し、大御所バンドのNokturnal Mortumを筆頭に、ペイガン・ブラックKhorsやアトモスフェリック・ブラックDrudkhなど、その他多くのバンドが同市出身だ。

オデッサ　Одеса

ウクライナ南部に位置し、黒海に面した港湾都市。人口は約 101 万人で、ウクライナ第三の都市になっている。ウクライナの中では温暖な気候のため、リゾート地としても親しまれている。オデッサ港は貿易のみならず、漁港、軍港としても機能している。ロシア人も多く住んでおり、ウクライナ人 69% に対し、ロシア人は 29%。話されている言語もロシア語が主流。出身バンドは意外にも少なく、本著で紹介したバンドはポスト・ブラックメタル White Ward のみ。

オデッサ

ドニプロ　Дніпро

ウクライナ中東部に位置する同国第四の都市。人口約 99 万人。兵器生産などの重工業が盛んで、ウクライナ有数の工業都市。また、2007 年に「ウクライナ 21」として世間を騒がせた凄惨な少年犯罪が起きた都市でもある。ドニプロ出身のバンドは多く、ペイガン・フォーク・ブラック Kroda が一番有名だが、アトモスフェリック・ブラック Severoth や Bezmir、プリミティブ・ブラック Морок などで活動する Illia Rafalskyi も同市出身。

ドニプロ

ドネツィク　Донецьк

ウクライナ東部に位置する工業都市。人口約 94 万人。炭鉱、製鉄業が盛ん。ロシア人の人口が 48.15% と非常に多く、続くウクライナ人は 46.65% となっている。2014 年以降、親ロシア派勢力がドネツク人民共和国建国を宣言した。国際的には認められていないが、これによりドネツィクの大半がウクライナ政府の実効支配が及んでいない状態になっている。ドネツィク出身のバンドはそれなりに存在し、プリミティブ・ブラック Ritual Suicide やポスト・ブラック Hexenmeister などがいる。

ザポリージャ　Запоріжжя

ドニプロ川の下流、ウクライナ南東に位置する重工業都市。人口約 76 万人。ソ連時代に作られたソ連初の水力発電所、ドニプロ水力発電所がある。17 〜 18 世紀は、ウクライナ・コサックの代表格ザポロージャ・コサックに支配されていた。ザポリージャ出身のバンドは、アトモスフェリック・ブラック Reusmarkt やシンフォニック・ブラック Xul など。

リヴィウ　Львів

ウクライナ西部に位置する都市。人口約 72 万人。ガリツィアと呼ばれる地域に属し、14 世紀からはポーランド・リトアニア共和国、ポーランド分割後にはオーストリア・ハプスブルク領だった。最もウクライナらしさが残る街とされていて、キエフなどに比べるとロシア語話者は少なく、ウクライナ語が主流。歴史地区は世界遺産になっている。リヴィウ出身のバンドは、デス / ブラック 1914、シンフォニック・ブラック Capitollium、ペイガン・ブラック Paganland などがいる。ペイガン・フォーク・ブラックの Kroda も現在はリヴィウで活動している。

ムィコラーイウ　Миколаїв

ウクライナ南部に位置する都市。人口約 49 万人。黒海から 80km 離れた場所にあり、ヨーロッパで最大級クラスの造船企業もある。かつては多民族が住んでおり、19 世紀初頭にはドイツ人やユダヤ人、ギリシャ人などが半数以上を占めていた。ムィコラーイウ出身のバンドは、ポスト・ブラック Cuckoo's Nest やブラック / スラッシュ Dead Christ Cult など。95 年から活動する Lucifugum も、現在はムィコラーイウで活動している。

マリウポリ　Маріуполь

ウクライナ南東部に位置する都市。人口約 46 万人。製鉄業や化学工業が盛んな工業都市。ドンバス侵攻によって親ロシア派に占拠され、攻撃された都市でもある。住宅地も砲撃され、一般市民の死亡者も出た。2002 年の人口調査では、ウクライナ人約 49% に対し、ロシア人が約 44% を占めている。本著で紹介しているマリウポリ出身のブラックメタルバンドは、Mlekra のみ。

...of Celestial

Ancient Funeral Cult

Balfor

Bergrizen

Colotyphus

Cuckoo's Nest

Daemonium

Eskapism

GreyAblaze

KZOHH

Munruthel

Nocturnal Amentia

Old Scythia

Paganland

Sanatana

Satan's War Machine

Severoth

Ulvegr

Viter

Zgard

До Скону

Заводь

Сварга

Сокира Перуна

ウクライナ出身なのに第一次大戦ドイツ軍に拘る軍事オタク

1914

出身地 リヴィウ　　　　　　　　　　　　　**活動時期** 2014～
主要人物 2.Division, Infanterie-Regiment Nr.147, Oberleutnant – Ditmar Kumar
メンバー 2.Division, Infanterie-Regiment Nr.147, Oberleutnant – Ditmar Kumar(Vo)
37.Division, Feldartillerie-Regiment Nr.73, Wachtmiester - Liam Fessen(Gt)
9.Division, Grenadier-Regiment Nr.7, Unteroffiziere - Armin fon Heinessen(Ba)
.Div., 7.Thueringisches Inf.-Reg't. Nr.96, Gefreite - Rusty Potoplacht(Dr)
類似バンド **世界** Eastern Front, Minenwerfer, Marduk **東欧** Loits

　2014 年にリヴィウで結成。ボーカルの 2.Division, Infanterie-Regiment Nr.147, Oberleutnant – Ditmar Kumar を筆頭に活動開始。メンバーの名前にはそれぞれ部隊名などが冠されており、全員が第一次世界大戦時のドイツ軍のユニフォームに身を包んでいる。

　2014 年、2015 年と立て続けに 3 本のシングルをデジタル音源で発表。2014 年に発売された 2 本は各々「第一次イーペルの戦い」「クリスマス休戦」に捧げられており、3 本目のシングルは第一次世界大戦中の「ドイツによる戦略爆撃」の 100 周年に合わせてリリースされた。

　2015 年 12 月、1st フルレングス『Eschatology of War』をウクライナの Archaic Sound から CD とデジタル音源でリリース。翌年にはドイツの Worship Tapes から、ボーナストラックが 3 曲追加されたカセットも出ている。2016 年には、アメリカのブラックメタル Minenwerfer とのスプリットを CD とカセットで発表。同年 11 月、1st フルレングス収録曲を含むコンピレーションを、ロシアの Mazzar Records からリリース。コンピレーション発売の 11 日後には、EP『Für Kaiser, Volk und Vaterland!』を自主制作デジタル音源で出した。また 2016 年には、初期メンバーの 1 人でペイガン・フォーク・ブラック Kroda でも活動する Jotunhammer（1914 では 1Lt. Serge Russell (C Company 306th Machine Gun Battalion) と名乗っていた）が脱退している。

　2017 年、4 本目となるシングルをデジタル音源で出し、翌 2018 年には 2nd フルレングス『The Blind Leading the Blind』を CD、デジタル、カセットでリリースした。

1914

Death/Black Metal

Eschatology of War
Archaic Sound
2015

2014年にリヴィウで結成。バンド名にもなっている 1914 は、第一次世界大戦が始まった年であり、大戦中にはウクライナも戦地となっている。また、メンバー全員の名前に肩書がついており、Sgt. Andrew Knifeman (157th Field Artillery Regiment\40th Infantry Div.) などとなっているのが面白い。3本のシングルをデジタル音源でリリースした後、1st フルレングスとなる今作をウクライナのレーベル Archaic Sound から CD とデジタル音源でリリース。この作品には Kroda で活動する Jotunhammer（2016 年には脱退）もドラムで参加している。ブルタルでウォー・ブラックテイストの曲もあれば、ゴリゴリ過ぎないメロディアスな曲やドゥーム・デスの雰囲気もあったりして、多方面のファンにアプローチできそうなアルバムだ。

回答者：As 2.Division, Infanterie-Regiment Nr.147, Oberleutnant – Ditmar Kumarberg

Q：まずは手短にバイオグラフィを教えてください。
A：活動を始めたのは4年前だ。2014年の夏、第一次世界大戦の開戦記念日だった。最初の一年は何度もリハーサルを行い、皆で演奏して自分たちのスタイルを見つけようとした。活動したての他のバンドと同じようにね。メンバー集めに関してだけど、リヴィウでバンドをやっている友人たちに「ブラックメタルかスラッジを演奏しないか？」と提案したんだ。そしたら「良いね。皆それぞれ違うジャンルのバンドでの演奏経験があるし」と返事が来た。彼らはハードコアパンク、グラインドコア、ブルータル・デス、ブラックメタル、ストーナー、ノイズ、インダストリアル、ニューメタルと、様々なジャンルで演奏していたんだ。

Q：あなたたちはドイツ軍のユニフォームを着ていますが、なぜこの衣装を選んだのでしょうか？ ウクライナや他の軍のユニフォームの着用も考えたことはありますか？
A：俺たちは、ドイツ帝国やドイツ軍のアホなファンではない。が、彼らの兵器や軍隊、軍国主義などは、とにかくオーセンティックで底知れないセンスがある。かつてのヨーロッパでの戦争や紛争で、彼らは数百年に及ぶ経験を積んできたんだ。俺にとって、第一次世界大戦時のドイツ軍のユニフォーム（Pickelhaube や Stahlhelm M16）は、戦争や侵攻、軍国主義、帝国の拡張などの主たるシンボルなんだよ。だから、俺たちはこのユニフォームを着て、戦争における人間の狂気、意味の無い戦争で犠牲になった無数の人たちを表現している。戦争の汚点を表しているんだ。

ウクライナのコスチュームについてだが、第一次世界大戦時のウクライナは、ロシア帝国軍（ウクライナの中央と東部）と、ドイツ軍と肩を並べるオーストリア・ハンガリー二重君主国軍に分かれていて、俺たちの故郷カルパティア山脈、ここガリツィアではロシア軍を相手に戦った。だから、ウクライナとドイツのコスチュームはたいして変わらないんだ。同じバリケードにいたから。

Q：1914 の Facebook ページを見ていると、頻繁にドイツ軍の古い写真が投稿されています。バンド情報のページを見ても、出身地が Lviv ではなくドイツ語読みの Lemberg になっています。なぜドイツにそこまでこだわるのでしょうか？

A：実際、そんなに投稿してないよ（笑）俺としては、英国とフランス兵士の写真の方が好きなんだけど、第一次世界大戦時の古い写真はすべて好きなんだ。俺たちの最初のアルバムを見れば分かるが、その頃はドイツ軍のユニフォームを着ていなかったし、アメリカ外征軍の階級や軍隊名を使っていた。K Company 307th Infantry Regiment と C Company 306th Machine Gun Battalion は、戦争に参加した歴史的な部隊だ。だけど、後にメンバーチェンジがあって、またメンバー名に冠した軍事階級を変えた。近いうちに再び変えようと思ってるんだけどね。

Q：曲のテーマも第一次世界大戦についてですよね。第二次世界大戦には興味はないのでしょうか？
A：10 年以上前、戦争考古学にハマっていたんだが、特に第一次世界大戦に関するものに興味があった。ここウクライナでは、大戦中にたくさんの戦いが繰り広げられたんだ。ブルシーロフ攻勢やカルパチア冬戦争、ガリツィアの戦いなどがね。

ロシア、ドイツ、オーストリア・ハンガリー、オスマン、ベルギー、ルーマニアの兵士が戦っていた。だから俺は亡くなった兵士たちを掘り起こした。ユニフォームを身に着けた骸骨、武器、弾薬を掘り起こし、彼らの運命、静かな死、彼らの感情や恐怖を曲にしたんだ。そして、音楽と戦争考古学という2つの方法で、自分自身を見出した。俺はこの戦争にまつわる歴史、ユニフォーム、武器、軍隊、戦いのストーリー、兵士たちの運命が大好きなんだ。第一次世界大戦に心の底まで浸かっているし、この歴史に恋していると言っても過言ではないよ。そして俺の周りの皆にも広めたい。第一次世界大戦に関する映画を観たり本を読んだりしない人も、俺たちの活動によって戦争の狂気や重要さ、汚れを見つけ出すことができるはずだ。忘れ去られた歴史の一部の関心を呼び起こすだろう。第二次世界大戦のカルト的勝利と引き換えに、共産主義者たちによって組織的に消し去られた歴史があるソ連の元構成国、特にウクライナを除くと、世界中の国々が第一次世界大戦のことを覚えているから。

第二次世界大戦、これは怪物だ。醜い子どもがやるような戦争だよ。すべての地政学とバルカン紛争は、この戦争の遺産さ。共産主義政権と鉄のカーテン、強制収容所に第三帝国、世界を混乱に陥れた不機嫌な口髭の国家など、これはすべて第二次世界大戦から始まった。軍備競

争や戦車、航空、化学兵器などの使用もこの頃からだ。世界大戦というものは、俺たちの人生をより深く強くするための方法のひとつだ。だから、俺たちは第二次世界大戦について歌う予定はないし、これは俺たちのテーマじゃない。

Q：衣装のせいでNSBMと間違われることもあるのではないでしょうか？　また、NSBMについてはどう思いますか？

A：あぁ、そういうでたらめはよく聞くよ。ウクライナ出身のブラックメタルバンドが軍服を着ていたら、100％ナチと見做される。バカな野郎どもは、俺たちのユニフォームがいつの時代のものかも分からないんだよ。アホどもは、モニターに映る死んだ兵士の写真（特にドイツ軍のヘルメットをかぶったもの）を見て、「あぁ、NSBMか」と思うんだ。だから、もうこんなアホどもは気にしないことにしている。
NSBMについてどう思うかって？　醜い奴らのための醜い音楽さ。

Q：音楽を作る時は何にインスパイアされていますか？

A：すでに言ったように、第一次世界大戦に関する歴史や本、考古学、映画、文化遺産などだよ。自分で掘り起こした遺物はインスピレーションを与えてくれる。泥の中の未爆発の手榴弾や砲弾にシャベルが当たった時もインスピレーションが湧くよ。そしてもちろん、戦争についての回想録、歴史書、映画、古い写真や物語もね。でもなんといってもやはり、戦争考古学だ。静かな森の中で、古い遺物やベルトのバックル、ヘルメットや人骨を慎重に掘り起こしている時に、俺の知る中で一番強力なインスピレーションを感じる。

Q：第一次大戦の時に、あなた達が住んでいる正にリヴィウで西ウクライナ人民共和国が建国されましたよね？　しかしこの短命国家のイメージを活用している様には見えません。なぜ東部戦線の最前線で活動しているにも関わらず、西部戦線をコンセプトにしているのでしょうか？

A：もちろん自分たちの地元の歴史は知っているさ。リヴィウはメンバー全員の故郷で、この街をとても愛している。その時代はウクライナとガリツィアにとってはとても大変な時代だった。我々の曽祖父達はガリシアを侵略しに来たポーランド、ロシアのボリシェヴィキ達、そしてオーストリア帝国の残党達と戦わなければならなかったんだ。彼らは立ち向かったのさ。我々が現在「独立国」という立場を回復できたのも、彼らが戦ったおかげと言える。そして彼らに捧げた曲も作っているよ。例えばアメリカのMinenwerferというバンドとのスプリットに収録されている「Karpathenschlacht (Dezember 1914 - März 1915)」なんだけど、これは冬のカルパチア山脈でオーストリア、ドイツ、ウクライナ、ルーマニア、ポーランド、ハンガリーの兵士たちが、ロシア帝国軍と繰り広げた戦闘についての曲だ。
歌詞はこんな感じ：
「俺はオーストリア・ハンガリーのウクライナ人兵士であり、この土地の防衛隊だ。険しいカルパチア山脈の守護者であり、我々の土地を犯すものは相応の復讐を受けるだろう。雪に覆われた山脈で、敵の喉は鋼鉄によって掻き切られる。死んだロシア兵の肉をナイフで切り取り、

焚き火で炭にしてやろう」。
森の中で巧妙にロシア兵を射殺し続けたウクライナ人スナイパーに捧げた曲「8 × 50 mm. Repetiergewehr M.95"」はこんな感じだ。
「俺はこの森を熟知している。簡単に見つけ出してやる。最大範囲の視野角によって検知。俺のライフルのスコープに映る、ターゲットの人生最後の微笑み」
デビュー作には「ブルシーロフ攻勢」という、西部戦線を含めた、第一次大戦で最大の戦いについて歌った曲がある。我々の曽祖父達の運命について捧げた曲だ。しかし実際には我々の曲の75％は西部戦線についてだね。より世界的に第一次世界大戦の狂気の歴史を知ってもらう為には、ウクライナの事だけを歌っている訳にはいかない。
ちなみに我々の曲は必ずしも殺戮や我々の「栄光」について歌っている訳じゃないよ。プロパガンダをやりたい訳じゃないんだよ。何が起きたか理解することが大事であって。過去を忘れし者は同じ過ちを再び犯す。だから我々の曲は、兵士が第一人称で、彼の人生や感情、決断、恐怖、そして死とあらゆるものを第一人称の語り口で語っているのだ。

Q：中央同盟やドイツ軍の立場に立っているのは、リヴィウがオーストリア・ハンガリー領だったからですか？

A：そういえばそうだね。我々の地元の歴史の一部だし、彼らがどういう格好をしていたかもよく知っている。多くの人々にとって、第一次大戦や西ウクライナ人民共和国は曽祖父や一族の話でもあるんだよ。でもさっき述べた通り、ドイツ軍の軍服とか武器は戦争や侵略、

軍国主義のシンボルを正に体現しているというのもあるけどね。

Q：ウクライナ人民共和国についてはどう思ってるのでしょうか？　ピウスツキについてはどうですか？

A：ウクライナ人民共和国について、我々の祖国の英雄であり、自分たちの土地を守るために、独立に導いた。ピウスツキか……。我々にとっては最大の敵だったと言えるだろう。彼はとても賢く、優れた指揮官で、戦略家だ。ワルシャワの戦いでも分かる通り、我々の部隊もボリシェヴィキを撃退する為に一緒に戦ったんだけどね。ポーランドでは「ヴィスワ川の奇跡」というんだけど。しかしそれでも我々にとっては敵である事に変わりはない。ポーランド人にとっては祖国の英雄だろうけど、それは仕方がないさ。どの国にも祖国の英雄という存在はいるはずさ。ポーランド人と我々の間には切っても切り離せない歴史があるね。いつの日かこういったしこりも乗り越えて、互いの事を「兄弟」と呼べる日が来ると信じている。

Q：「1914」という名前はインターネットでは検索しにくくないでしょうか？　もしかして「1349」というバンドからインスパイアされたのでしょうか？　バンド名について後悔していないでしょうか？

A：インターネットで検索する時に別に問題だとは思ってないよ。ファンもそうだと良いんだけど。この名前は実に的確で、自分自身の判断に絶対の自信を持っている。他のバンドのことを意識したことなんて全く無いと断言できる。

Q：もし差し支えなければ、政治観について教えていただけますか？

A：政治なんてクソだ！　それが俺たちの政治観だね。度々言っているように、俺たちは100％ノンポリティカルなバンドで、政治にも全く関わりたくない。俺の唯一のポリシーは、生きること、愛すること、他の人にも同じようにさせること。すべてのイデオロギーや政治、サブカルチャー、ゲーム・ムーブメントは自分自身をおかしくさせるさせることだ。

いつも俺たちのイデオロギーを説明する時に、ロバート・アントン・ウィルソンが書いた俺のお気に入りの本『イルミナティ』の文章を引用するんだ。

トリロジー：「我々は、右翼、左翼、その他中途半端な政治的カテゴリーとは何の関係もない。システム内で活動する場合、最初からシステムに暗黙的に含まれていた選択肢の中から選ばなければならない。汝はまるで中世の農奴のように、初めて会った不可知論者に神か悪魔のどちらを崇拝するか聞く。我々はシステムのカテゴリー外にいるのだ。右か左、善か悪か、上か下かといったように地球が平らと考えているならば、汝は決して我々のゲームのコツを掴むことはないだろう。もし汝が我々をグループ分けしたいのなら、我々は政治的には非ユークリッドだ。しかしこれは真実ではない。角を生やした男が老人にうわの空で伝えた『我は仕えず』という言葉を除いて、この船の誰も同意しないだろう」

Q：音楽に関するあなたの個人的なことも教えてください。どのようにメタルを聴くようになったのでしょうか？

A：事の発端は1991年、俺が10歳の子どもだっ

た頃。俺は初めてカセットを買ったんだが、それがMetallicaの『Black Album』だった。これには脳を揺さぶられたよ。この時から、俺はこういう音楽が大好きで、いつか自分でも演奏してみたいと思ったんだ。そして、ハードコア・パンクのミュージシャンとして活動を始めたよ：）

Q：メタル以外の音楽は聴きますか？

A：このバンドのメンバーは、それぞれ異なったジャンルを好むんだけど、ここでは俺の話をするよ。俺が聴いているバンドは、日本のノイズからグラインドコア、トゥルー・ブラックメタルからオールドスクールラップ、ハードコア・パンク、インダストリアル、エレクトロニカ、デスメタル、ドゥームメタル、スラッジ、ストーナーなんかだ。Misfits、Exploited、Rome、Anti-Nowhere League、New Model Army、UK Subs、Bolt Thrower、Lake of Tears、G.B.H.、Paradise Lost、Bathory、Grave、Obituary、Asphyx、Merzbow、Einsturzende Neubauten、Black Flag、Mörk Gryning、Benediction、Aube、Mayhem、Bad Religion、Darkthrone、Social Distortion、Unleashed、Atrax Morgue、70〜80年代のノイズ・インダストリアルが大好きなんだよ。

それと、日本のノイズと、さらにはNordvargrや Dead Voices on Air、Cremation Lily、In Slaughter Natives などのイギリスやスカンジナビアのアーティストもめちゃくちゃ好きだ。Cold Meat Industry、Slaughter Production、Cold Spring、Old Europa Cafe、Drone Records、Ant-Zen などのノイズ、インダストリアル、アンビエント系レーベルのリリース作品を集めるのも好きだ。

Q：あなたのオールタイムベストを教えてください。

A：まず最初に思い浮かんだのは以下の作品だ。

Paradise lost『Draconian Times』

Lake of Tears『Forever Autumn』

Misfits『Walk Among Us』

Exploited『Beat the Bastards』

Sick of it All『Built to Last』

Bathory『Blood on Ice』

Merzbow『Aqua Necromancer』

My Dying Bride『The Angel and the Dark River』

Agnostic Front『Something's Gotta Give』

Darkthrone『A Blaze in the Northern Sky』

Gehenna『First Spell』

これで十分だよな。さもないと、良質なアルバムを何百枚も一晩中かけてリストアップすることになる。あ、もちろん、他のメンバーにもそれぞれお気に入りのアルバムはあるよ。

Q：ウクライナのメタルシーンについてはどう思いますか？

A：ゆっくりと腐っている。良い音楽を演奏する人たちは、みんなここから出て行っちまうからな。なんせウクライナは、ミュージシャンやバンドにとってはデカいブラックホールみたいな場所だから。

Q：あなたが子どもだった頃、ウクライナはまだソ連の

支配下にあったと思います。その時代は覚えてますか？ また、その時代についてどう思いますか？
A：うん、当時のことは覚えているよ。でも、ソ連崩壊後のカオスや、90年代初頭の混乱の方がより記憶にある。ソ連が崩壊し、国全体が刑務所みたいな状態が終わって本当に嬉しいよ。でも、いまだにソ連のファンがいるんだぜ。俺は、そんな奴らは全員とっとと死ねばいいのにと願っている。そして、全体主義や抑圧といったものが嫌いな、まともな人間だけがこの国に残れば良いと思っているよ。

Q：音楽以外に何か仕事はされていますか？
A：もちろんさ。ウクライナでは、生きていくのに十分な金額は音楽だけで稼げない。だから、メンバーは全員定職に就いているよ。俺は小さなIT企業のマーケティング部門の部長、ベーシストとギタリストもIT系の仕事、もう一人のギタリストはカジュアルなハードコアのアパレルレーベルを経営していて、ドラマーはタトゥーアーティストだ。

Q：知っている日本のバンドやアーティストはいますか？
A：冗談だろ？（笑）世界中の誰もが日本には素晴らしいアーティストやバンドが山ほどいることを知ってるだろ。Merzbow、Aube、The Gerogerigegege、Ruins、Balzac、Gore Beyond Necropsy、G.I.S.M.、Unholy Grave、Bathtub Shitter、Masonna、Melt-Banana。そしてもちろん、Boredoms。このバンドのことは皆知ってると思うんだが。日本はマジで最高な狂気を世界に発信してるよ、ジャパニーズ・ノイズとしてね。

Q：日本にはどんなイメージがありますか？
A：宇宙船のような島。大半の人は未来の23世紀に住んでいて、まったく異なった心や文化、精神性を持っているよ。いつか君の国に訪れることができたらと思っているよ。

Q：インタビューに応じていただきありがとうございました！ 日本のメタルヘッドに何か一言お願いします！
A：日本のメタルヘッドへのコメントか、う～ん……。あ、俺の友人がやっているウクライナのバンドJinjerが、来年日本でライブをするらしい（俺の記憶が正しければ春頃）。だから見逃すなよ。最高のウクライナのメタルをチェックしてくれ。いや、悲しむことはない、俺たちも彼らに続くから！

Ukraine 019

所属していたロシアのレーベルと絶縁した国粋的反共主義バンド

Aparthate

出身地	キエフ	**活動時期**	2008 〜
主要人物	Olexiy	**メンバー**	Olexiy（All）

類似バンド **世界** Angry Aryans, You Must Murder **東欧** Сокира Перуна, Лють, Русич, Honor

　2008年にキエフで活動開始。RACバンドРусичでも活動し、過去にはメロディック・ブラックСваргаなどにも在籍していたOlexiyによるワンマン・プロジェクト。2008年から現在に至るまで、ずっと彼1人で活動している。

　まず、2011年に3曲入りデモを自主制作で発表。翌2012年には、ロシアのPå Gamle Stierと契約を結び、1stフルレングス『Walking the Path of Warrior』をCDでリリースした。さらに同年に、EP『Безодня відчужень (Abyss of Estrangements)』を自主制作のデジタル音源でリリース。このEPにはイギリスの有名RACバンドSkrewdriverのカバーが収録されている。

　2014年には2枚目のEPとなる『Іду на ви』を自主制作のデジタル音源で発表（同郷のペイガン・ブラックDub Bukの1stフルレングスと同タイトルだが、全く関係はない。ウクライナ語で「あなたのもとへ行く」という意味）。2015年には自主制作のデジタル音源で2ndフルレングス『Schutzstaffel des Willens』をリリースした。2016年には、同郷のRACプロジェクトNeskorとの合作で1曲入りシングルをデジタル音源で発表。2018年には3枚目のEPとなる『18』を自主制作デジタル音源で出している。

　歌詞はRACらしく愛国主義や歴史、ペイガニズムなどについて。現在、作品のほとんどはBandcampで聴くことができ、さらに無料でダウンロードできるようになっている。また、Neskorとのコラボレーション以外は基本的には1人ですべてを制作しており、今後もバンド形式で活動する予定はないようだ。

Pagan/Thrash Metal, RAC

Walking the Path of Warrior
På Gamle Stier — 2012

キエフで2008年に活動開始。メロディック・ブラックメタルバンドСваргаの元メンバーで、現在はペイガン・フォーク/RACバンドРусичにギターとして在籍しているOlexiyのワンマン・プロジェクトだ。Aparthate（アパルトヘイト）というバンド名からも察することができるが、ブラックメタルというよりもRACを演奏している。2011年に自主制作で3曲入りのデモをリリース。翌年に1stフルレングスとなる今作を、ロシアのPå Gamle Stierからリリースした。2017年には自主制作のデジタル音源も出ている。制作はすべてOlexiyが1人で担当している。異教や愛国主義、戦争などを歌詞のテーマにしているので、ペイガンメタルを思わせるメロディーが聴ける曲もあるのだが、基本的にはパンキッシュで軽快なテンポにだみ声ボーカルのRACライクな曲が多い。

Q：まず簡単にバイオグラフィを教えてください。

A：俺の名前はアレックス、以前はペイガン・ブラック/RACバンドのСварга（Svarga）やСейтар（Seitar）、その他ウクライナのキエフで活動する様々なバンドに在籍していた。バンドがライブ活動を辞めた後、2010年から俺のワンマン・スタジオ・プロジェクトであるAparthateを始めた。

Q：なぜAparthateという言葉をプロジェクト名として選んだのですか？

A：もちろんこれは、南アフリカの人種隔離政策「アパルトヘイト（Apartheid）」を文字っている。そこに俺は、もっと個人的な意味を含めたんだ。apartには「パーソナル、厭世」のような意味を込め、hateはその通り「嫌悪」だ。

Q：わたしが思うに、あなたの歌詞は愛国主義やペイガニズムの要素を含んでいますよね。なぜこのテーマについて歌うようになったのでしょうか？

A：俺は右翼ミュージシャンとして育った。それに加え、2014年に暴動が起きた後から、ウクライナではナショナリズムが台頭し始めた。しかし、Aparthateの歌詞のテーマは、何も愛国主義やペイガニズムに限ったものではない。抽象的だったり皮肉が効いていたり、はたまたカルロス・カスタネダ（注：インディアンの呪術師ドン・ファンについての書籍で有名な、ペルー出身の社会学者）の本に触発された曲もある。

Q：なぜワンマン・プロジェクトを始めたのですか？バンド形式にする予定はありますか？

A：一人で音楽をやれば100%自分の望むものが作れるからな。バンドを取り仕切るのはかなり大変なんだ。Aparthateをライブバンドにするつもりはない。

Q：音楽を作る時、何からインスピレーションを受けていますか？

A：自分のまわりのもの全てだ。

Q：ウクライナには多くのRACバンドがいると思うのですが、その理由はなぜだと思いますか？

A：本当に有名なバンドは少ないと思うぞ。ただ、メタルバンドではないが、右翼思想を支持するバンドは多かれ少なかれ存在するな。

Q：あなたはRACやペイガンメタルなどを演奏していますが、私たち黄色人種があなたの音楽を聴くことについてはどう思いますか？

A：分からない。残念ながら、君たちの文化のことはあまり知らないし。

Q：次は個人的なお話を聞かせてください。どのようにメタルを聴くようになったのですか？

A：取るに足らない話をすると、俺はスキンヘッド、パンクス、メタルヘッドが一通り揃う郊外で生まれ育ったんだ。

Q：メタル以外の曲は聴きますか？

A：色々なジャンルを聴く。パンク、ハードコア、ダーク・ノイズ・アンビエント、サイコビリー、ラップ、エレクトロニカetc.

Q：オールタイムベストを教えてください。

A：悪いが、個人的なヒットパレードは無いんだ。気に入っているものはたくさんあるが。

Q：あなたが子どもだった頃、ウクライナはソ連の支配下にあったと思います。その頃のことは覚えていますか？　またその時代についてどう思いますか？

A：80年代後半から90年代は、犯罪者でごちゃごちゃしていた。今はそういうのは消えたように思える。

Q：あなたの政治観について教えていただけますか？

A：俺はどの政党も政治活動も支持しない。

Q：ロシアのことはどう思っているのでしょうか？

A：Aparthateの歌詞では、ロシアを直接罵るようなことはしていない。しかし、ロシアと手を組みたくはないな。

Q：過去にロシアのレーベルからも音源を出していますよね？

A：あぁ、1stフルレングスをロシアのPå Gamle Stierから出した。でもこれは、ユーロマイダンの前だったからな。2014年以降、俺はこのレーベルと全く連絡を取っていないよ。今は全ての音源をデジタルで出している。

Q：あなたのご両親も右派なのでしょうか？

A：俺の父親は、90年代初頭の独立運動の中ではナショナリストだった。今はすっかり老いぼれて政治への関心は薄れているが、ロシアのことはいまだに嫌っている。一方で母親は中立派で、むしろ親露でもある。俺の妻は政治に興味がない上、クリスチャンだ。

Q：答えづらい質問だとは思うのですが、差し支えなければあなたの本音を教えてください。白人以外の人種についてはどう思いますか？

A：俺は一般的には本物のレイシストではないんだよ。アフリカや中央アジアの人々には用心しているが、俺は本当に韓国や台湾、そしてもちろん日本のような国を尊敬している。最小限の資源で最大限の目標を達成する能力を備えていると思う。

Q：ウクライナのメタルシーンについてはどう思いますか？

A：90年代のハルキウでは、ペイガンメタルのシーンが盛り上がっていた。国全体を見てみると、ゴミ屑から傑作まで様々だ。

Q：音楽活動以外に何か仕事はしていますか？

A：俺はプロのミュージシャンじゃないからな。普段はTVの映像編集をしている。

Q：日本のアーティストやバンドは知っていますか？

A：残念だが、日本のメタルシーンについては何一つ知らない。でも、MerzbowとALI PROJECTは知っている。

Q：日本にはどんなイメージがありますか？

A：俺は多文化に興味があって、日本の文化にも興味はある。勤勉な人々と、古代文化というイメージがある。

Q：インタビューに応じていただきありがとうございました！　最後に日本のメタルファンに一言お願いします。

A：Stay true! Long live Japan!

黎明期を支え、アンダーグラウンドを貫いたペイガン・ブラック

Astrofaes

出身地 ハルキウ　　　　　　　　　　**活動時期** 1996 〜 ?（現在解散）
主要人物 Thurios, Amorth　　**メンバー** Thurios(Vo.Gt), Amorth(Dr)
類似バンド **世界** Lunar Aurora, Goatmoon, Horna **東欧** Drudkh, Hate Forest, Blood of Kingu, Arkona(PL), Graveland

　1996 年にハルキウで結成。初代メンバーは、Blood of Kingu や Hate Forest などにも在籍し、現在は Drudkh で活動する Thurios と、Khors や KZOHH で活動する Khorus の 2 人。結成年に 1st デモ『Ad Infinitum』を、ロシアの Ostracizm Records からカセットでリリース。翌年にはライブアルバムと 2nd デモをやはりカセットで発表。
　1998 年に 1st フルレングスとなる『Dying Emotions Domain』を、ウクライナの Sich Records からリリースした。元 Hate Forest、現在は Khors や Balfor に在籍する Khaoth と Dalver も加入し、元 Nokturnal Mortum の Saturious もゲストでキーボードを弾いている。その後、また Thurios と Khorus のツーピースバンドとなり、2001 年に Nokturnal Mortum が運営するレーベル Oriana Music から 2nd フルレングス『The Eyes of the Beast』を出す。2002 年には、3rd『Тени предков』（英語表記バージョンの『Ancestors' Shadows』も出ている）、4th『Наследие』（英語表記バージョン『Heritage』）を立て続けにリリース。
　そして、2005 年に 5th『...Those Whose Past Is Immortal』を、イギリスの Supernal Music から発表。Drudkh の元メンバーで、現在は Underdark などで活動する Amorth がドラマーとして加入している。2007 年には 6th『Idea. Form. Essence...』をリリース。この頃に、初期からバンドを支えてきた Khorus が脱退し、Drudkh の Krechet がベーシストとして加入した。2008 年に EP『Shu-Nun』、2009 年にライブ DVD『Live Hate』、2015 年にコンピレーション『Knowing No Dawn』をリリースしているが、これらはおそらく解散後にリリースされたものと思われる。
　音質は初期の頃から一貫してローファイで、厭世的な空気を帯びたペイガン・ブラックを演奏していた。Thurios の野蛮なボーカル、粗削りで初期衝動を感じさせるサウンドなど、アンダーグランドスタイルを貫き続けたバンドだった。

Astrofaes

Black Metal

Ad Infinitum
Ostracizm Records — 1996

Astrofaes が結成された年に発表された、全4曲入りの1stデモ。ロシアのレーベル Ostracizm Records からカセットでリリースされた。翌年には1曲ボーナストラックが追加されたものを、自主制作のカセットで出している。メインのボーカル、ギター、エフェクトを Thurios、アディショナルボーカル、ベース、キーボードを Khorus が担当。タイトルはラテン語で『無限に』という意味だ。かなりくぐもったロウなサウンドで、まるで古いホラー映画を思わせる不気味なキーボードの音色が終始漂う。息苦しくなるような重たい空気が立ち込めており、トータル22分弱ではあるものの、まさにタイトルのように「無限に」続く悪夢を思わせるおぞましい仕上がりになっている。Astrofaes の生粋のファンならともかく、ブラックメタル初心者には少しも推薦できない作品だ。

Astrofaes

Pagan Black Metal

Dying Emotions Domain
Sich Records — 1998

1996年にハルキウで活動開始。ペイガン・ブラック Khorus や Drudkh のメンバーによって結成された。1st フルレングスの今作は1998年にウクライナの Sich Records からカセットでリリース。翌年にはチェコの Pussy God Records からもカセットが出され、2001年にはフランスの Chanteloup Creations から CD も発売されている。ラインナップは、ボーカルの Dalver、Drudkh にも在籍するギターの Thurios、ベースの Khorus、彼とともに Khors で活動するドラムの Khaoth の4人編成。なお、Nokturnal Mortum の元メンバーである Saturicus がゲストでキーボードを演奏している。モコモコのこもったロウな音質で、重低音が厚めのリフにキーボードやペイガニックな音色がうっすらと乗る。Celtic Frost のカバー曲も収録。

Astrofaes

Pagan Black Metal

The Eyes of the Beast
Oriana Music — 2000

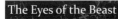

1stの2年後に出された2nd フルレングス。今作は Nokturnal Mortum が運営するレーベル Oriana Music からカセットでのリリースだ。フランスから Blut aus Nord などの音源もリリースしたフランスの Oaken Shield から CD が出ており、さらに2013年にはアメリカの Negative Existence からリイシュー盤が発売されている。1st でボーカルを務めた Dalver が脱退し、今回は Thurios がボーカル、ギター、作詞作曲を担当。ベース、キーボードは Khorus、ドラムは Khaoth。プロデューサーは前作同様に、Nokturnal Mortum のエンジニアリングなども手掛けた Dmitry Bondarenko。重低音が炸裂していた1st に比べると、いくらか音がライトになっておりミドルテンポの曲も増えているが、どことなく初期の Marduk を感じさせる節があったりと邪悪度は変わらない。

Astrofaes

Pagan Black Metal

Тени предков
Ancient Nation Productions — 2002

2ndの2年後にリリースされた3rdフルレングス。今回は、ペイガン系のブラックメタルにも強いウクライナのレーベル Ancient Nation Productions からカセットでリリース。同年にチェコの Eclipse Productions から、タイトルが『Ancestors' Shadows』と英語表記バージョンになったものが CD で出されている。ドラムの Khaoth が2000年に脱退してしまい、今作は Thurios と Khorus の二人体制になってしまった。1994〜2003年まで Nokturnal Mortum に在籍していた Munruthel がゲストでドラムを叩いている。タイトルはロシア語だが、歌詞はほとんどが英語で、1曲だけロシア語。ペイガンらしさを感じさせるギターリフがずいぶんと盛り込まれるようになり、メロディアスさも増している。

Ukraine 023

Astrofaes

Pagan Black Metal

Наследие
Ancient Nation Productions
2002

3rd リリースから間もなくして、同年の 2002 年にリリースされた 4th フルレングス。今回も Ancient Nation Productions からカセットでリリースされたが、ギリシャの Nykta Records からタイトルおよび曲名が英語表記に差し替えられたものが CD で出ている。また 2004 年には、日本のブラックメタルバンド Arkha Sva も 2007 年に音源を出したフランスの Aura Mystique Productions から、500 枚限定で 12 インチも発売された。ラインナップは 3rd と同様に Thurios と Khorus が正式メンバーで、Munruthel がセッションドラマーとして参加している。3rd からすでにサウンドクオリティがいくらか向上していたが、初期よりもかなり聞きやすくなった。メロディーも過去作に比べると無駄が削がれてすっきりとした印象。1 曲目のイントロが太古の秘儀を思わせる。

Astrofaes

Pagan Black Metal

...Those Whose Past Is Immortal
Supernal Music
2005

4th の 3 年後にリリースされた 5 枚目のフルレングス。今回は Hate Forest や Drudkh なども在籍していたイギリスの Supernal Music から CD でのリリース。同時に、メンバーの Thurios が運営するレーベル Stuza Productions からカセットも出ている（カセットはタイトル、曲名がすべてキリル文字表記）。これまでの正式メンバー Thurios と Khorus に、ワンマン・プロジェクト Underdark で活動し、2004 ～ 2006 年の間は Drudkh に在籍していた Amorth がドラマーとして加入し、三人編成となった。本アルバムに収録されている三曲目の「The Depths of the Past（Глубины прошлого）」は、スラヴィック・フォークなムードに満ちた曲で、邪悪ながらもゆったりとしたテンポで進み、どこか美しささえ感じさせる曲になっている。

Astrofaes

Pagan Black Metal

Idea. Form. Essence...
Supernal Music
2007

5th の翌々年にリリースされた 6 枚目のフルレングス。フルレングス作品としては Astrofaes 最後の作品になっている。5th 同様、Supernal Music からリリースされた。今回も Stuza Productions からカセットも同時発売されている。初期からバンドを支えてきたベースの Khorus が脱退し、Thurios がギター、ボーカル、Amorth がドラム、キーボード、そして Drudkh でも活動する Krechet がベーシストとして加入した。ラストの「In the Fog（В тумане）」などは、メランコリックに奏でられるギターがアトモスフェリックな雰囲気を醸し出しており、いつもの Astrofaes とは一風違った表情を見せてくれるアルバムだ。ウクライナのブラックメタルシーンの黎明期を支えたバンドのひとつだが、いつの間にか解散してしまったのが非常に惜しまれる。

Astrofaes

Pagan Black Metal

Shu-Nun
Fog of the Apocalypse Records
2008

6th フルレングスの翌年にリリースされた EP。ドイツのブラックメタル Vilkates や Dunkelgrafen など、数々のバンドで活動していた Lord Asgaqlun が運営する Fog of the Apocalypse Records から 7 インチで出された。発売されたのは 2008 年だが、レコーディングは 2005 年に行われている。演奏メンバーは 6th 同様の 3 人だ。ファスト・ブラック的な爆走パートで幕を開けたかと思いきや、笛の音が美しいフォーキッシュなメロディーが現れ、曲調の突然の変化に驚かされる。仏像のような薄気味悪い絵が描かれたカバーアートが目を引くが、サウンドにオリエンタルらしさは特に感じられない。この EP を出した後、2004 年のライブ（モスクワ、キエフ、ミンスク）の様子が収められた DVD、初期のデモが収録されたコンピレーションを出して、活動に終止符が打たれた。

...of Celestial

Symphonic Death/Black Metal

The Strange Infinity
More Hate Productions
2009

2006年にクルィヴィーイ・リーフで結成。後に活動の地をロシアのサンクトペテルブルクに移す。1stフルレングスの今作は、ロシアやウクライナ、ベラルーシなどのバンドを扱うロシアのレーベル More Hate Productions からのリリース。当時の正式メンバーはギターボーカルの Slash、ベースの Elf、ドラムの Serhy Yatsenko の3人で、フルートとキーボードはゲストメンバーが演奏。ボーカルはドスの効いたデスボイスで、サウンドクオリティは高くないものの、キーボードが主張するメロディックなシンフォニック・ブラックを演奏している。8曲目の「It's Only Darkness and the Gloom」ではフルートが響き、シンフォニックというよりどことなくフォーキッシュな雰囲気すら感じさせる。バンド自身は「モダン・メロディックデスメタル」と称しているようだが、今作はシンフォニック・デス/ブラックと言えそうだ。

Agruss

Post Black Metal

Morok
Code666 Records
2012

リウネで2009年に結成。2012年に Code666 Records から CD とデジタル音源でリリースされた今作は、バンド初の音源であり 1st フルレングス。ラインナップは、ボーカルの Anton、もう一人のボーカルでデスメタル Mass Massacre でも活動する Tvorek、ギターの Pikach、ハードコアバンドにも在籍するギター、ベースの Kadya、スラッジメタル Selma にもいたギター、ベース、サンプリングの Mark Hanhalo、ドラムの Nirf の5人。バンドメンバー自身、「様々なジャンルからメンバーが集まって結成したバンドで、ブラックメタル、デスメタル、クラスト、ポストメタルなどを演奏している」と言っているが、まさに彼らの曲は幅広いジャンルからの影響を感じさせる。ボーカルもツインだけあって、エモーショナルなハードコア風のボーカルと、野太いデスボイスの掛け合いが聴ける。

Akoman

Black Metal

Devouring the Divine Light
Tribulacion Productions
2015

ヴィーシュホロドで2010年に結成。2005〜2010年までは Funeral という名前で活動していた。改名後の Akoman はペルシャの悪魔の「邪悪な心」という意味。今作は2枚目のフルレングスで、コロンビアの Tribulacion Productions から400枚限定でリリースされた。過去のタイトル含め、デジタル音源も出ている。ラインナップは創設メンバーでボーカル、ギター、サンプリングを担当する Bokor Dahak Umbrator、現在はデプレッシブ・ブラック Ingvar で活動しているベースの Undead、そして今作から加入し、Ancient Funeral Cult や Сказ なども掛け持ちしているベース、ドラムの Dll のトリオ。派手さは無いが、プリミティブでごくごくオーセンティックなブラックメタルをやっている。歌詞もルシフェリアニズムについてなどと、いかにもと言ったイーブルさ。

Algeia

Depressive Black Metal

Coming Storm...
Independent
2017

2013年にクリミア地方で活動を始めた My Dying World "Mako" が、2015年に Algeia に改名。メンバーは改名前もともとに活動していたベース、ボーカルの Sergey "Mako" Tereshchenko とギターの Artur "Shadow" Goncharov の二人。今作は2017年に自主制作のデジタル音源のみでリリースされた、Algeia 名義では1枚目となるフルレングス。My Dying World "Mako" 時代は、ギターの反復リフが耳に残るデプレッシブ・ブラックメタルを演奏していたが、そのスタイルを引き継ぎつつも、ほんの時々爆走したり、デプレッシブらしくないギターソロのパートも聴ける。ただやはり基本的にはデプレッシブらしい虚無感漂うメロディーが炸裂しており、収録曲はたった4曲だがそのうち2曲は10分を超える長尺曲という点もいかにもこのジャンルらしい。

Ukraine 025

Ancient Funeral Cult
Primitive Black Metal

Відсіч
Barbatos Productions
2015

キエフ / ショストカで 2007 年に結成。結成してからしばらくは音源を一切出していなかったが、2013 年に入ってからは急激に作品を作り始めるようになる。特にスプリットを怒涛の勢いでリリースしており、フランスの Tank Genocide、クロアチアの Zimorog、アメリカの Artisian などスプリット相手は多国に及ぶ。今作は 5 枚目のフルレングスで、ロシアの Barbatos Productions から 100 枚限定でリリースされた。独りブラックメタル Christus Mortuus Est の Victor がボーカル、ギター、ベース、プリミティブ・ブラック Akoman でも活動する DLL がギター、ベース、ドラムを担当している。時々かすかにペイガン風のギターリフなどが流れるプリミティブ・ブラックメタルになっている。ちなみに、過去にはデプレッシブ・ブラックのような曲も演奏しており、短期間で音楽性が頻繁に変わっている様子だ。

Angel of Nature
Atmospheric Black Metal

Golden Age
Depressive Illusions Records
2014

2010 年にポルタヴァで活動を始めたワンマン・ブラックメタル・プロジェクト。スラッシュ / デスメタルバンド Молот Кашкарова でも活動する Serhii Noritsyn がボーカル、ギター、サンプリングやドラム・プログラミングを手掛けている。今作は 3 枚目のフルレングスで、Depressive Illusions Records から 100 枚限定の CD-R でリリースされた。同時にロシアの Existencial Delirium Records からデジタル音源も出ている。基本的にはすべて Serhii が担当しているが、ロシアのポスト・ブラックメタルなどでも活動するロシア出身の Rain Prakhlada などもゲストで 1 曲だけボーカルとして参加している。全体的にパッとしないのが残念だが、ややゴシックメタル風のギターリフやアトモスフェリックなキーボードの音色が乗る 1 枚。

Anthropolatri
Pagan Black Metal

Воля Св'ятослава
Chanteloup Creations
2000

テルノーピリ / ヴィーンヌィツャで 1997 年に結成。デスメタル Fatal Epitaph にも在籍していた Vogneslav と、現在はワンマン・ドゥームデスメタル・プロジェクトをやっている Radogost のユニット編成。2000 年頃には二人揃ってドイツのライプツィヒに移住しているが、移住後間もなく思想的理由の違いにより解散している。今作はフランスの Chanteloup Creations からリリースされた 3rd フルレングスで、これがユニット最後の作品となっている。Radogost がボーカル、ギター、ベース、キーボード、Vogneslav がギター、ベース、キーボードを担当。音の分離があまり良くないローファイサウンドで、ペイガニックなギターリフやキーボードの音色が展開される。辺境のアンダーグラウンドなペイガン好きには持って来いの 1 枚だ。

Aryadeva
Pagan Black Metal

Kshatra
Independent
2006

シンフェロポリで 2004 年に結成。デモ、フルレングス、EP をそれぞれ 1 本ずつリリースして 2009 年には解散している。バンド自身は、自らを「スラヴ / ヴェーダ（紀元前のインドで書かれた聖典）のブラックメタル」と称している。今作は 2006 年に出されたフルレングスで、自主制作でのリリース。同年にドイツの Nordsturm Productions から、3 曲のボーナストラックが追加されたものも発売されている。ラインナップはボーカルの Ashok、ギターの Anton、シンフォニック・ブラック / デス Neksus にも在籍していたベースの Jack、ドラムの Faust、そしてインド出身のキーボーディスト Vicknesh。音質は悪くドラムの音などが実に不明瞭なのだが、さすがヴェーダをテーマにし、本物のインド人が在籍しているだけあって、時折いかにもインドらしいエキゾチックなメロディーも流れる。

Aryan Terrorism

NSBM

War
Resistance Records — 2002

ハルキウで 2002 年に結成。Nokturnal Mortum のフロントマン Knjaz Varggoth（KV）と、1996～2014 年まで Nokturnal Mortum に在籍していた Saturious（SS）のユニットだ。フルレングスを 1 本だけ出して解散している。今作はアメリカの Resistance Records からリリースされ、別のレーベルからカセットや 12 インチも出ている。Aryan Terrorism というあからさまな名前に面食らうのだが、「A National Socialistic Call」「In the Name of Our Aryan Blood」などと曲名もナショナリズムに溢れかえっている。特に「A National ～」はアメリカの GG Allin を思わせるようなとにかくひどい歌詞で、曲調もかなりハードコアテイストだ。他の曲は、イーヴルさに満ちたプリミティブ・ブラック。

Balance Interruption

Experimental Black Metal

Door 218
Satanath Records — 2016

キエフで 2005 年に結成。メンバーチェンジが激しく、過去にはポスト・ブラックメタル N■O やメロディック・デスメタル Infinite Tales の元メンバーらも在籍していた。今作は 2016 年にリリースされた 3rd フルレングス。ロシアの Satanath Records から 500 枚限定でのリリースだ。同時にデジタル音源も出ている。バンド自身は「エクスペリメンタル・ブラックメタル」と自らの音楽性を称している。ラインナップは、オリジナルメンバーでボーカル、ギター、アンビエント担当の NK-47、ブラックメタル До Скону などでも活動するドラムの Kim、ベース、ボーカルの Lucifer。インダストリアルな感触を帯びた爆走型のテンション高めのスタイルで、時折サックスの音色がさりげなく乗る辺りが実にエクスペリメンタル・ブラックらしい。イタリアのインダストリアル・ブラックメタル Aborym 系のサウンド。

Balfor

Melodic Death/Black Metal

Barbaric Blood
Pulverised Records — 2010

ウクライナ東部の人口 5 万人ほどの都市アントラツィットで 1997 年に結成。後に活動の地をキエフに移している。2001 年までは Alter Ego というバンド名で活動していた。今作は 2010 年にリリースされた 2nd フルレングスで、日本のデスメタル GxSxD なども音源を出しているシンガポールの Pulverised Records から出ている。翌年にはデジタル音源もリリースされた。ラインナップは、オリジナルメンバーでギター、ボーカルの Thorgeir、リードギターの Agnarr、ベースの Berowar、ロシアのパワー/スラッシュメタルバンド Distant Sun などにも在籍するドラムの Erland Sivolapov。ベースのリフがよく聴こえる重低音の響くメロディック・デス/ブラックメタルで、しっかりした演奏とともに展開されるメロディアスなパートは聴いていて心地よい。

Balfor

Melodic Death/Black Metal

Black Serpent Rising
Drakkar Productions — 2017

2nd フルレングスのリリース後、2013 年に自主制作で 2 曲入り EP『Heralds of the Fall』をリリース。そして、2017 年に 3 枚目のフルレングスとなる今作を、フランスの Drakkar Productions からリリースした。デジタル音源も同時発売。今回もギター、ボーカルは Thorgeir だが、他のメンバーは総入れ替えしており、ベース、ボーカルをブラックメタル Deferum Sacrum でも活動する Athamas、リードギターを彼と同バンドに在籍する Astaroth、そしてドラムを Khors などで活動する Khaoth が担当。2nd よりも音圧が強くなり、勢いがぐんと増している。また、異教の香りを感じさせるフィーメールボーカルが聴ける曲もある。「Serpents of the Black Sun」は PV も制作されており、演奏するメンバーとともに騎士の戦闘シーンなども出てくる。

Ukraine 027

Bergrizen

Black Metal

Scherbengericht
Independent 2014

Myrd'raalなる人物が2007年にキエフで活動を開始したワンマン・ブラックメタル・プロジェクト。2015 ～ 2017 年の間は、ブラックメタル Nocturnal Amentia などで活動する Noxious がベーシストとして在籍していたこともある。ライブではブラックメタル Kaosophia やポスト・ブラックメタル N ■ O のメンバーらがサポートで演奏している。今作は 4 枚目のフルレングスで、初回は自主制作のデジタル音源でのリリースだったが、翌年には Kroda も在籍するドイツの Purity Through Fire から 99 枚限定で CD も出ている。ボーカル、ギター、ドラムプログラミング、キーボードを Myrd'raal が一人で担うが、ベースとリードギターはセッションメンバーが演奏している。一本調子ながらも不安感を煽られるデプレッシブなボーカルに、切なくも美麗なメロディーが重なるアルバムだ。

Betula

Black Metal

Бесстрашным, беспощадным, бессмертным (To the Fearless, Merciless, Immortal Ones) 2015
Independent

ルハーンシクで2012年に活動開始。ブラック/スラッシュ Темніч やプリミティブ・ブラック Hegewald などで活動する Rodoslov こと Olexandr Pahotin のワンマン・ブラックメタル・プロジェクトだ。今作は 1st フルレングスで、初回は自主制作でのデジタル音源と、ロシアの Barbatos Productions からカセットでのリリースだったが、翌年にギリシャの Metal Throne Productions から CD も発売されている。ロウな音質のスロー～ミドルテンポで、陰鬱ながらもメロウなリフが繰り返されるブラックメタルを演奏している。同郷のワンマン・ブラックメタル Munruthel のカバー曲も収録。また、ウクライナやロシアの様々なバンドの英訳を手掛ける Sergey AR Pavlov が今作でも英訳を務めている。

Beskyd

Atmospheric Black Metal

By the Paths of Native Land
Independent 2014

ドニプロで 2012 年に結成。今作は結成の 2 年後にリリースされた 5 曲入りデモ。自主制作のデジタル音源での発表だ。2013 年に加入した Oleksandr Boyko がギター、ボーカル、2012 ～ 2014 年まで在籍していた Snig こと Stanislav Klyuchnik もギターとボーカル、オリジナルメンバーの Las Wiatr こと Andrey Zagovora がドラム、バッキングボーカルを担当。タイトルは『母国の道々のかたわらで』。歌詞は全曲不明なのだが、「ウクライナ」「森の魂」「祖先の声」など、自国への愛を感じる曲名が揃う。音質はかなりローファイなものの、琴線に触れるような優しげで物寂しげなメロディーラインが美しい。もし音質がクリアだったとしたらもっと知名度も上がりそうなものだが、このロウクオリティの音質だからこそ感じられる温もりが心地よい。

Bezmir

Atmospheric Black Metal

Void
Werewolf Promotion 2017

ドニプロで 2017 年に活動を開始。独りアトモスフェリック・ブラック Severoth や独りブラックメタル Морок などで活動する Severoth によるワンマン・ブラックメタル・プロジェクト。今作は 1st フルレングスで、ポーランドの Werewolf Promotion からのリリースだ。後に同レーベルから 12 インチも 300 枚限定でリリースされた。また、デジタル音源も出ている。カバーアートは、Severoth の他のプロジェクトなどのアートワークも担当するウクライナ出身の女性アーティスト Unholy Darkness によるもの。他プロジェクトではロウなサウンドのブラックメタルをやっているが、Bezmir は音質も比較的よく、宇宙を意識したアートワークの通りにスペーシーなムードを備えている。ドラムマシンのブラストビートが炸裂するコズミックなブラックメタルだ。

028　Eastern European Black Metal Guidebook 2

シュメール、エジプト、チベット神話謳うエキゾチックブラック

Blood of Kingu

出身地 ハルキウ
活動時期 2005 ～ 2016
主要人物 Roman Saenko
メンバー Roman Saenko(Vo.Gt.Key), Thurios(Gt), Krechet(Ba), Yury Sinitsky(Dr), Vlad(Key)
類似バンド **世界** Ulvegr, Death Fortress, Absu **東欧** Hate Forest, Drudkh, Astrofaes, Cult of Fire

　2005 年にハルキウで結成。Kingu（キングー、キングウ）は、バビロニア神話に出てくる神で、彼の血と骨から人類を創り上げたと言い伝えられている。現在 Drudkh などで活動する、Roman Saenko のソロ・プロジェクトとして始まった。

　2007 年に 1st フルレングス『De Occulta Philosophia』をイギリスの Supernal Music からリリース。当時はまだ Roman のワンマン状態だったが、後に正式メンバーとなる Yury Sinitsky がゲストでドラムをプレイしている。デビューアルバムにして、エキゾチックで独特な世界観をすでに築き上げていた。2010 年に 2nd フルレングス『Sun in the House of the Scorpion』を、アメリカを拠点とする Candlelight Records USA（1349、Burzum、Dark Funeral など数々の有名バンドの音源も出しているイギリスの Candlelight Records のサブレーベル）から発表した。今作から Yury が正式に加入し、他にも Drudkh の Thurios と Krechet が加わり 4 人体制となった。2014 年には、3rd フルレングスとなる『Dark Star on the Right Horn of the Crescent Moon』を、フランスの有名レーベル Season of Mist のサブレーベル Season of Mist Underground Activists からリリース。この頃には Drudkh の Vlad もキーボーディストとして加入し、まるで Drudkh のサイド・プロジェクトのようになっていた。同年にオーストラリアのエクスペリメンタル・デスメタル Portal とのスプリットを、アメリカの Hells Headbangers Records から 7 インチで発表。そして、翌々年の 2016 年に解散してしまった。

　ウクライナのバンドながら、シュメール、エジプト、チベット、インド・アーリアンの神話をコンセプトにしており、どこかミステリアスな雰囲気が魅力。ロウな音質で奏でられるブリザードのような怒涛のサウンドに、念仏じみた不気味なボーカル、トライバルなパーカッションなど、オカルティックで不気味な雰囲気に満ちた曲を制作していた。Roman のデスメタル気も帯びた凄味のある咆哮ボーカルもインパクト大だ。

Blood of Kingu

Atmospheric Black Metal

De Occulta Philosophia
Supernal Music — 2007

2005 年にハルキウで結成。同名のバンドがコロンビアとアメリカにもいるが、こちらはウクライナの Blood of Kingu。今作は 1 枚目のフルレングスで、Supernal Music からのリリース。2009 年には Werewolf Promotion からカセットが、同年にフィンランドの Northern Heritage Records から 12 インチが、フランスの Debemur Morti Productions からも再発 CD がそれぞれ 500 枚限定で出ている。1st 収録時の正式メンバーはまだ Roman Saenko のみで、彼がほぼ一人ですべてをこなしている。ただ、セッションドラマーとして、2007 年から正式メンバーとして加入する Yuriy Sinitsky がドラムをプレイしている。Roman はウクライナ出身だが、古代エジプトやシュメール神話辺りについて歌っていて、彼のエキゾチックな念仏ボーカルが聴ける。

Blood of Kingu

Atmospheric Black Metal

Sun in the House of the Scorpion
Candlelight Records USA — 2010

1st の 3 年後にリリースされた 2 枚目のフルレングス。Candlelight Records USA からのリリースだ。イギリスの Back on Black から 12 インチも 1000 枚限定で出ている。今回はボーカル、ギター、キーボードを Roman が務め、新しいメンバーとして Drudkh で活動する Thurios と Krechet がそれぞれギターとベースで加入している。前回ゲストでドラムを叩いていた Yuriy Sinitsky も正式メンバーになった。Beherit のカバーも収録されている。今回もエキゾチックさ漂うドラミングや念仏ボーカルが聴ける上、フックに富んだメロディーが増している。Roman のボーカルにかなりドスが効いており、Behemoth を思わせるような節も。カバーアートの絵画はポーランドの有名画家ベクシンスキの作品である。

Blood of Kingu

Atmospheric Black Metal

Dark Star on the Right Horn of the Crescent Moon
Season of Mist Underground Activists — 2014

2nd から 4 年の時を経てリリースされた 3rd フルレングス。バンド最後のフルレングスとなる今回は、フランスの大手レーベル Season of Mist のサブレーベル Season of Mist Underground Activists から 1000 枚限定でのリリース。同年に、ドイツのブラックメタルバンド Nagelfar の元メンバー Sveinn von Hackelnberg が運営しているレーベル Ván Records から 12 インチも発売された。ラインナップは 2nd でプレイしていた 4 人に加え、Drudkh のメンバーでもある Vlad がキーボードとして参加。キレのあるブラストビートに、相変わらずの呪術的なボーカルワークを披露。時々ティンパニのような打楽器のこもった音が聞こえてくるのだが、昔の Master's Hammer のオカルティックで怪しげなムードを連想させる。

Blood of Kingu

Atmospheric Black Metal

Portal / Blood of Kingu
Hells Headbangers Records — 2014

オーストラリアのエクスペリメンタル・デスメタル Portal とのスプリット作品。3rd フルレングス発表の 2 か月後に、アメリカの Hells Headbangers Records から 7 インチでリリースされた。ラインナップは 3rd 同様の 5 人。各バンド収録曲は 1 曲のみで、Blood of Kingu からは 2014 年にレコーディングされた「Destroyer of Everything Infinite and Timeless」というタイトルの曲が収録されている。Yury の容赦ない獰猛なブラストビートが冴えたわたり、Roman の凄味を利かせた獣のようなボーカルワークが奥の方から聴こえてくる。対する Portal は 1999 年にレコーディングされた曲が収録されているが、Blood of Kingu に通ずる得体の知れない底気味悪さを感じさせる曲だ。

コサックへの愛を炸裂させる愛国主義的ペイガン・ブラック

Burshtyn

出身地 ハルキウ　**活動時期** 2015 ～
主要人物 I.Z.V.E.R.G., Vsesvit　**メンバー** Kurt(Vo), Master Alafern(Gt), Barbarossa(Gt), I.Z.V.E.R.G.(Ba.Vo), Vsesvit(Dr)
類似バンド **東欧** Dub Buk, Kroda, Nokturnal Mortum, Ulvegr

ハルキウで 2015 年に結成。バンド名はウクライナ語で「琥珀」。2015 年に解散したペイガン・ブラック Dub Buk の元メンバーである I.Z.V.E.R.G.（ボーカル、ベース）、ライブメンバーとして Dub Buk に参加していた Master Alafern（ギター）、Vsesvit（ドラム）らによって結成された。バンドで Dub Buk Katafrakt というレーベルを運営している。

結成の翌年 2016 年に 1st フルレングス『Прах відчайдухів』を Dub Buk Katafrakt から CD でリリース。デジタル音源も出ている。そして、同年にボーカルの Kurt とギターの Barbarossa が加入している。翌 2017 年には 2nd フルレングス『Безвірник』を発表。今回も Dub Buk Katafrakt からのリリースで、デジタル音源もリリースされている。なお、今作には Nazar Bozhinsky というウクライナ人男性がゲスト参加しており、コブザという弦楽器を演奏。彼はまた、5 曲目の「Про Мазепу і Палія (Старовинна козацька дума)」でフォークソングを歌いあげている。

Dub Buk ではロシア語とウクライナ語で歌われていた歌詞も、Burshtyn になってからは完全にウクライナ語に移行。パトリオティズムを感じさせる歌詞も Dub Buk を思わせるが、こちらではさらにコサックなど、歴史に基づいた歌詞も散見される。

Pagan Black Metal

Безвірник 2017
Dub Buk Katafrakt

ハルキウで 2015 年に活動開始。今作は 2nd フルレングスで、Dub Buk Katafrakt からリリースされた。メンバーが以前在籍していた Dub Buk は NSBM とも言われるほど国粋的要素を含んでいたが、Burshtyn のテーマはウクライナの神秘や歴史、コサックについてなど。曲調はオーセンティックなブラックメタルの雰囲気を保ちつつ、時にトラディショナルな印象のフォーキッシュな曲もあり、またシンフォニックさをも感じさせる作品になっている。哀愁にまみれたメロディーが次から次へとミドルテンポで紡ぎだされ、飽きることのないアルバムだ。Dub Buk は初期衝動に満ち、エネルギーは感じさせるもどこか垢抜けない印象さえあったが、Burshtyn はより演奏もしっかりしており、落ち着きと精気が同居したような洗練された雰囲気を帯びている。

回答者：I.Z.V.E.R.G.

Q：まずは簡単にバイオグラフィを教えてください。
A：2013年に、前身バンドであるDub Bukのニューアルバム『Цвях』を制作したんだが、俺はこれがDub Buk最後のアルバムになると感じていた。2015年、解散ライブをRebelというチャリティーフェスティバルで行って、Dub Bukの時代は終わった。
同時に新しい音源の制作にも取り掛かっていた。それがBurshtynの1stアルバムだ。そのレコーディングが2015年に行われ、Dub Bukの活動は終わったが、過去に敬意を表してDub Buk Katafraktというレーベルを立ち上げた。2016年、Dub Buk KatafraktからBurshtynの1stアルバム『Прах відчайдухів』をリリースし、2017年には2ndアルバム『Безвірник』を発表したよ。
Q：Burshtynは「琥珀」という意味ですが、なぜこのバンド名にしたのですか？
A：琥珀は、非常に古い針葉樹の石化樹脂で、古代の記憶を内に秘めているんだ。そして、簡単に火が点き、美しい炎で燃え尽きる。このバンドでは、自分の昔のリフやテキストを頻繁に使っているから、「琥珀」というバンド名が最適だと思ったんだ。
Q：Burshtynはコサックについても歌っていますね。コサックはウクライナ人にとって大切な存在だと思いますが、あなたにとってコサックはどういう意味を持つのでしょうか？
A：おそらく、ウクライナ人にとってのコサックは、日本人にとっての侍と同じような意味合いを持つと思う。戦士のイメージとしてな。もちろんウクライナと日本とじゃ、文化も根本的に異なるし、簡単には比較できないが。Burshtynにとってコサックは、精神性の質を可視するプリズムのようなものだ。
Q：1stアルバムに収録されている「Козак」は、Vyacheslav Kirilovという人物に捧げられているようですが、この人は一体何者なのでしょうか？
A：2010年に彼と出会ったんだが、彼はごく平凡な男だ。俺たちは、亡くなった戦士の想いに敬意を表し、ウクライナで起きた出来事についての自分たちの意見を反映させた。その他はすべて歌詞で述べている。
Q：Burshtynは2018年の11月にポーランドのヴロツワフでライブを行いましたね。わたしも観に行きましたが、Burshtynの曲だけでなく、Dub Bukの名曲「Слава Україні!」まで聴くことができて感動でした。ポーランドで演奏してみてどうでしたか？
A：ヴロツワフでのライブは大体において良かったよ、サウンド面を除いては（笑）。でもウクライナではこの手のライブには、あの日の2倍くらいの観客が集まるから客入りには少し驚いた（著者注：当日の客入りは150人程度）。
Q：次はDub Bukのことも教えてください。2ndフルレングス『Русь понад усе!』の「Сва-батальон」は、ロシアのブラックメタルサークルBlazebirth Hallに捧げられていました。なぜこのサークルに捧げようと思ったのですか？　彼らと繋がりはあるのでしょうか？
A：Blazebirth Hallのメンツと世界観は、俺たちに

多大なる影響を与えてくれたんだ。今はサポートしてないし、連絡も取っていない。
Q：Dub BukをNSBMと見做している人たちもいますが、それについてはどう思いますか？
A：太陽が地球の周りを公転していると信じる人もいる。だけど俺はそれについてどうこう言うつもりもない。
Q：ところで、前々から気になっていたのですが、Dub Bukの正しい発音を教えてほしいです……
A：Dub Bukは「ドゥブブク」と発音するよ。一つ目のuは優しく発音するんだ。
Q：あなたはСокира Перунаにも在籍していましたね。どういう流れでバンドに加入するのことになったのですか？　また、今年脱退されていますが、何があったのでしょうか？
A：そう、3年間セッションメンバーとしてベースを弾いていた。俺はフロントマンのArseniyと古くから付き合いがあったから、彼らのライブをサポートすることにしたんだ。でも、自分の家族とBurshtynにもっと時間を充たくて辞めたよ。
Q：いつも音楽を作る時は何に影響を受けていますか？
A：自然、歴史、自分自身の人生など、様々な事柄から影響を受けているよ。感動した音楽や言葉を自分のビジョンを通して表現している。
Q：どのようにメタルを聴くようになったのですか？
A：別になんてことは無くて、ただなんとなくだよ。13歳の頃にSlayerを聴いて全てが始まり、今に至る。
Q：Slayerとはどのように出会ったのですか？
A：幼馴染にカセットをもらったんだ。彼はこれを聴くようにと俺を説得していたんだが、その頃の俺は全く音楽に興味が無くてね。だけど86年のアルバムを聴いて、俺の人生は劇的に変わった。
Q：メタル以外の音楽は聴きますか？
A：メタル以外だと、クラシック音楽が大好きだよ。セルゲイ・プロコフィエフとか。ウクライナやケルト、スカンジナビアのフォークも好きだしね。
Q：個人的にお気に入りのウクライナのフォークソングを教えてくださいませんか？
A：よくぞ聞いてくれた！　誰にもこの質問されたことないんだよ。俺の気に入っているフォークソングは「Наливаймо, браття」という曲だ。
Q：オールタイムベストを教えてください。
A：Slayer『Reign in Blood』
Sodom『Agent Orange』
Isengard『Høstmørke』
Aura Noir『Black Thrash Attack』
Gorgoroth『Under The Sign of Hell』
Q：あなたはハルキウの出身ですね。ハルキウにはたくさんブラックメタルバンドがいますが、その理由は何なのでしょうか？
A：俺が思うに、Nokturnal MortumのVarggothの存在が大きいんじゃないか。彼がエネルギーを与えて、多くの人々をインスパイアしたんだと思う。
Q：やはりVarggothさんとは知り合いですか？
A：うん、20年以上の仲だよ。
Q：では、ウクライナのメタルシーンについてはどう思いますか？

A：ウクライナのシーンは、質や内容の違いはあれど、そんなに他と変わらないんじゃないかな。正直言うと、俺はウクライナのメタルの熱狂的なファンじゃないから大したことは言えないんだよ。価値あるバンドを選び出すとしたら、Nokturnal Mortum、Drudkh、Mutanter、Rattenfänger……とかかな。

Q：話は変わりますが、あなたが子どもだった頃、ウクライナはまだソ連の支配下にありましたね。その頃のことは覚えていますか？

A：個人的な子どもの頃の思い出としては、悪い思い出も良い思い出もある。子どもの目で見る世界は、通常より大きくてミステリアスに見えるもんだ。今その時代のことを振り返ると、不条理でばかげていたと思うけどな。

Q：ロシアについてはどういう感情を抱いていますか？

A：北の隣人は、俺にとって極めてよそ者だ。暖かい感情は何一つ無い。ちなみに、政治に関して言うなら、俺は自由な男だと言いたい。他人の自由を尊重しているし、自分の自由も尊重したい。

Q：ウクライナ北部はロシア語が主流で、ウクライナ語が話せない人もいると聞きました。でも、Burshtyn や Dub Buk はウクライナ語の歌詞もありますよね。普段はどの言語を使用しているのでしょうか？　また、ウクライナ語はどこで学んだのですか？

A：普段はロシア語を話しているよ。でもウクライナ北部では、独自の特徴を持つ、ロシア語とも少し異なる言語が広く話されている。俺は、学校と大学でウクライナ語を勉強したんだ。Dub Buk ではロシア語とウクライナ語、Burshtyn ではウクライナ語で歌っているよ。

Q：音楽活動以外に何かお仕事はされていますか？

A：そりゃ仕事してるよ。でもこれについては詳しく話したくないな。俺は音楽に人生をかけてるから。

Q：知っている日本のアーティストやバンドはいますか？

A：残念ながら日本の音楽シーンには疎いんだよ。でも、Sigh は好きだな。

Q：あなたは侍関連の映画や作品が好きで、日本には思い入れがあるようですね。具体的に日本にはどんなイメージがあるのでしょうか？

A：日本のイメージは、伝統主義、龍、素晴らしい刀、侍の規則、階級制、忠誠心、残忍さ、礼儀正しさ、大山倍達、桜……そしてもちろん威厳！　本当はもっとたくさんあるんだけど、俺が日本について思うことは言葉で説明できないんだ。あ、でもこれだけは言える。俺はいつも、日本人の敢闘精神を物凄くリスペクトしているよ。

Q：インタビューに応じていただきありがとうございました！　最後に日本のメタルファンに一言お願いします。

A：どうもありがとう。日本がずっと日本らしくありますように。

Ukraine 033

Capitollium

Symphonic Black Metal

Bloodfall of Flesh
Sworn Records
2008

リヴィウで 2000 年に結成。EP1 本、フルレングス 4 本をリリースし、2008 年には解散している。結成から 2006 年までは、Kroda の元メンバーで、現在はフォークメタル Viter で活動する St. Julius こと Yulian Mytsyk のワンマン・プロジェクトだった。今作は最後の作品となる 4 枚目のフルレングスで、オランダの Sworn Records からリリースされた。St. Julius がベース、ボーカル、Kroda の現メンバー Antichrist こと Sergfil がギター、デスメタル Ambivalence などでも活動する Angus がキーボード、Viter にも一時在籍していた Tur がドラム、ゴシック・ドゥーム Полинове Поле のメンバーでロシア出身の Marianna Laba がフィーメールボーカルを担当。大仰にすら聴こえるメロディーに伸びやかなフィーメールボーカルが映えるシンフォニック・ブラック。

Chapter V:F10

Atmospheric Black Metal

Syndrome
Bloodred Distribution
2015

2013 年にキエフで結成。ワンマン・ブラックメタル・プロジェクト Raventale などで活動する Astaroth Merc と、ブラックメタルバンド Virvel av Morkerhatet のメンバーである Howler のユニット。今作はユニット初の音源で、2015 年にリリースされた 1st フルレングスだ。ウクライナの Bloodred Distribution から 500 枚限定で出され、同時にデジタル音源もリリースされている。Astaroth が全楽器と作詞作曲、Howler がボーカルを担当。タイトル及び曲名は英語だが、歌詞はロシア語になっている。哲学や秘教をテーマにした曲を作っているそうだが、そこはかとなくアトモスフェリックながらも怪しげな雰囲気を纏っており、チェコのオカルト・ブラックメタル Inferno を思わせる。ややロウな音質で繰り出されるトレモロリフなども暗く幻想的で美しい。

Chernomor

Pagan Black Metal

Sarmatia
Werewolf Promotion
2016

キエフで 2013 年に結成。結成初期の頃は Ancestor という名前で活動していた。Mayhemic Wrath というブラックメタルバンドで活動するメンバーが在籍している。今作は 2 枚目のフルレングスで、自主制作のデジタル音源でリリースされた。ポーランドの Werewolf Promotion からカセットも 200 本限定で発売されている。ボーカル、ギターを Sarmat、ベースを Yoori、ドラムを Desecrator Terrorizer がプレイ。タイトルの『サルマティア』とは古代スラヴに定住していたイラン系遊牧民サルマタイのこと。鳥のさえずりと儀式を思わせるサウンドが融合したいぶかしげなイントロから始まり、ボロボロのプリミティブ音質でミドルテンポのペイガン・ブラックが続く。ポーランドの Graveland の初期作品を思わせるような、地下ペイガン臭が漂う 1 枚。

Colotyphus

Atmospheric Black Metal

Остання подорож зневіреної душі (Spiritual Journey of a Forlorn Soul)
Werewolf Promotion
2017

2015 年にリウネで結成。現在はリヴィウに活動の拠点を移している。EP、シングルを 1 本ずつ出した後、1st フルレングスとなる今作を、500 枚限定でポーランドの Werewolf Promotion からリリース。ギター、ボーカルを創設メンバーの Monolith こと Gennadiy Kovrizhnykh、ベースを 2015 〜 2017 年の間だけ在籍していた Morvudd、キーボードと作詞、翻訳を Katerina Katharsis がそれぞれ担当。ボーカルはデスメタル寄りのドスの効いた低音グロウルなので、メロディック・デスメタルファンにもアプローチできそうなアルバムだ。叙情的なトレモロリフや泣きのギターソロが惜しみなく展開され、キーボードの音色は控えめながらも、アトモスフェリックな雰囲気を出すのに一役買っている。Drudkh のカバー曲も収録されている。

Cuckoo's Nest

Post Black Metal

Everything Is Not as It Was Yesterday
Pest Productions — 2014

ムィコラーイウで 2011 年に結成。メンバーは全員このバンド以外では活動していない模様。今作は 2014 年に出された 2nd フルレングスで、初回は自主制作のデジタル音源としてリリースされたが、すぐに中国の Pest Productions から CD も出されている。ヴォーカルを Oleg "Satana" Maliy、ギターを Alexey と FVL、ギター、ベース、キーボードを Eugene (Quasar) aka Jan de Valua が演奏。ブラックメタル Anthro Halaust に在籍する Sergiy Makarov が Barkasth の名でセッションドラマーとして参加している。1st では悲痛なヴォーカルのデプレッシブ度強めの曲を演奏していたが、2nd の今作はだいぶシューゲイザー化しておりポスト・ブラックらしくなっている。オーストラリアのデプレッシブ・ブラック Austere のカバー曲も収録。

Daemonium

Death/Black Metal

Имя мне Легион
Bloodred Distribution — 2014

クルィヴィーイ・リーフで 2011 年に結成。2012 年に自主制作で 4 曲入りのデモをリリース。その 2 年後に 1st フルレングスをリリースした。ウクライナの Bloodred Distribution から出ている。ラインナップの記載が無いのだが、おそらく、ブラックメタル Kaosophia や Vermis Mysteriis などでも活動する Tenebrath がヴォーカル、ドラムを、Endless Battle のセッションメンバーだったこともある Lord Strom がギターとサンプリングを担当。音質はクリアでしっかりした演奏の、ややデスっ気のあるブラックメタルをやっている。メロディアスでキャッチーなリフもあり聴きやすい。カバー写真に載っているのがヴォーカルの Tenebrath なのだが、悪魔に憑りつかれた男を意識しているのだろう、ライブでも映画『エクソシスト』の主人公さながらのパフォーマンスを見せてくれる。

Dammerung

Melodic Black Metal

Dark Poetry
More Hate Productions — 2011

ヘルソンで 2001 年に結成。今作は 3 枚目のフルレングスで、ロシアの More Hate Productions からリリースされた。同時にウクライナの Metal Scrap Records からデジタル音源も出ている。ラインナップは、オリジナルメンバーでヴォーカルの Saurg、同じく初期からのメンバーでメロディック・デス / ドゥーム Strafnation でも活動していたドラムの Grom、2004 年から加入し、過去にペイガン・ブラック Kurgan に在籍していたギター、ベースの Vathar。Saurg の単調な高音ヴォーカルだけ聴いていると、正直言って途中で飽きてしまいそうになるのだが、フックの効いたメロディアスなギターリフは聴きごたえがある。ラストの「From Earth to Heavens」ではなぜか突然口琴のメロディーが挿入されペイガン・ブラック風になる。

Dark Ages

Dark Ambient

Twilight of Europe
Supernal Music — 2005

Drudkh の Roman Saenko が、2004 年にハルキウで活動を始めたダークアンビエント・プロジェクト。2012 年には活動停止している。一時期同じく Drudkh で活動する Vlad や、Nokturnal Mortum の元メンバー Alzeth も在籍していた。今作は 1st フルレングスで Supernal Music から 1000 枚限定リリース。翌年にはフランスの Soldats Inconnus から 12 インチも 400 枚出ている。2009 年にはポーランドの Werewolf Promotion からカセットが、2010 年にはリトアニアの Inferna Profundus Records からボーナストラック入りの CD 再発盤が発売。このアルバムではすべてを Roman が担当している。全曲インスト。静謐ながらも不気味な闇を孕んだどこか神秘的なアンビエントがひたすら 40 分強続く。

Ulraine 035

Darktrance

Industrial Black Metal

Ghosts in the Shells
BadMoodMan Music — 2008

2007 年にキエフで活動開始。独りメロディック・デスメタル・プロジェクト Cold Resistance や Dargoth、プログレッシブ / ジェントメタルバンド Joncofy などでも活動する Deimos によるワンマン・プロジェクトだ。Deimos はこのプロジェクトをダーク / ポスト・ブラックメタルとジャンル付けている。今作は 1st フルレングスで、ロシアの BadMoodMan Music からリリースされた。セッションメンバーなどは一切呼ばずに、すべて Deimos が一人で演奏している。アルバムタイトルに冠された『Ghosts in the Shells』から、押井守監督によって映画化などもされている世界中で大人気の作品「攻殻機動隊」に影響を受けたことが見て取れる。打ち込みのバチバチとした機械的なドラムがインダストリアルな感触を生み出し、カタストロフィーを思わせるアルバムになっている。

Dead Christ Cult

Thrash/Black Metal

Your Absurd Life
The Kether Crown Production — 2009

ムィコラーイウで 2002 年に結成。結成時から現在に至るまで、デスメタル Life Denial や独りブラックメタル Namtar で活動していた Maksym Dubovenko と、Dead Christ Cult 一本で活動している Dmytro Govor のユニット編成。今作は 4 枚目のフルレングスで、ロシアの The Kether Crown Production からのリリースだ。同時にウクライナから Rip Off Productions からカセットも 66 本限定で出ている。Maksym がボーカルと作詞、Dmytro がドラムを担当。セッションメンバーとして、Life Denial で活動していた Volodymyr Manzyuk がギターとベースを、Andriy Shevchenko という人物がベースを演奏している。終始ミドルテンポを基調とした、軽快なドラミングとスラッシーなギターリフのスラッシュ / ブラックだ。

Deathincarnation

Death/Black Metal

Pandemic Blight
More Hate Productions — 2015

チェルカースィで 2006 年に結成。メンバー自身は、「Unholy Death/Black Metal」と自分たちの音楽を称している。今作は 3 枚目のフルレングスで More Hate Productions からのリリース。ラインナップは、オリジナルメンバーでスラッシュメタル Hard Way でも活動しているボーカル、ギター、ドラムプログラミング、作曲担当の Slay、ブルータル・デスメタル Blasphemer にも在籍していたベースの Truporub、女性キーボーディストの Marina Silaeva。なお、メロディック・デスメタル Suicide Nation の Olexiy Sidorenko と、Vitaliy Korsun という人物が歌詞を提供している。ごくオーソドックスなデス / ブラックメタル調のしっかりしたリフに、シンフォニックなキーボードの旋律が混ざり合う。

Def/Light

Melodic Black/Death Metal

Transcendevil
Metal Scrap Records — 2013

ドニプロで 2001 年に結成。バンド名は「Defilers of Light」を省略したもの。1995 ～ 2001 年までは RB という名前でパンキッシュなデスメタルを演奏していた。現在のメンバーは、ボーカルの Avel、ブラックメタル Lava Invocator でも活動するギター、アディショナルボーカルの Ingvaar とベースの Silent、ギターの Slon、ドラムの Dark Angel、キーボードの Lucus の 5 人。今作は 2 枚目のフルレングスで、Metal Scrap Records からリリースされた。キーボードが主張し、ブラストビートが鳴り響く、シンフォニック・デス / ブラックメタル。ボーカルはツインだけあって、ブラックメタルらしい中高音絶叫と、デスメタルライクなグロウルの掛け合いになっている。ブラックメタルファンだけでなく、シンフォニック、メロディック系のデスメタル好きにも推薦できそうだ。

Deferum Sacrum

Black Metal

Septicaemia
More Hate Productions — 2011

キエフで 2005 年に結成。現在ブラックメタル Kaosophia でも活動するMorthvarg と、メロディック・デス / ブラック Balfor の Athamas の二人で活動が始まった。今作は 1st フルレングスで、More Hate Productions からリリースされた。2017 年にはデジタル音源も出ている。Athamas がギター、ボーカル、Morthvarg がギター、Balfor、Chapter V:F10 にも在籍する Astaroth もギター、ブラックメタル Balance Interruption や Virvel av Morkerhatet でも活動していた Yar がドラムをプレイしている。オーソドックスなブラックメタルを主体としつつ、スタイリッシュで今風な雰囲気を感じさせる旋律もある。少しオカルティックなムードさえ漂っており、単なる正統派ブラックメタルで終わらない 1 枚。

Demonium

Death/Black Metal

Sapiens Dominabitur Astris
Bloodred Distribution — 2016

ヘルソンで 2005 年に結成。同名のバンドは世界各国にいて、ボスニア・ヘルツェゴヴィナにもいるのだが、こちらはウクライナのバンド。今作は 3rd フルレングスで、Bloodred Distribution からリリースされた。現在は、ペイガン・ブラックメタル Гетьман やワンマン・デス / ブラックメタル・プロジェクト Echalon で活動するべく、ボーカルの Cerberus、彼とともに初期メンバーでギター担当の Vandal のユニットになっている。Cerberus とともに Гетьман で活動する Storm も 2005 〜 2010 年まで在籍していた。アルバムタイトルはラテン語。ラインナップが記載されていないので、今作でのメンバー構成は不明なのだが、Behemoth のようなや神秘性すら感じさせるデス / ブラックメタルを演奏している。音質も良く、演奏もしっかりしていて聴きやすい。

Deviator

Ambient Black Metal

Fehu-Fohat-Fire
Depressive Illusions Records — 2012

フメリヌィーツィクィイで 2007 年に結成。アンビエント・ブラックメタル Moloch にもギターフレーズを提供したり、ボーカルとしてゲスト参加している Lord Hastner を中心に活動が始まる。初期の頃はよく Moloch ともスプリットを制作していた。今作は 3 枚目のフルレングスで初回は Depressive Illusions Records から 100 枚のリリース。同年にジャケットが差し替えられたものがカナダの Cold Northern Blood からも出ている。Lord Hastner がボーカル、ギター、プログラミング、Andrey Poluektov がキーボード、Valentin Emperor がベース、ギターを担当。ゲストでアトモスフェリック・ブラック Colotyphus の Rostislav Pavlovsky も参加。籠もったサウンドで厭世的な雰囲気を醸し出すアンビエント要素ありのブラックメタル。

Devilish Art

Death/Black Metal

Temple of Desintegration
Independent — 2017

ジトームィルで結成。結成年は不明。今作は 2nd フルレングスで、初回は自主制作のデジタル音源でのリリースだったが、2 ヶ月後にロシアの Soundage Productions から CD も発売されている。デス / ブラック Unholy Triumphant、シンフォニック・ブラック Evil Palace、独りアトモスフェリック・ブラック Afsked でも活動する Wolfheart が全楽器を、彼とともに Unholy Triumphant に在籍する Gelidos がボーカルを務めている。インダストリアルな雰囲気も時折顔を出すデス / ブラックメタル。デス / ブラックとはいえ、終始轟音で攻めたてるだけでなく、メロディアスなパートもあったりして、グロウルしつつも中高音タイプのボーカルが基本となっているので、ブラックメタルファンもすんなり聴くことができそうだ。

Ukraine 037

Diagor

Black Metal

Ненависть к живому
More Hate Productions — 2016

クルィヴィーイ・リーフで2012年に結成。今作はバンド初の音源で1枚目となるフルレングス作品。More Hate Productionsからのリリースになっている。ラインナップは、ギター、ボーカルのIsavar、ブラックメタルバンドVae Solisの初期メンバーでもあるギターのThomas、ベースのDeadlord、デス/ブラックメタルバンドDaemoniumにも在籍していたドラムのMorgothの4人だ。タイトルは「すべての生への憎しみ」という意味。歌詞は不明で、曲名もすべてキリル文字なのだが、どうやら楽曲のテーマはグノーシス主義や哲学についてとのこと。さりげなくバックで流れるキーボードの音色が神秘性を放っており、全体的にヘヴィなサウンドで、なおかつアトモスフェリックな感触も含んだメロディアスなリフが印象的だ。

Dragobrath

Pagan Black Metal

Fra myrer taake
Eastside — 2010

リヴィウで2004年に活動開始。現在ペイガンメタルViterで活動し、過去にペイガン・ブラックメタルKrodaにも在籍していたSynevirのワンマン・プロジェクト。2007～2010年までの間は、KrodaのEisenslavが在籍していたこともある。2011年には活動を停止している。今作は3枚目のフルレングスで、ポーランドのEastsideからリリースされた。全楽器をSynevir、ボーカルは当時まだ在籍していたEisenslav（こちらではTchugaisterと名乗っている）が担当。SynevirはViterでもエッジの効いたペイガンメタルをやっているが、こちらでも時たまアヴァンギャルドなムードが漂うペイガンフォークを聴かせてくれる。ロウサウンドで繰り出されるメロウなリフは、メロディック・ブラックやアトモスフェリック・ブラックにも通ずる。Satyriconのカバー曲も収録されている。

Dusk Chapel

Melodic Death/Black Metal

A Passage to Forever
Fono Ltd. — 2010

ドネツィクで2002年に結成。今作は2枚目のフルレングスで、ロシアのFono Ltd.からリリースされた。ラインナップは、アヴァンギャルド・ブラックAeon 9でも活動するボーカルのMaxim、ギターのAlexander、ブラックメタルLych Gateにも在籍していたギター、ベース、バッキングボーカルのArtyom、ブルータル・デスメタルDaturaのメンバーでもあるドラムのAnton。King Diamondなどから影響を受けているようで、確かに派手な泣きのギターソロは完全にKing Diamondを彷彿とさせるヘヴィメタルスタイル。メロディアスな旋律が次々と繰り出されるメロディック・デス/ブラックだ。アートワークは、アメリカのデス/ブラックÆvangelistなどのアートも手掛けるウクライナ出身のSeeming Watcherだ。

Dying Blaze

UnBlack Metal

Attera Obscurum
Independent — 2009

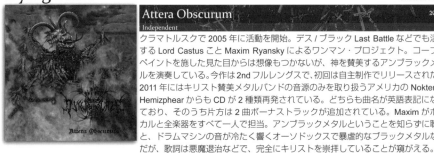

クラマトルスクで2005年に活動開始。デス/ブラックLast Battleなどでも活動するLord CastusことMaxim Ryanskyによるワンマン・プロジェクト。コープスペイントを施した見た目からは想像もつかないが、神を賛美するアンブラックメタルを演奏している。今作は2ndフルレングスで、初回は自主制作でリリースされた。2011年にはキリスト賛美メタルバンドの音源のみを取り扱うアメリカのNokternal HemizphearからもCDが2種類再発されている。どちらも曲名が英語表記になっており、そのうち片方は2曲ボーナストラックが追加されている。Maximがボーカルと全楽器をすべて一人で担当。アンブラックメタルということを知らずに聴くと、ドラムマシンの音が冷たく響くオーソドックスで暴虐的なブラックメタルなのだが、歌詞は悪魔退治など、完全にキリストを崇拝していることが窺がえる。

バンデーラ追悼しておいて世界的人気を勝ち得たアトモスフェリック

Drudkh

出身地 ハルキウ　　　　　　　　**活動時期** 2002 〜
主要人物 Roman Saenko, Thurios
メンバー Thurios(Vo.Key), Roman Saenko(Gt.Ba), Krechet(Ba.Key), Vlad(Dr.Key)
類似バンド 世界 Burzum, Agalloch, Wolves in the Throne Room 　**東欧** Hate Forest, Blood of Kingu, Kroda

　ハルキウで 2002 年に結成。Blood of Kingu、Hate Forest などで活動していた Roman Saenko と Thurios のツーピースバンドとして始まる。
　かなりコンスタントに作品をリリースしており、まず 2003 年に 1st フルレングス『Forgotten Legends』をリリース。2004 年には、元 Astrofaes の Amorth を迎え 2nd『Autumn Aurora』、2005 年に 3rd『Лебединий шлях (The Swan Road)』、2006 年に 4th『Кров у наших криницях (Blood in Our Wells)』を発表。ここで Amorth が抜けて、元 Blood of Kingu の Vlad と Krechet が加入する。そして同年に 5th『Пісні скорботи і самітності (Songs of Grief and Solitude)』をリリース。
　その後ボックスセット、EP を出して、2007 年に 6th『Відчуженість (Estrangement)』を発表。2009 年には、これまで在籍していたレーベル Supernal Music から Season of Mist Underground Activists に籍を移して、7th『Microcosmos』、2010 年に 8th『Пригорща з і рок (Handful of Stars)』を発表。この辺りで音質がクリアになり、ポスト・ブラック色も強くなってくる。
　8th 後に 2 曲入り EP を制作し、2012 年には 9th『Вічний оберт колеса (Eternal Turn of the Wheel)』をリリース。2014 年にイギリスのペイガン・ブラック Winterfylleth とのスプリット、カバー曲が収録されたコンピレーションを出し、2015 年に 10th『Борозна обірвалася (A Furrow Cut Short)』をリリース。その後、ノルウェーのプログレッシブ・ブラック Hades Almighty、スウェーデンのアトモスフェリック・ブラック Grift、スイスのアンビエント・ブラック Paysage d'Hiver などと立て続けにスプリットを発表し、2018 年に 11th となる『Їм часто сниться капіж (They Often See Dreams About the Spring)』をリリースした。
　ウクライナの自然や歴史、民話などを主なテーマにしており、ウクライナの詩人の作品が歌詞に頻繁に引用されている。もの悲しくも美しいアトモスフェリック・ブラックメタル。

Drudkh

Atmospheric Folk Black Metal

Forgotten Legends
Supernal Music — 2003

ハルキウで 2002 年に結成。今作は結成の翌年にリリースされた 1st フルレングス。Hate Forest などもよく音源出していたイギリスの Supernal Music からのリリース。同時に Slavonic Metal からカセットも出され、2005 年にはフィンランドの Northern Heritage Records から 12 インチも 400 枚限定で発売された。2009 年には Season of Mist Underground Activists からリマスター盤も出ている。Roman がギター、ベースを、Thurios がボーカルとキーボードを担当。また、Blood of Kingu に在籍していた Yuriy Sinitsky がゲストでドラムをプレイしている。寂寥感が漂うロウなサウンドで、物憂げながらもどこか優しげなメロディーがスローテンポで展開される。1st にして完成された世界観を呈していることに驚かされる。

Drudkh

Atmospheric Folk Black Metal

Autumn Aurora
Supernal Music — 2004

1st リリースの半年後に発売された 2 枚目のフルレングス。今回も Supernal Music からのリリースで、1st 同様に Slavonic Metal からカセットが、2005 年に Northern Heritage Records から 12 インチが、2009 年には Season of Mist Underground Activists からリマスター盤 CD や 12 インチが出ている。オリジナルメンバーの Roman、Thurios に加え、かつて Thurios とともにペイガン・ブラックメタル Astrofaes に在籍し、現在独りブラックメタル Underdark などで活動する Amorth がキーボードとして正式メンバーに。今作でも Yuriy がセッションドラマーとして参加している。2nd フルレングスとなるこのアルバムでは「秋」をテーマにしており、フォーキッシュな旋律を織り交ぜつつメランコリックな秋を音で表現している。

Drudkh

Atmospheric Folk Black Metal

Лебединий шлях (The Swan Road)
Supernal Music — 2005

2nd の約 1 年後にリリースされた 3 枚目のフルレングス。今回も初回は Supernal Music からのリリースで、同年に Northern Heritage Records から 12 インチが、2008 年にはドイツの Eisenwald からタイトルが『The Swan Road』と英語表記に差し替えられたものが 12 インチで出ている。2010 年には Season of Mist Underground Activists からリマスター盤 CD、12 インチが発売された。ラインナップは前回と同じ 3 人だが、2nd でキーボードを演奏していた Amorth がドラムをプレイしている。イントロ後、突然ブラストビートが炸裂し、これまでに比べるとぐっとブラックメタルらしさが強くなっているが、ペイガンでアトモスフェリックなムードは依然保たれている。また、7 曲目では 1937 年生まれの Igor Rachok という老人によるバンドゥーラ演奏が聴ける。

Drudkh

Atmospheric Folk Black Metal

Кров у наших криницях (Blood in Our Wells)
Supernal Music — 2006

3rd の 1 年後にリリースされた 4 枚目のフルレングス。今回もいつもの Supernal Music からのリリースで、Northern Heritage Records から 12 インチ、2008 年には Eisenwald からも英語表記タイトル『Blood in Our Wells』の 12 インチ、そして 2010 年には Season of Mist Underground Activists から再発 CD、12 インチが出ている。ラインナップは 3rd と同じ 3 人。今作は、ユダヤ人虐殺との関与が疑われ、「ファシスト」と諸外国から非難されながらも、ウクライナにとっては民族解放運動の指導者とされるステパーン・バンデーラに捧げられているそうだ。また、3rd でもそうだったが、数曲でウクライナの詩人たちの詩が歌詞に使われている。カバーに使用されている絵画は、19 世紀に活躍したロシアの画家ヴァシリー・ペロフによるもの。いつもの生々しいロウなサウンドで、エピックさすらも感じさせる叙情的なメロディーが奏でられる。

Drudkh

Atmospheric Folk Black Metal

Пісні скорботи і самітності (Songs of Grief and Solitude)
Supernal Music　　　　2006

4th の半年後にリリースされた 5 枚目のフルレングス。初回は Supernal Music、翌年に Northern Heritage Records から 12 インチ、2009 年に Eisenwald からも 2 種類の 12 インチが出ている。Season of Mist Underground Activists からも 2010 年にリマスター盤 CD、12 インチが発売された。Amorth が前作を最後に脱退し、Blood of Kingu に在籍していた Vlad と Krechet が加入。今作では、Roman がギター、Thurios と Vlad がキーボード、Krechet がベースとキーボードを演奏している。収録曲 7 曲すべてインストで、ブラックメタル要素は皆無のフォーキッシュでゆったりとした曲が揃う。ただ、どことなく闇が漂う辺りはさすが Drudkh。いくつかの曲は、過去にリリースした作品の要素が取り入れられている。

Drudkh

Atmospheric Folk Black Metal

Відчуженість (Estrangement)
Supernal Music　　　　2007

5th リリース後、1st〜4th の 12 インチボックスセットを Eisenwald からリリース。その後 2007 年に 2 曲入り EP の 10 インチを Supernal Music から出している。間もなくして 6th フルレングスを同じく Supernal Music からリリースした。これまで同様、翌年には Northern Heritage Records から 12 インチ、2010 年には Season of Mist Underground Activists からリマスター盤 CD、12 インチが発売された。ラインナップは 5th と同じ 4 人。10 分超えが 3 曲も続く今作は、ウクライナの詩人であり政治活動家の Oleh Olzhych の詩がすべての歌詞に引用されている。5th では全曲フォークインストだったが、またブラックメタル路線にしっかり戻り、彼ららしい哀愁を感じさせる切なくエモーショナルな曲を聴かせてくれる。

Drudkh

Atmospheric Folk Black Metal

Microcosmos
Season of Mist Underground Activists　　　　2009

6th から 2 年の時を経てリリースされた 7 枚目のフルレングス。Season of Mist Underground Activists にレーベルを乗り換えてからは初の作品となる。同年に 12 インチやボックスセットバージョンも発売されている。また全ジャンルのメタルを取り扱うロシアのメジャーレーベル Союз からも CD が発売された。ラインナップは前回同様の 4 人。今作でもインスト曲以外ではウクライナの詩人の詩が歌詞に引用されている。メロウなギターソロや繰り返される美しいギターリフに、籠もったボーカルが咆える。全体をかすかにうっすらと靄が覆っているかのようなロウな音質が作品に神秘性を与えている。カバーの写真は、ウクライナのカルパティア山脈で撮られたものだそう。デザイン、アートワークを担当したのは、2005 年からデザイン面で Drudkh に協力している Sir Gorgoroth。

Drudkh

Atmospheric Folk Black Metal

Пригорща зірок (Handful of Stars)
Season of Mist Underground Activists　　　　2010

7th の約 1 年後にリリースされた 8 枚目のフルレングス。今回も同時にボックスセット、12 インチなどが Season of Mist Underground Activists からリリースされている。ボックスセットは 2CD 仕様で、ポーランドのペイガン・ブラック Sacrilegium や、チェコのエクスペリメンタル・ブラック Master's Hammer のカバー曲も収録されている。さらには、古い詩を頻繁に引用している Drudkh らしい特典なのだが、羽ペンとインクもセットでついてくる。ラインナップはいつもの 4 人で、今回アートワークを担当したのは Alcest などのカバーアートも手掛け、シューゲイザー・ブラックメタル Amesoeurs でも活動していたフランス出身の Fursy Teyssier。今作では音質がだいぶクリアになっており、まるでポスト・ブラックメタルを感じさせるパートが増えた。

Ukraine 041

Drudkh

Atmospheric Folk Black Metal

Вічний оберт колеса (Eternal Turn of the Wheel) 2012
Season of Mist Underground Activists

8th リリースから約1年半の時を経てリリースされた9枚目のフルレングス。Season of Mist Underground Activists から12インチとともにリリースされた。また、これまでの作品もそうだったのだが、Roman の運営していたレーベル Night Birds Records からカセットも500本出ている（このレーベルはすでに閉鎖されているが、ブラックメタルの音源をカセットで再発していた）。ラインナップは、Thurios がヴォーカル、キーボード、Roman がギター、ベース、Krechet がベース、キーボード、Vlad がドラム、キーボードをプレイしており、キーボーディストが3人体制になっている。8th で一気にポストメタル色が強くなったが、結成から10年たった今作でもやはり、初期のローファイでアトモスフェリックな印象は薄れ、メランコリックなムードは保ちつつもスタイリッシュなブラックメタルになっている。

Drudkh

Atmospheric Folk Black Metal

Борозна обірвалася (A Furrow Cut Short) 2015
Season of Mist Underground Activists

9th を出した後、イギリスのブラックメタル Winterfylleth とのスプリットを12インチで発表。同時に、Sacrilegium、Master's Hammer、ポーランドのブラック/ゴシックメタル Hefeystos、チェコのブラックメタル Unclean などのカバーが収録されたコンピレーションもリリースしている。今作は 9th の3年後にリリースされた10枚目のフルレングス。Season of Mist Underground Activists から CD、12インチでリリースされ、同時にフランスの Never Dead からパッチ付きのカセットが100本限定で発売されている。ラインナップは 9th と同じ。そしてやはり全曲、歌詞はウクライナの様々な詩からの引用だ。8th 辺りからポスト・ブラックメタル化していた Drudkh だが、10th となる今作では、美しくも力強さを感じさせるブラックメタルスタイルに戻っている。

Drudkh

Atmospheric Folk Black Metal

Їм часто сниться капіж (They Often See Dreams About the Spring) 2018
Season of Mist Underground Activists

10th リリース後、ノルウェーのプログレッシブ・ブラック Hades Almighty や、スウェーデンの独りブラックメタル Grift、スイスのアンビエント・ブラック Paysage d'Hiver とのスプリットを立て続けにリリース。そして、10th からまた3年の月日を経て、11枚目のフルレングスがリリースされた。Season of Mist Underground Activists から12インチやカセットとともに発売。ラインナップは前回と同じ。10th でポスト・ブラック化に歯止めがかかり、以前の Drudkh を思わせるサウンドになっていたが、12th の今作では再びポスト感を漂わせている。しかし、音質こそクリアなものの、情景が思い浮かぶようなダイナミックでアトモスフェリックなムードは絶妙で、かつての Drudkh に通ずるものがある。

Drudkh

Atmospheric Folk Black Metal

Slavonic Chronicles 2010
Season of Mist Underground Activists

8th フルレングスのリリース後に出された2曲入りの2ndEP。Season of Mist Underground Activists から10インチで発売された。2016年にはフランスの Osmose Productions からもリイシュー盤が10インチで出ている。ラインナップはお馴染みの4人。マスタリングは、Season of Mist の創設者 Michael Berberian Senior が行った。今作は、ポーランドのペイガン・ブラック Sacrilegium と、チェコのアヴァンギャルド・ブラック Master's Hammer のカバー曲のみが収録されている。ペイガニックな Sacrilegium の曲は物悲しげな雰囲気を残しつつ、音圧が強めのヘヴィな仕上がりに、前衛的な Master's Hammer の曲は怪しさはキープしながらアトモスフェリックなカバーになっている。

042　Eastern European Black Metal Guidebook 2

「ウクライナに栄光あれ！」と絶叫しておきながら後年EDMに傾斜

Dub Buk

出身地 ハルキウ　　　　　　　　　　**活動時期** 1997 〜 2015
主要人物 I.Z.V.E.R.G.　　　　　　　　**メンバー** I.Z.V.E.R.G.(Vo.Ba), Istukan(Gt), Vsesvit(Dr)
類似バンド **世界** Absurd, Goatmoon, **東欧** Nokturnal Mortum, М8Л8ТХ, Burshtyn, Obtest

　　ハルキウで 1997 年に結成。I.Z.V.E.R.G.（Vo.Ba）、Istukan（Gt）、IngWAR（Gt.Vo）、Vsesvit（Dr）、Kvita Knyazhe（Key）によって活動が始まる。
　　結成の翌年 1998 年に、1st デモ『Місяць помсти』を自主制作のカセットでリリース。当時は IngWAR がボーカルとギターを務めており、後にベースボーカルとして活躍する I.Z.V.E.R.G. はベースのみを演奏していた。1999 年には 2nd デモ『Засинає та уві сні помирає』、1st、2nd デモが収録されたコンピレーションを出している。
　　2002 年、1st フルレングス『Іду на ви!』を、ペイガン系に強いポーランドのレーベル Eastside から CD で発売。今作からボーカルは I.Z.V.E.R.G. が担当している。衝動性を感じさせるギターリフにシンフォニックなキーボードが重なり、そこに国粋的な歌詞が乗る「Слава Україні!」は Dub Buk の名曲とされている。2003 年には、ルーマニアの Negură Bunget やポーランドの Besatt など計 5 バンドとともにスプリットを発表。同年に 2nd フルレングス『Русь понад усе!』をリリース。今作では IngWAR がプレイするのを辞めており、正式メンバーは 4 人での制作となった。しばらく間を空け、2010 年に 3rd フルレングス『Мертві сорому не ймуть』をリリース。2012 年に Burzum のカバー曲などが収録された 3 曲入り EP『Under the Solar Sign』をリリース。そして 2014 年には最後の音源となる 4th フルレングス『Цвях』を発表した。この頃には、1st フルレングスのような国粋的ペイガンらしさは無くなって別バンドのようになっている。
　　2015 年の 9 月 19 日、ウクライナで開催されたフェス（Nokturnal Mortum や Khors なども演奏した）の出演を最後にバンドは解散。しかし、オリジナルメンバーの I.Z.V.E.R.G. と Vsesvit は、現在ペイガン・ブラックメタル Burshtyn で共に活動している。また、余談ではあるが、ロシアの人気フォークメタルバンド Arkona のボーカリストである Masha も、Dub Buk を好きなバンドのひとつとして挙げている。

Dub Buk

Pagan Black Metal

Іду на ви!
Eastside — 2002

ハルキウ 1997 年に結成。後にブラックメタル Burshtyn を結成するメンバーらによって活動が始まる。2015 年には解散。反ユダヤ・キリスト教を掲げており、また歌詞などから NS ブラックとも見做されている。今作はポーランドの Eastside からリリースされた 1st フルレングス。同年にウクライナの Kolovrat Productions からカセットも出ている。また、2006 年には日本の Battlelord Productions からタイトルが『Иду на Вы!』となったものが CD でリリースされた。ラインナップは、ベース、ボーカルの I.Z.V.E.R.G.、ギターの IngWAR と Istukan、ドラムの Vsesvit、キーボードの Kvita Knyazhe。スラッシーながらもペイガン味のあるリフで、さらには「ウクライニ！ スラヴァ（栄光）！」という掛け声が入る辺りからもだいぶ国粋主義的雰囲気が感じられる。

Dub Buk

Pagan Black Metal

Русь понад усе!
Eastside — 2003

1st リリース後、ルーマニアの Negură Bunget やポーランドの Besatt、チェコの Inferno らとのスプリットを、ドイツの Undercover Records からリリース。そして、1st から 1 年半ほどで 2 枚目のフルレングスとなる今作を発表した。今回も同年に Kolovrat Productions からカセットが出され、2007 年にはオランダの Blazing Productions から 12 インチも発売された。ギターの IngWAR が脱退し、ラインナップは残りの 4 人となる。ゲストで、Nokturnal Mortum でキーボードを弾いていた Sataroth がボーカルとして参加している。ロウなサウンドは相変わらずで、1st よりもスラッシュ感が強まっていると思いきや、突然 EDM のようなサウンドが流れたりして一体どこに向かっているんだ？と驚かされる。なお、2 曲目はロシアの NS ブラックサークル Blazebirth Hall に捧げられている。

Dub Buk

Pagan Black Metal

Мертві сорому не ймуть
Eastside — 2010

2nd から実に 7 年の時を経てリリースされた 3 枚目のフルレングス。今回も Eastside からのリリースで、2015 年には 12 インチが 195 枚発売されている。このアルバムは、同郷のブラックメタル Lucifugum の元メンバーで睡眠中に亡くなった Bal-a-Myth、Blazebirth Hall の創設メンバーで刺殺された Ulv Gegner Irminsson などに捧げられている。ラインナップは 2nd と同様の 4 人。レコーディング、マスタリング、ミキシングなどは Istukan が担当しており、元 Nokturnal Mortum の Munruthel もレコーディングを手伝っている。1st では国粋主義満載な曲を、2nd ではなぜか EDM を無理矢理ミックスさせたような曲までもやっていたが、3rd の今作はこれまでの作品に比べるといくらか落ち着いている。ハチャメチャ感が減り、少し物足りない気がしなくもない。

Dub Buk

Pagan Black Metal

Цвях
Eastside — 2014

3rd リリース後、Burzum のカバー曲などが収録された 3 曲入り EP をリリース。そして、2004 年に 4 枚目のフルレングスをリリースした。いつもと同じ Eastside からのリリースだが、今回は正式メンバーがベース、ボーカルの I.Z.V.E.R.G. のみになってしまった。他の楽器などは誰が担当しているのか不明。そして見てわかる通り、これまでのアルバムのカバーアートと比べると、だいぶ雰囲気が変わり、まるでインダストリアル・ブラックメタルのようなアートワークになっている。音質もクリアで演奏もキレていて、一気にパワーアップしメジャーバンドの風格すら帯びている。初期のキーボードを織り込んだテンション高めなペイガンサウンドや、国粋主義的要素は消えているが、歌詞は相変わらずウクライナ語だ。スウェーデンのデスメタル Unleashed のカバー曲も収録されている。

044　Eastern European Black Metal Guidebook 2

Echalon

Melodic Black Metal

Hurrungane | 2014
Winterrealm Records

ヘルソンで 2010 年に活動開始。ブラックメタル Demonium や、ペイガン・ブラックメタル Гетьман でも活動する Cerberus の独りブラックメタル・プロジェクトだ。今作は 1st フルレングスで、オーストラリアのレーベル Winterrealm Records からリリースされた。デジタル音源も出ている。Cerberus がボーカル、全楽器の演奏、作詞作曲からレコーディングやミキシングなども一人で手掛けている。寒々しさが伝わってくるアートワークは、Гетьман のデザインやアートワークも担当している Evgeniy "Derelict" Omelchuk によるもの。独りブラックにしては音も割と厚めで、クリーンボイスで歌い上げたり、しっとりと聴かせるパートなどもあったりして、知名度は低いものの良質なメロディック・ブラックメタルを演奏している。

Ego Depths

Funeral Doom Metal

Equilibrium Sickness | 2009
Arx Productions

ドネツィクで 2007 年に活動開始。現在はカナダのモントリオールに拠点を移している。Stigmatheist こと Vladimir Kryuchkov によるワンマン・プロジェクトだが、彼は独りエクスペリメンタル・ブラック Blutenstrasse でも活動している。今作は 1st フルレングスで、ウクライナの Arx Productions から 500 枚リリースされた。同時にデジタル音源も出している。引きずるような重たくスローなテンポと低いグロウルはフューネラル・ドゥーム調なのだが、時折ノーマルボイスでささやいたりもしている。またメランコリックなギターリフなどは、ゴシックメタル、アトモスフェリック・ブラックすら感じさせる。本人はフューネラル・ドゥームという言葉を使わず、「エクスペリメンタル・ドゥーム」と言っているが、確かにそちらの表現の方が正しいかもしれない。

Elderblood

Symphonic Black Metal

Messiah | 2016
Osmose Productions

ハルキウで 2011 年に結成。1st フルレングスはアメリカの Paragon Records からリリースされたが、2nd となる今作はフランスの Osmose Productions に移籍してのリリース。ラインナップは、ボーカル、ギター、ベース、キーボードの Astargh と、ドラムの Odalv。二人ともオリジナルメンバーであり、元 Nokturnal Mortum のメンバーでもある。ゲストで Yaroslav Mysik という男性がピアノを弾いている。カバーアートは、アンビエント・ブラック Moloch などのアートワークも担当するロシア出身の S. Mortem と、Valeria Veryovkina という女性が手掛けている。デス っ気も含んだ勢いのあるシンフォニック・ブラックで、ヘヴィでありながら程よくメロディアス。ギターリフやキーボードも大仰ながらもタイトにキマっていて違和感がない。

Endless Battle

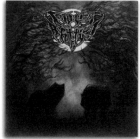

Black Metal

Brotherhood of Hate | 2013
Werewolf Promotion

ドニプロで 2009 年に結成。1st デモをドイツの Hammerbund からリリースした後に、1 枚目のフルレングスとなる今作を Werewolf Promotion から 1000 枚リリース。ウクライナの Ancient Nation Productions との共同リリースだ。2015 年には、Mayhem のカバー曲が追加されたものが同レーベルからカセットで発売されている。ラインナップは、ペイガン・ブラック Zgard にも在籍していたギター、ボーカルの Dusk、ペイガン・ブラック Khors の元メンバーで、アトモスフェリック・デス / ドゥーム Nagual にも在籍するベース担当の Nort、独りブラックメタル Морок や Bezmir で活動する Severoth の 3 人編成。プリミティブな音質でドラムがドコドコ響くオールドスクールなブラックメタルを演奏している。

Endlesshade

Atmospheric Death/Black Doom Metal

Wolf Will Swallow the Sun 2015
Rain Without End Records

キエフで 2012 年に結成。今作はカナダの Rain Without End Records からリリースされた 1st フルレングス。ラインナップは、メロディック・デスメタル Inner Maze にも在籍していたボーカルの Natalia Androsova、ギターの Yuriy Politko と Mikhail Chuga、シンフォニック・スラッシュ Mikhail Chuga のメンバーでもあるキーボードの Olha Bedash、フォーク / ヴァイキングメタル Miellnir でも活動するドラムの Artem Ivanov。ベースは Igor Prud という人物がゲストでプレイ。ボーカルの Natalia は麗しい女性なのだが、見た目からは想像もつかない鬼気迫るドスの効いたグロウルを聴かせてくれる。そこにポスト系、アトモスフェリック系のリスナーにもアプローチできるような、なんとも儚げで物憂げな旋律が乗る 1 枚。

Erih

Depressive Black Metal

Erih II 2014
Vacula Productions

ロシアとの国境にほど近いウクライナ東部に位置するソロキネで、2009 年に活動開始。名前を何度か変更しており、2012 年にいったん活動休止し翌年には復活したものの、2014 年には活動停止している。今作は 2nd フルレングスで、ウクライナの Vacula Productions からリリースされた。曲名が英語になったデジタル音源も出ている。ラインナップは不明なのだが、解散時のメンバーは、創設メンバーの Erih と、現在は独りブラックメタル Betula、スラッシュ / デス T.O.R.N.A.P.A.R.T.、スラッシュ / ブラック Темніч などで活動する Rodoslov こと Olexandr Pahotin だったので、おそらくこの二人によるものだと思われる。ロウなサウンドクオリティで、鬱々としつつもどこかメロウなリフと絶叫がこだまするデプレッシブ・ブラック。2011 年のライブ音源も 1 曲収録されている。

Eskapism

Atmospheric Black Metal

Tales of Elder Forest 2017
Sendust Records

リヴィウで 2015 年に結成。Kroda や Paganland などにも在籍する Zymobor こと Dmytro Krutyholova と、ゴシック・デス / ドゥーム Полинове Поле や、Zymobor とともにメロディック・デスメタル ForceOut などでも活動する Dyvozor のユニット。今作は 1st フルレングスで、初回はウクライナの Sendust Records からリリース。翌月にはポーランドの Wolfspell Records から CD も発売されており、デジタル音源も出ている。Zymobor がボーカル、ギター、ベース、プログラミング、Dyvozor がキーボードとベースを演奏。キーボードがアトモスフェリックなムードを醸し出しつつ、その上にダイナミックで力強いメロディアスなギターリフが冴えわたる。メロディック・ブラックメタルファンにも推薦できる 1 枚だ。Coldworld のカバー曲収録。

Evil Palace

Symphonic Black Metal

Born in Darkness 2011
Immortal Frost Productions

ジトームィルで 2011 年に結成。今作は結成年にリリースされた 1st フルレングスで、ベルギーの Immortal Frost Productions から 300 枚限定でリリースされた。同時にデジタル音源も出ている。ラインナップは、ボーカルの Sid と、ブラック / デス Unholy Triumphant や独りブラックメタル Afsked などでも活動するギター、ベース、ドラムプログラミング、キーボードの Wolfheart。ゲストでベースを演奏しているのは、以前この 2 人で Dusk of Eternity というデス / ブラックバンドをやっていた Astaroth。ロウなサウンドの獰猛なギターリフに、プログラミングの激烈なブラストビートが炸裂する。そこに神聖ささすら感じさせるキーボードの音色が合わさり、アンダーグラウンドながらもなんとも不思議な魅力を放つアルバムになっている。

Extravaganth

Stoner/Black Metal

Snuff　2017
Depressive Illusions Records

ハルキウで 2016 年に活動開始。Extravaganth という人物によるワンマン・プロジェクトだ。今作は 1st フルレングスで、Depressive Illusions Records から CD-R、カセットがそれぞれ 66 枚限定でリリースされている。Extravaganth が一人ですべてを担当。カバーアートがブラックメタルとは違う方向性で過激なのでどんな音楽なのかと思いきや、これが意外とまともで驚かされる。ストーナーっぽくもあり、クラストパンクらしさも含んだ曲をやっており、ボーカルスタイルもかなり地声に近く、そこがまたクラストらしさを醸し出している。歌詞は不明だが、曲のテーマもセックスや魔女についてのようで、どことなくレトロなサイケデリックさも感じさせ、ブラックメタルというより、ストーナーメタル、エクスペリメンタルメタルとカテゴライズした方がしっくり来そうだ。

Fausttophel

Symphonic Black Metal

Жажда забвения　2013
Another Side Records

ポルタヴァで 1999 年に結成。詳細は不明だが、2 人のメンバーが亡くなっていて、2001 年には活動を停止。2009 年にはロシアのオブニンスクに拠点を移して再結成している。現在のメンバーは、ブラックメタル Ravenant にも在籍し、オリジナルメンバーでもあるボーカル、ギター、ベース、ドラム担当の Alexander Savinykh と、彼とともに Ravenant で活動し、2009 年から加入したボーカル、キーボード担当の Valentin Samokhin の二人。再結成以前には音源を出していないようで、今作が初の音源で 1st フルレングス。ウクライナの Another Side Records からのリリースで、デジタル音源も出ている。フィーメールボーカルやキーボードも入った、シンフォニックなメロディック・ブラックメタル。ボーカルやギターリフはデス寄りな部分もあり、メロディック・デスファンにも推薦できる。

Finist

Power/Folk Metal

Awakening　2005
Ancient Nation Productions

ハルキウで 2002 年に結成。Nokturnal Mortum、Aryan Terrorism などで活動していた Saturious と、Nokturnal Mortum の作品に度々ゲスト参加し、現在 W. Angel's Conquest のフロントマンである W. Angel の 2 人で活動が始まった。今作は 2 枚目のフルレングスで、ウクライナの Ancient Nation Productions とロシアの Stellar Winter Records の共同リリースで CD とカセットが発売された。リリース時にはすでに W. Angel は脱退しており、Saturious がボーカルおよび楽器を担当。ゲストで元 Nokturnal Mortum の Wortherax らも参加している。さすが Aryan Terrorism でも活動していただけあって歌詞はかなりレイシズムに満ちているのだが、曲自体はアニメのオープニング曲かと思うようなキャッチーなパワーメタル。

Fleurs du Mal

Depressive Black Metal

And I Can Suffer Crying Blood　2013
Independent

リウネで 2011 年に結成。バンド名はフランス語で「悪の華」という意味で、フランスの詩人ボードレールの詩集のタイトルでもある。今作は 1st フルレングスで、初回は自主制作のデジタル音源としてリリース。数ヶ月後にニュージーランドの Swampkult Productions から CD も出ている。また、2017 年にはウクライナの Vacula Productions からリイシュー盤 CD も発売された。ラインナップは、ギター、ボーカルの Oleg Muzyka、ギターの Vadim Olegovich、ポスト・ブラック Montes Insania でも活動するボーカル、キーボードの Montes Insania、ドラムの Eduard Belyi。うっすらとキーボードが漂うアトモスフェリックなメロディーに、儚げでアンニュイなトレモロリフとデプレッシブな咆哮が響き渡る。

Ukraine　047

Forgotten Spirit

Symphonic Folk Black Metal

The Masters of Slavonic Forests　　　1997
Ukragh Productions

スームィで 1997 年に結成。デモを 1 タイトルだけ出して 2001 年には解散している。ボーカルにツインギター、ベース、キーボード、ドラムの 6 人編成で、メンバー全員他のバンドでは一切活動しておらず、個々の現在の活動状況もまったくわからない。最初で最後の音源となってしまった今作は、ウクライナの Ukragh Productions からカセットでリリースされた。残念ながら再発盤 CD などは一切出ていない。クサめのギターリフに大仰なキーボードが織りなすブラックメタルで、かなりロウなサウンドクオリティの割にはメロディーが秀逸。タイトルからもわかるように、スラヴォニック・ペイガニズムをテーマにしており、それがシンフォニックなサウンドにもうまく上乗せされている。このまま活動を続けていたら名盤をリリースしていたのではないかと思われるレベルで、このデモだけで解散してしまったのがなんとも惜しまれる。

Funeral Tormently

Atmospheric Black Metal

Tragic Autumn　　　2012
Depressive Illusions Records

キエフで 2011 年に活動を開始。独りブラックメタル Morrokk でも活動し、ラトビアとのインターナショナル・ブラックメタルユニット ...Sick of Life にも在籍していた Pierrot こと Olexiy によるワンマン・ブラックメタル・プロジェクト。2011 ～ 2013 年まではかなりハイペースでデモや EP などの音源を出していて、同郷の独りデプレッシブ・ブラック Vitaliy Sytnik ともスプリットを出している。今作は Depressive Illusions Records から 300 枚限定の CD-R でリリースされた 1st フルレングス。ギターやベース、ドラムは一切使用されておらず、おそらくキーボードとサンプリングのみで作られた 4 曲が収録されている。終始、雨音や風の音が流れ、そこに物寂しげなキーボードの旋律とこもったボーカルが湿っぽく重なり合う。

Gardarika

Pagan Black Metal

Волкодав　　　2007
Volh Records

ザポリージャで 1999 年に結成。デモ、EP、フルレングスをそれぞれ 1 本ずつリリースし、2009 年に解散。メンバーの何人かは右傾化し、現在は RAC バンド Арья Варта で活動している。今作は 2007 年に発表された 1st フルレングスであり、バンド最後の作品。ペイガン・ブラック系を扱うロシアのレーベル Volh Records から 1000 枚リリースされた。ラインナップは、ギター、ボーカルの Andriy Banakh、ギターの Yuriy Kurgan、ベースの Andriy Grebennikov、ドラムの Alexandr Zabirka。アルバムタイトルは、ロシアのファンタジー作家 Maria Semenova の作品名に由来している。全体的にもっさりとしているものの、フォーキッシュでどことなくドゥーミーな雰囲気が漂うペイガン・ブラックメタルだ。

Gjallarhorn

Pagan Black Metal

Із серця наповнюю чашу свою　　　2014
Eastside

ヘルソンで 2004 年に結成。同名のバンドがイタリアやロシアにもいるが、こちらはウクライナのペイガン・ブラックメタルバンド。現存するメンバーは、ブルータル・デスメタル Entrails Putrefaction で活動していたドラム Helg 以外、他のバンドでの活動歴は無い。数度のメンバーチェンジを経て、デモや EP、同郷のペイガン・ブラック Гетьман やカナダのフォークメタル Fjörd などとスプリットも出している。今作は 2nd フルレングスで、ポーランドの Eastside からのリリース。同時にデジタル音源も出ているが、タイトルは『From Heart of Mine I Fill the Chalice』と英語に差し替えられている。ペイガニックなメロディーががむしゃらに奏でられ、泥臭く突然疾走したりするペイガン・ブラックを聴かせてくれる。

Goliard

Symphonic Black Metal

Artissimae Tenebrae 2004
Griffin Music

リヴィウで1999年に結成。2004年にウクライナのGriffin Musicから1stフルレングスの今作を1000枚リリース。現在、活動停止はしていないものの、このアルバムリリース以降特に活動している様子は無い。しかしこのタイトルはデジタル音源にもなっている。ラインナップはボーカルのDmytro Maykovich、一時期Paganlandにも在籍していたギター、キーボード、ドラムプログラミングのOleksandr Denysenko、デス／ドゥームApostateでも活動するベースのOleksandr Kostkoの3人。サウンドクオリティは良くないのだが、曲によってはギターの音を抑えてこれでもかと主張するキーボードが響き渡るシンフォニック・ブラック。垢抜けなさはあるが、意外にもメロウなギターリフが聴ける。中盤にはEmperorのカバー曲も入っている。

GreyAblaze

Post Black Metal

GreyAblaze 2016
Ashen Dominion

ハルキウで2013年に結成。元Nokturnal MortumのAstargh と Odalv、ペイガン・ブラックメタルバンドKhorsでも活動するHelgが在籍している。今作は1枚目のフルレングスでバンド初の音源。ウクライナのAshen Dominionから500枚限定でリリースされ、デジタル音源も出ている。結成時の2013年から上記3人のメンバーが在籍しているようだが、今回はAstarghがボーカル、ギター、ベース、キーボードを担当しており、ワンマン状態での制作だった模様。歌詞はHelgがすべて手掛けている。しっかりオーソドックスなブラックメタルの雰囲気を残しつつ、ポスト・ブラック的な煌びやかなメロディーは壮大さすら感じさせる。アトモスフェリック・ブラック好きにもアプローチできるような、美しく儚げでメロディアスな曲が揃うアルバムだ。

Gromm

Primitive Black Metal

Счастье - это когда тебя нет... (Happiness - It's When You Are Dead...) 2005
Blackmetal.com

チェルニーヒウで2001年に結成。アメリカのブラックメタルEndless Blizzardやポーランドのプリミティブ・スラッシュ／ブラックWings of Warなどとスプリットも出している。今作は1枚目のフルレングスで、最初はチェコのRavenheart Productionsからカセット300本と非オフィシャルのCDが出されている。同年にアメリカのBlackmetal.comからCDが正式リリースされた。ラインナップは、ボーカルのNabath、スラッジメタルKeepleer 18でも活動するギターのBaalberith、ベースのd'Raven、ロシア出身で現在はウクライナのブラックメタルLugburz Sleedに在籍するドラムのKarmaged。ミドルテンポのプリミティブ・ブラックメタルで、時折挟み込まれるメロウなギターソロなど、聴きどころが散りばめられている。

Grotesque Orchestra

Symphonic Black Metal

Delusions of Grandeur 2015
Massive Sound Recordings

スロヴァキアとハンガリーの国境にほど近い都市ウージュホロドで2009年に活動開始。活動開始時は、画家としても活動し、メロディック・デス／ブラックBloody TerrorやパワーメタルMajesty of Revivalにも在籍していたGroteskによるワンマン・プロジェクトだった。今作は2枚目のフルレングスで、Massive Sound Recordingsからデジタル音源でリリースされた。Groteskがボーカルとオーケストレーション、ロシア出身でロシアのペイガン・フォークFuneral Moonやシンフォニック・ブラックVintergataでも活動するNorttiがボーカル、そしてMajesty of Revivalの創設メンバーでもあるPowerSquadがギターをプレイ。時に神聖さをも漂わせるエピックなシンフォニック・ブラックで、中盤からはインスト曲になっている。

反共パルチザンやニーチェ主題にしつつもNSBM疑惑は否定する

Hate Forest

出身地 ハルキウ　　　　　　　　**活動時期** 1995 〜 2004
主要人物 Roman Saenko, Thurios　**メンバー** Roman Saenko(Vo.Gt.Ba), Thurios(Vo.Gt)
類似バンド **世界** Ildjarn, Darkthrone **東欧** Drudkh, Blood of Kingu, Astrofaes, Graveland

　ハルキウで 1995 年に結成。現在 Drudkh で活動する Roman Saenko と Thurios のツーピースバンドとして始まった。1999 年に 1st デモ『Scythia』をラトビアの Beverina Productions からリリース。その後も EP2 本とデモ 1 本を出し、2001 年に 1st フルレングス『The Most Ancient Ones』をイギリスの Supernal Music からリリース。今作にだけ Khaoth(現在は Khors などで活動) が参加し、ドラムプログラミングを担当している。間を開けずに 3rdEP、3rd デモ、2 本のコンピレーションを発表し、2003 年には 2nd フルレングス『Purity』をリリース。相変わらずのロウでミサントロピックなブリザードサウンドながら、アンビエントらしさも少し含まれるようになった。同年に、初期デモのリハーサル音源や未発表デモが収録されたコンピレーションを出し、さらには 3rd フルレングス『Battlefields』をリリース。ウクライナのトラディショナルで素朴なフォークソングも数曲収録されている。

　2004 年には 4thEP『Resistance』を発表。この作品は、第二次世界大戦後にウクライナやバルト三国で起きた反ロシア・レジスタンスに捧げられた。続く 2005 年に 4th フルレングス『Sorrow』をリリース。フォークらしさを含んでいた 3rd とは一変して、初期作品を思わせるコールドな仕上がりになっている。翌年にはコンピレーション『Nietzscheism』、2007 年に 4th デモ、2008 年にギリシャのブラックメタル Legion of Doom とのスプリット、2009 年にはポーランドのペイガン・ブラック Arkona のカバー曲を含んだコンピレーション、2013 年にノルウェーのブラックメタル Ildjarn とのスプリットを最後にリリースした。

　2004 年にバンド自体は解散しており、解散以降に出た音源はすべて解散前に制作されていたものである。解散後、Roman と Thurios は、コンセプトは異なるものの Blood of Kingu を結成した。なお、Hate Forest は基本的に神話やニーチェイズム、愛国主義、自然などについて歌っているのだが、過去に NSBM の嫌疑がかけられたことがある。しかし、バンドとレーベルはそれを否定しているようだ。

Hate Forest

Primitive/Pagan Black Metal

The Most Ancient Ones　2001
Supernal Music

ハルキウで 1995 年に結成。2004 年には解散。1st フルレングスの今作は 2001 年に Supernal Music からカセットでリリースされた。翌年には同レーベルから CD、2005 年には Northern Heritage Records から 12 インチも出ている。なお、2010 年には Osmose Productions からリイシュー盤も発売された。Roman Saenko がボーカル、ギター、ベース、Thurios がボーカル、ギター、現在は Khors で活動する Khaoth がドラムプログラミングを担当。ビリビリとしたベースが不気味に蠢き、ロウなサウンドが実にミサントロピックな雰囲気を醸し出す、邪気の高いブラックメタルを演奏している。このくぐもった音質が、Roman のデスメタルライクなドスの効いたボーカルに、人間離れした気味の悪さを与えている。

Hate Forest

Primitive/Pagan Black Metal

Purity　2003
Supernal Music

1st リリース後、EP、デモ、2 本のコンピをリリース。そして、2003 年に 2 枚目のフルレングスとなる今作を、1st 同様に Supernal Music から発表した。さらに同年にドイツの Blut & Eisen Productions から 12 インチが、Slavonic Metal からはカセットが出ている。また、2010 年、2015 年と Osmose Productions から 2 度にわたってリイシュー盤が発売された。1st リリース後に Khaoth が脱退し、正式メンバーは Thurios と Roman の 2 人だけになってしまった。1st 同様にロウなサウンドで、プログラミングのブラストビートやツーバス音が終始アルバム全体に冷徹さを与えている。しかし今作から、Drudkh にも通ずるようなアンビエントでアトモスフェリックな愁いを帯びたメロディーが挿入されるようになった。

Hate Forest

Primitive/Pagan Black Metal

Battlefields　2003
Slavonic Metal

2nd と同年にリリースされた 3 枚目のフルレングス。初回は Slavonic Metal からカセットでのリリース。翌年に、Supernal Music から CD が発売されている。2005 年には 2nd 同様 Blut & Eisen Productions から 12 インチが出ており、2011 年には Osmose Productions からリイシュー盤 CD が発表された。ラインノップは 2nd と同じ 2 人。3rd となるこのアルバムでは、これまでのスタイルからは一変して、アンビエント色がやや濃くなっている。ただ、ドス黒さは相変わらずで、ミサントロピックなムードが全体を覆っている。今作では、ウクライナの伝統的なフォークソングも 4 曲収録されている。フォークソングとはいえ、楽器を使ったものではなく非常に素朴で、女性の声で歌われるウクライナ語の曲がとてつもなく物悲しい空気を演出している。

Hate Forest

Primitive/Pagan Black Metal

Sorrow　2005
Supernal Music

3rd リリース後、2 曲入り EP をリトアニアの Ledo Takas Records から 7 インチで発表。そして、2005 年に 4 枚目のフルレングスをリリースした。今回は Supernal Music からで、同年にフランスの Soldats Inconnus から 12 インチ、2006 年には主に NSBM 系の音源を取り扱うギリシャの Totenkopf Propaganda からカセットも出された。2011 年には他のフルレングス作品と同様に、Osmose Productions からリイシュー盤が発売されている。今作もラインナップは Thurios と Roman の 2 人のみ。前作の 3rd ではアンビエントらしさが増して、なおかつフォークソングまで挟み込まれていたが、4th となる今作はブルータリティに満ちて 1st に回帰したように思われる。アンビエントなムードは排除され、厭世的な空気にまみれ荒涼としたアルバムだ。

Ukraine　051

Hexenmeister

Post/Depressive Black Metal

...and Life in Insomnia
Arx Productions
2010

ドネツィクで 2004 年に活動開始。独リブラックメタル Selvmord やアヴァンギャルド・ブラック Aeon 9 などで活動する Bran こと Vladimir Sokolov によるワンマン・プロジェクトとして始まる。2011 年にはブラックメタル До Скону や Balance Interruption、テクニカル・デスメタル Brilliant Coldness などで活動する Erasmius こと Dmitry Kim が加入し、現在は 2 人編成。今作は 1st フルレングスでウクライナの Arx Productions から 500 枚限定でのリリース。Bran が一人ですべてを担当している。バンドロゴやカバーアートを見ると、スタイリッシュなポスト・ブラックでも演奏しているのではと思うが、意外にも痛ましいデプレッシブスタイルの絶叫ボーカルが響き渡る。ただ、メロディーラインはそこまで鬱々とはしておらず、デプレッシブとポストを融合させたようなアルバム。

Holy Blood

Folk/Death/UnBlack Metal

Волны танцуют
Musica Production
2005

キエフで 1999 年に結成。結成当初はハードコアやブルータル・デス / グラインドを演奏していた。今作は 2 枚目のフルレングスで、ロシアの Musica Production からリリースされた。同年にクリスチャンメタルを主に扱うアメリカの Bombworks Records からタイトルと曲名が英語に差し替えられたものも発売されている。ラインナップは、創設メンバーの Fedor Buzilevich、フォークメタル Oskord のメンバーでリードギターの Sergiy Nagorniy とドラムの Dmitry Titorenko、ブラックメタル Єврокліdон にも在籍していたリズムギターの Artyom Stupak、ベースの Eugeniy Tsesaryov、フィーメールボーカル、キーボードの Vera Knyazeva。笛の音色やメロディアスなギターリフが特徴的なフォークメタルだが、歌詞は天国やキリスト教について歌っている。

Ieschure

Atmospheric Black Metal

The Shadow
Iron Bonehead Productions
2017

リウネで 2015 年に活動開始。Lilita Arndt なる女性によるワンマン・ブラックメタル・プロジェクトだ。アンビエント・ブラック Moloch の作品にフィーメールボーカルとして何度かゲスト参加している。今作は 1st フルレングスで、ドイツの Iron Bonehead Productions から 500 枚リリースされた。同時にデジタル音源、12 インチも出ている。全楽器、ボーカル、ミキシング、マスタリングなど、すべて彼女が一人で行っている。また、ロゴ、写真は Moloch の Sergiy Fjordsson が手掛けた。何かに憑りつかれていそうな邪悪なシャウトと、どこか儚げな美しいクリーンボイスを使い分けており、夢の中を彷徨っているかのような気分にさせる不思議な世界観が魅力的。音質はプリミティブなものの、アトモスフェリックで愁いを帯びた独特なブラックメタルを聴かせてくれる。

Ignea

Symphonic/Progressive Metal

The Sign of Faith
Independent
2017

キエフで 2015 年に結成。2011 〜 2015 年までは Parallax というバンド名で活動していた。なお、本人たちはバンドの音楽性を「モダンメタル」と称している。今作は 1st フルレングスで、自主制作で CD とデジタル音源がリリースされた。ラインナップは、ボーカルの Helle Bogdanova、アディショナルボーカル、キーボードの Evgeny Zhitnyuk、ギターの Dmitri Vinnichenko、ベースの Xander Kamyshin、ドラムの Ivan Kholmohorov。イスラエルのメタルバンド Orphaned Land の元メンバー Yossi Sassi が 3 曲目でブズーキという楽器とギターソロをゲストでプレイ。中東を感じさせるエキゾチックなメロディーを大胆に取り入れており、クリーンで力強いフィーメールボーカルが率いるオリエンタルな曲を演奏している。

Kaosophia

Black Metal

Serpenti Vortex
Lamech Records
2017

キエフで2009年に結成。2009〜2011年までは Cotard Syndrome というバンド名で活動していた。今作は2枚目のフルレングスでスウェーデンの Lamech Records からリリースされた。同時に12インチ、カセットも発売されている。ラインナップは、ギターの XRT と DMNT、ベースの KRZ、ボーカルでブラックメタル Deferum Sacrum でも活動する Morthvarg の4人。Drudkh の元メンバーで独りブラックメタル Underdark などで活動する Amorth がゲストでドラムをプレイしている。カバーアートは、チェコのオリエンタル・エピック・ブラックメタル Cult of Fire などのアートワークも担当するスロヴァキアの Teitan Arts によるもの。1st では至極オーソドックスでこれと言った特徴の無いブラックメタルをやっていたが、今作ではメロディアスさも増し、曲にメリハリが効いている。

Kladovest

Atmospheric Black Metal

Escape in Melancholy
No Colours Records
2009

ドニプロで2004年に結成。フルレングスのみを5本リリースし、2017年に解散している。結成当初の2004〜2008年までは、フォークメタル Cruadalach の元メンバーでチェコ出身の Jan "Radalf" V. も在籍していた。今作は2枚目のフルレングスで、ドイツの No Colours Records からリリースされた。同年にポーランドの Werewolf Promotion からもカセットが500本、2012年には No Colours Records から12インチも250枚発売されている。ラインナップは、Drudkh の現メンバーでボーカルの Thurios、ペイガン・ブラック Flammersjel でも活動していた全楽器および作曲担当の Dmitriy K.、作詞を手掛けた Alexander A.。荒んだ印象を与えるプリミティブな音質だが、哀愁漂うギターリフが秀逸で、突然メロディアスに疾走するパートも聴きどころのひとつだ。

Kladovest

Atmospheric Black Metal

Ignitiate
No Colours Records
2016

5枚目のフルレングスで、Kladovest 解散前最後の作品。相変わらず No Colours Records からのリリースで、2017年には Werewolf Promotion からカセットが出ている。今回も Dmitriy K. が全楽器を担当しているが、レーベル Urgrund Division のオーナーでもある Budimir が4thアルバムからボーカルとして加入。また、4thでも作詞を手掛けた Vintrald が今作の作詞も担当している。前作まで荒涼としたプリミティブな音質だったが、今作では一気に音質が改善された。Budimir のデプレッシブ・ブラックにも通ずるような裏返った声の痛ましい絶叫が、優しげでありながら愁いを帯びたメロディーに重なる。そして全編通していたるところで聴ける美麗なギターの音色は、アトモスフェリックでもあり、ポスト・ブラックのような趣も感じさせる。

Kurgan

Pagan Black Metal

...и замерзают травы зелёные
Gardarika Musikk
2008

ヘルソンで2004年に結成。結成時は Skald というバンド名だった。デモとフルレングスを1本ずつ出して2008年に解散している。1stフルレングスでありながら最後の作品となった今作は、ロシアの Gardarika Musikk からリリースされた。ほぼこのバンドでしか活動していないメンバーで構成されており、ボーカルの Morgan、ブラックメタル Dammerung でも活動していたギターの Corax、同じくギターの D'emoni、ベース、ソピルカ（笛）、バッキングボーカルの Chernoyar、ドラムの Svietoyar の5人で制作された。スラヴォニックなペイガニズムを主なテーマにしており、ローファイな音質や、多少もたつきがちな演奏などが妙に危なっかしいのだが、叙情的でメロディアスなリフはあなどれず、時折入る笛もペイガニックな雰囲気を増長させている。

スラヴ神話太陽神由来のバンド名で心の拠り所コサックを追憶

Khors

出身地 ハルキウ　　　　　　　　**活動時期** 2005～
主要人物 Helg, Khorus, Khaoth
メンバー Helg(Vo.Gt), Jurgis(Vo.Gt), Khorus(Ba), Khaoth(Dr)
類似バンド **世界** Kampfar, Wolves in the Throne Room **東欧** Nokturnal Mortum, Drudkh, Kroda, Raventale

　ハルキウで 2004 年に結成。ブラックメタル KZOHH でも活動する Khorus と Helg、ex-Astrofaes、ex-Hate Forest の Khaoth の 3 人で活動が始まった。Khors（ホルス）は、スラヴ神話に出てくる太陽神のこと。
　2005 年に 1st フルレングス『The Flame of Eternity's Decline』を、ウクライナの Oriana Music からリリースしてデビュー。続けて翌年に 2nd フルレングス『Cold』を発表。現在ブラックメタル Endless Battle などに在籍する Nort も加入し、4 人編成となる。2008 年には、ウクライナとロシアでのライブの様子を収めたライブ DVD を発売。同年にアメリカの Paragon Records に移籍し、3rd フルレングス『Mysticism』を出す。これまでとは作風が変わり、ポストメタルすら感じさせる仕上がりで、バンドのターニングポイントとなる作品でもある。2010 年には 1st と 2nd、ボーナストラックとビデオクリップがセットになったコンピレーションと 4th フルレングス『Return to Abandoned』をリリース。この頃には Nort が脱退し、Warth がギタリストとして加入している（しかし 2011 年には脱退）。2011 年に 2 本目となるライブ DVD を出して、2012 年に 5th フルレングス『Мудрість століть (Wisdom of Centuries)』を、イギリスの Candlelight Records からリリース。今作から、Nokturnal Mortum や Sanatana でも活動する Jurgis が加入した。また、これまでは英語だった歌詞がウクライナ語になっている。2013 年にはライブアルバムを発表し、その後 2 年連続でシングルをデジタル音源でリリース。2015 年に 6th フルレングス『I ніч схиляється до наших лиць (Night Falls onto the Fronts of Ours)』をリリースした。2016 年には 3 本目となるライブ DVD を、2017 年には 2 本目のライブアルバムを発売している。
　うっすらと漂うアトモスフェリックなメロディーが美しく、ウクライナ人の心の拠り所ともされるコサックについて歌った曲もあり、愛国心を感じさせるバンドだ。ちなみにメンバー自身は、ノンポリティカルなバンドだと主張している。

Khors

Pagan Black Metal

The Flame of Eternity's Decline
Oriana Music — 2005

ハルキウで 2004 年に結成。今作は Oriana Music からリリースされた 1st フルレングス。2009 年にはポーランドの Werewolf Promotion からカセットが 500 本、2010 年にはイギリスの Heidenwut Productions と Legion Blotan Records & Distribution から 12 インチも出ている。さらに 2015 年にはウクライナの Svarga Music (現在はドイツに拠点を移している) から再発盤 CD も発売された。Helg がボーカル、ギター、Khorus がベース、Khaoth がドラムを演奏。元 Nokturnal Mortum の Saturious と Wortherax もそれぞれキーボードとギターをセッションメンバーとしてプレイしている。ヘヴィでありながらもメロウなミドルテンポに、淡くかすかにキーボードが重なるペイガン・ブラックだ。

Khors

Pagan Black Metal

Cold
Oriana Music — 2006

1st の翌年にリリースされた 2 枚目のフルレングス。今回も初回は Oriana Music からのリリースだ。今作も 2008 年に Heidenwut Productions から 12 インチ、2009 年には Werewolf Promotion からカセット、2015 年には Svarga Music からリマスター盤 CD が出ている。今作では、1st 時の正式メンバー 3 人に加え、現在ブラックメタル Endless Battle で活動する Nort がギターとして入っている。また、Saturious と Wortherax もセッションメンバーとして参加している。アートワークは Drudkh や Hate Forest などのデザイン面でも活躍する Sir Gorgoroth が担当。ほどほどにロウなサウンドで奏でられる叙情的で派手なギターソロが増え、アトモスフェリック・ブラックさえ感じさせる美しさをも湛えた 1 枚だ。

Khors

Pagan Black Metal

Mysticism
Paragon Records — 2008

2nd リリース後、ウクライナやロシアでのライブの様子を収録したライブ DVD を、ウクライナの Eclectic Productions からリリース。同年に 3 枚目のフルレングスを、これまでの Oriana Music からアメリカの Paragon Records に契約を移して発表した。Werewolf Promotion からカセット、2013 年には Osmose Productions から 12 インチ、2014 年には Svarga Music からジャケ違いでボーナストラックが追加されたものが 500 枚限定で出されている。正式メンバーは 2nd 同様の 4 人で、今回はゲストとしてロシアのメロディック・ドゥーム / デス Mental Home で活動する Mikhail "Maiden" Smirnov がボーカルで参加。優しげで煌びやかなキーボードやギターの音色が聴けるパートもあり、今作ではポスト・ブラックの雰囲気も帯びている。

Khors

Pagan Black Metal

Return to Abandoned
Paragon Records — 2010

3rd リリース後、1st、2nd の収録曲とボーナストラックが入ったコンピレーションを 2 枚組 CD でリリース。同年に 4 枚目のフルレングスを前作と同じ Paragon Records からリリースした。ロシアの Irond Records からもジャケ違いの CD が出ており、2011 年には Osmose Productions からライブ時の収録曲が追加された 2 枚組 12 インチ、2012 年には Werewolf Promotion からカセット、2017 年には Svarga Music からリイシュー盤 CD が発売されている。今作ではギターの Nort が脱退し、代わりに Warth がギタリストとして加入。相変わらずゲストで Saturious がキーボードを弾いている。ブラックメタルを超越した、まるで昭和なレトロサウンドのキーボードアレンジに驚かされる。一体彼らはどこに向かっているのかと思ってしまうが、そのユニークさも Khors の魅力のひとつだ。

Khors

Pagan Black Metal

Мудрість століть (Wisdom of Centuries) 2012
Candlelight Records

4th リリース後、ウクライナで行われた 2 つのフェスティバル出演時のライブ映像を収めた DVD をリリース。そして 2012 年に、イギリスの Candlelight Records から 5th フルレングスを発表した。今回は特にカセットや 12 インチなどは出していないようだ。4th から加入した Warth が脱退し、現在 Nokturnal Mortum でも活動する Jurgis がリードギター兼ボーカルとして加入。キーボードはやはりゲスト参加の Saturious が担当している。元 Nokturnal Mortum の Astargh もボーカルとしてゲスト参加しており、一部のエンジニアリングも担当した。これまでの Khors の歌詞は英語だったが、今作ではタイトル、曲名、歌詞のすべてがウクライナ語。また、4th ではサイケデリックなキーボードが聴けたが、今作はその独特なアレンジは鳴りを潜め、4 曲のインスト曲を含めたアトモスフェリックな出来になっている。

Khors

Pagan Black Metal

І ніч схиляється до наших лиць (Night Falls onto the Fronts of Ours) 2015
Candlelight Records

5th リリース後、ライブアルバムを 500 枚限定でリリース。その後、シングルをデジタル音源のみで発表した。今作は 2015 年にリリースされた 6 枚目のフルレングスで、5th と同様に Candlelight Records からのリリースで、Svarga Music から 12 インチも 500 枚出ている。正式ラインナップは 5th と同じ 4 人。Saturious はゲストでキーボードを弾いているが、今作では Marywind という人物もキーボードでゲスト参加している。不穏なムードのカバーアートは、ロシアを中心に数多くのバンドのアートワークを手掛ける Mayhem Project こと Alexey Glukhov によるものだ。6 枚目となるこのアルバムでは、まさしくウクライナのエクストリームメタルシーンを牽引するバンドらしい貫禄を帯びている。演奏にも非常にキレがあって、なおかつ叙情的でメロディアスなリフで溢れる 1 枚。

Q：まず簡単にバイオグラフィを教えてください。
Khaoth：俺たちは Khorus（ベーシストで 90 年代後半に Astrofaes でも活動していた）の呼びかけによって 2004 年に結成した。ギターボーカルの Helg も加入して、本格的なバンドとしてのキャリアをスタートさせた。活動を始めてから現在までの約 15 年の間に、6 枚のフルレングスを CD や LP、カセットでリリースし、ヨーロッパ各地で 100 回以上のライブに出演してきた。さらに詳細が知りたければインターネットで簡単に見つけられるよ。

Q：2018 年は 3rd フルレングス『Mysticism』のリリース 10 周年ということで、記念ライブを計画されていますね。このアルバムは 1st、2nd とは雰囲気が変わってポストメタルの要素が感じさせ、Khors にとってはターニングポイントとなる重要作だと思いました。なぜこの時点でスタイルを変えたのでしょうか？
Khaoth：そうだ。『Mysticism』リリース 10 周年を記念していくつかのライブを行うよ。一度だけこのアルバムの全曲を演奏するショーも計画している。なぜスタイルを変えたかって？ 言葉にするのは難しいな。おそらく、作曲スキルが上がったからだと思うよ。俺たちはこのアルバムを過去作とは違う特別なものにしようとは思ってなかったし、今までこうしてうまくやってきたんだ（笑）

Q：音楽を作る時、何からインスピレーションを受けていますか？

Khaoth：身の回りのものすべてさ。音楽、環境、日々の出来事、あらゆるものから受け取る印象などからで、特別なものは何もないよ。

Q：Khors の歌詞はペイガニズムも含まれますよね。ペイガニズムはナショナリズム的な感覚から来ているのでしょうか？ あなたにとってペイガニズムとは何ですか？
Khaoth：精神は古代の自然世界と繋がっている。

Q：そして、コサックについて歌った曲「Мій козацький шлях (My Cossack Way)」も出していますね。ウクライナ人にとってコサックはどのような存在なのですか？
Khaoth：コサックは 15 世紀から存在していたウクライナの民間戦士さ。たぶん君たちにとっての侍みたいなものだ（笑）

Q：次は、Khorus さんと Helg さんが在籍している KZOHH についてもお話を聞かせてください。このバンドのコンセプトは常に不気味で、2〜3rd アルバムは中世の疫病を感じさせるムードが漂っています。4th ではチェルノブイリ原子力発電所の事故をテーマにしているようですね。なぜこのテーマを選んだのでしょうか？
Hyozt：4th アルバムのコンセプトはチェルノブイリ原発事故だけではないんだ（メインのアイディアではあるけど）。ウラル山脈で起きた登山グループの不可解な死もコンセプトになっている（注：1959 年の 2 月、

ウラル山脈をトレッキングしていた男女9人が謎の死を遂げた事件。マイナス30度の中、全員がテントから外へ飛び出しており、薄着の状態で発見された。頭蓋骨が骨折していたり、舌が無くなっていたり、はたまた衣服から放射能が検出されたりと、謎に満ちた要素が多い。一部の研究者によると、竜巻に遭いパニックになり外に飛び出したという説が有力だが、ソ連の核ミサイル実験に巻き込まれたという噂も)。どちらも人間の過ちが起こした悲劇。前者は何千人もの死者を出し、後者は9人の死者を出した。よし、チェルノブイリ原発事故の話に戻そう。KZOHHのコンセプトは死だ。途方もない損失。プリピャチは単なる出来事ではなくて、俺たちの国に関連する出来事なんだ。ウクライナ人としてこの事故は胸が痛くなる。だからこれについて俺たちは曲を作らなければならなかった。健康や人生そのものを失った人々に敬意を表し、致命的な人的要因による誤りに重点を置き、チェルノブイリ原子力発電所の建設者の過失、そしてソヴィエトの体制に対する憎悪をね。

Q：チェルノブイリ原発事故が起きた時、あなたはまだ子どもだったと思いますが、当時のことは覚えていますか？ 現地に行かれたことはありますか？ この事故についてはどう思いますか？

Hyozt：もちろん、忘れることないよ。俺はあの悲劇が起きた時9歳だった。5月の週末、学校でこの事件について話したもんだ。俺は、両親が窓を全部掃除して、家の中に汚染された塵が入らないように湿ったぼろきれを敷いていたのを覚えている。それと、この両親は俺が長時間外にいるのを許さなかった。かなり心配してたな。しばらくたって、俺たちの地域は放射能の危険はないと報道された。俺はその頃プリピャチから720キロ離れたザポリージャに住んでいた。だいぶ離れているように見えるが、ザポリージャにはキエフ同様ドニプロ川が流れている。プリピャチはキエフに近い。だから、ドニプロ川の流れに乗って何かしらが流れてくる可能性はあったし、かなり危険だった。一番危険に晒されたのは、キエフとベラルーシ南部の住民だ。事故の報道はすぐにはされなかったから、誰もがのんきに休暇を過ごした。ソ連は人々に事実を隠すために必死だったんだ。ソ連の幹部の陰謀のせいで、多くの人々が放射性物質を吸収しちまった。ひどい話だよ。

Q：あなたはどのようにメタルを聴くようになったのですか？

Khaoth：そうだな。メタルを聴き始めた時のことは正確に覚えていないが、クラスメイトからミュージックビデオとレコードをもらって聴き始めたのは覚えている。ScorpionsやAccept、HelloweenやMetallicaなどね。そのうちもっとヘヴィなバンドを聴くようになったよ。

Q：メタル以外の曲は聴きますか？

Khaoth：もちろんだ。これといって好きなジャンルがあるというわけではないが、俺たちはみんなDepeche Modeの1st、Billy Cobham、Dave Weckl band、Chic Coreaなどのジャズ、A-Ha、Sting、The Police、Dead Can Danceやポップ・パンクなどが好きなんだ。

Q：あなたが子どもだった頃、ウクライナはソ連の支配下にあったと思います。その頃のことは覚えていますか？ またその時代についてどう思いますか？

Khaoth：そりゃ覚えてるよ。幼少期は良い記憶とともに思い出される。他にどうしろっていうんだ？ 両親はまだ若かったし、毎年海にバカンスに行ったもんだよ。学校の事なども覚えている。ソ連の体制のひどい面もたくさんあったことは理解してはいるが、ソ連が崩壊したのは俺がまだ14歳の頃だったからな。だから当時のことを大げさに話したくはない。当時は音楽で成功したりキャリアを重ねることはできなかっただろうが、共産時代を子どもとして過ごしたから、温かい思い出として残っているんだ（笑）。

Q：あなたの政治観について教えていただけますか？

Khaoth：政治は避けるようにしている。ウクライナの政治環境は他のどこよりも悪い。

Q：Khorsはハルキウ出身のバンドです。ハルキウには多くのブラックメタルバンドがいますが、その理由は何なのでしょうか？

Khaoth：おそらく特殊な気候のせいかな？（笑）ぶっちゃけ分からん。まぁ、質の良い音楽環境に囲まれていると、自然と自分でもベストを尽くそうとするよな。レベルがどんどん上がっていって、結果的に素晴らしい音楽が生まれる環境になったんじゃないか？

Q：ウクライナのメタルシーンについてはどう思いますか？

Khaoth：正直、以前のシーンはずいぶん良かった。今でもウクライナには多くのバンドがいるが、少しずつ基盤が崩壊してきているように見える。ライブ出演の条件も悪いし、ライブに参加する人も減った。その上、たいして良くもない首都に焦点が移ってしまった。この地域（ハルキウ）には強大なコミュニティーがあったんだが、今はもう半分打ち捨てられたようなもんだ。復興させることに興味を持つ人も少ない。モチベーションや野望がある人もいないから、この状況を変えるのも難しい。

Q：音楽活動以外に何か仕事はしていますか？

Khaoth：みんな仕事をしている。音楽活動を続けるために必死で働いている（笑）。

Q：日本のアーティストやバンドは知っていますか？

Khaoth：少しだけな。俺たちは、『Metal: A Headbanger's Journey（2005年に製作されたドキュメンタリー映画）』でX Japanを知ったよ。SighやLoudness、Sabbatはもちろん、Unholy GraveやC.S.S.Oのようなグラインドコアも知っている。あ、Merzbowもね。

Q：日本にはどんなイメージがありますか？

Khaoth：非常にハイテクで尊敬される国だよ。電子機器や自動車業界は世界的にトップクラスだしな。そしてとても興味深い歴史的な行事のある国でもある。いつか行ってみたいよ。

Q：インタビューに応じていただきありがとうございました！ 最後に日本のメタルファンに一言お願いします。

Khaoth：こちらこそインタビューをありがとう。すべてのメタルヘッズのみんな、君たちにいつか会える日が来ることを望んでいるよ！

民族楽器で美メロを奏で、極右思想を絶叫するフィットネスコーチ

Kroda

出身地 ハルキウ　　**活動時期** 2003〜
主要人物 Eisenslav
メンバー Eisenslav(Vo.Ba.Percussion.Drymba.Trembita), Sergfil(Gt), Dmytro Krutyholova(Gt), One of Thorns(Ba), Jotunhammer(Dr.Sopilka), Rungvar(Dr), Olgerd(Key), Clin(Key)
類似バンド **世界** Saor, Kampfar **東欧** Nokturnal Mortum, Drudkh, Khors, Negură Bunget

　2003年にドニプロで結成。後に拠点をリヴィウに移している。ペイガン・ブラック Dragobrath や RAC バンド Лють の元メンバーである Eisenslav と、現在はフォークメタル Viter で活動する Viterzgir の2人で活動が始まる。
　2004年に1st フルレングス『Поплач мені, річко...』をロシアの Stellar Winter Records からカセットで1000本リリース。後に Eisenslav が営むレーベル Hammermark Art から CD も出ている。1st ながら、フォークッシュな笛の音色が印象的な個性あるアルバムに仕上がっている。翌年、ロシアのフォークメタル Опричь とスプリット、2nd フルレングス『До небокраю життя...』をリリースする。2006年にはロシアのペイガン・ブラック Велимор とのスプリットを、2007年には3rd『Похорон сонця (Fimbulvinter)』を Hammermark Art から発表した。2008年にはライブアルバム、2009年には4th『Fünf Jahre Kulturkampf』をリリース。正式ラインナップは創設メンバーの2人だが、後に正式メンバーとなる Sergfil や Olgerd、Beralb らもゲスト参加している。なお、ライブ映像やインタビューなどが収録された DVD もセットになっている。同年に3曲分の MV が収録された DVD も発売された。
　2011年にはドイツの Purity Through Fire に移籍し、5th『Schwarzpfad』をリリース。初期メンバーの Viterzgir がついに脱退してしまい、上記のサポートだったメンバー3名と、元1914の Jotunhammer、ロシア出身の Troskjender（今作のみに参加）が加入した。その後再びライブアルバム、4曲入り EP を出して、2015年に6th『GinnungaGap GinnungaGaldr GinnungaKaos』と7th『Навій схрон』を発表。6th から One of Thorns と Khladogard が新メンバーとして加入した。2016年にはライブアルバムを一気に3本デジタルで発売。2017年にその3本をまとめたアルバムを CD でも発表している。
　見事にフォーク要素とブラックメタルを合体させたペイガン・フォーク・ブラック。なお、Kroda も NSBM 疑惑がかかっているが、バンド自身は否定している。余談だが、ボーカルの Eisenslav は普段フィットネスコーチとして働いている。

Kroda

Pagan Folk Black Metal

Поплач мені, річко...
Stellar Winter Records — 2004

ドニプロで 2003 年に結成。後に拠点をリヴィウに移す。今作は結成して最初に出された音源で 1st フルレングス。初回は、ロシアのアトモスフェリック・ブラック Walknut などで作詞を担当する Gorruth のレーベル Stellar Winter Records から、カセットで 1000 本リリースされた。2005 年にはフロントマンの Eisenslav が運営するレーベル Hammermark Art からも CD で発売されている。その後もウクライナの Patriot Productions からタイトルが英語になった CD が、2012 年にはドイツの Purity Through Fire からリイシュー盤が出た。Eisenslav がボーカル、ベース、パーカッション、作詞、Viterzgir がギター、キーボード、プログラミング、管楽器を担当。1st にして完成度が高く、フォーキッシュな笛の音色がメロウなギターリフと見事に融合している。

Kroda

Pagan Folk Black Metal

До небокраю життя...
Ancient Nation Productions — 2005

1st リリース後、ロシアのフォークメタル Опричь とのスプリットをリリース。同年に 2nd アルバムとなる今作をリリースした。今回は、Hate Forest や Astrofaes などの音源も出したウクライナの Ancient Nation Productions からカセットでのリリースだ。数ヶ月後に Hammermark Art から CD も 2000 枚、2009 年には 2 枚組 12 インチも 500 枚出ている。2012 年には Purity Through Fire から 2 曲ボーナストラックが追加された CD も発売された。Eisenslav がボーカル、ベース、パーカッション、口琴、Viterzgir がギター、キーボード、ドラム、ウクライナの民族楽器などを担当。1st よりも民族楽器を積極的に取り入れ、突然管楽器が炸裂する曲もある。しかし、勢いを感じさせつつも叙情的な曲構成はさすが。ポーランドの RAC バンド Honor のカバー曲も収録。

Kroda

Pagan Folk Black Metal

Похорон сонця (Fimbulvinter)
Hammermark Art — 2007

2nd リリース後、ロシアのブラックメタル Велимор とのスプリットを CD とカセットでリリース。そして 2007 年に 3 枚目のフルレングスが発表された。Hammermark Art から CD でのリリースだ。2010 年には Werewolf Promotion からカセット 500 本、2011 年には Purity Through Fire から 2 枚組 12 インチが 500 枚とジャケ違いの CD もリリースされている。今回は Eisenslav がボーカルと作詞、Viterzgir が全楽器と作曲を担当。さりげなくバックで流れるキーボードが寒々しさを放ち、Kroda 特有の暴虐性と相まって、カバーアートさながらのコールドな寂寥感に満ちた 1 枚となっている。しかし、優美な美メロも欠かさないところは揺るぎない。ロシアのブラックメタル Branikald のカバー曲も入っている。

Kroda

Pagan Folk Black Metal

Fünf Jahre Kulturkampf
Hammermark Art — 2009

3rd 同様に Hammermark Art からリリースされた 4 枚目のフルレングス。15 曲入りの CD と、リヴィウでのライブ時の映像が収録された DVD の豪華なセットになっている。2010 年には Purity Through Fire からジャケ違いのものがリリースされた。Eisenslav がボーカル、口琴、ホルン、トレンビタ（ウクライナの山岳地帯などで使われている 3 メートルほどもある長いラッパ）、Viterzgir もそれらの楽器に加えてギター、ティリンカ（ウクライナやルーマニアで使われる伝統的な笛）、オカリナ、パーカッション、バッキングボーカルを担当。アートワークは Eisenslav が手掛けている。Part I と Part II に分かれており、前者はフォーク色が強くメタル感が抑えられた 4 曲で、後者の大多数は初期に作られた曲を新しく録り直したもの。音の厚みと壮大さが増しており、勇ましくペイガンなコーラスも聴ける。

Ukraine 059

Kroda

Pagan Folk Black Metal

Schwarzpfad
Purity Through Fire — 2011

4thの2年後にリリースされた5枚目のフルレングス。Purity Through Fire に契約を乗り換えてのリリースで、同時に2枚組12インチも出された。2013年にはポーランドの Werewolf Promotion や Hammerbolt Productions からカセットも出ている。これまで Kroda を支えてきた Viterzgir が2010年に脱退し、新たなメンバーが加入。Eisenslav はボーカル、作詞作曲、Paganland の元メンバー Sergfil がギター、同じく Paganland に在籍していた Beralb がベース、ロシア出身の Troskjender がドラム、元 Полинове Поле の Olgerd がキーボード、元 1914 の Jotunhammer がフルートを演奏。10分を越える大曲揃いで、メンバーはガラリと変わったものの、フォーク要素をしっかりと叙情的に散りばめた Kroda らしい曲を聴かせてくれる。

Kroda

Pagan Folk Black Metal

GinnungaGap GinnungaGaldr GinnungaKaos
Purity Through Fire — 2015

5thリリース後、予算の関係でデジタル音源のみのリリースとなってしまったライブアルバムと、500枚限定の4曲入りEP（Eisenslav のみでの制作となった）を発表。そして2015年に6枚目のフルレングスをリリース。翌年にはカセットも出ている。ベースの Beralb とドラムの Troskjender が脱退し、ドラムに Colotyphus で活動する Khladogard がギター、One of Thorns がベース、アトモスフェリック・ブラック Stryvigor の Rungvar がドラムとして加入。5thでフルートを担当した Jotunhammer は、ソピルカというウクライナの民族楽器である縦笛を演奏している。相変わらずフォーキッシュで切なく優しげな笛の音色が、アトモスフェリックなメロディーに乗り、Eisenslav の絶叫が痛切に悲しげに響き渡る。

Kroda

Pagan Folk Black Metal

Навій схрон
Purity Through Fire — 2015

6thアルバムの数か月後にリリースされた7枚目のフルレングス。Purity Through Fire から CD とデジタル音源で発売された。今作ではドラムの Rungvar は参加しておらず、Jotunhammer がドラムをプレイ。また、ブラックメタル Mørkt Tre やシンフォニック・ブラックメタル Reusmarkt でも活動しており、後に正式メンバーとなる Clin がゲストでキーボードを弾いている。1～6曲目までは、これまでの叙情的なペイガン・フォーク節はどこ吹く風と言った具合で、実にアンビエントなインスト曲になっている。アンビエントとはいえフォークの要素もなく、エクソシストのような音声をサンプリングした不気味な曲や、絶望を感じさせるようなダークで静謐な曲が続くのだが、7、8曲目はいつもの Kroda らしい曲が聴ける。Nokturnal Mortum のカバー曲入り。

Kroda

Pagan Folk Black Metal

Varulven
Purity Through Fire — 2013

2013年に Purity Through Fire からリリースされたコンピレーション。未発表曲4曲が収録されている。500枚限定。同年に12インチも出ている。正式ラインナップとして記載されているのは Eisenslav のみで、彼がボーカル、ベース、民族楽器をプレイ。タイトルにもなっている1曲目の「Varulven」は、伝統的なスウェーデンのフォークソング、3曲目の「Nemesis」はドイツのフォークソングをカバーしたものになっている。その他ロシアのフォーク・ブラック Temnozor や、ドイツの NS ブラック Absurd のカバーも収録されている（Absurd カバーはリトアニアでのライブ音源）。「Varulven」ではフィーメールボーカルとの掛け合いを聴くことができ、物憂げでフォーキッシュでありながら、しっかりとブラック要素も混ざった Kroda らしい曲になっている。

KZOHH
Atmospheric Black Metal

Rye. Fleas. Chrismon.
No Colours Records — 2015

ハルキウ / ウージュホロドで2014年に結成。バンド名は結成メンバーの名前の頭文字を取ってつけられた。メンバーらは「Pestilent Black Metal Ritual」と自らの音楽性を称している。今作は2nd フルレングスで、ドイツの No Colours Records からリリースされた。ラインナップは、ボーカルの Ermunaz、Khors でも活動するギターの Helg とベースの Khorus、Helg とともに Ulvegr にも在籍するドラムの Odalv、キーボード、サンプリングの Hyozt の5人。タイトルやカバーアートから、どことなく中世のヨーロッパらしさを感じるが、1曲目のインストもまさに中世の酒場を思わせるような賑やかさ。しかし、その後ドゥーミーでおどろおどろしく進むメロディーが、徐々に伝染病に侵されるかのようなおぞましさを物語っている。

KZOHH
Atmospheric Black Metal

26
Ashen Dominion — 2018

KZOHH の4枚目のフルレングス。ウクライナの Ashen Dominion からリリースされた。デジタル音源も出ており、さらには、ソ連の80年代の新聞や放射線量計、新生児用のタグなどが木箱に入ったセットも26個限定で発売された。ラインナップは、先に紹介した2ndと同じ5人。今作は、チェルノブイリ原発事故と、ディアトロフ峠事件をテーマにしており、曲名は両事件が起きた場所の座標を示している。まず、チェルノブイリがテーマの1曲目は、和やかな子どもの声が聞こえるイントロから始まり、ポストロックのような爽やかなメロディーが流れる。しかし、途中でインダストリアル風の曲調に変わり、そこから重々しく悲しげで只ならぬ雰囲気に。ディアトロフ峠事件がテーマの2曲目は、雪山を思わせるブリザードのような寒々しいサウンドに、この謎の事件にふさわしいミステリアスなキーボードが重なる。

Lair
Primitive Black Metal

Black Moldy Brew
Elegy Records — 2014

結成地、結成年ともに不明。1st フルレングスの今作は、Hate Forest なども音源を出した Elegy Records からリリースされた。同年にアメリカの Metalhit からデジタル音源も出され、2015年にはリトアニアの Ledo Takas Records から12インチが250枚、カセットが222本発売されている。ボーカル、ベース、ドラムは Hidden from Light、ギター、ベースは Swamp Dweller が担当。二人ともこのバンド以外では活動していない様子。クラストっぽさも感じさせるようなリフに、もはや何を歌っているのかわからないどころか、ただワー！と叫んでいるのではないかと思うような素っ頓狂なボーカルが乗る不思議なブラックメタルだ。橙色のシンプルなバックに悪魔風の生物の後ろ姿が描かれたカバーアートも、謎に満ちていてこのバンドの音楽性にぴったりはまっている。

Lamia Culta
Symphonic Black Metal

Patre Satane
Independent — 2009

リヴィウで2003年に結成。現在は、シンフォニック・ブラック Capitollium の元メンバーでもある Fosco Culto のワンマン状態になっている。今作は1st フルレングスで、初回は自主制作のデジタル音源で発表された。2011年にはロシアの More Hate Productions から CD でもリリースされ、2017年には同レーベルからデジタル音源も出ている。ボーカル、キーボード、作詞を Fosco Culto、ギターを元 Paganland の Yor、彼とともにブラックメタル Molphar に在籍していた Helg がベース、Fosco とともに Capitollium で活動していた Riann (Arian) がドラムを担当。神聖さも感じさせるキーボードと、ギターのメロディーライン、安定したボーカルが紡ぎだすシンフォニック・ブラックメタル。

Ukraine 061

Last Battle

UnBlack Metal

The Way Home
Independent — 2010

ヴィーシュホロド / クラマトルスクで 2006 年に結成。アンブラックメタル Destroyer of Lie や Henoticon などでも活動する Anatoly Blyashyuk と Maxim Ryansky のバンドで、やはりここでもキリストなどについて歌っている。今作は 2 枚目のフルレングスで、自主制作でのリリース。現在は閉鎖してしまったアメリカの Starve the Flesh からデジタル音源も出ている。ラインナップの記載が無く、今でこそ Anatoly と Maxim の二人体制だが、過去に数人のメンバーが在籍していた。このアルバムではフィーメールボーカルも聴けるが、かつてキーボードを弾いていた Inna Innessa Bezbakh という女性によるものかもしれない。勇ましさを感じるだみ声ボーカルとピロピロなメロディアスなギターリフが聴ける 1 枚。

Lava Invocator

Melodic Black Metal

Mörk
Satanath Records — 2017

ドニプロで 2015 年に活動開始。メロディック・デス / ブラックメタル Def/Light に在籍するメンバーらで結成された。今作は 1st フルレングスでロシアの Satanath Records から 500 枚限定でのリリース。同じくロシアの More Hate Productions からデジタル音源も出ている。Def/Light でも活動する Ingvaar がボーカル、ギター、Silent がベース、ドラムはこのバンドでのみ活動する Yggr がプレイ。タイトルの『Mörk』は、スウェーデン語で「暗い」という意味で、「murk（暗闇）」という英単語の語源となった言葉だそうだ。Def/Light のようなシンフォニックさは無いが、ややオカルティックなムードが漂うメロディック・ブラックメタルをやっている。パワフルに疾走する曲もあれば、聖歌のようなコーラスを交えた怪しく神聖な曲もある。

Lugburz Sleed

Post Black Metal

...Derail
Independent — 2014

チェルニーヒウで 2006 年に結成。1996 〜 2006 年までは Enslate という名前で活動していた。今作は 2 枚目のフルレングス。自主制作で 100 枚限定の CD としてリリースされた。ラインナップは、メロディック・デス Deathna River にも在籍していたロシア出身のボーカル Kaswarh、同じく Deathna River、ブラックメタル Gromm の元メンバーでやはりロシア出身のギター Karmaged、ベースの Tartarus、ドラムの Svaor。カバーアートを見ると、ゴリゴリのデス / ブラックのようなイメージが湧くが、実際は切なげで浮遊感のあるメロディーに溢れた、アトモスフェリックでデプレッシブなポスト・ブラックメタルだ。Lustre や Lifelover、Hypomanie などから影響を受けているようで、シューゲイズらしさも漂う。歌詞はアルコールやドラッグなど日常に潜む問題など。

Luna

Funeral Doom Metal

Swallow Me Leaden Sky
Solitude Productions — 2017

キエフで 2013 年に活動開始。ドゥーム / デスメタルバンド Amily でも活動する DeMort こと、Anton Semenenko によるワンマン・フューネラル・ドゥーム・プロジェクト。今作は 3 枚目のフルレングスで、世界各国のドゥームメタルを取り扱うロシアの Solitude Productions からリリースされた。すべて DeMort が 1 人で制作している。1 曲 20 分超えの大作が 2 曲収録されたアルバムで、どちらもボーカルなしのインスト曲だ。可憐なバンドロゴを見ると、ゴシックメタルかアトモスフェリック・ブラックかと思うが、やっている音楽はシンフォニックなフューネラル・ドゥーム。終始スローテンポで重々しく、まとわりつくようなキーボードの音色が、幻想的ながらも不気味なカバーアートさながらのアトモスフェリックなムードを放っている。

メンバー絶命の後、夫婦で仲睦まじく薄気味悪いビデオクリップ制作

Lucifugum

出身地 ジトームィル　　　　　　　　　　　　　　　　**活動時期** 1995～
主要人物 Khlyst　　　　　　　**メンバー** Khlyst(Vo.Drum programming), Stabaath(Gt.Ba.Vo.Key)
類似バンド **世界** Satanic Warmaster, Emperor, Mütiilation　**東欧** Nokturnal Mortum, Astrofaes

　ジトームィルで1995年に結成。2004年からはムィコーフーイウに拠点を移している。現在も唯一残るオリジナルメンバーであるKhlystと、2002年に亡くなってしまったBal-a-Myth、Faunusの3人で活動が始まった。
　デモ4本とNokturnal Mortumとのスプリットを出し、1999年に1stフルレングス『Нахристихрящях (On the Sortilage of Christianity)』をOriana Musicからリリース。Khlystは作詞を担当するだけで、Bal-a-Mythがギター、ベース、Faunusがボーカルを担当。ゲストで元Nokturnal MortumのSaturiousやMunruthelも参加している。この当時は地下臭いシンフォニック・ブラックを演奏していた。続く2000年に2ndフルレングス『На крюючья да в клочья! (On Hooks to Pieces!)』、2001年にコンピレーションと3rdフルレングス『...а колесо всё скрипит... (...and the Wheel Keeps Crunching...)』を発表。3rdには元Blood of KinguのYury Sinitskyがドラマーとしてゲスト参加している。2002年に4thフルレングスをKhlystとBal-a-Mythの2人体制でリリース。こちらにはDrudkhのRoman Saenkoが参加した。
　2002年にBal-a-Mythが亡くなった後は、しばらく正式メンバーはKhlystのみになってしまう。しかし7th『Vector33』で、ついに彼の妻であるStabaathが加入。女性ながらも迫力のあるボーカルを披露している。相変わらず各作品にゲストを呼んでおり、この当時はYuryや元DrudkhのAmorthが頻繁に参加していた。しかし、11thからは夫婦2人だけでの制作にシフトチェンジしている。14thリリース以降は、Stabaathが喉を傷めてしまい、Khlystが代わりにボーカルを担当するようになった。
　なお、2人でPropagandaというレーベルも運営しており、Lucifugumの音源の多くもこのレーベルからリリースされている。作品によって曲調がそれぞれ異なるLucifugumだが、アンダーグラウンドで厭世的な雰囲気は一貫している。

Lucifugum

Symphonic Black Metal

Нахристихрящях (On the Sortilage of Christianity) 1999
Oriana Music

ジトームィルで 1995 年に結成。後に拠点をムィコラーイウに移す。結成後、デモを 3 本出し、1997 年には同郷の Nokturnal Mortum とスプリットを出している。1st フルレングスの今作は、Oriana Music から 999 本限定のカセットでリリース。2001 年には、フランスのブラックメタル Hegemon やブラック・ゴシックメタル Your Shapeless Beauty で活動する Nicolas Blachier のレーベル Chanteloup Creations から CD がリリースされた。Faunus がボーカル、Bal-a-Myth がギター、ベース、Khlyst が作詞を担当。ゲストで元 Nokturnal Mortum の Saturious がキーボード、Munruthel がドラムをプレイしている。ローファイなサウンドで、キーボードが大仰なメロディーを奏でる地下臭いシンフォニック・ブラック。

Lucifugum

Symphonic Black Metal

На крючья да в клочья! (On Hooks to Pieces!) 2000
Oriana Music

1st の翌年にリリースされた 2nd フルレングス。今回も初回は Oriana Music からカセットでのリリースだ。同郷の Astrofaes も音源を出したフランスの Oaken Shield から、2003 年に CD も出ている。同レーベルから、ボーナストラック 1 曲、さらにトラック 3 の「Все матери умирают」のミュージックビデオ（おそらく真剣に制作したはずだろうが、ツッコみどころしかない MV）が追加で収録されたものが 2005 年に発売された。正式ラインナップは前作と同様の 3 人で、ゲストはキーボードの Saturious のみ。相変わらずのジャリジャリしたロウなギターと、チープながらもシンフォニックなムードをプラスしているキーボードが織りなすブラックメタル。しかし、1st フルレングスに比べると、エピックな雰囲気が減っているような印象を受ける。

「Все матери умирают」のワンシーン。妊婦に呪文をかける（？）謎の老人。

生まれた子どもをさらって老人自ら子育て。子どもに剣を授ける。

熱唱する Stabaath 嬢

燃え盛るペンタグラム

Lucifugum

Primitive Black Metal

...а колесо всё скрипит... (...and the Wheel Keeps Crunching...)
Propaganda — 2001

2nd リリース後、初期のデモ作品を収録したコンピレーションをアメリカの Dark Horizon Records から発表。同年に 3 枚目のフルレングスを、Khlyst と後に加入する Stabaath が運営するレーベル Propaganda からカセットでリリースした。1111 本限定。2002 年にはフランスの D.U.K.E. から、2005 年には Oskorei Music から CD も発売された。ラインナップはいつもの 3 人で、今回セッションドラマーとして参加しているのは元 Blood of Kingu の Yuriy Sinitsky。キーボードが使用されていない今作は、シンフォニックな要素が排除されている。サウンドクオリティは相変わらずだが、急に音楽性をガラリと変えており、1 曲目の「Потроха справедливости」などはデプレッシブ・ブラックを感じさせるようなメロディー。

Lucifugum

Primitive Black Metal

Клеймо эгоизма
Propaganda — 2002

3rd の 1 年後に発売された 4 枚目のフルレングス。今回も Propaganda からカセットで 1111 本限定のリリースだ。2004 年には、フランスの Drakkar Productions から CD も発売されている。その後、2006 年、2014 年に同レーベルからデジタル音源も出された。Bal-a-Myth が亡くなる前の作品で、これが彼の遺作となっている。初期の頃からボーカルを務めていた Faunus が脱退し、今作は Bal-a-Myth (ギター、ベース)、Khlyst (作詞) の二人体制。ドラムは 3rd 同様 Yuriy Sinitsky がゲストでプレイし、さらにセッションボーカリストとして Drudkh の Roman Saenko が参加している。Roman のがむしゃらなボーカルが映える暴虐的なナンバーもあれば、寂しげなメロディーのナンバーもあり、最後は唐突にショパンの「葬送行進曲」で締めくくられる。

Lucifugum

Primitive Black Metal

...Back to Chopped Down Roots
Blackmetal.com — 2003

4th の 4 か月後にリリースされた 5 枚目のフルレングス。今回はアメリカの Blackmetal.com から CD でのリリースで、Propaganda からもタイトルを「...Назад к порубанным корням」とロシア語に変更されたものが、519 本限定のカセットで発売されている。ついに正式メンバーは Khlyst のみになってしまい、彼は作詞作曲を手掛けている。演奏はすべてゲストによるもので、独りブラックメタル Лютомысл の Lutomysl がボーカル、ギター、ベース、Yuriy がドラム、Drudkh や Astrofaes の元メンバー Amorth がキーボードを担当。Lutomysl の絞り出すような、独特のかすれたボーカルが痛ましく荒涼としたサウンドに乗る。ただ、印象に残るパートなどが少なく、一本調子で全体的にパッとしないのが残念である。

Lucifugum

Primitive Black Metal

Социопат: Философия цинизма (Sociopath: Philosophy Cynicism)
Propaganda — 2003

5th リリースの 8 か月後に発表された 6th フルレングス。Propaganda から 999 本限定のカセットでリリースされた。2005 年には Blackmetal.com から 500 枚限定の 12 インチ、ビデオクリップが追加された CD が発売されている。今回も正式メンバーは Khlyst のみで、ブラックメタル Underdark やスラッシュ / デス T.O.R.N.A.P.A.R.T. に在籍していた Eligor がボーカル、メタルコア Snuff で活動していた Shchorzzz がギター、前作でボーカルを務めた Lutomysl がギター、ベース、Yuriy がドラムをゲストでプレイ。映画やニュースのワンシーンかと思われる現地語のセリフが SE として随所に挟み込まれ、中には女性の痛ましい泣き声が使われている曲もあり、なんとも不気味。『社会病質者：哲学の冷笑』というタイトルがしっくりくるおどろおどろしさを感じさせる。

Ukraine 065

Lucifugum

Primitive Black Metal

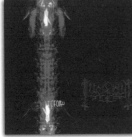

Vector33
Propaganda — 2005

6thの1年半後にリリースされた7枚目のフルレングス。今回もPropagandaからカセットで999本限定リリース。2か月後には同じくPropagandaから1000枚限定のCDも発売されている。2012年にはジャケットが違うバージョンのリマスター盤CDも999枚出された。今作から、正式メンバーにStabaathことElena Naumchukが加わる。彼女はKhlystの妻で、加入前はHesperusというブラックメタルバンドに所属していた。噂によると彼女の過激な歌詞や思想によって他のメンバーとの関係が悪化し、バンドはすぐに解散してしまったようだ。このアルバムでは彼女がボーカル、ギター、ベース、キーボードを担当し、5thにキーボードで参加したAmorthがドラムでゲスト参加している。Stabaathは女性ではあるものの、言われなければそうとは分からない邪気に満ちた絶叫を聴かせてくれる。

Lucifugum

Primitive Black Metal

The Supreme Art of Genocide
Propaganda — 2005

7thの8か月後にリリースされた8枚目のフルレングス。Propagandaから1500枚限定でCDでのリリース。同時にカセットも999本出ている。また、2008年にはリイシュー盤CDが500枚発売された。今回も正式メンバーは作詞のKhlyst、ボーカル、ギター、ベースのStabaath。ゲストでドラムを叩いているのはYuriy Sinitskyだ。プリミティブなサウンドは相変わらずだが、メロディアスさとはかけ離れた反復リフが続く、オールドスクールなブラックメタルを演奏している。6曲目の「На смерть」はビデオクリップも収録されており、KhlystとStabaathが夫婦で出演している。おそらくどこかの森で夜に撮影されたであろうこの映像は、ペンタグラムが燃えるシーンや血が流れ出すシーンなど、まるでチープなオカルトホラーのような出来になっている。

Lucifugum

Primitive Black Metal

Sectane Satani
Propaganda — 2007

9thリリースの約1年後に、PropagandaからCDで1500枚限定リリースされた10枚目のフルレングス。最初の569枚だけは特典でポスターがついてきたそうだ。同時にカセットも出ている。ラインナップは8、9thフルレングスと同じで、Khlystが作詞、Stabaathがボーカル、ギター、ベース、Yuriy Sinitskyがゲストでドラムを叩いている。曲名は「魂の麻痺」「神学の上で」「意味の焼却」と妙にインテリジェントな気配がするのだが、曲自体はどこかオカルティックで不気味な雰囲気が漂う。Stabaathは相変わらずの狂気じみた高音絶叫で歌っているが、彼女が時々上げる何者かに憑りつかれたような金切り声が、なんともおぞましく奇怪な印象を与えている。目を引くこれまたオカルト風のカバーアートもこのアルバムによく合っているのではないだろうか。

Lucifugum

Primitive Black Metal

Sublimessiah
Propaganda — 2014

Propagandaから999枚限定でリリースされた14枚目のフルレングス。これまで基本的に作詞、ドラムプログラミングしか担当してこなかったKhlystが、ついに今作でボーカルを披露している。というのも、今までボーカルを務めてきたStabaathが、喉に重大な問題を負ってしまったことが原因だそうだ。そのため、2、4、6、7、8曲目でKhlystがボーカルを担当しており、それ以外はStabaathが歌っている。ちなみに、3曲目は10th『Sectane Satani』、5曲目は9th『Involtation』に収録されていた曲を再録したもの。14thフルレングスとなる今作でも、サウンドプロダクションはブレずにプリミティブで、アヴァンギャルドなムードを醸し出す、調子の狂うような変拍子の気味悪いブラックメタルを聴かせてくれる。

Mars Mantra

Depressive Black Metal

From Pain I Rise — 2016
Talheim Records

ハルキウで 2016 年に結成。ヴォーカルの Xasthuriath が 14 歳だった 2011 年に、彼女のワンマン・プロジェクト Life's Illusion として活動が始まり、2016 年にバンド名を変えて現在のメンバーらと活動を始めた。今作は 1st フルレングスで、オーストリアの Talheim Records からリリースされた。Xasthuriath 以外は他のバンドなどでは活動しておらず、彼女がヴォーカルと作詞、L と E がギター、MI がドラムを担当。女性ヴォーカルと知らずに聴くと、まるで子どもが叫んでいるような高音絶叫に度肝を抜くかもしれない。しかし、ノーマルヴォイスはなかなか綺麗な良い声をしており、その地声を活かして暗く美しく歌い上げる曲はゴシックメタルの雰囲気も帯びている。惨めで悲痛な叫び声とともにミドルテンポで進むデプレッシブ・ブラックが好きな人には推薦できる 1 枚。

Mental Torment

Funeral Doom Metal

On the Verge... — 2013
Solitude Productions

キエフで 2009 年に結成。現在のメンバーは、ヴォーカルの Mad、ギターの Ross、ベースの Atrius、シンフォニックメタル I Miss My Death にも在籍するドラムの EP と Andrey Avramets、デプレッシブ・ブラック Longesttirr のメンバーでもあるキーボードの Crutch。結成後、ライブ音源数曲を含んだプロモデモを自主制作でリリース。そして、2013 年にロシアの Solitude Productions から 1 枚目のフルレングスをリリースした。今作のラインナップは不明。音楽的にはフューネラル・デス / ドゥームに分類されるだろうが、ヴォーカルは低音すぎず、メロディーも重すぎず暗すぎないため、フューネラル・ドゥームが苦手な人でも聴けそうな 1 枚。時折メランコリックなパートも挟み込まれており、アンビエント、アトモスフェリックな要素も取り入れている。

Midgard

Folk/Viking Metal

Wolf Clan — 2016
Independent

ウクライナ中部の街カニウで 2015 年に活動開始。最初は Skald のワンマン・プロジェクトだったが、後に他のメンバーが加入し、現在は 5 人体制になっている。今作は 1st フルレングス。自主制作のデジタル音源のみでリリースされた。1st リリース時はまだ Skald のワンマン状態で、彼がヴォーカル、ギター、ベース、ドラム、キーボード、フルートを見事に演奏している。まるで 1 人ですべてを演奏しているとは思えない程の完成度および演奏力の高さに驚く。非常にキャッチーでメロディアスなリフが聴けるフォーク / ヴァイキングメタルで、時々クリーンヴォーカルで歌い上げるパートもあり、エクストリームメタルファン以外にも好まれそうな作品だ。メンバー加入後に「Berserk」と「Hero」の MV が制作されている。メンバーたちが演奏している姿が収録されたシンプルなものだが、こちらもプロフェッショナルな映像に見える。

Mind Propaganda

Pagan Black Metal

The First Strike — 2006
Blazing Productions

ハルキウで 2005 年に活動開始。デモ、ドイツのブラックメタル Ismark とのスプリット、フルレングスを出して現在は活動休止中。メンバーの正体が明かされていないのだが、フォーク・ブラック Триглав で活動する Morok のプロジェクトではないかという情報もある。1st フルレングスの今作は、ドイツの Blazing Productions から 1000 枚限定でのリリース。メンバーについての記載はないが、Drudkh や Nokturnal Mortum のデザイン、アートワーク等を担当する Sir Gorgoroth がデザイン面で関わっている。また、ロゴを手掛けたのは Christophe Szpajdel。そこはかとなく厭世的な雰囲気を漂わせ倦怠感にまみれたミドルテンポの曲もあれば、パワーメタルばりの伸びやかなクリーンヴォーカルが響き渡るペイガニックな曲もあり、バラエティに富んでいる。

Mistigo Varggoth Darkestra
Ambient Black Metal

The Key to the Gates of Apocalypses
The End Records — 1999

ハルキウで 1994 年に活動開始。Nokturnal Mortum の Knjaz Varggoth によるワンマン・プロジェクト。今作は 2 枚目のフルレングスで、アメリカの The End Records からリリースされた。同年に Varggoth の Oriana Music からカセットも出ている。翌年にはポーランドのフォークアンビエント Wojnar の Marcin Sadowsk が経営していた Slava Productions からもカセットが出された。Nokturnal Mortum のレコーディング、エンジニアリングなども手掛けていた Dmitry Bondarenko がレコーディングも手伝っているが、他はすべて Varggoth が 1 人で担当。1 曲が 1 時間超えの超大作で、神秘的なムードを纏った薄気味悪いダークアンビエントをベースにしつつ、ロウサウンドで疾走するパートもある。冷たげなキーボードの音色が美しい。

Mlekra
Black Metal

0105
More Hate Productions — 2012

マリウポリで 2009 年に結成。すでに 2000 年から Saturnalia というバンド名で活動していたが、2009 年に改名。今作は改名後最初の音源で、1st フルレングス。ロシアの More Hate Productions からのリリースで、2017 年にはデジタル音源も出された。ラインナップは、ボーカル、ギターの Satarnael、ギターの Impervo、ベースの Sly、バッキングボーカル（8 曲目ではメインボーカルを務めている）、プログラミング、ドラムの Maxul。ローファイな音質で疾走するタイプのオーソドックスなブラックメタルだが、時々メロディアスなパートが盛り込まれていたりもする。曲のテーマは「Anti-dogmatic Philosophy（アンチ独断主義的哲学）」と珍しいのだが、残念ながら歌詞は確認できず、どのような内容を歌っているのかは分からない。

Molphar
Death/Black Metal

Ice Kingdom
Vacula Productions — 2017

リヴィウで 1996 年に結成。2000 年にいったん活動を休止し、2004 年に再開している。バンド名の Molphar はカルパティア地方の民話に出てくる魔術師のこと。今作は 3rd フルレングスで、ウクライナの Vacula Productions から 500 枚限定でリリースされた。ラインナップは不明なのだが、当時在籍していたメンバーは、ボーカルの Berzerker、ギターの Lugat、唯一のオリジナルメンバーでギターの Morthal、イタリアのブラックメタル Abgott の元メンバーでベースの Nyarlatothep、ペイガン・ブラック Paganland やメロディック・ブラック Lamia Culta にも在籍していたドラムの Yor の 5 人。ボーカルはデスメタル寄りの低音グロウルと中音シャウトで、メロディアスなデス/ブラックだが、いまいちメロディーが垢抜けないのが残念だ。

Morkesagn
Melodic Black Metal

Where the Darkness Never Ends
Farn Black Productions — 2015

キエフで 2013 年に結成。今作は 1st フルレングスで、ウクライナの Farn Black Productions から 500 枚限定の CD でリリースされた。同時に自主制作の CD とデジタル音源も出ている。ラインナップは、ブラックメタル Atterum Ignis の元メンバーでボーカル、ギターの Ekvil、メロディック・デスメタル Dead Edition でも活動するギター、バッキングボーカルの Farn、ブラック/スラッシュメタル Stormride のメンバーでもあるベースの Heydvald、ドラムの Heisenbeard。サウンドプロダクションはクリアで、演奏もしっかりしていて聴きやすい。歌詞はサタニックなものではなくこの世の闇などについて歌っているようだが、オーソドックスなスタイルのブラックメタルにピロピロしたギターソロが乗ったメロディック・ブラックメタルを演奏している。

限定リリースを毎年大量にリリースし続けるアンビエントブラック

Moloch

出身地 リウネ　　　　　　　　　　　　　　**活動時期** 2002 〜
主要人物 Sergiy Fjordsson　　**メンバー** Sergiy Fjordsson(Vo.All instruments), Gionata Potenti(Dr)
類似バンド **世界** Striborg, Wedard, Vinterriket, Xasthur, Burzum **東欧** Evilfeast, Winter Depression

　リウネで 2002 年に活動開始。Sergiy Fjordsson のソロ・プロジェクトとして始まった。
　2004 年に 1st デモ『Чернее чем тьма』をロシアの Osolon Productions からリリース。Sergiy がボーカル、楽器を演奏し、その後も度々ゲストで参加する Unholy Tatiana という女性がバッキングボーカルを務めた。しかし、このデモ以降は Sergiy のワンマン状態での制作が続く。2006 年にスプリット 2 本と 2nd デモを発表し、1st フルレングス『Человечье слишком овечье』をリリース。2007 年には 2nd『Meine alte Melancholie』を発表。ノイズ色が強かった 1st に比べると、シネマティックで耽美な雰囲気になっており、地味ながらも味わい深いアンビエント作品になっている。同年に出された 3rd フルレングス『Traurer』では、アンビエントのみならずブラックメタルらしいパートも演奏するようになった。
　とにかく物凄い勢いで作品をリリースし続けており、2007 年はデモ 3 本、EP、コンピレーション 1 本ずつ、スプリット 5 本、フルレングス 2 本を発表。2008 年にはスプリット 9 本、フルレングス 2 本、その他合わせて合計で 20 作品もの音源をリリース。5th フルレングス『Misanthropie ist der einzige Weg zur Reinheit』は、なんと雪の積もる森に数日こもってレコーディングされたという。作り物ではない本物のアンビエントサウンドを披露してくれる。
　その後も精力的に音源を制作し続け、2012 年の 4 月に出た EP『Selbstisolation』では、イタリアのドゥーム・ブラック Deadly Carnage の Marco Ceccarelli、ノルウェーのブラックメタル Gehenna の元メンバーで現在はスラッシュ / ブラック Nocturnal Breed の Kenneth "Destroyer" Svartalv らが、正式ラインナップに加わっている（しかし、2 人ともこの作品にしか参加していない）。2014 年からは、フランスのアトモスフェリック・ブラック Blut aus Nord などで活動するイタリア出身の Gionata Potenti も加入し、2 人体制で活動している。
　独自のこだわりを感じさせる凍てつくような、しかしどこか美しいアンビエント・ブラックメタル・プロジェクトだ。

Moloch

Ambient Noise

Человечье слишком овечье
Smell the Stench
2006

リウネで 2002 年に活動開始。今作は 1st フルレングスで、初回はオーストラリアの Smell the Stench から 200 本限定でカセットでのリリース。翌年には Sergiy が運営していた De Profundis Productions から CD-R とカセットが出された。その後いくつかのレーベルから、タイトルが『Humane Too Sheeps』と英語表記になったものが CD-R で発売されている。2014 年にはリマスターされたデジタル音源も発表され、2015 年にはアメリカの Prison Tatt Records から 12 インチも 100 枚限定でリリース。Sergiy がすべて 1 人で担当しており、テープを使ってアナログにレコーディングされている。ちなみに Aryan Art の Alexander がマスタリングを手伝っている。ボーカルなしの完全なるノイズアンビエントなので、ノイズ系に耐性が無いと聴き通すのは辛いかもしれない。

Moloch

Ambient

Meine alte Melancholie
De Profundis Productions
2007

1st リリース後、3 本のデモ、1 本の EP、2 本のスプリットを出し、2007 年の 5 月に 2nd フルレングスをリリースした。初回は De Profundis Productions から 99 枚限定のカセット。その後もロシアの Contempt など複数のレーベルによって CD-R やカセットが出された。2016 年には、2 曲が抜かれ、代わりに 7 曲のボーナストラックが入った CD が、ロシアの Frozen Light から発売されている。今回は、その後度々ギターパートなどを提供することになる、ブラックメタル Deviator の Lord Hastner が 1 曲目のエフェクトを手掛ける。前回のノイズ要素はさっぱり抜けて、まるで古いモノクロ映画のバックで流れていそうな、どこか懐かしく耽美な雰囲気のアンビエント。派手な展開は何一つ無いのだが、ただひたすら物憂げで寂寥感に満ち溢れたインスト曲が収録されたアルバムだ。

Moloch

Ambient Black Metal

Traurer
Sombre March Records
2007

2nd リリース後、たった 4 か月で発表された 3 枚目のフルレングス。スウェーデンの Sombre March Records からカセットでリリースされた。100 本限定。Contempt などから CD-R も出ているが、2009 年に日本のレーベル Sabbathid Records（後に Sublime Recapitulation Music に改名）から CD が 500 枚限定で出ている。1st でマスタリングを手掛けた Alexander がベース、ボーカル、ドラム（4曲目のみ）でゲスト参加しており、Lord Hastner も数曲でボーカル、3 曲目のギターソロを担当。また、Unholy Tatiana という女性が 9、10 曲目でボーカルを務めている。これまではずっとアンビエント一本だった Moloch だが、今作ではついにブラックメタルも演奏している。ボロボロの音質のロウ・ブラックで、シンプルな曲ながら内に秘めた邪気が伝わってくる。

Moloch

Ambient Black Metal

Misanthropie ist der einzige Weg zur Reinheit
Azermedoth Records
2008

4th リリース後、物凄い勢いでスプリットなどを立て続けにリリース。そして、メキシコの Azermedoth Records から 5 枚目のフルレングスとなる今作を発表した。初回から CD でのリリースで、1073 枚限定での発売となった。その後、ポルトガルの Mistress Dance Records などからカセットも出している。今作でも Lord Hastner が 5 曲目でギターパートを提供して、8 曲目でバッキングボーカルとしてゲスト参加。Vargamor という女性もボーカルを務めている（彼女は時々カバーアートのモデルにもなっている）。また、スウェーデンの独りブラックメタル Traumwelt の Valand も 5 曲目でキーボードを弾いている。アンビエントなキーボードがバックで流れるロウ・ブラックメタルの旋律に、デプレッシブな叫喚が痛々しく邪悪にこだまする。なお、ほぼすべてのボーカルとアンビエントパートは、2 日 2 晩雪の積もる森で録音された。

Moloch

Ambient Black Metal

A Journey to the Vyrdin
Nordsturm Productions
2008

5thリリースのたった10日後に発表された6枚目のフルレングス。独りブラックメタル Sieghetnar などで活動する Thorkraft のレーベル Nordsturm Productions から、1000枚限定のCDでリリースされた。カセットも数々のレーベルから出されている。前作同様に Mistress Dance Records や、その他のレーベルからカセットバージョンも多数出ている。2013年にはドイツの Human to Dust から、数曲が入れ替えられた CD も発売された。これまではゲストを呼んでいたが、今作は Sergiy のワンマン状態での制作。この作品もテープを使ってレコーディングされており、ギターの音がジャージャーとノイズがかった低クオリティのサウンドだが、Moloch らしい暗く悲しげで絶望的な雰囲気に合っている。Darkthrone のカバーも収録。

Moloch

Ambient Black Metal

Isolation der Essenz
Sabbathid Records
2010

2010年は、EP、デモ、スプリット、ボックスセット、コンピレーションなどを合わせると、実に20作品以上をリリース。そして、7枚目のフルレングスもこの年にリリースされた。Sabbathid Records から500枚限定のCDで発売。同時にブラジルの I Am Your End Productions からカセットも500本出ている。2012年には、ポーランドの Black Dominion Productions から3曲ボーナストラックが入ったCDもリリースされている。今作もゲストは呼ばずに Sergiy 単独での制作。1曲ごとにインスト曲が挟み込まれており、発狂したかのような Sergiy のボーカルは今に始まったものではないが、歌詞も「もうこれ以上永久に続く痛みを感じたくはない」などとかなり鬱々としている。相変わらずのテープレコーディングで、ノイジーな音質もさらにデプレッシブ度を増長している。

Moloch

Ambient Black Metal

Der Schein des schwärzesten Schnees
Sabbathid Records
2011

7thリリース後もスプリットやコンピレーション、ボックスセットを出して、2011年に8枚目となるフルレングスをリリース。今回も Sabbathid Records からのリリースだが、紆余曲折を経てリリースされた作品だ。実は2009年に Blackmetal.com からリリースされる予定だったが、レーベルの経済的な理由でキャンセルされ、後に Sabbathid Records から2011年の4月に発売されることになったが、東日本大震災の影響でリリースが秋に延期された。後半はインスト曲中心になっているが、相変わらずの鬱っぷり。もともとは2009年の冬にリリースしたかったようだが、確かに凍てついた真冬を感じさせるような荒涼サウンドだ。「Philosophie der Depression」のビデオクリップ付きで、5th でバッキングボーカルとして参加した Vargamor が出演ししている。撮影は Sergiy 本人が行った。

Moloch

Ambient Black Metal

Abstrakter Wald
Glorious North Productions
2012

8thリリース後、EP2本、コンピレーション1本、アメリカのフューネラル・ドゥーム Persistence in Mourning とのスプリットをリリース。2012年に9枚目となるフルレングスを発表した。イギリスの Glorious North Productions からカセットで100本限定でのリリースだ。2013年にはアメリカの Metallic Media から、リハーサル曲などが追加されたCDが1000枚限定で発売されている。また、2017年にはグリーンランドの Lánd-Væt-Turr Records から、ステッカーやパッチなどがセットになったものが、実にマニア向けなオープンリールタイプで出ている。今回も Sergiy 単独でのレコーディングで、キーボードと環境音だけで制作された。バックで流れる吹雪のような環境音は、実際に冬場の荒れ果てた森の中で録音されているのだが、凍てつくような静謐な寒々しさが伝わってくる。

Moloch

Ambient Black Metal

Verwüstung
Human to Dust
2014

2014年2月にリリースされた10thフルレングス。ドイツのHuman to DustからCDで発表され、4月には日本のZero Dimensional RecordsのサブレーベルHidden Marly Productionからも500枚限定でCDがリリースされている。「Verwüstung」はドイツ語で荒廃という意味だが、BurzumのVarg Vikernesに捧げられているそうだ。これまでMolochはSergiyのワンマン・プロジェクトだったが、今作からイタリア出身で、フランスのBlut aus Nordなどでも活動するGionata Potentiがドラムとして加入。ゲストで独りブラックメタルのLilita Arndtがフィーメールボーカル、Beyond Lifeなどで活動するポーランド人Azathothがギターで参加。アンビエント要素もまじえつつ、プリミティブなデプレッシブ・ブラックを演奏している。

Moloch / Hermodr

Ambient Black Metal

Verwüstung
Ambient Black Metal
2016

スウェーデンの独りアトモスフェリック・ブラックHermodrとのスプリット作品。ドイツのAmor Fati Productionsから300枚限定の7インチでリリースされた。同時にデジタル音源も出ている。Molochは短いインスト曲と4分程度の曲の2曲が収録、Hermodrは5分台の曲が1曲収録されている。カバーアートには、ノルウェー出身のロマン派画家ヨハン・クリスチャン・ダールの作品が使用されている。Molochの曲は、Sergiyがボーカル、全楽器演奏を務め、度々ゲスト参加しているLilita Arndtが今作でもフィーメールボーカルを担当している。Lilitaのメランコリックな歌い声に、Sergiyの今にも泣き出しそうなデプレッシブな絶叫が重なる。スプリット相手のHermodrは、ロウな音質でゆったりと奏でられるメランコリックな曲調が美しい。

Q：まずはあなたがMolochで活動するようになったいきさつを教えてもらえますか？ そして、どんなアーティストに影響を受けてきたかも教えてください。
A：90年代後半から、古いオープンリールレコーダーを使って、たまにレコーディングをするようになったんだ。ギターやマイク、古いソビエトのキーボード『Polivoks』なんかも使ってね。ロウなサウンドで即興の音を時々レコーディングして、様々なデモ作品を作ったりもした。2002～2004年の後半まではプロジェクト名も無かったんだけど、初のデモ『Чернее чем тьма』をMolochとしてリリースした。
音楽的には、初期のブラックメタル（ダークアンビエントも含めて）に影響を受けたよ。Burzum、Mortiis、Darkthrone、Enslaved、Ildjarn、Ancientなどね。彼らの音楽は僕の琴線に触れて、僕の内なる世界にしっかりと染み込んでいったんだ。

Q：なぜMolochというプロジェクト名にしたのですか？
A：なぜこの名前を選んだかを説明するのは非常に難しい。僕がこの名前を選んだ理由は奥が深すぎるから、僕だけの秘密にしておきたいな。

Q：ブラックメタル以外の音楽も聴きますか？
A：うん、アンビエント、ネオフォーク、ノイズ、昔のゴシック・ロックやサイケデリック・ロック、1stウェーブのエレクトロニカ音楽なども聴くよ。どれもメタルバンドには無い空気を感じさせてくれる。

Q：Molochの曲を制作をする上で、何にインスパイアされていますか？
A：自然、孤独、平穏、そして僕の内なる世界観にインスパイアされている。Molochは僕の分身みたいなものなんだ。内なる世界や僕が見てきたもの、経験、創造性や思考を映し出す鏡さ。僕が見て感じることや考えていることのすべては、僕の見解のプリズムを通して心の中にある気持ちを残し、人間の生と死の境界線を取り除く比喩的なイメージや言葉となって歌詞に反映される。Molochは、潜在意識のエネルギーと外からのエネルギーを吸収し、凝縮して磨き上げ、楽器とナレーションによって音として生み出し、君たちの内的感情を外界に投影する個々のマントラなのさ。内なるすべてのエネルギーと空気感を備えた最終的なサウンドがここにある。僕の音楽はリスナー自身のガイドの役を果たしている。個々の潜在意識が創造やイメージを創りだし、隠された欲望と想像力の閉ざされた世界にリスナーを導いていく。僕はアーティストとして、リスナーが瞑想世界に飛び込み、自分への質問と答えを見つけ、思考の中に深く沈みこめるような機会を音楽を通して創り上げている。もし偽りのない音楽ならば、たいていの人は理解できないものだ。アーティストが曲に投影したものを理解できる人は少ない。それは単にセンスの欠如かもしれない。深い理解が必要とされるから。芸術は、創造主がエネルギーの解放と平穏のためにそれを制作した時に、偽りのないものになる。そうでなければ、自分のエゴをやわらげようとするものに過ぎない。

Q：あなたの音楽はいつもアナログスタイルでレコー

ディングされていますよね。なぜこのスタイルを選ぶのですか？　そして、しばしば森や山、洞窟などでレコーディングを行っているようですが、なぜこのような場所にこだわるのでしょうか？

A：Molochのほぼすべての曲は、さまざまなテープレコーダーで「ライブ」されているし、このスタイルを続けている。テープを使ったアナログの録音方法は、僕が求める音を与えてくれるんだ。スタジオ外でのレコーディングは、いつも僕に特別な雰囲気を感じさせる。風、冬の寒さ、夜の静けさ、洞窟でのエコーや深い森のサウンドは、単純に音が作り出した情景をイメージするだけでなく、リスナーを取り巻く互いに影響しあう。マイクは演奏音だけでなく、音響の振動やその場で生じた音を拾うから、生のサウンドとさらなるハーモニーを携えた汚れなく豊かなレコーディングができる。ダンジョンシンセは地下牢で、ブラックメタルは森の中で……これは僕が忠実に守っている哲学なんだ。

Q：これまで山や森などでレコーディングしている最中に、何か問題が起きたことはありましたか？

A：寒さや湿気、雨などが基本的な問題だね。機材が一瞬動かなくなったり、そのまま臨終することもある。

Q：鬱に対するあなたの考えを教えてください。

A：鬱とメランコリー……これらは自分の内面はもちろん、この世界で自分の精神を清める方法のキーとなる。自分を取り巻く森羅万象を別の面から見つめ直し、深く理解するような感覚。もし自分に十分なパワーが無いと、このピュアな感情に殺されかねない。通常の生活リズム

から君を投げ出し、快適さを破壊し、君を独りぼっちにさせる。でも、たくさんの目に見えない糸や足かせから君を解放させてくれるだろう。

Q：アルバムやコンピレーションを日本のいくつかのレーベルからリリースしていますよね。どのような経緯でリリースすることになったのですか？

A：お互いに連絡を取り合って、リリースの契約をしたまでのことさ。原盤をレーベルに送って、CDが出来上がったらその一部を送ってもらった。Sabbathid Records、Hidden Marly Records、Zero Dimensional Recordsは本当に良い仕事をしてくれたよ。彼らのサポートには感謝している。

Q：あなたの政治観を教えてください。

A：政治には全く興味が無い。政治を気に掛けるなんて、時間の無駄だ。

Q：ウクライナのメタルシーンをどう思いますか？

A：もう長いことウクライナのメタルシーンには関心が無いよ……

Q：あなたはリウネに長く住んでいるようですが、リウネはどのような街なのですか？　メタルバンドもたくさんいますか？

A：リウネは小さな街だから、ローカルに活動するデスメタルバンドがちょっといるだけ。Molochはリウネでは最初のブラックメタルバンドだよ。これまでは僕しかブラックメタルをやっていなかったんだけど、2016年辺りからIeschureも活動を始めたね。

Q：Ieschureは、あなたの作品にもゲスト参加してい

る女性のソロ・プロジェクトですよね。彼女とはどのように知り合ったのですか？
A：彼女は同じ地域に住んでいるし、ここら辺でブラックメタルをやっているのは僕と彼女しかいないからね。彼女とはうまく協力し合っているよ。
Q：音楽活動以外に何か仕事はしていますか？
A：うん、生活するために仕事をしているよ。でも、これについては話したくない。
Q：知っている日本のバンドやアーティストはいますか？
A：もちろんだよ。Sabbat, Arkha Sva, Unholy Grave, Infernal Necromancy, Juno Bloodlust, Death like Silence, Gnome, Hurusoma, C.S.S.O.、Frozn, Barbatos, Abigail, Ghoul, Solar Anus, Sigh などの作品は僕のコレクションの中に含まれているよ。そして、いくつかのバンドとコンタクトをとったりもしている。自分のレーベル Depressive Illusions Records の活動のために連絡を取り合う場合も多いんだけどね。
Q：もし日本に来るチャンスがあったら、日本で何をしたいですか？　どこか行きたい場所などはありますか？
A：分からないな。もし日本に行くことになったら何か言えるかもしれないけど。観たい場所がたくさんありすぎる。
Q：インタビューに応じていただきありがとうございました！　最後に日本のメタルヘッズに一言お願いします。
A：まず、君のサポートとこのインタビューに感謝しているよ。他人の意見は気にしないで。ブラックメタルは音楽以上のものだ。ブラックメタルとともに生きて、呼吸して、存在するんだ。

Depressive Illusions

ウクライナに、物凄い勢いで大量の音源をリリースしている Depressive Illusions Records というレーベルがある。それも CD-R やカセットでのリリースで、66 枚限定といったかなり少量生産。調べて行くうちに、このレーベルオーナーは、本著でも紹介し、インタビューも行った Moloch の Sergiy と判明した。彼はこのレーベルの他にも、いくつものレーベルを運営している。そこで早速、彼にレーベル活動について色々と教えてもらった。

Q：現在あなたはアンビエント・ブラック Moloch やノイズ・プロジェクト Saturn Form Essence などで活動しながら、いくつかのレーベルを運営されていますね。まずは、それぞれのレーベルの特徴を教えていただけますか？

A：メインのレーベルは Depressive Illusions Records で、ブラックメタルとダークアンビエント作品のリリースのために立ち上げたんだ。数年後にサブレーベルの Floppy Noise Records（フロッピーディスクでのリリースオンリー）、Vibrio Cholerae Records（パンクやデスメタル、ローファイなプリミティブ・ブラックメタル、スラッシュメタル、ノイズなどを中心とした病んだ音楽を取り扱っている）、Spirits of the Air Records（ポストロック、ポストメタル、ネオフォーク、シューゲイザー、ダーク・エレクトロニカなどのアトモスフェリックな音楽をリリースしている）を作ったんだ。

Q：どうしてレーベルを始めようと思ったのですか？

A：まだ知られていない若いバンドをサポートしたかったんだ。僕もミュージシャンだからね、それがどれくらい大切か分かる。僕は、万人に受け入れられないであろうアンダーグラウンドな音楽をサポートしようとしている。そんなわけで独立したんだけど、正直で偽りの無いやり方でレーベル活動をしているから、自分が望むようにリリースできるんだよ。

Q：あなたは世界中のバンドの音源をリリースしています。日本のバンドもいくつかリリースしましたね。取り扱うバンドはどうやって見つけているのでしょうか？あなたから連絡を取るのですか？ それとも、バンドから連絡が来るのでしょうか？

A：たいてい、バンドが最初に連絡をして来てくれるよ。そして、契約するかしないかを判断している。

Q：契約を交わす時はいつも英語を使うと思うのですが、非英語圏のバンドも多いですよね。言語によってトラブルが起きたことはありますか？ 時には、英語でのやり取りが難しい場合もあるのではないでしょうか？

A：そう、バンドとのやり取りはだいたい英語で行って

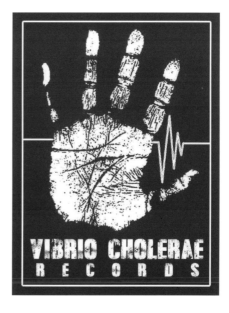

Ukraine 075

いるね。だからそういったシチュエーションは時々ある。でも全く大きな問題ではないよ。Google 翻訳を使えば良いし。

Q：あなたのレーベルで一番売れ行きが良いタイトルを教えてもらえますか？
A：Skyforest.

Q：これは答えるのが難しいと思いますが、あなたがリリースしたタイトルで特に推薦するものはありますか？
A：確かにこの質問は難しい。みんなそれぞれ違ったテイストを持っているからね。

Q：ところで、こんなにたくさんのレーベルを運営するのはなかなか大変だと思います。お一人で運営されているのですか？　また、在庫などはどこに保管しているのでしょうか？　レーベル用の事務所などがあるのでしょうか？
A：うん、レーベルはすべて僕一人で運営しているよ。全リリース作品は、部屋に保管している。

Q：サブレーベルの Floppy Noise Records では、フロッピーディスクで音源をリリースしています。とても面白くてユニークなアイディアですよね。なぜ、フロッピーディスクでのリリースを思いついたのですか？　需要はあるのでしょうか……？
A：音楽が必要ない人を制限するためのひとつの方法だと思ってるんだ。君が何かを静かに囁くとしたら、人々は慎重に君の言葉に耳を傾けようとするか、無視してもっと声の大きい人に耳を傾ける。フロッピーディスク、これは囁き声なんだ。そして、僕はその囁き声を聞くのが好きなんだよ。

Q：どの国からオーダーが来ることが多いですか？　日本からも来ますか？
A：USA、ドイツ、フランス……うん、日本からも来るけど、めったにないね。

Q：ブラックメタルのライブ会場などで商品を販売することもあるのでしょうか？　それとも通販のみですか？
A：たまにね。でもウェブショップを通して販売することが多いね。

Q：あなたの次のプランを教えてください。
A：そのうちすぐにカセットがまたリリースされるよ。

Mørkt Tre

Ambient Black Metal

To the Graves of Smoldering Time
Fimbulvinter Productions — 2017

リヴィウで 2010 年に結成。今作は 1st フルレングスで、ブラジルの Fimbulvinter Productions から CD でリリースされた。自主制作でデジタル音源も出ている。ラインナップは、Kroda やシンフォニック・ブラック Reusmarkt でも活動する Clin、このバンドでのみ活動している様子の Emperor と Sttng の 3 人だが、それぞれの担当パートは不明。歌詞は、ブラックメタル До Скону の Varagian がゲストとして手掛けた。なお、マスタリング、ミキシングは、ポーランドのブラックメタル Furia などで活動し、自身のスタジオを所有する Nihil によるものだ。神秘的で怪しげなイントロから始まり、そのムードを崩さずに時折アンビエントなインスト曲を挟みつつ、アトモスフェリックで幽玄なブラックメタルを聴かせてくれる。もやもやとした大気を感じさせる雰囲気が終始漂う 1 枚になっている。

Munruthel

Ambient

Явь, Навь и Правь
Oriana Music — 1997

ハルキウで 1997 年に活動開始。Nokturnal Mortum、Astrofaes などの元メンバーである Munruthel こと Vladislav Redkin のワンマン・プロジェクトとして始まった。彼はメタル以外にもトランスやポップ・ロックのプロジェクトもやっていたことがある。今作は Munruthel 名義での初の音源で 1st フルレングス。初回は Oriana Music からカセットでリリースされた。2004 年にはロシアの Oskorei Music から CD が、2013 年にはフォーク、ペイガン系に特化したロシアのレーベル Gardarika Musikk からボーナストラックが 1 曲追加された CD が発売。全曲インストで、すべて Munruthel が担当している。前半は夏〜秋、後半は冬をイメージしているそうだが、見事にその季節の空気感が伝わってくる。太古のペイガニズムを呼び覚ますかのようなアンビエント曲だ。

Munruthel

Symphonic Black/Folk Metal

Эпоха Водолея
Oskorei Music — 2006

Oskorei Music から 1000 枚限定の CD でリリースされた 3rd フルレングス。2012 年にはロシアの Gardarika Musikk とウクライナの Svarga Music から、それぞれ Dead Can Dance と Burzum のカバーが収録された CD が発売されている。正式メンバーは Munruthel のみで、彼がボーカル、キーボード、ドラムを演奏。ゲストで元 Dub Buk の Istukan がギター、ベース、元 Nokturnal Mortum の Wortherax がギター、インダストリアル・フォーク / デス Thunderkraft の Anna Merkulova がフルート、フォーク・ブラック Триглав でもセッションボーカルを務めたことのある Vel がコーラスを担当している。フォーク要素を含めつつ、エネルギッシュで壮大に展開されるシンフォニック・ブラックで、なだれ込むようなメロディーに圧倒される 1 枚。

Munruthel

Symphonic Black/Folk Metal

CREEDamage
Svarga Music — 2012

3rd リリース後、ゲームのサントラアルバムをオランダの Blazing Productions からリリース。その約 1 年後に発表された 5 枚目のフルレングス。Svarga Music からのリリースで、同時にロシアの Casus Belli Musica から、タイトルが『ВЕРОломство』とキリル文字になったものがリリースされている。今作ではゲストを大勢呼んでおり、3rd に参加したゲストに加え、ロシアのペイガン・フォーク Аркона の Masha も 4 曲目でボーカルを務めた。また、イギリスのヴァイキング・ブラック Forefather の Wulfstan や、アンビエント・フォーク Lord Wind の元メンバーであるポーランド出身の Anna Oklejewicz などもゲスト参加している。3rd の勢いも保ちつつもエピック感にさらに磨きがかかり、フォーキッシュなパートも疾走感があって聴いていて気持ちが良い。

My Dying World "Mako"

Depressive Black Metal

My Dying World... and Life! 2014
Independent

2013 年にクリミア半島で活動を開始。もともとは、バンド名にも名前が冠されている Mako が始めたワンマン・プロジェクトだったが、2014 年からは Shadow が加入しユニット形式になる。今作は 2014 年に自主制作でリリースされた 1 枚目のフルレングス。同時にデジタル音源も出ているのだが、CD はなんとたったの 7 枚限定だったようだ。Mako がベースとプログラミング、Shadow がギター、そして独りエクスペリメンタルメタル The Orchestra of Dead Souls で活動するロシア出身の Ioria がゲストでボーカルを務めている（2nd アルバムの『Tribute to Memories』の 2 曲目にもゲストボーカルで参加している。なお 2nd は 6 枚限定だった）。ローファイ音質のさめざめとした反復ギターリフに、痛切な絶叫が乗っかるデプレッシブ・ブラックメタル。

Myrkvids Draumar

Pagan Black Metal

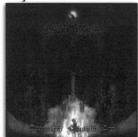

Forest's Revenge Breath 2012
Vacula Productions

ドネツィク近郊のイェナーキイェヴェで 2003 年に結成。今作は 3 枚目のフルレングスで、ウクライナの Vacula Productions からリリースされた。同時にデジタル音源も出ている。ボーカルは Satan こと Artem Kovalyov、ギターを Sadist と、プリミティブ・ブラック Screaming Forest にも在籍していた Troll、ベースを Garm、ドラムを Haber がプレイしている。1〜5、8 曲目は初期のデモ曲、6、7 曲目は 2005 年にリリースされたミニアルバムに収録されていた曲を再録したものになっている。オーソドックスに反キリスト、戦争なども曲のテーマにしているが、ペイガニズムもテーマとして取り入れており、正統派ブラックメタルのスタイルを基盤にしつつ、所々でペイガニックなリフやメロウな旋律が聴けたりもする。

Mysterion Noctum

Primitive Black Metal

Omen 2003
Beverina Productions

ドネツィクで 2000 年に結成。1st フルレングスのみをリリースし、いつの間にか解散している。今作は、ラトビアの Beverina Productions から 500 本限定のカセットでリリースされた。ラインナップは、現在アトモスフェリック・ブラック Wanderer で活動するボーカルの A. Raven、ギターの Tanatos、ベースの Slayer、ドラムの Nosferato。エンジニアリングは、プログレッシブ・デス Phantasmagory に在籍していた Valeriy Vorobyov と、数々のバンドのマスタリングなどを手掛け 2014 年に亡くなったロシア出身の Andrey Subbotin が担当。パタパタと乾いたドラムのサウンドに、初期 Darkthrone 直系の聴いていて気が狂いそうな反復リフ、そこにくぐもった絶叫がこだまする邪悪極まりないプリミティブ・ブラックメタルだ。

N◼O

Post Black Metal

Adrestia 2017
Throats Productions

キエフで 2015 年に結成。1st フルレングスの今作は、メキシコの Throats Productions から 500 枚限定でリリースされた。同時にデジタル音源も出ている。ラインナップは、ドゥーム・デス Vin de Mia Trix でも活動するボーカルの Andrey Tkachenko、Cantabile Wind のメンバーでもあるギターの Vitaly Dmitrienko と、ギター、キーボード、プログラミングの Andrey Loboda、メロディック・デス / ブラック Balfor の元メンバーでベースの Andriy Danko。2 曲目のキーボードのみ、セッションメンバーの Valentin Gisunov がプレイしている。マスタリング、ミキシングはロシアのブラックメタル Nabaath のメンバー Sergey "Warkhoros" が担当。ボーカルはアグレッシブだが、トレモロリフ多めのポスト・ブラック。

Nahemoth

Black Metal

Novum Testamentum: Evangelium Morti　2013
Cold Breath of Silence

シンフェロポリで 2009 年に結成。最初は、デスメタル Kaoz の元メンバーである Ayzen のワンマン・プロジェクトとして始まった。今作は 2 枚目のフルレングスで、ロシアの Cold Breath of Silence から 666 枚限定でのリリース。同時にデジタル音源も出ている。ボーカル、ギターを Ayzen、もう 1 人のギターを現在ブラックメタル Nocturnal Amentia で活動する Noxious、ベースを Tarnazar、ドラムを Paganland、アトモスフェリック・ブラック Colotyphus の Lycane が担当。タイトルはラテン語で「新約聖書：死の福音」という意味だ。こもり気味なボーカルと、少しロウなサウンドプロダクションが不穏な空気を作り出し、オカルティックなムードを醸している。時たま流れるギターの旋律がどこかエキゾチックで妖異であり、美しくも禍々しい 1 枚になっている。

Narrow House

Experimental Atmospheric Doom Metal

A Key to Panngrieb　2012
Solitude Productions

キエフで 2009 年に結成。もともとは Funestum というバンド名でフューネラル・ドゥームを演奏していたが、2009 年にメンバーを再編成して現在のバンド名に改名。今作は 1st フルレングスで、ロシアの Solitude Productions からのリリース。ボーカル、ベースをペイガン・ブラック Necrolatry でも活動する Yegor Bewitched、ギターを Oleg Merethir、ドラムを Petro Arhe、キーボードを Katerina、チェロを Alexander が演奏。Alexander 以外、前身バンド Funestum にも在籍していたメンバーである。フューネラル・ドゥームのようなスローテンポではあるものの、ゴリゴリの低音ボイスでは無く、悲壮感よりもアトモスフェリックさが目立つ。イギリスのフューネラル・ドゥーム／デス Esoteric のカバーも収録されている。

Natural Spirit

Pagan Folk Metal

The Price of Freedom (Ціна свободи)　2011
Stormspell Records

チェルニーヒウで 1999 年に結成し、2006 年に活動の拠点をキエフに移す。結成当初は Spellcraft という名前だったが、すぐに現在のバンド名に改名している。今作は 3 枚目のフルレングスで、アメリカの Stormspell Records から 1000 枚限定でのリリース。ラインナップは、創設メンバーでボーカル、ギターの Oleg Kirienko、フィーメールボーカルの Antonina Vinnyk、メロディック・パワーメタル Sunrise にも在籍するギターの Vladimir Ovcharov、ゴシックメタル Inferno のメンバーでもあるベースの Vadim Muschenko、バッキングボーカル、ドラムの Mykolay Nezhura。ゲストも多数参加しており、ベラルーシのペイガン・フォーク Gods Tower の Lesley Knife も 9 曲目でボーカルを務めている。フォーキッシュなサウンドに地声女性ボーカルが乗るペイガン・フォーク。

Nocturnal Amentia

Black Metal

HVHI:Nati ex Mortis　2016
Cold Breath of Silence

ウクライナ南西部の人口 550 人程の小さな村カドイイヴカで、2002 年に結成。今作は 4 枚目のフルレングスで、ロシアの Cold Breath of Silence から 666 枚限定でリリースされた。同時にデジタル音源も出ている。制作時のラインナップは不明だが、当時在籍していたメンバーは、オリジナルメンバーでボーカルの Daemous とギターの Noxious（彼はブラックメタル Kaosophia などでも活動している）、ブラックメタル Satan's War Machine のメンバーでもありベースの Hegal、ドラムの Surt の 4 人。基本的にはブラストビートが炸裂するブルータルなブラックメタルだが、緩急の付け方が絶妙で、ファスト・ブラック一辺倒ではなく、バランスの取れたアルバムになっている。Belphegor のカバー曲も収録されている。

Ukraine　079

ウクライナだけでなく東欧、旧ソ連全域代表するペイガンブラック

Nokturnal Mortum

出身地 ハルキウ　　　　　　　　　**活動時期** 1994 〜
主要人物 Knjaz Varggoth
メンバー Knjaz Varggoth(Vo.Gt.Key.Ba.Other), Jurgis(Gt.Vo), Rutnar(Ba), Bairoth(Dr), Surm(Key.Dulcimer.Pipes)
類似バンド **世界** Moonsorrow, Emperor **東欧** Kroda, Khors, Drudkh, Graveland, Negură Bunget

　1994 年にハルキウで結成。前身バンドは 1991 〜 1993 年まで活動していた Suppuration と、1993 〜 1994 年に活動していた Crystaline Darkness。バンド名はもともと「Nocturnal 〜」だったが、他のバンドとの差別化を図るため、1995 年頃からは「Nokturnal 〜」に変更している。創設メンバーは、フロントマンの Knjaz Varggoth と、Suppuration 時代から彼とともに活動してきた 4 人（Munruthel、Wortherax、Xaarquath、Sataroth）。

　1995 年に 1st デモ『Twilightfall』をカセットでリリース。その後さらにデモ 2 本、同郷のブラックメタル Lucifugum とのスプリット、EP2 本を出して、1997 年に 1st フルレングス『Goat Horns』をポーランドの Morbid Noizz Productions から発表。この頃には、Karpath と Saturious も加入し、パワーメタル W. Angel's Conquest の W. Angel もゲスト参加している。翌年には 2nd『To the Gates of Blasphemous Fire』、1999 年には 3rd『Нехристь』をリリース。どちらもバンドが運営する Oriana Music から出ている。

　コンピレーション、EP をリリースし、2004 年に 4th『Мировоззрение』をリリース。メンバーは Varggoth、Saturious、Munruthel の 3 人になっている。なお、これまでは英語歌詞が多かったが、今作は全曲ウクライナ語およびロシア語歌詞で制作された。2005 年には 4th をすべて英語歌詞に差し替えた 5th『Weltanschauung』が出ている。Munruthel が 2003 年に抜け、2009 年には新メンバーとして Bairoth、GreyAblaze の Astargh、Ygg の Vrolok が加入し 6th『Голос сталі』を発表。そして、2017 年に 8 年ぶりのフルレングスとなる 7th『Істина』をリリースした。Astargh と Vrolok が脱退し、Rutnar、Khors の Jurgis、KZOHH の Hyozt を新メンバーに迎えての制作となった。

　時に隠しトラック数が 88 曲になっていたり、Varggoth が NSBM や RAC バンドで活動していることなどから、NSBM 扱いもされているバンドだが、今現在はフォーク要素を多分に含んだメロディーが美しいブラックメタルを演奏している。

Nokturnal Mortum

Symphonic Folk Black Metal

Twilightfall
SMS Factory — 1995

1995年にリリースされたNokturnal Mortumの初の音源で1stデモ。SMS Factoryというレーベルからカセットでリリースされた。2003年にはOriana Musicからリイシュー盤CDも発売され、2015年には自主制作のデジタル音源、さらにはフランスのOsmose Productionsから12インチも出ている。ボーカルをVarggoth、ギターを94～96年まで在籍していたWortherax、ベースをXaarquath、ドラムをMunruthel、キーボード、バッキングボーカルをSatarothがプレイ。また、ゲストでVarggothの妻Tatiana Gaponがフィーメールボーカルを担当した。初のデモでありながら完成度が高く、ド派手なシンフォニックサウンドではないものの、味わい深いメロディーが聴ける。この頃のVarggothのボーカルスタイルはデスメタル寄り。

Nokturnal Mortum

Symphonic Folk Black Metal

Goat Horns
Morbid Noizz Productions — 1997

ハルキウで1994年に結成。1stフルレングスの今作は、2001年に閉鎖してしまったポーランドのMorbid Noizz Productionsからカセットでリリースされた。翌年にはすでにドイツの大手レーベルNuclear Blastに目を付けられ、CDとしてもリリースしている。その後Varggothのレーベルからも再発盤が数回にわたって発売された。Varggothがボーカル、ギター、ベース、Crystaline Darknessにも在籍していたKarpathがギター、Suppurationの元メンバーのXaarquathがベース、Munruthelがドラム、Satarothがキーボード、Saturiousがキーボードと民族楽器をプレイ。まるで映画のサントラのような壮大さを湛えたインストから始まり、ペイガニックなメロディーで大仰に疾走する。1stにしてNokturnal Mortumの世界観をすでに確立している。

Nokturnal Mortum

Symphonic Folk Black Metal

To the Gates of Blasphemous Fire
Oriana Music — 1998

1stリリースの9か月後に発表された2枚目のフルレングス。初回はOriana Musicからカセットでのリリースで、翌年にはドイツのRadiation RecordsからCDが、そしてついに話題は北米にも飛び、アメリカのThe End RecordsからもCDが発売されることになった。ラインナップは1stと同じ6人。エンジニアリングは、ギターのKarpathと、Dub BukやAstrofaes、Khorsなどの音源制作にも携わるDmitry Bondarenkoが手掛けた。初回のカセットだけ、1曲が追加されており、全9曲となっている。なお、今作はブラックメタルLucifugumのフロントマンIgor Naumchukに捧げられている。ミドルテンポが主だった1stに比べると、ブラストビートが炸裂し、勢いが増しており、スピード感のあるシンフォニック・ブラックになっている。

Nokturnal Mortum

Symphonic Folk Black Metal

Нехристь
Oriana Music — 1999

2ndの7か月後にリリースされた3枚目のフルレングス。今回も初回はOriana Musicからカセットでのリリースとなっている。翌年にはThe End RecordsやドイツのLast EpisodeからCDも出ている。ギターのKarpathが2nd発表後に脱退しており、今作は残りの5人での制作となった。また、ゲスト数人がバイオリンやオカリナ、その他の民族楽器を演奏している。アップテンポで軽快なフォークロア調のメロディーや、勇ましい掛け声、セッションメンバーのフィーメールボーカルなどがこれまで以上にフォーク度数を増長させている。また、4曲目の「The Call of Aryan Spirit」というタイトルからNSらしさが窺がえ、さらにはアルバムの収録曲自体は10曲なのだが、CDバージョンになると88トラックが入っていることからも、堂々とNS思想を主張していることがわかる。

Nokturnal Mortum
Symphonic Folk Black Metal

Мировоззрение
Oriana Music　　2004

3rd リリース後、1997 年に出された 2 枚のデモと Burzum、Graveland のカバーが収録されたコンピレーションを発売。その後 4 曲入り EP (とはいえトータル 40 分超えの長尺) をリリースした。今作は 2004 年に Oriana Music から 1000 枚限定で出された 4th フルレングス。カセットも発売され、2013 年には後にリリースされる英語バージョンの『Weltanschauung』とセットで 2 枚組になった CD も発表された。メンバーが一気に減り、Varggoth がボーカル、ギター、民族楽器、Saturious がベース、キーボード、民族楽器、Munruthel がドラムを演奏している。歌詞はすべてウクライナ / ロシア語。1st にもゲスト参加した W. Angel が今作にも参加しており、彼のクリーンボーカルが聴ける「Вкус победы」は、メランコリックでアトモスフェリックなギターリフが美しい。

Nokturnal Mortum
Symphonic Folk Black Metal

Weltanschauung
No Colours Records　　2005

4th リリース後、前身バンドの Suppuration などのデモや未発表曲などが含まれたコンピレーションを、アメリカのブラックメタル Nachtmystium などの音源も出した Unholy Records から 2 枚組でリリース。その翌年に 5 枚目のフルレングスを発表した。今作は、4th フルレングスの『Мировоззрение』を英詩にしたもので、曲自体や 1 曲ごとにインスト曲が挟まれるアルバム構成は同じ。そのため、ラインナップも 4th と同じメンツである。ドイツの No Colours Records から CD でリリースされ、2006 年には『Weltanschauung / The Taste of Victory』とタイトルに英訳が加えられた 3 枚組 12 インチも発売されている。歌詞は英語になっているが、W. Angel によるクリーンボーカルのパートはともかく、Varggoth のシャウトではあまり前作との歌詞の違いが分からない。

Nokturnal Mortum
Symphonic Folk Black Metal

Голос сталі
Oriana Music　　2009

5th リリース後、ポーランドのペイガン・ブラック Graveland、North、ロシアのフォーク・ブラック Темнозорь らとのスプリットを発表。その後、ポーランド南部のカトヴィツェで行われたライブの様子を収録した DVD をリリース。今作は 2009 年に Oriana Music からリリースされた 6th フルレングスだ。初期の頃からのメンバーであったドラムの Munruthel が 4th 収録後の 2003 年に脱退しており、現在ポスト・ブラック GreyAblaze で活動する Astargh がギター、バッキングボーカル、ペイガン・ブラック Ygg のメンバーで、今は正教会の信者である Vrolok がベース、Bairoth がドラムとして加入した。その他数名がゲストで参加。勇ましくも叙情的で美しく、アトモスフェリック、ポスト・ブラックにも通ずる要素すら感じられ、単なるフォーク・ブラックメタルではない魅力に満ちている。

Nokturnal Mortum
Symphonic Folk Black Metal

Істина
Oriana Music　　2017

6th リリース後、ライブアルバム、Graveland とのスプリット、5 枚組のコンピレーション、シングルを発表。そして、2017 年に 7 枚目のフルレングスを Oriana Music からリリース。同時に、T シャツやサイン入りメンバー写真、ポスターなどがセットのものと、デジタル音源も出ている。翌月にはポーランドの Heritage Recordings から 2 枚組 12 インチも発売された。Varggoth がボーカル、ギター、ベース、キーボード、Khors でも活動し 2014 年から加入した Jurgis がギター、バッキングボーカル、同じく 2014 年加入の Rutnar がベース、バッキングボーカル、Bairoth がドラム、現在 KZOHH に在籍する Hyozt がキーボードを担当。その他 7 名のゲストも参加している。これまで以上に洗練され愁いを帯びたメロディーを、しっかりとした演奏とともに聴かせてくれる 1 枚だ。

キエフで開催される世界最大規模のNSBMフェスAsgardsrei

2017年に開催されたフェスの様子。http://militant.zone

ウクライナの首都キエフで、毎年12月にとあるフェスが開催される。NSBM系のバンドに特化したAsgardsrei Festだ。Asgardsreiとは、ドイツの悪名高いNSBMバンドAbsurdが1999年にリリースしたEPのタイトルであり、ドイツの戦士集団を指しているという。

このフェスを主催しているのは、キエフに本拠地を置くエクストリームメタル集団Militant Zone。別のページで紹介するが、キエフの中心地に店舗を構えており、運営しているのはロシア出身のNSBMバンドM8L8THのフロントマンAlexeyだ。現在はウクライナに拠点を移した彼だが、同フェスは彼がロシアにいた頃から開催されていた（なおロシア出身の彼がなぜウクライナに移ったのか真相は不明）。マイダン革命により、ウクライナ各地では反ロシア感情が露わになり、同時にナショナリズムが強まった。実際に、マイダン革命の翌年からこのフェスがキエフで開催されるようになった。確認ができたラインナップは以下の通り。

第三回目（2012.12.15）
M8L8TH (Russia)、Велимор (Russia)、Kamaedzitca(Belarus)、Презумпция Невиновности(Russia)、Волчий Крест (Russia)、Rodosvet(Russia)

第四回目（2015.12.13）
M8L8TH (Russia)、Sokyra Perna (Ukraine)、Arya Varta (Ukraine)、Wehrwolf (Belarus)

第五回目（2016.12.18）
Nokturnal Mortum(Ukraine)、Peste Noire(France)、M8L8TH(Russia)、Kroda(Ukraine)

第六回目（2017.12.16）
Absurd(Germany)、Peste Noire(France)、Goatmoon(Finland)、Naer Mataron(Greece)、M8L8TH(Russia)、Burshtyn(Ukraine)

第七回目（2018.14-16）
一日目：Nokturnal Mortum(Ukraine)、Goatmoon(Finland)、Acherontas(Greece)、M8L8TH(Russia)、Sunwheel(Poland)、Dark Fury(Poland)、Wehrwolf (Belarus)
二日目：Absurd(Germany)、Der Stürmer(Greece)、Frangar(Italy)、Baise Ma Hache(France)、Terrorsphara(Austria)、Stahlfront(Germany)、Nordglanz(Germany)
＋ Peste Noire(France)

年々勢いを増していくこのフェスだが、2016、2017年には1200人もの観客を動員。西ヨーロッパ、はたまた南米から参加したオーディエンスもいたようだ。観客数だけ見てもこれがどれほど凄いかピンと来ないかもしれないが、出演バンドのラインナップを見てほしい。もちろん、Absurd、Peste Noire、Nokturnal Mortumなど、世界でマニアに大人気のバンドが揃っている。しかし、国際的に華々しく活躍しているバンドはどれ一つとして出演していないのだ。どちらかというと、一部で根

Goatmoon 演奏時。ナチス式敬礼している観客がちらほら見られる。http://militant.zone

強い人気を誇るものの、自らアンダーグラウンドの道を選んでいるようなバンドばかりではないだろうか。このラインナップで 1000 人以上のオーディエンスが集まるということは、やはり愛国意識が高まったマイダン革命後のウクライナならではなのかもしれない。そして、2018 年にはさらにパワーアップして、ツーデイズでの開催になっている。フェスの前日には Peste Noire がアコースティックライブで新作を披露するようだ。観客数は 1500 〜 3000 人を見込んでいるとのことである。

さすが NS 色の強いフェスだけあって、過去のライブ映像を観てみると、そこかしこで観客がナチス式敬礼をしているのが目につく。もちろん、NSBM に傾倒している観客ばかりではないだろうが、この様子を見ていると、白人以外にも門戸が開かれているとは思えない。また、Militant Zone のサイトにも、ショップ情報のページに「ヨーロッパ全土からのゲストとサポートをお待ちしております！」と表記してあるが、決して「世界中から」では無いところに本気の NSBM らしさを感じる。

また、Alexey は「Pact of Steel（鋼鉄協約）」と称したシンポジウムも開催している。哲学や宗教について博士課程で研究している人物や、実際に博士号を持っている人物をゲストに呼んで、「精神の貴族性と偉大なるヨーロッパにおけるレコンキスタ」や「極貧時のための音楽とは何か」などといったテーマについての発表を行っている。

どうもこうした活動を見てみると、彼がファッション感覚でナショナリストをやっているとは思えない。まるで地下でジリジリと活動する政治的な革命運動家のような印象すら受ける。今後、彼の活動によってウクライナのアンダーグラウンドシーンがどう発展していくのか気になるところだ。

Asgardsrei 2018 のポスター

Ognivir

Black Metal

I
Musica Production — 2014

ベルジャーンシク / ザポリージャで結成。今作は 1st フルレングスで、メタル全ジャンルのバンドを幅広く取り扱うロシアのレーベル Musica Production からリリースされた。ラインナップは不明なのだが、現在のメンバーはギターの Mikhail Izotov、グラインドコア GoreМыка やペイガン・フォーク Тринадцатый Бубен でも活動するベースの Vladimyr Pasechnik、デスメタル Hellcraft、ブルータル・デスメタル Pus Lactation のメンバーでもあるドラムの Roman Dankovsky の 3 人。ボーカルは誰が担当しているのか明かされていない。ローファイなサウンドでレコーディングされており、ギターリフなども派手さは一切なくシンプルながら、ほどほどにメロディアス。ただ、演奏力、作曲センスも含め、良くも悪くも素人臭さが漂う作品だ。

Old Scythia

Pagan Black Metal

Срывая оковы...
Barbatos Productions — 2017

ドニプロで結成。結成年は不明。クオリティの高い楽曲を演奏しているので、ベテラン〜中堅クラスのメンバーが集まって構成されているのかと思いきや、全員このバンド以外では活動していない様子。今作は 1st フルレングスで、ロシアの Barbatos Productions からたった 100 枚限定でリリースされた。ボーカルと作詞作曲、ギターは S. Teplov、ベース、ドラム、キーボードを N.K.D. が担当。コミックタッチなカバーアートは Tristan Nuit という名前で活動するアーティスト Igor Anatoliyovich が手掛けた。テンポよく曲が進み、メロウで印象に残る旋律がそこかしこに出てきて、まったく飽きさせない。やりすぎない程度にペイガンなメロディーも出てきて、メリハリが効いていてしっかりとした演奏で聴かせてくれるペイガン・ブラックメタル。

Old Silver Key

Post/Shoegaze Metal

Tales of Wanderings
Season of Mist Underground Activists — 2011

2011 年にハルキウで結成。アトモスフェリック・フォーク・ブラック Drudkh のメンバーと、シューゲイザー・ブラック Alcest などで活動する Neige によって活動が始まった。2013 年には解散。唯一のフルレングスとなった今作は、Season of Mist Underground Activists からのリリースで、同時に 12 インチで 500 枚限定で発売された。ボーカルを Neige、ギターを Roman Saenko、ギター、作詞を Thurios、ベースを Krechet、ドラム、キーボード、ピアノを Vlad が演奏。メランコリックでいて優しげなシューゲイザーサウンドで、ブラックメタルを期待して聴くと肩すかしを食らう。エクストリーム性は皆無だが、近年の Alcest や Drudkh のアトモスフェリックで美しいパートを好む人には、持って来いのアルバムではないだろうか。

Ossadogva

Depressive Black Metal

The Word of Abominations
Independent — 2010

ウクライナ中部の都市クレメンチュークで 2007 年に結成。現在は、ドゥーム・ブラック Cold of Tombstone、ブラックメタル U-235 でも活動する Alkiviad によるワンマン・ブラックメタル・プロジェクトになっている。2nd アルバムまでは、彼とともに両バンドで活動している Nomidimon もボーカルとして在籍していた。今作は 3 枚目のフルレングスで、自主制作でのリリース。Alkiviad がボーカルおよび全楽器を担当している。主に、ラヴクラフト、クトゥルフ神話などをテーマにしているようだが、曲だけを聴くと完全なるデプレッシブ・ブラックメタルだ。ガサガサしたプリミティブな音質でひたすらダウナーに繰り返されるギターリフと、鬱々と沈み込むような気分にさせるベースの旋律、そこに発狂したような絶叫が重なり、物悲しい絶望世界を呈している。

OwlCraft

Misanthropic Raw Black Metal

Hinansho
Independent
2016

チェルカースィで2015年に活動開始。ストーナー・ドゥーム Celophys やインダストリアルメタル Filthy Rich Preacher などで活動する Wrikkolakkas こと Alexandr Beregovoy による独りブラックメタル。ちなみに彼は、Ningen-girai（人間嫌い）というスラッジメタル・プロジェクトもやっている。今作は2枚目のフルレングスで、自主制作の CD-R、デジタル音源でリリースされた。よほど日本かぶれなのかタイトル名は『Hinansho（避難所）』。Wrikkolakkas が1人ですべてを担当している。プロジェクト名の通り、フクロウをテーマにした曲を作っており、このアルバムにも「Barn-Owl（メンフクロウ）」という曲がある。Misanthropic Raw Black Metal と自ら主張するだけあって、ロウなサウンドと物悲しげなリフから人間嫌いな雰囲気が伝わってくる。

Paganland

Pagan Black Metal

From Carpathian Land
Svarga Music
2016

リヴィウで1997年に結成。2007年にいったん活動をやめたが、2010年に復活。今作は3枚目のフルレングスで、Svarga Music からリリースされた。ペイガン・フォーク・ブラック Kroda やアトモスフェリック・ブラック Eskapism のメンバー Dmytro Krutyholova がボーカル、Eerie Cold がギター、メロディック・デスメタル ForceOut でも活動する Ivan Kulishko がベース、アトモスフェリック・ブラック Colotyphus の Lycane がドラム、唯一のオリジナルメンバーである Ruen がキーボードをプレイ。カバーアートは Khors のアートワークなども手掛ける Mayhem Project によるもの。勢いのある勇ましいボーカルのメロディアスなペイガン・ブラックだが、アトモスフェリックで愁いを帯びたキーボードが、カバーアートさながらの寒々しい美しさを醸し出す。

Primogenorum

Occult Black Metal

Damned Hearts in the Abyss of Madness
Forever Plagued Records
2016

ドネツィク州で2008年に結成。ボスニア・ヘルツェゴヴィナのブラックメタル Sulphuric Night や、アメリカの独りブラックメタル Ossea Cyphus などとスプリットも出している。今作は2枚目のフルレングスで、アメリカの Forever Plagued Records から CD と12インチでリリースされた。翌年には、同レーベルからデジタル音源、2018年にはスペインの Nebular Carcoma Records から50本限定のカセットも発売された。ボーカル、楽器演奏を Lucifug、ベースを2015年に加入した Haruspex がプレイ。「死人が俺の名を呼んでいる」「割れた墓」「廃教会に鳴るベルの音」などと、不吉で不気味な曲名が揃うが、それを音で具現化したようなおどろおどろしいオカルト・ブラックメタル。重々しいロウなサウンドにかすれたボーカル、時々流れるキーボードがホラー感を増している。

Quintessence Mystica

Symphonic Black Metal

Duality
Schwarzdorn Production
2014

ハルキウで2008年に結成。メロディック・ブラック Burshtyn やインダストリアル・フォーク / デス Thunderkraft、フォーク・デス / ブラック Святогор、フォーク・ブラック Триглав などで活動する Master Alafern と、Dromos Aniliagos という人物によって活動が始まった。今作は2枚目のフルレングスでドイツの Schwarzdorn Production からリリース。すべての楽器を Master Alafern、ボーカルを Dromos が担当。Thunderkraft などの作品にもゲスト参加している Yaroslav "Daar" がセッションメンバーとしてサックスを吹いている。疾走感のあるメロディーにキーボードの荘厳でシンフォニックな旋律が絡み、時々入るサックスのサウンドがアヴァンギャルドな雰囲気を出している。

帝政ロシア時代の詩や絵画を活用しまくる沈痛ドゥームブラック

Raventale

出身地 キエフ　　　　　　　　　　　　**活動時期** 2005～
主要人物 Astaroth Merc　　**メンバー** Astaroth Merc(All)
類似バンド **世界** ColdWorld, Kalmankantaja, Wodensthrone　**東欧** Drudkh, Khors, Severoth

　キエフで 2005 年に活動開始。メロディック・デス / ブラック Balfor や、アトモスフェリック・ブラック Chapter V:F10 などで活動する Astaroth によるソロ・プロジェクト。

　2006 年に 1st フルレングス『На хрустальных качелях』を、ロシアの Backfire Productions からリリースしてデビュー。現在 Chapter V:F10 でともに活動する Howler をゲストに呼んでの制作となった。この当時は、まだドゥーム色のかなり強い音楽をやっていた。2008 年には、ロシアの BadMoodMan Music に移籍し、2nd『Давно ушедших дней』をリリースした。楽器演奏のみならず、ボーカルも Astaroth が担当し、完全にワンマン状態で制作された。2009 年に、Balfor の Athamas をゲストボーカルに呼んで 3rd『Mortal Aspirations』をリリース。2010 年には同じラインナップで 4th『After』を発表。レーベルが「デプレッシブ・ブラック / ドゥームメタル」と称しているだけあり、これまでのドゥーム・ブラックにメランコリックな鬱要素がプラスされている。

　2011 年に 5th『Bringer of Heartsore』をリリース。元 Semargl のメンバーで、現在は Astaroth も在籍する Deferum Sacrum などで活動する Morthvarg が、ゲストでボーカルと作詞を担当。今作から、一気に壮麗でアトモスフェリックな雰囲気が強まる。2012 年には 6th『Transcendence』を発表。デプレッシブ・ブラック Hexenmeister などで活動する Vald がゲストでボーカルを担当し、ロシア出身で現在はウクライナで活動する Anton Belov もアディショナル・ボーカルを務めた。

　翌年コンピレーションを出し、2015 年に 7th『Dark Substance of Dharma』をリリース。3rd、4th に参加していた Athamas が再びボーカルを担当した。2017 年にシングルをデジタル音源で発表し、シングル曲を含む 8th『Planetarium』をウクライナの Ashen Dominion からリリースした。

　最近は初期のようなドゥームらしさは感じられないが、叙情的な美旋律のアトモスフェリック・ブラックを演奏している。また、2012 年からはライブ活動も度々行っている。

Raventale

Black/Doom Metal

На хрустальных качелях
Backfire Productions — 2006

キエフで2005年に活動開始。メロディック・デス/ブラック Balfor やアトモスフェリック・ブラック Chapter V:F10、ブラックメタル Deferum Sacrum などで活動する Astaroth によるワンマン・プロジェクトだ。1st フルレングスの今作は、ロシアの Backfire Productions からリリースされた。2016年にはウクライナの Bloodred Distribution から3曲が追加されたCDがデジタル音源とともに出ている。Astaroth が全楽器を担当し、彼とともに Chapter V:F10 で活動する Foghowl がゲストでボーカルを務めている。ブックレットなどのデザインを手掛けたのは、独りインダストリアルメタルをやっているロシア出身の Senmuth。アトモスフェリックな雰囲気が同郷の Drudkh を思わせる、スローテンポで進むドゥーミーなブラックメタル。

Raventale

Black/Doom Metal

Давно ушедших дней
BadMoodMan Music — 2008

1st の2年後にリリースされた2枚目のフルレングス。ロシアの Solitude Productions のサブレーベル BadMoodMan Music から、デジタル音源とともに発売された。今作ではゲストを呼ばずに Astaroth がボーカルおよび全楽器を担当している。タイトルは「長い過ぎ去りし日々」という、儚く物悲しげなサウンドは、長い間打ち捨てられていたかのような、枯れ枝が這う建物の写真が使われたカバーアートをそのまま音で表現したと言うにふさわしい。ゆっくりと進むそのメロディーはドゥームメタルでもあり、ゴシックメタルのような退廃的な美しさも感じさせる。曲自体は流麗なのだが、Astaroth のかろうじて聴き取れるレベルのこもったボーカルが重苦しい閉塞感を漂わせ、単なるドゥーム・ブラックに終始していない。4曲目は Anathema の「Sunset of the Age」のカバー曲。

Raventale

Black/Doom Metal

Mortal Aspirations
BadMoodMan Music — 2009

2nd の10か月後にリリースされた3枚目のフルレングス。今作も BadMoodMan Music から CD とデジタル音源で発売されている。2nd では Astaroth がボーカルも担当し、すべて彼1人での制作になっていたが、今回は彼と Balfor で一緒に活動する Atharnas がセッションメンバーとしてボーカルを務めた。前作までは、カバー曲を除くと歌詞は全部ロシア語だったものの、今作ではタイトル、曲名、歌詞のすべてが英語になっている。アトモスフェリックな印象が強かった1st、2nd に比べると、ヘヴィさがぐっと増しており、シンフォニック・ブラックメタル好きにもアプローチできそうな出来だ。Athamas のボーカルは低めの力強いグロウルで、壮大でエピックなメロディーも相まって、メロディック・ドゥームデスの香りも立ち込める1枚になっている。

Raventale

Black/Doom Metal

After
BadMoodMan Music — 2010

3rd の約1年後にリリースされた4枚目のフルレングス。今回も BadMoodMan Music からのリリースで、CD とデジタル音源が同時に発売された。ラインナップも 3rd 同様、Astaroth が全楽器、セッションメンバーの Athamas がボーカルを担当している。4th の今作は、「Gone」「After」「Youth」「Flames」とシンプルなタイトルの4曲と、Carpathian Forest のカバーが収録されている。3rd で感じられたヘヴィさは少し落ち着き、Drudkh を思わせるようなアトモスフェリックで美しいブラックメタルを実直な演奏で聴かせてくれる。レーベルは今作を「デプレッシブ・ブラック / ドゥームメタル」と称して売り出しているようだが、確かにメランコリックで闇に沈み込むような旋律は、デプレッシブ・ブラックにも通ずるだろう。

Ukraine 089

Raventale

Atmospheric Black Metal

Bringer of Heartsore
BadMoodMan Music — 2011

4thの10か月後にリリースとなった5枚目のフルレングス。BadMoodMan MusicからCDとデジタル音源でのリリースだ。3rd、4thでセッションメンバーとしてボーカルを務めたAthamasの代わりに、ブラックメタルDeferum SacrumやKaosophiaに在籍するMorthvargがゲストでボーカルを担当。彼は今作の作詞も手掛けた。タイトルおよび曲名はすべて英語だが、歌詞はロシア語になっている。歌詞にはアレクサンドル・ブロークというロシアの詩人の詩が含まれているそうだ。またアートワークには、帝政ロシア下にあったウクライナ出身のアルメニア人の画家イヴァン・アイヴァゾフスキー、リトアニアで生まれたロシアの画家イサーク・レヴィタンの作品が使われている。デプレッシブな要素は消え、キーボードが壮麗さを醸すアトモスフェリックなアルバムになっている。

Raventale

Atmospheric Black Metal

Transcendence
BadMoodMan Music — 2012

5thの1年後にリリースされた6枚目のフルレングス。今回もBadMoodMan MusicからCDとデジタル音源が同時リリースされ、2013年にはアメリカのMetalhitからもデジタル音源が出ている。今作でセッションメンバーとしてボーカルを務めるのは、アヴァンギャルド・ブラックAeon 9、ポスト/デプレッシブ・ブラックHexenmeisterなどで活動するValdことVladimir Sokolov。また、アディショナルボーカルとして、ロシア出身だが現在ウクライナに拠点を移して、ポストロックKauanなどで活動しているAnton Belovも参加している。収録されている全4曲はどれも10分超えの長尺で、もはや初期の頃のドゥームらしさはほぼ感じられないが、力強くも繊細で美しいリフはアトモスフェリックでありながらも、ひとつのジャンルに収まりきらない魅力ある作品になっている。

Raventale

Atmospheric Black Metal

Dark Substance of Dharma
BadMoodMan Music — 2015

6thリリース後、コンピレーションをロシアのSatanath Recordsからリリース。そして、2015年にBadMoodMan Musicからいつもと同様、CDとデジタル音源で7枚目のフルレングスをリリースした。今作では、3rd、4thに参加していたAthamasがセッションボーカルとして戻ってきた。カバーアートや『ダルマ（ヒンドゥー教・仏教で徳や法を意味する）の暗黒物』というタイトルの通り、歌詞にカルマ、シヴァという単語も出てきて、「Destroying the Seeds of Karma」ではお経を唱えるようなパートも出てくる。また、ゲーム音楽などを中心に楽曲制作をする山岡晃氏や、元ScorpionsのUli Jon Rothが作曲した作品の一部も使用されているようだ。ロシアのパンクバンドИнструкция по выживаниюのカバー曲入り。

Raventale

Atmospheric Black Metal

Planetarium
Ashen Dominion — 2017

7thリリース後、ウクライナのAshen Dominionからデジタル音源でシングルとして1曲のみリリース。その4か月後に、同レーベルから先のシングル曲を含む8枚目のフルレングスを発表した。Tシャツやステッカー、ポストカードなどが特典になっているボックスセットも同時に発売されている。今回も7th同様に、Athamasがゲストでボーカルを担当した。楽器の演奏、作詞作曲、カバーアート、デザインはすべてAstarothによるものだ。8thとなる今作では、これまで以上にギターリフがキャッチーになり、ポスト・ロックらしさも漂っている。エネルギッシュながらも、叙情的で儚さすら持ち合わせたトレモロやキーボードの旋律は、アトモスフェリック・ブラック好きにはもちろん、ブラックメタル以外のファン層の琴線にも触れそうな完成度の高さである。

Reusmarkt

Atmospheric Black Metal

Эхо
Oriana Music — 2006

ザポリージャで 1997 年に結成。ブラックメタル KZOHH のメンバーであり、少しだけ Nokturnal Mortum にも在籍していた Hyozt のワンマン・プロジェクトとして始まった。1999 年にいったん活動停止し、ウージュホロドに拠点を移し、2006 年に活動再開。現在は Kroda のメンバーらも在籍している。今作は活動再開後にリリースされた 1st フルレングス。Oriana Music から 1000 枚限定でリリースされた。正式メンバーはまだ Hyozt のみで、彼が全楽器を担当。アトモスフェリック・ドゥーム／デス Nagual で活動する Radogor がゲストでヴォーカルとして参加。自然を感じさせる鳥のさえずりが入ったアンビエントなイントロから始まり、その後もインスト曲を挟みつつアトモスフェリックなブラックメタルが展開される。ややロウな音質で、悲しげながらも勇ましくエピックなメロディーに満ちた秀逸なアルバム。

Ritual Suicide

Primitive Black Metal

Temple of Blood
Nomos Dei Productions — 2011

ドネツィクで 2005 年に結成。同名のデスメタルバンドが日本とアメリカにもいるのだが、こちらはウクライナのブラックメタル。今作は 1st フルレングスで、ロシアの Nomos Dei Productions から CD でリリースされた。ヴォーカル、ギターを Majest、ベースを Zaaph が担当。ドラムに関しては不明。アートワークを担当しているのは、Lifeless Visions という名前でアーティスト活動をしていた Kronum Masochrist というベラルーシ人の青年で、彼はこの翌年に殺害されてしまう。粗くプリミティブなサウンドクオリティで、基本的にはミドルテンポで進む。地下臭いブラックメタルではあるものの、それなりにギターがきちんとメロディーを形成しており、ずっと反復リフだらけというわけでもない。時々何かを唱えるかのような歌い方をするヴォーカルも特徴的だ。

Ruina

Pagan Melodic Death/Black Metal

Ukruina
Hammermark Art — 2008

リヴィウで 2006 年に結成。デモ 1 本、イタリアのブラックメタル Tundra やカナダのブラックメタル Operation Winter Mist とのスプリット、フルレングス 1 本をリリースして解散している。最初で最後のフルレングスとなった今作は、ウクライナの Hammermark Art からのリリース。元 Kroda、現在インダストリアル・フォーク Viter で活動する Viterzgir こと Yulian Mytsyk がヴォーカル、ギター、Kroda、Paganland などに在籍していた Beralb がベースを担当。また、Kroda の Eisenslav が 4 曲目でアディショナルヴォーカルを、スプリットリリース時まで正式メンバーだった AlgizTyr がドラムをそれぞれゲストとしてプレイ。時折ペイガニックなメロディーが顔を出すデス／ブラック。ウクライナのトラディショナルなフォークソングもサンプリングされている。

Sanatana

Vedic Black Metal

Brahma
Independent — 2017

ハルキウで 2016 年に結成。Nokturnal Mortum や Khors で活動する Jurgis と彼の妻 Maha Shakti によって活動が始まる。1st フルレングスの今作は、自主制作のデジタル音源でリリースされた。Jurgis がヴォーカル、ギター、パーカッション、Maha がヴォーカル、キーボード、作詞、Viktor Vrajendra がアディショナルヴォーカル、Roman Kucherenko がベースを担当している。同郷のブラックメタルバンド Aryadeva と同様に、ヴェーダ神話をテーマにした曲を作っている。ただ、こちらは Aryadeva よりも音質も綺麗でメロディーもだいぶキャッチー。ヴォーカルは基本的にクリーンボイスで、シタールや特殊なパーカッションなども随所で使用しており異国情緒が漂う。その特殊性を抜きにしてもメロディアスなメタルとして聴ける 1 枚になっている。

Satan's War Machine
Primitive Black Metal

Violent Death Abomination
Symbol of Domination Prod. — 2016

ウクライナ南東に位置するものの、現在ウクライナ政府管轄外となっている都市ルハーンシクで 2010 年に結成。今作は 1st フルレングスで、ベラルーシの Symbol of Domination Prod. から 500 枚限定でリリースされた。ラインナップは不明だが、当時在籍していたメンバーは、ブラックメタル Nocturnal Amentia でも活動するボーカルの Hegal、ギターの Herne、ベースの Nebiros、ドラムの Dasha Chernishova。まるで 2016 年に制作されたとは思えないような、ややスラッシーな雰囲気が残るオールドスクールなプリミティブ・ブラックメタルをやっている。ロウなサウンドでイーヴルに暴走、時にミドルテンポで邪気を振りまく。バンド自身、影響を受けたバンドに Darkthrone や Hellhammer などを挙げているが、まさにその影響を顕著に感じられる 1 枚だ。

Satanica
Death/Black Metal

Dead
Independent — 2012

ジトームィルで 2010 年に活動開始。Сергей Sid という人物によるワンマン・プロジェクト。彼はこのプロジェクト一本で活動しているようで、ほかに音楽活動はしていないようだ。今作は、自主制作でリリースされた 1st フルレングス。CD とデジタル音源が出ており、デジタル音源は全曲無料でダウンロードできるようになっている。Сергей が楽器およびボーカルのすべてを担当。ボーカルは、かすれた咆哮で、デスメタルとブラックメタルの間といった具合。初期衝動を感じさせるような無茶苦茶なギターリフなども、プリミティブなサウンドクオリティと相まって邪悪極まりない。曲名も「Raped on the Cemetery」「Feast for the Butcher」と野蛮で、ブルータル・ブラック、デス / ブラック好きはもちろん、デスメタルファンにも推薦できる 1 枚。

Sauroctonos
Post Black Metal

Our Cold Days Are Still Here When the Lights Are Out
Arx Productions — 2012

チェルカースィで 2005 年に結成。今作は 1st フルレングスで、ウクライナの Arx Productions から 500 枚限定の CD でリリースされた。フォーク / ヴァイキング・デス Midgard やメロディック・デス Suicide Nation でも活動する Nick Kushnir がボーカル、ギター、メロディック・デス Cataracta、プログレッシブ / スラッジメタル Somnolent、グルーヴ・デス Sunstroke のメンバーでもある Alexandr Mazurenko がベース、Suicide Nation、Somnolent、ポスト・ブラック White Ward などにも在籍する Yuriy Kononov がドラムおよびアートワークを担当。ボーカルはごく普通のブラックメタルタイプのシャウトだが、曲自体はモダンな雰囲気を漂わせながらも、時にアグレッシブに疾走するポスト・ブラックメタル。

Screaming Forest
Primitive Black Metal

Jesus=Whore
More Hate Productions — 2010

ドネツィク近郊の都市イェナーキイェヴェで 2005 年に結成。ブラックメタル Myrkvids Draumar のメンバーたちによって活動が始まる。今作は 2 枚目のフルレングスで、ロシアの More Hate Productions から CD でのリリース。2017 年には同レーベルからデジタル音源も出ている。ボーカル、ギターを Holocaust こと Maksym Sezenov、ベースを Sanchez、ドラムおよび作詞を Lecter が担当。なお、5 曲目の作詞は Sir CHE という人物が手掛けた。過激なカバーアートや、『Jesus=Whore（ジーザス＝売女）』というタイトルからして危険な香りが立ち込めているが、中身もイーヴルなことこの上ない、少しハードコアの雰囲気も感じられるようなプリミティブ・ブラック。ちなみにメンバーたちは「Nuclear Black Metal」と自らの音楽性を称している。

女性ダンサーやボンデージも登場するサタニック・ポップ・メタルに転身

Semargl

出身地	キエフ
活動時期	1997〜
主要人物	Rutarp
メンバー	Rutarp(Vo.Key), Shaddar(Gt), mulus(Ba.Vo), Anima(Dr), Adele Ri(Vo), Airin(Vo)
類似バンド	
世界	Blood Stain Child, Kharmaguess
東欧	Rutarp, AWE.SOME, Omega Lithium

　キエフで1997年に結成。現在もリーダーとして在籍するRutarpを中心に、Morthvarg（Gt）、Kirkill（Ba）、Equinox（Dr）の4人で活動が始まる。

　結成から8年後の2005年に1stフルレングス『Attack on God』を、ロシアのMore Hate Productionsからリリース。Shaddar（Gt）とShamala（Key）も加入し、6人編成での制作となった。翌2006年には2ndフルレングス『Satanogenesis』、2007年には3rdフルレングス『Manifest』を発表。この頃にはMorthvargとShamalaが抜け、4人編成になっている。2010年、再びメンバーチェンジを経て4thフルレングス『Ordo Bellictum Satanas』をリリースする。今作では、メジャー路線ではありつつもブラックメタルらしい曲を演奏していたが、2011年に出されたシングル『Tak, kurwa』で方向性を変え、リスナーを驚かせる。4thにもゲスト参加した、ゴシックメタルバンドRadaで活動するRada Romanovskayaがゲストでフィーメールボーカルを披露し、さらにはボンデージ衣装に身を包んだ女性が登場するMVを制作。ここで離れていった既存のファンもいるだろうが、新たなるファン層を獲得したことは間違いない。

　2012年、5thフルレングス『Satanic Pop Metal』をドイツのTwilight Vertriebからデジタル音源でリリース。サタニック・ポップメタルという往年のブラックメタルファンからバッシングを受けそうなタイトルもさることながら、曲もすっかりダンスミュージック化してしまい、かつてのブラックメタルらしさは微塵も感じられない。続くデジタルシングル『Discolove』ではフィーメイルボーカルとしてIrina Vasilenkoが正式に加入し、ライブでも彼女が真ん中に立って歌うようになる。そして、ステージには艶めかしい女性ダンサーも起用するなど、どんどんブラックメタルから離れて、完全に別ジャンルとしての道を進み始めたことが伺える。

　その後もデジタル音源でシングルやフルレングス、ドイツのインダストリアルアーティストTyler Milchmannとのコラボレーション作品などをリリース。2018年には、アメリカンで派手なカバーアートの8thフルレングス『New Era』を発表した。

Ukraine　093

Semargl

Black Metal

Attack on God
More Hate Productions

2005

キエフで1997年に結成。初期の頃はブラックメタルを演奏していたが、2011年頃を境に曲調が急変し、自称「Satanic Pop Metal」を演奏するバンドになってしまう。今作は1stフルレングスで、More Hate Productionsからのリリース。翌年にアメリカのDeathgasm Recordsからリイシュー盤CDも出ている。ボーカルをRutarp、ギターをShaddarと現在Deferum SacrumやKaosophiaで活動するMorthvarg、ベースをKirkill、ドラムを現在ゴシック・ドゥームGrimfaithのメンバーであるEquinox、キーボードをShamalaが担当。初期Emperorを感じさせるようなシンフォニック・ブラックのパートもあれば、凄味の効いたグロウルにヘヴィなリフのデスメタルライクな曲もあり、エクストリームでバラエティに富んだ1枚になっている。

Semargl

Black Metal

Satanogenesis
Deathgasm Records

2006

1stの翌年にリリースされた2枚目のフルレングス。今回はアメリカのDeathgasm Recordsからのリリース。なお、同年にロシアのSoundage ProductionsからもCDが出ている。1stでギターを担当したMorthvargとキーボードのShamalaが脱退し、残り4人のメンバーでの制作となった。Behemothなどのエンジニアリングも務めるポーランド人のWieslawski兄弟が、1st同様にミキシング、マスタリング、プロデュース面で協力している。今回も、ブラストビートが炸裂する真正ブラックメタルな曲もあれば、インダストリアルメタルやEDMのような曲もあったりして、アルバムを通して聴いていると急に曲調が変わるので驚かされる。ロウなサウンドは地下臭さを残しているが、この頃からすでに普通のブラックメタル枠には収まりたくなかったのであろうという推測がつくアルバム。

Semargl

Black Metal

Manifest
Deathgasm Records

2007

2ndの1年2か月後に発表された3枚目のフルレングス。2nd同様に、Deathgasm Recordsからのリリースだ。今回もメンバーは4人だが、Shaddarがギターに加えてサンプリングや電子音を担当している。エンジニアリングは、Shaddarおよび、ドイツのブラックメタルTha-Norrの作品にもゲスト参加したKai Schwerdtfegerが手掛けた。アートワークは、数々のバンドのアートワークを制作し、Semarglの1st、2ndのカバーアートも担当したロシア出身のW. Smerdulakによるものだ。これまでの作品でもRutarpは時折グロウルを披露していたが、今作ではブラックメタルらしいシャウトは鳴りを潜め、デスメタルかと思うような低音グロウルで歌っている。ノリの良いキャッチーなパートも増え、「Holocaust 66.6%」では後のスタイルに繋がるようなエレクトロニカサウンドが聴ける。

Semargl

Black Metal

Ordo Bellictum Satanas
Twilight Vertrieb

2010

3rdから3年の時を経てリリースされた4枚目のフルレングス。今作は、ドイツのTwilight Vertriebからのリリースだ。初期の頃からバンドを支えていたベースのKirkillとドラムのEquinoxが前作を最後に脱退。代わりに、現在は独りブラックメタルArcturで活動するHannibalがベース、Monolithがドラムとして加入した。また、ゲストも多数参加しており、イギリスのシンフォニック・ブラックメタルBal-SagothのJonny Maudlingがピアノ、オーケストラを担当している。その他、Immortalの元ベーシストIscariahや、ポーランドのシンフォニック・ゴシック/ブラックDarzamatのAgnieszka Góreckaも一部でボーカルとして参加。このアルバムを境にガラッと音楽スタイルが変わるのだが、この頃にはすでにメジャー路線ではあったものの、しっかりとブラックメタルを演奏していた。

Semargl

Nu-Metal

Satanic Pop Metal
Twilight Vertrieb

2012

4th リリース後、デジタル音源でシングル『Tak, kurwa』をリリース。その翌年、シングル曲を含む 5 枚目のフルレングスを Twilight Vertrieb からデジタル音源で発表した。2013 年に自主制作で CD も出している。前作でドラムをプレイしていた Monolith が脱退し、ノルウェーのブラックメタル Koldbrann などにも在籍していた Tom V. Nilsen がドラムを叩いている。セッションメンバーとして、ゴシック・ポップメタルバンド Rada で活動する Rada Romanovskaya と、後に正式メンバーとなる Irina Vasilenko がフィーメールボーカルを担当した。今までも所々でエレクトロニカ要素を取り込んでいたが、今作ではその要素がついに爆発し、もはやブラックメタルらしさはほぼ感じられない出来になっている。Rutarp のボーカルはがなり声ではあるものの、まさにタイトル通り非常にキャッチーなポップメタル。

「Tak, kurwa」の PV ワンシーン。ボンデージ衣装に身を包んだ女性が登場。

「Discolove」のワンシーン。キーボードを弾く Rutarp。

こちらも 2014 年リリースのシングル『Give Me a Reason』の MV ワンシーン。完全に彼女のプロモーションビデオと化している。

かつてはしっかりブラックメタルらしい見た目をしていた。

2017 年に出たシングル『Mein Liebes Deutschland（わたしの親愛なるドイツ）』。歌詞も一応ドイツ語。

2014 年に出たシングル『Save Me』のジャケット。すっかりバンドの顔となった Irina がメインで写っているが、まるで地下アイドルのようなアーティスト写真だ……

Ukraine 095

Serpens

Primitive Black Metal

The Cult
Soundage Productions — 2005

ベルジャーンシクで2002年に結成。2005年にいったん活動をやめているが、2010年にThe True Serpensと名前を変えて活動を再開している。今作は1stフルレングスで、ロシアのSoundage Productionsからリリースされた。現在、デスメタルEbanath、ブラックメタルVermis Mysteriisのメンバーである Yrt GlormkhaothことDmytro Shulginがボーカル、ギター、彼とともにEbanathで活動するValsythor Geleanonがベースをプレイ。スカスカのロウなサウンドでミドルテンポに展開される反復ギターリフはDarkthroneからの影響を多分に感じさせるが、実際にDarkthroneの「Black Victory of Death」のカバー曲も収録されている。アンダーグラウンドな雰囲気が漂うプリミティブ・ブラックメタルだ。

Severoth

Ambient/Atmospheric Black Metal

Winterfall
Werewolf Promotion — 2015

ドニプロで2007年に活動開始。ブラックメタルEndless BattleやBezmir、Морокなどで活動するSeverothによる独りブラックメタル。1stフルレングスの今作は、ポーランドのWerewolf Promotionから500枚限定のCDで発売された。同年にカセットも500本限定で出ている。ボーカル、楽器はSeverothがすべて担当。カバーアートは、彼の他のバンドやプロジェクトのカバーアートも手掛けている女性アーティストUnholy Darknessによるものだ。寒々しいアートワークさながらの凍てついたアンビエント/アトモスフェリック・ブラックをやっていて、奥にこもったボーカル、そしてローファイなサウンドで奏でられるメロディーに乗る、コールドで身を切るようなキーボードの旋律が美しい。まるで吹雪のまっただ中にいるような気分にさせてくれる1枚だ。Darkthroneのカバー曲入り。

Severoth

Ambient/Atmospheric Black Metal

Forestpaths
Werewolf Promotion — 2017

今回もWerewolf PromotionからリリースされたSeveroth3目のフルレングス。CDで500枚限定の発売。今作もSeveroth単独での制作で、カバーアートもいつもと同じUnholy Darknessによるもの。インスト曲を除くと、すべて10分超えの長尺曲になっている。これまで通りのロウなサウンドクオリティで、静謐で美しいアンビエントパートに加えて激しさが増している。物悲しげで幽玄なアトモスフェリック・ブラックのメロディーに、デプレッシブ・ブラックのような痛ましい絶叫が虚しく響き渡る。歌詞はすべてウクライナ語で、自然について神秘的に歌われており、まさにアルバムの雰囲気にピッタリだ。スローテンポでゆっくり聴かせるところもあれば、小気味よく疾走する部分もあり、通して聴いていても飽きることがない。絶叫やキーボード使いなど、Burzumを彷彿とさせるアンビエントでアトモスフェリックな1枚。

Shadows Ground

Primitive Black Metal

In Eternal Coldness of the Night
Black Hate Productions — 2009

ドネツク近郊のマキイフカで1998年に結成。ブラックメタルNightrite、アトモスフェリック・ブラックHi4で活動するWaamとBlack Sorrowによって活動が始まったのだが、Black Sorrowは結成後間もなく自殺してしまう。今作は、結成から11年の時を経てリリースされた1stフルレングスだ。ドイツのBlack Hate Productionsから500枚限定でのリリース。同時にTodesschwadron Graudenzからカセットも66本出ている。ボーカル、ギター、ベースをWaam、ドラムを独りデス/ブラックInfiltratorで活動するNavashがプレイ。ロークオリティな音でかき鳴らされるギターの反復リフ、一本調子で叫び続けるWaamのボーカル、鳴りやむことのないブラストビートなど、どこをとっても地下臭さが漂うプリミティブ・ブラックを演奏している。

Shadows of the Fallen

Depressive Black Metal

Monotheist
Depressive Illusions Records 2013

キエフで 2012 年に活動開始。結成当初は Suicidal Empire という名前で活動していた。何度か活動を休止しては再開を繰り返し、2014 年に解散。今作は Depressive Illusions Records から 150 枚限定の CD-R でリリースされた 1st フルレングス。デジタル音源も出ている。2012 年には、ペイガン・ブラック Northrend や、メロディック・デスメタル Penetrum のメンバーである Dredmor が在籍していたが、1st リリース時には脱退しており、残るオリジナルメンバーの Lestor のワンマン状態での制作になっている。こもりきったロウな音質で、寂しげなキーボードの旋律と、絞り出すような痛ましい高音の絶叫がデプレッシブなムードを醸し出す。聞こえづらいものの、何気にメロウなギターリフも時折顔を出す。

Sobbing Wind

Post/Depressive Black Metal

Every Leaving Sparklet of Emotions
Independent 2014

リウネで結成。結成年は不明。デプレッシブ・ブラック Fleurs du Mal で活動する Eduard Belyi と、同じく Fleurs du Mal のメンバーで、その他ロシア人とのポスト・ブラックメタル・ユニット Montes Insania やフューネラル・ドゥーム Поезд Родина にも在籍する Zhenya Marduk の 2 人編成。1st フルレングスの今作は、自主制作でのリリース。200 枚限定の CD-R とデジタル音源が出ている。アートワークを担当したのは、ウクライナのポスト・ブラックメタル Cuckoo's Nest や、フロントマンの首つり自殺によって活動停止となったロシアのデプレッシブ・ブラック And End... などのアートワークも手掛けたロシア出身の Black Noir。ローファイサウンドで奏でられる、メランコリックで儚げなポスト/デプレッシブ・ブラックを演奏している。

Somnia

Melodic Black Metal

Above Space and Time
Hidden Marly Production 2012

キエフで 2010 年に結成。メロディック・ブラック Сварга のメンバーを中心に結成された。ブルータル・デス Schizogen にも在籍する Pablo Limbargo がボーカル、ギター、ブルータル・デス/グラインドコア Limbo のメンバーでもある Vitalii Moon がドラム、このバンドでのみ活動する Zheka がベースを担当している。今作は 1st フルレングスで、日本の Hidden Marly Production からのリリース。ミキシング、マスタリングは元 Nokturnal Mortum の Munruthel が手掛けた。メロウなギターリフが散りばめられた、ポスト・ブラックらしさも漂うメロディック・ブラックメタルを演奏している。程よい疾走感も聴いていて心地が良い。Darkthrone のカバー曲も収録されている。

Stryvigor

Atmospheric Black Metal

Забуте віками (Forgotten by Ages)
Svarga Music 2014

フメリヌィーツィクィイで 2012 年に結成。今作は 1st フルレングスで Svarga Music からリリースされた。2015 年にはギリシャの Nebular Winter Productions からカセットも 150 本発売されている。ラインナップは、元 Kroda のメンバーで、アトモスフェリック・ブラック Colotyphus、ロシアの NS ブラック M8L8TH などでも活動するギター、キーボードの Khladogard、現在ブラックメタル Endless Battle に在籍するベース、ボーカルの Dusk、Kroda、M8L8TH、テクニカル・デスメタル Hectic のメンバーでドラムの Rungvar。まるでデスメタルのようなバンドロゴだが、疾走型のアトモスフェリック・ブラックをやっている。うっすらとキーボードが使われているが、幻想的なアトモスフェリックさよりも、物悲しさを帯びたメロディアスさが目立つ。

Ukraine 097

Symuran

Death/Black Metal

Syklus av Helheim
Metal Scrap Records
2012

ハルキウで 2008 年に結成。今作は 1st フルレングスで、ウクライナの Metal Scrap Records からリリースされた。デジタル音源も出ている。ゴシック / ドゥームメタル Edenian の元メンバーの Vlad Rommel がヴォーカル、Smerch がギター、Khort がベース、シンフォニック・ブラック Elderblood にも在籍していた Hagalth がドラムをプレイ。メンバー自身、Zyklon、Belphegor、Behemoth などに影響を受けたと公言しているが、それも納得なデス / ブラックメタルを聴かせてくれる。ヴォーカルはドスの効いた低音グロウルと、ブラックメタルらしい絶叫の掛け合いになっている。全 6 曲、トータルで 30 分弱のコンパクトなアルバムだが、ヘヴィに低くうなるベースの音や程よくメロディアスなギターリフなど、なかなか聴きごたえがある 1 枚だ。

Tangorodream

Melodic Black Metal

In the Name of Ancient Faith
Black Dragon Records
2001

ドネツクで 1998 年に活動開始。結成当初はバンド体制で活動していたが、すぐに Wanderer Dragonheart こと Serhiy Dobrodumov のワンマン状態に。なお彼は、独りブラックメタル Lych Gate やアトモスフェリック・ブラック Wanderer でも活動している。今作は 1st フルレングスで、Black Dragon Records からリリースされた。2003 年にはラトビアの Beverina Productions からカセットも 500 本発売されている。Serhiy が全楽器、ヴォーカルを担当し、複数名のゲストがキーボードやトロンボーン、バラライカ、リードギター、フィーメールヴォーカルを一部担当している。とにかくやりたかったことをすべて詰め込んだかのようなアルバムで、シンフォニック・ブラックらしさもあれば、ペイガン・フォークらしさもあり、多様性に富んだメロディック・ブラック。

The Misanthropic Apathy

Depressive Black Metal

Escort by Nights
Depressive Illusions Records
2013

ウクライナ南東部のロヴェンキィで 2013 年に活動開始。Malkavian という人物による独りブラックメタル。今作は 2013 年に CD-R で発表された 1st フルレングスだ。Depressive Illusions Records から 33 枚限定という少量生産の音源だ。なお、同年にデジタル音源も出ている。セッションメンバーなどは呼ばずに、Malkavian が 1 人で全ての制作を手掛けた。ジャリジャリのプリミティブサウンドのデプレッシブ・ブラックだが、10 分前後の曲が 8 曲揃ったトータル 1 時間以上のアルバムなので、よほどこの手の音が好きではないと少し飽きてしまうかもしれない。時々フックの効いたメロディーも感じられるのだが、終始気だるいテンポのまま進む。アメリカの独りデプレッシブ・ブラック Xasthur の「Sigils Made of Flesh and Trees」のカバー曲も収録されている。

Through

Primitive Black Metal

Manuskript
Hell Division Productions
2016

ウクライナ北部のショストカで 2013 年に活動開始。現在、ブラックメタル Akoman、Ancient Funeral Cult、Сказ、ブルータル・デスメタル Gore Inhaler などで活動する DLL によるワンマン・プロジェクト。EP やスプリットなどを多数リリースしたものの、2016 年には活動停止している。今作は 3 枚目のフルレングスで、ロシアの Hell Division Productions から CD でリリース。同時にデジタル音源も出ている。楽器、ヴォーカルすべてを DLL が担当。2nd フルレングスではバチバチの打ち込みドラムが冴えわたるインダストリアル風の曲もやっていたが、今作はややデプレッシブな香りのするプリミティブ・ブラックになっている。スカスカのローファイサウンドで、こもったヴォーカルはもはや何語で歌っているのかさっぱり分からないが、怪しくオカルトなメロディーが癖になる。

Thunderkraft

Industrial/Death/Black Metal

Знамя победы
Independent — 2005

ハルキウで 2001 年に結成。今作は自主制作の CD-R でリリースされた 1st フルレングス。同年にオランダの Blazing Productions から CD も 1000 枚限定で発売されている。ラインナップは、元 Drudkh の Amorth I.M.（ボーカル、ドラム、カバーデザイン）、彼も在籍していたフォーク・デス / ブラック Святогор などでも活動する Alafern（ギター、バイオリン）、Sigurd（ベース）、Munruthel などの作品にもゲスト参加している Anna（フルート、キーボード）の 4 人。ヘヴィなリフとグロウルがデスメタルらしさを漂わせるが、そこに乗るフルートやキーボードのサウンドが、勇壮なフォークらしさを醸し出している。5 曲目の「Материя хаоса」では、完全にインダストリアルなピコピコしたサウンドが聴ける。

Total Angels Violence

Experimental Black Metal

Death to Death
Dark East Productions — 2012

ロシア出身の Archdaemonth という人物によるワンマン・プロジェクト。結成年、結成した都市は不明で、ウクライナで活動を始めたということだけが判明している。そんな謎に包まれたプロジェクトなので、彼が本当にロシア出身か、ウクライナで活動しているのかどうかも定かではない。今作は 3 枚目のフルレングスで、ロシアの Dark East Productions と Dark Front との共同でリリースされた。500 枚限定。2017 年にはロシアの Nihil Art Records からデジタル音源も出ている。劣悪なサウンドプロダクションは、ノイズ・ブラックを感じさせるが、ところどころに神聖なメロディーやサンプリングが使われており、それがまた不気味さに輪をかける。エフェクトがかかったようなボーカルも実に薄気味悪く、展開が読めないところもエクスペリメンタル・ブラックらしい。

Ulvegr

Pagan Black Metal

Где крови льдяной шторм (Where the Icecold Blood Storms)
Stellar Winter Records — 2014

ハルキウで 2009 年に結成。ブラックメタル KZOHH やポスト・ブラック GreyAblaze などでもともに活動する Helg と Odalv の 2 人で活動が始まった。今作は 1st フルレングスで、ロシアの Stellar Winter Records からのリリース。同年に、ポーランドの Ancient Order Productions からカセットも 200 本限定で発売された。Helg がボーカル、ギター、ベース、キーボードを、Odalv がドラムをプレイ。ゲストで元 Nokturnal Mortum、現在 GreyAblaze などでも活動する Astargh と、元 Khors の Warth が、リードギターおよび音響関連を務めている。地下臭いロウな音質ながらも、小気味よく疾走するドラムにメロウなギターリフが乗る。一聴するとプリミティブなメロディック・ブラックだが、歌詞にはオーディンなどが出てきてペイガン・ブラックらしさを感じさせる。

Ulvegr

Pagan Black Metal

Arctogaia
Musical Hall — 2012

1st の翌年にリリースされた 2 枚目のフルレングス。ウクライナの Musical Hall から CD でリリースされた。2014 年にはフランスの Those Opposed Records から 300 枚限定で 12 インチが、2015 年には同レーベルからデジタル音源が出ている。正式ラインナップは相変わらず Helg と Odalv の 2 人。セッションメンバーとして Astargh がギター、ベース、キーボード、ボーカル、エンジニアリング、元 KZOHH のメンバーで、現在ペイガン・ブラック Djur やブラックメタル G.A.R.M. で活動するロシア出身の Zorn が 4 曲目でボーカルを担当している。さらに、ロシアのブラックメタルサークル Blazebirth Hall の創設者 Kaldrad が歌詞を提供。1st に比べると音質が改善されているが、チリチリとしたギターが奏でるメロディックなリフがコールドな印象を与える。

Ukraine 99

Ulvegr

Pagan Black Metal

The Call of Glacial Emptiness　2014
Those Opposed Records

2ndの2年後にリリースされた3枚目のフルレングス。フランスのThose Opposed Recordsからのリリースで、同時にデジタル音源も出ている。数か月後には12インチ300枚限定で発売された。今回もAstarghがボーカル、リードギター、ベースをゲストでプレイしている。カバーアートなどは1stリリース時からUlvegrに関わってきているSir Gorgorothによるものだ。なお、ミキシング、マスタリングを手掛けたのは、現在ポップなダンスミュージックのようなメタルを演奏している元ブラックメタルバンドSemarglに在籍するShaddarによるもの。これまでのメロディックな曲調に比べると、デス / ブラックのような重厚感の増したオーソドックスなブラックメタルを演奏している。そうかと思えば、ラストのインスト曲は、彼ららしいメロウなリフを織り交ぜたどこかアトモスフェリックな曲になっている。

Ulvegr

Pagan Black Metal

Titahion: Kaos Manifest　2017
Ashen Dominion

Ashen Dominionからリリースされた4枚目のフルレングス。Ashen DominionからCDでリリースされた。ポスター、パッチ、ステッカーなどがセットになった木箱入りのデジパック仕様。今回もゲストでAstarghが参加しており、ギターとボーカル、エンジニアリングを務めている。また、KZOHHやReusmarktで活動するHyoztがキーボードとサンプリング、Ermunazが5曲目でボーカルをゲストで担当。カバーアートからも察せられるが、喉歌のような独特なボーカルを随所に聴くことができ、エキゾチックな雰囲気を湛えたドラミングや民族楽器のサウンドと相まって、ミステリアスで怪しげな儀式を思わせるようなムードが終始漂う。これまでのスタイルから一変した作品だが、オカルティックなブラックメタルが好きな人にはたまらないであろう1枚だ。

Ulvegr

Primitive Black Metal

Vargkult　2018
Ashen Dominion

4th同様、Ashen Dominionからリリースされた5枚目のフルレングス。デジタル音源も出ている。ラインナップは、HelgとOdalvのみで、ゲストなどに関しては不明。4thでは、オカルト感満載のエキゾチックなブラックメタルを演奏しており、その音楽性の変化に驚かされたが、5thの今作では初期の頃のようなプリミティブ・ブラックに戻っている。3〜4分の短い尺の曲で構成されており、トータルで30分弱のコンパクトなアルバムだ。アトモスフェリックな雰囲気や、ペイガンらしさ、流麗なメロディアスさは排除されており、ひたすらバスドラムが鳴りやまない北欧ブラックを感じさせるオーソドックスな曲になっている。トレブリンカのホロコーストの写真を使用した死体が転がるカバーアートからも、これまでの作品と違うムードがうかがえるが、まさに非情さを感じさせるタイトでシビアな7曲が収録されている。

Ungern

NSBM

Steppenwolf　2014
Darker than Black Records

ハルキウで結成。結成年は不明。バンド名はロシア内戦中にモンゴルで活躍したロシアの軍人であり、反共主義者のロマン・ウンゲルンから来ている。元Dub Buk、現在はメロディック・ブラックBurshtynで活動するDer TrommlerことI.Z.V.E.R.G.によるワンマン・プロジェクトになっているが、過去には元Drudkhのメンバーで、ブラックメタルЗаводьやUnderdarkで活動しているAmorthも在籍していた。今作は3枚目のフルレングスで、Darker than Black Recordsからリリースされた。曲のテーマは、反共主義、戦争、ナショナリズムなどで、禍々しいボーカルと重低音のやたらと響くサウンドが厭世的な雰囲気を作り出している。突然そこはかとなくパンキッシュなメロディーが出て来たり、NSブラックともまた違う独特なギターリフなどが聴ける個性的な曲が揃う。

Ungoliantha

Symphonic Black Metal

Through the Chaos, Through Time, Through the Death 2015
Dead Center Productions

ウクライナ中西部の小さな町カディフカで 1996 年に結成。バンド名は、トールキンの著作『シルマリルの物語』に出てくる蜘蛛の怪物ウンゴリアントに由来する。今作は 1st フルレングスで、ウクライナの Dead Center Productions から 500 枚限定でリリースされた。同時に、タイトルが現地語に差し替えられたものが自主制作のデジタル音源で出ている。2017 年にはロシアの More Hate Productions からも CD、デジタル音源が発売された。ボーカル、ベースを Lord Sinned、ギターをデス / ブラック Torturer でも活動する Vitaly Karavaev、キーボードを Igor Vershinin が担当。До Скону の Kim がドラム、Unholyath の Mephist が一部でボーカル、Balfor の Thorgeir がクリーンボイスとしてゲスト参加。ブルータルでシンフォニックなブラックメタルを演奏している。

Unholy Triumphant

Death/Black Metal

Circulus Vitiosus 2015
Black Lion Records

ジトームィルで 2014 年に結成。結成当初は、シンフォニック・ブラック Evil Palace やデス / ブラック Devilish Art などで活動する Wolfheart と、同じく Devilish Art のメンバーである Gelidos のデュオだった。今作は 2 枚目のフルレングスで、スウェーデンの Black Lion Records から CD-R でリリースされた。同時にデジタル音源も出ている。発売の 2 か月後には同レーベルから CD バージョンも発売。また、Depressive Illusions Records からも CD-R が出された。Wolfheart がギターとサンプリング、Gelidos がボーカル、ギター、Radwind がベースをプレイ。ゲストで Alex という人物もボーカルとして参加している。ブラストビートが炸裂する暴虐的なサウンドで、デスメタル要素も含んだブラックメタルを聴かせてくれる。

Unholyath

Black Metal

Antidogma 2013
The Ritual Productions

ウクライナ東部のスタハーノフで 2005 年に結成。結成当初は Blizzard というバンド名で活動していた。今作は 2 枚目のフルレングスで、オランダの The Ritual Productions からリリースされた。同時にカセットや 12 インチも発売されている。ラインナップは、ボーカルの Mephist、ギターの Amertat、ブラックメタル До Скону などでも活動するドラムの Kim。ゲストで A. という人物がベースを弾いている。オカルティックで不気味なアートワークは Kim と Amertat によるものだ。ごくオーソドックスなブラックメタルで、時にアグレッシブに爆走したり、時にミドルテンポでメロウに聴かせたりと、正統派ブラックの全要素を詰め込んだかのような出来になっている。音質もなかなかクリアで演奏もしっかりしており、曲調もずっと一本調子ではないので、初心者にも推薦できそうな 1 枚だ。

Until My Funerals Began

Funeral Doom Metal

Behind the Window 2011
Silent Time Noise

ドネツクで 2007 年に結成。今作は 2 枚目のフルレングスで、フューネラル・ドゥームを専門に取り扱うロシアのレーベル Silent Time Noise から 1000 枚限定でリリースされた。ドゥーム・デス Кровь на Алтаре の元メンバーだった Sergiy Titov がボーカル、Mykola Levanchuk がベース、ミキシング、グルーヴメタル Daymare やゴシック / ドゥーム My Forgotten God でも活動する Rumit がギター、ボーカル、ドラムプログラミング、キーボード、ミキシングを担当。アートワークは Coroner が手掛けた。スローテンポのメランコリックなフューネラル・ドゥームだが、キーボードやギターの淡く美しい旋律や、アトモスフェリック感やゴシック感を加えており、ダーク一辺倒に偏っていない。締め付けられたようなボーカルワークも独特だ。

Uterus

Primitive Black Metal

Goatgod
Funeral Moonlight Productions
2007

ザポリージャで1998年に結成。まったくどの人脈筋でもない無名の人物らで活動が始まった。今作は2枚目のフルレングスで、中国のFuneral Moonlight Productionsから666枚限定でリリースされている。ボーカル、ギター、ドラムをNorthern Hanger、ギター、ベース、ドラムをMefistosがプレイ。この2人が創設メンバーだ。マスタリングはMefistosが手掛けた。ジャージャーと耳障りなギターと、スタスタとひたすらに突っ走るスネア、Northernの地声が混ざったような不気味な歌い方が地下臭さをまき散らすプリミティブ・ブラック。7曲目の「March of the Living Dead」では、スプラッタ映画好きならピンと来るであろうゾンビ映画『サンゲリア』のワンシーンがサンプリングされている。ノルウェーのブラックメタルNattefrostの「Terrorist」のカバー曲入り。

Vastum Silentium

Pagan Black Metal

Шляхом забутих істин...
Idol Noise Productions
2014

ドニプロで2001年に結成。今作は3枚目のフルレングスで、独りNSブラックメタルFyrfosなどで活動していたListことJohann Orsicが運営していたアメリカのレーベル、Idol Noise Productionsから200枚限定でリリースされている。制作時のラインナップは不明だが、当時在籍していたメンバーはボーカルのVindiñta、ギターのIgnis、ギターのAntis、ベースのUltor、ドラムのAtrox、キーボードのCruellaであると思われる。サウンドクオリティやメロディーは垢抜けなさが残るが、フォーキッシュな旋律と凄みを利かせた男らしいボーカルなど、ペイガンを感じさせるブラックメタルになっている。「Україно моя！（我がウクライナ）」という愛国心を露わにした曲も収録されており、口琴を交えながらメロウで叙情的に展開される。

Vermis Mysteriis

Black Metal

Пламя ярости
More Hate Productions
2006

ベルジャーンシクで2000年に結成。過去にはKrodaやEndless Battleのメンバーらが、ライブメンバーを務めていたこともある。今作は2枚目のフルレングスで、More Hate Productionsからリリースされた。ウクライナのBloodhead Productionとの共同リリースだ。2007年にはウクライナのEmpire 606 RecordsからもCDが発売されている。ラインナップは、デスメタルEbanathでも活動するギター、サンプリング、作詞のYrt Glormkhaoth、Ebanathの元メンバーでボーカルのMaskim Xulの2人。基本的にはアンダーグラウンドな香りのするプリミティブサウンドのブラックメタルだが、インストやSE部分は邪悪でオカルト風のムードを醸し出している。しかしアグレッシブさも兼ね備えた1枚。

Virvel av Morkerhatet

Avant-Garde Black Metal

Metamorphopsia
Avantgarde Music
2016

キエフで2008年に結成。2003〜2008年まではDen of Winterという名前で活動していた。今作は2枚目のフルレングスで、オーストリアのAbigorやイギリスのアトモスフェリック・ブラックSaor、スイスのアンビエント・ブラックDarkspaceなども在籍するイタリアのレーベルAvantgarde Musicから、500枚限定でリリースされた。ブラックメタルChapter V:F10にも在籍するHowlerがボーカル、キーボード、Graakhがベース、バッキングボーカルを担当。また、BalforやRaventaleのAstarothがゲストでギター、ドラムをプレイしている。実に不気味なアートワークさながら、不穏な空気の漂うアヴァンギャルドなブラックメタル。メロディーや展開がアヴァンギャルドなだけでなく、しっかりと暴虐性も備えたアルバムになっている。

Vitaliy Sytnik

Atmospheric Black Metal

Fragments of Memories
Independent — 2012

キエフで 2009 年に活動開始。プログレッシブメタル Azathoth Circle の元メンバーである Vitaliy Sytnik によるワンマン・プロジェクト。ロシアのタタールスタン共和国出身の独りブラックメタル Thehappymask などとスプリットを出したりもしている。今作は 1st フルレングスで、自主制作のデジタル音源でリリースされた。全楽器を Vitaliy が演奏しており、セッションメンバーとしてドイツのドゥーム/ブラック Endlos で活動していた JH がボーカル、一部の作詞、1st シングルでもギターを弾いていた Everfor が今回も一部でギターを弾いている。全体的にシューゲイザーのような淡くアトモスフェリックなメロディーに包まれているが、突然ローファイなサウンドを織り交ぜて来たり、アグレッシブなパートもあったりと、アトモスフェリック一辺倒ではない個性的なアルバムになっている。

Viter

Folk Metal

Springtime
Metalism Records — 2012

キエフで 2010 年に結成。元 Kroda の Yulian Mytsyk を中心に活動が始まった。今作は 1 枚目のフルレングスで、ロシアの Metalism Records からリリースされた。2012 年にかなりの量のシングルをリリースしており、今作は 1 曲を除いてすべて過去に制作されたシングル曲が収録されている。Yulian がボーカル、民族楽器、Volodymyr Derecha がギター、Sviatoslav Adept がバッキングボーカル、ギター、民族楽器、Bohdan Potopalskyi がバッキングボーカル、ベース、元 Полинове Поле の Sergiy Krasutskiy がバッキングボーカル、ドラム、Olexandr Ignatov がキーボードをプレイ。初期の EP では Yulian のバリトンボイスが聴けたが、今作ではノーマルなクリーンボイスで、メロディーもだいぶキャッチーになっている。

Vöedtæmhtëhactått

Primitive Black Metal

Gremmtåg Nøyhar Trøddle
Thor's Hammer Productions — 2013

ブラックメタル・ユニット Verd Foraktelige でも活動する Säarhkktøs によって活動が始まったワンマン・プロジェクト。バンド名やタイトルなどはドイツと北欧の文字で構成されているが、実際にはどの言語にも当てはまらないデタラメな言葉のようだ。今作は 1st フルレングスで、フランスの Thor's Hammer Productions からカセットで発売された。500 本限定。ボーカル、全楽器を Säarhkktøs が 1 人で担当している。曲名はでたらめ言語ではなく英語になっており、歌詞は不明だが主にサタンについて歌われている模様。これぞプリミティブ・ブラックと断言できるレベルのボロボロのサウンドクオリティで、憑りつかれたような高音のボーカルスタイルも作品全体の邪悪さを増長させている。しかし単調な反復リフだけでなく、悲哀に満ちたギターリフも聴くことができる。

Voin Grim

Atmospheric Black Metal

Wachsenden Winterfrost
Cvlminis — 2012

セヴァストポリで 2008 年に活動開始。ポーランドの Beyond Life のメンバーとのインターナショナル・ブラックメタル・プロジェクト Atrophie や、ポーランドのフューネラル・ドゥーム/ブラック Gurthang でも活動する Vojfrost による独りブラックメタル。今作は 1st フルレングスで、ロシアの Cvlminis から 20 枚限定の CD-R でリリースされた。同時に自主制作でデジタル音源も出ており、2015 年にはドイツの Wolfmond Production からこれまた 20 枚限定で CD-R が発売された。ポーランドの Evilfeast を思わせるようなキーボード使いやローファイサウンドのアトモスフェリック・ブラックを演奏している。北欧ブラックのような壮大さも帯びており、美しく繊細ながらもどこか力強さを感じるアルバムだ。

Ukraine 103

While They Sleep

Primitive Black Metal

Les fleurs du mal
Symbol of Domination Prod. 2017

クリミア地方で 2013 年に活動開始。ペイガン・ブラック Ildverden、デスメタル Prosopagnosia でも活動する Kvolkaldur のワンマン・プロジェクト。なお、上記 2 つのプロジェクトもワンマンスタイルだ。今作は 2 枚目のフルレングスで、ベラルーシの Symbol of Domination Prod. から 500 枚限定でリリースされた。ロシアの More Hate Productions との共同リリースで、数か月後にはデジタル音源も発売されている。タイトルの『Les fleurs du mal』はフランス語で『悪の華』。フランスの詩人ボードレールの詩集の題名だ。ギターリフがいまいち認識できない悪質なサウンドで奏でられる全 7 曲は、終始ミサントロピックなムードを放っている。地下臭く、オカルティックでドゥーミーなおどろおどろしさも漂うアルバムだ。

White Ward

Post Black Metal

Futility Report
Debemur Morti Productions 2017

オデッサで 2012 年に結成。2012 年に、日本の Zero Dimensional Records のサブレーベル Maa Productions からリリースされた 1stEP も好評だったが、それから 5 年の時を経てリリースされた 1st フルレングス。フランスの Debemur Morti Productions からのリリースで、同時に 12 インチ、また自主制作のデジタル音源も出ている。ボーカルを Andrew Rodin と、ギターを Igor Palamarchuk と、デスメタル Nerve Abscess の元メンバー Yuriy Kazaryan を、ベースを Andrey Pechatkin、ドラムをポスト・ブラック Sauroctonos でも活動する Yurii Kononov、サックスをゴシック・ドゥーム / デス Tectum の Alexey Iskimzhi が担当。サックスの音色がモダンな印象を与え、時に激情的に盛り上がるポスト・ブラック。

Windswept

Melodic Black Metal

The Great Cold Steppe
Season of Mist Underground Activists 2017

ハルキウで 2017 年に結成。Drudkh のメンバーによって結成されたトリオ編成のブラックメタルバンドだ。1st フルレングスの今作は、Season of Mist Underground Activists から 1000 枚限定の CD および 500 枚限定の 12 インチでリリースされた。同時に自主制作のデジタル音源も出ている。ギター、ボーカルを R.（Roman Saenko）、ベースを K.（Krechet）、ドラムを V.（Vlad）がプレイ。アートワークを手掛けたのは、ドイツのブラックメタル Lunar Aurora、アンビエント・ブラック Trist などで活動し、数多くのバンドのアートワークを制作している Benjamin König。キーボードやフォーキッシュなパートなどは使用されていないものの、Drudkh のメンバーならではの作曲センスが感じられるアトモスフェリックでメロディアスな作品になっている。

Winter Depression

Depressive/Atmospheric Black Metal

...Journey to the Horizons of Human Depression
Depressive Illusions Records 2014

クレメンチュークで 2009 年に活動開始。過去にブラックメタル Begotten、アンビエント・ブラック Eternal Fire で活動しており、現在は Echoes of Black Forest というエクスペリメンタル・ドローン・アンビエントをやっている Alexander によるワンマン・プロジェクト。数々のフルレングスやスプリットなどをリリースし、2014 年に活動停止。今作は 7 枚目のフルレングスで、このプロジェクト最後の作品。Depressive Illusions Records から CD-R でリリースされ、デジタル音源、カセットも出された。ボーカル、全楽器、マスタリング、ミキシング、カバーアートまですべて Alexander が 1 人で担当。こもりきったロウな音質の、アトモスフェリックでメランコリックなデプレッシブ・ブラック。しかし、音質がクリアだったら万人受けしそうなポスト・ブラック風のメロディーもあったりして侮れない。

Wolftomb

Atmospheric Black Metal

Autumn of Our Lives
Oskorei Music
2015

キエフで結成。結成年やメンバーの詳細などは明かされていない。今作は 1stEP で、自主制作のデジタル音源でリリースされた。演奏メンバー、ゲストなどは一切不明である。3 曲入り EP なのでかなりコンパクトかと思いきや、1 曲で 20 分弱もある大曲も含まれており、トータルで 40 分弱とかなり聴きごたえがある。ローファイ音質で繰り広げられる哀愁に満ちた美旋律に、歌詞を歌っているとは到底思えない絶叫が鳴り響く。自然をテーマにしているようで、ポーランドのアトモスフェリック・ブラック Wędrujący Wiatr のような、悲しさと優しさが同居したような作風だ。少し Bathory を感じさせるパートも聴ける。なお、音源は Bandcamp から無料でダウンロードできるようになっているのだが、その理由が「ウクライナでは Bandcamp から合法で収益を得ることが難しい」からだそうだ。

Xul

Symphonic Black Metal

Зло
Kolovrat Productions
2000

ザポリージャで 1998 年に結成。Nokturnal Mortum にも少しだけ在籍し、現在は KZOHH などで活動する Hyozt を中心に、Slip、テクニカル・デスメタル Soulrest の元メンバー Innominandus の 3 人で結成された。フルレングスを 1 本だけリリースし、いつの間にか解散している。バンド名の Xul は、古代シュメール語で「邪悪」を意味する。その最初で最後となったフルレングスは、Oriana Music のサブレーベル Kolovrat Productions からカセットでリリースされた。それぞれの担当パートは不明だが、ドラム、キーボードはセッションメンバーの Munruthel がプレイ。ローファイな音質で、カルトっぽい雰囲気を纏いながらシンフォニックに疾走する。時々、独特ながなり声ボーカルが入るのだが、こもった音質と相まってなんとも不気味に響く。

Ygg

Pagan Black Metal

Ygg
Oriana Music
2014

ハルキウで 2010 年に結成。元 Nokturnal Mortum の Vrolok、現在は KZOHH、Ulvegr などで活動する Odalv、ブラックメタル Khors や GreyAblaze のメンバーでもある Helg の 3 人編成。今作は Oriana Music から出た 1st フルレングス。2012 年にはドイツの Darker than Black Records から 300 枚限定で 12 インチが、2013 年にはポーランドの Hammerbolt Productions から 66 本限定でカセットもリリースされた。ボーカル、ベース、口琴、作詞を Vrolok、ボーカル、ギターを Helg、ドラムを Odalv が担当。ゲストで Nokturnal Mortum の Bairoth がシャーマニック・ドラム、GreyAblaze の Astargh がキーボードとアディショナル・ボーカルで参加。Drudkh を思わせるようなアトモスフェリックでメロディックなペイガン・ブラック。

Zgard

Atmospheric Pagan Black Metal

Reclusion
BadMoodMan Music
2012

ウクライナ西部のトルスカヴェツで 2010 年に活動開始。ペイガンメタル Говерла でも活動する Yaromisl のワンマン・プロジェクトとして始まり、何度かメンバーが加入したこともあったが、現在は再びワンマン状態になっている。今作は 2nd フルレングスで、ロシアの BadMoodMan Music からリリースされた。同時に自主制作でデジタル音源も出ている。Yaromysl がボーカル、全楽器、マスタリングを 1 人で担当。あまりブラックメタルらしくないこのカバーアートを手掛けたのは、Astrofaes のアートワークも制作したルーマニア出身の Kogaion Art によるもの。力強いがなり声タイプのボーカルに、笛の音色なども入ったフォーキッシュでペイガンなブラックメタルだが、キーボードがエピックでアトモスフェリックな雰囲気を醸し出している。

Ukraine 105

Zgard

Atmospheric Pagan Black Metal

Totem
Svarga Music — 2015

2015 年にリリースされた 5 枚目のフルレングス。Svarga Music からのリリースで、通常ジュエルケース盤と、ジャケット違いでデジパック 100 枚限定盤が発売された。クリーンボーカル、ギター、ベース、キーボード、ソピルカ、口琴を Yaromisl が担当。4th からゲスト参加している Endless Battle の Dusk が今回はセッションメンバーとしてメインのボーカルを務めた。また、同じく Endless Battle や独りブラックメタル Морок などで活動する Severoth もゲストでドラムを叩いている。ミキシング、マスタリングは Munruthel が手掛けた。Dusk のまるでデプレッシブ・ブラックのようなインパクトある金切り声シャウトに、勇ましく壮大でいながら美しいメロディーが重なる。時折クリーンボイスも入り、叙情性に溢れたアトモスフェリックなペイガン・ブラックになっている。

Буревій

Pagan Black Metal

Concealed Beyond the Space
Darker than Black Records — 2015

リヴィウで 2007 年に結成。今作は 1st フルレングスで、ドイツの Darker than Black Records からリリースされた。ラインナップは、ボーカルの Nemezis、フィーメールボーカルの White Fury こと Bila Lyut'、ギターの Raven と Winterheart、ベースの ValkyriAnn、現在 Kroda で活動するドラムの Jotunhammer の 6 人。フィーメールボーカルを務める White Fury だが、フォークメタルにありがちな絶叫で歌うボーカルではなく、女性らしさ満点のヒステリックな絶叫で歌っており、そこに Nemezis の勇ましげなクリーンボイスが混ざり合う。彼女のアグレッシブながらもすぐに女性と判断できるボーカルスタイルは好き嫌いが分かれそうだが、曲自体はメランコリックなムードを帯びた良質ペイガン・ブラックを演奏している。

Вихор

Pagan Folk Metal

Шлях крізь віки
Soundage Productions — 2016

ビーラ・ツェールクヴァで 2010 年に結成。結成後しばらくは音源を一切リリースしていなかったが、2014 年からデモやシングルをデジタル音源でリリース。そして、2016 年に 1st フルレングスとなる今作をロシアの Soundage Productions から CD でリリースした。同時に自主制作でデジタル音源も出している。フィーメールボーカルを Olena Kudryavtseva、ボーカル、ギターを Yaroslav Mogilniy、ベースを Lyubomir Orishin、ドラムを Evgen Vykhor、フルートを Olexandr Shabelnik が担当。タイトルは「太古に通ずる道」という意味。Olena の少しあどけなく聴こえる地声ボーカルが冴えわたる、メロディアスでアトモスフェリックな雰囲気も携えたペイガン・フォークを演奏している。

Гетьман

Pagan Black Metal

Зшита з попелу книга
Svarga Music — 2017

ヘルソンで 2006 年に結成。基本的には、独りデス／ブラック Echalon、デス／ブラック Cerberus のワンマン・プロジェクトになっている。今作は 3 枚目のフルレングスで、Svarga Music からリリースされた。自主制作のデジタル音源も出ている。今回も実質 Cerberus のワンマン状態での制作で、ボーカル、楽器、一部の作詞をすべて彼が担当。セッションドラマーとして、彼とともに Demonium で活動していた Storm が参加している。ミキシング、マスタリングを行ったのは Semargl と Saurg。また、一部の作詞を、ブラックメタル Dammerung の Saurg や NS ブラック M8L8TH や Naglfar などが手掛けた。グロウル、シャウトばかりではなく、スラッシーで地声に近いボーカルスタイルも多用しており、メロウでペイガンなリフが聴けるアルバムだ。

Говерла

Pagan Metal

Хуртовина
Wroth Emitter Productions — 2010

トルスカヴェツで 2006 年に結成。バンド名の Говерла (Hoverla) は、ウクライナのカルパティア山脈の最高峰ホヴェールラ山のこと。ペイガン・ブラック Zgard や Kroda のメンバーらによって結成され、デモ 1 本、フルレングス 2 本をリリースし、2012 年に活動休止状態になっている。今作は 1st フルレングスで、ロシアの Wroth Emitter Productions からリリースされた。アルバムタイトルは「冬の嵐」という意味。ボーカル、ギターを元 Kroda の Volkovlad、ギター、バッキングボーカルを Zgard の Yaromisl、キーボード、ドラムプログラミングをシンフォニック・パワーメタル Suncrown の Sudymyr、笛を Gutsul が担当。朗らかに鳴り響く笛の音色とクサめのメロディアスなギターリフが、どこか垢抜けないのだが良い味を出している 1 枚。

Горинь

Atmospheric Black Metal

Шляхом мудрості
Barbatos Productions — 2017

ウクライナ西部のスラブータで 2014 年に結成。今作はバンド初の音源で 1 枚目のフルレングス。ロシアの Barbatos Productions から 100 枚限定でリリースされた。ボーカル、ギターを Olexandr Kondratyuk と Artur Lisovy、ベースを Mörkaste Dagen、ドラムを Andrey Sakovsky がプレイ。ゲストで、デプレッシブ・ブラック Betula などで活動する Olexandr Pahotin がギターを弾いている。ローファイサウンドのメランコリックで物悲しげなメロディーに、独特なシャウトがこだまする。アトモスフェリック・ブラックでもあり、アンビエント・ブラック、はたまたシューゲイザー・ブラックやペイガンの要素も感じさせる個性ある曲が揃う。トータルで 22 分と短めながらも、不思議な魅力に溢れたアルバムになっている。

Дальше Некуда

Avant-Garde Black Metal

Ересь
Independent — 2011

ドネツィクで 2007 年に活動開始。Maks Levyy という人物によるワンマン・プロジェクト。彼はこのプロジェクト一本で活動しているようだ。プロジェクト名の Дальше Некуда は、「他のどこにもない」というような意味。基本的にデジタルでしか音源を出しておらず、1st の今作も自主制作のデジタル音源としてリリースされた。タイトルは『異端』だ。妙にホラーテイストのカバーアートからは、オカルト風な曲調をイメージするかもしれないが、オカルトとはまた違う奇妙さを湛えた曲を演奏している。調子の悪いラジオから聞こえてくるようなこもった音質で奏でられるメロディーは、不気味と言えば不気味なのだが、妙に軽快でポップにも聴こえる。ボーカルもブラックメタルには珍しい地声に近い、しかし癖のある歌い方。もし音質がクリアだったら、オシャレなロック風に聴こえるのでは？と思うような曲まで収録されている。

До Скону

Primitive Black Metal

Чрево первобытной тьмы
Forever Plagued Records — 2011

マキイフカで 2009 年に結成。2005 〜 2009 年までは ForestGrave というバンド名で活動していた。現在はキエフに拠点を移して活動している。バンド名の До Скону (Do Skonu) は、ウクライナ語で「死ぬその日まで」。1st フルレングスの今作は、初回にベラルーシの Omega Productions からカセットでリリースされた。翌月にアメリカの Forever Plagued Records から CD も出ている。なお、2012 年には、タイトルおよび曲名が英語表記になったものがデジタル音源でも出された。正式ラインナップは、創設メンバーの Varagian のみで、彼がボーカル、ギター、ベースをプレイ。ゲストで、後に正式メンバーとなる Dmitry Kim がドラムを叩いている。ボーカルがこもりがちなロウなサウンドで、戦車のようにアグレッシブで獰猛なブラックメタルを演奏している。

Евроклідон

UnBlack Metal

Полум'я Содому
Bombworks Records 2005

キエフで2003年に結成。バンド名のЕвроклідонは、ウクライナ語でユーロクリドン（ローマに向かう使徒パウロの船を座礁させた風のこと）。フルレングスを1本だけ出して解散している。最初で最後となったこの音源は、アメリカのBombworks Recordsからリリースされた。翌年にはロシアのSoundage Productionsから、曲名がウクライナ語になったものがCDで出ている。フォーク・デス／ブラックHoly Bloodでも活動していたArtaarothがボーカル、ギター、ベース、Rainがドラムを担当。また、Holy BloodのFedor Buzilevichがプロデューサーを務めた。『ソドムの炎』というタイトルや、バンド名が聖書から来ていることからも何となく察しがつくが、神を賛美するアンブラックメタルをやっている。曲調は、高音シャウトが響き渡るローファイでメロディックなブラックメタル。

Заводь

Post Black Metal

Крізь коло і п'ять кутів
Hidden Marly Production 2013

ハルキウで2009年に結成。今作は2枚目のフルレングスで、日本のHidden Marly Productionからリリースされた。翌年にはウクライナのFreak Friendly DIYからカセットとデジタル音源も発売されている。ボーカルをDrake de Vendeur、ギターをCroninと、独りブラックメタルSvrmなどで活動するJean-Paul Goatseこと C.、ベースをVlad、ドラムを元DrudkhのAmorthが担当。バンド自身、「Death Cabaret（死のキャバレー）」と自分たちの音楽性をジャンルづけているが、キャッチーでパンキッシュなメロディーを織り交ぜたポスト・ブラックらしい曲を演奏している。終始叫びまくるエモーショナルなボーカルスタイルはブラックメタルらしさがあるが、様々なジャンルを取り込み次々と展開する曲調は、プログレッシブらしさも帯びている。

Лютомысл

Melodic Black Metal

Catharsis
Mercenary Musik 2006

ジトームィルで2001年に活動開始。LutomyslことPavel Shishkovskiyのワンマン・プロジェクトとして始まる。また、このプロジェクト名はLutomyslのキリル文字表記で、意味はロシア語で「過激思想者」。なお、1999～2001年まではProfane Solitudeというプロジェクト名で活動していた。今作は5枚目のフルレングスで、アメリカのMercenary Musikからリリースされた。LucifugumのKhlystが運営するPropagandaからカセットも666本出ている。Lutomyslがすべてを1人で担当。プリミティブ気味なサウンドクオリティで奏でられるジャージャーとしたギターリフが、荒んだコールドな印象を与える。しかし、寒々しくもメロウで叙情性を帯びたブラックメタルを聴かせてくれる。

Лютомысл

Melodic Black Metal

Lutomysl
Nihilward Productions 2010

ウクライナのNihilward Productionsからリリースされた、Лютомысл7枚目のフルレングス。500枚限定。2012年にはアメリカのWohrt Recordsからカセットも150本発売されている。今回も正式ラインナップはLutomyslのみで、彼がほぼすべてを担当している。6thからセッションメンバーとして参加するようになった元Blood of KinguのYuriy Sinitskyが、今作でドラムをプレイしている。アートワークは、AlcestやBehemoth、Morbid Angel、Paradise Lostなど、世界中の有名バンドのアートワークやデザインを手掛けるフランス出身のValnoirによるものだ。これまで陰気くささを感じさせるローファイな音質だったが、それがだいぶクリアになり、メランコリックなムードは健在だが、ポスト感も漂うブラックメタルになっている。

Лють

RAC

The Day of the Rope
Chernovit Productions — 2006

ドニプロで 2003 年に結成。Лють (Lut') はウクライナ語で「怒り」。同名バンドがウージュホロドにもいるのだが、そちらはペイガン・ブラックメタル。こちらは、Kroda で活動する S.A. こと Eisenslav と K.Z. という人物によって結成された RAC バンドだ。フルレングス 2 本をリリースして解散している。今作は 2 枚目のフルレングスで、ロシアの Chernovit Productions (現在は Skidbladnir にレーベル名を変更) から 500 枚限定の CD で発売された。S.A. がボーカル、K.Z. がギターをプレイ。さらに V. という人物がゲストでベースを弾いている。Kroda で聴かせるボーカルとはまた違った、いかにも RAC らしいドスの効いたパンク調のボーカルスタイルを披露している。同郷の RAC バンド Сокира Перуна のカバー曲も収録されている。

Морок

Primitive Black Metal

In the Dungeons of Mind
Werewolf Promotion — 2016

ブラックメタル Endless Battle や独りブラック Bezmir、Severoth などで活動する Severoth によるワンマン・プロジェクト。キリル文字表記の同名バンドがロシアにも存在するが、こちらはウクライナ産。今作は 2 枚目のフルレングスで、ポーランドの Werewolf Promotion から 500 枚限定でリリースされた。同時にカセットも 66 本出ている。楽器、ボーカル、ミキシング、マスタリング、デザイン面すべてを Severoth が 1 人で担った。フォトグラフィーは、彼の他プロジェクトでもカバーアートなどを手掛ける Unholy Darkness によるもの。ノルウェー辺りのブラックメタルを思わせる、オーソドックスなスタイルのプリミティブ・ブラックだが、時折うっすらとシンフォニックがかったキーボードが入ったりもする。かと思えば、Burzum のような反復リフが休みなく繰り返される曲も。

Ніч

Atmospheric Black Metal

...і тільки вітри пам'ятають моє ім'я...
Oskorei Music — 2018

2007 年に結成。結成地は不明だが、メンバーの 1 人はマキイフカの出身だそうだ。N という男性と、プリミティブ・ブラック Shadows Ground などで活動する V の二人体制。バンド名はウクライナ語で夜を意味する。結成後、2008 年にセルフタイトルのデモを自主制作でリリースしたが、その後特に音沙汰もなく、10 年後の 2018 年に初のフルレングス作品となる今作を発表。ウクライナ語で『風だけが俺の名を覚えている』というタイトルで、自主制作のデジタル音源でリリースされた。N がボーカル、ギター、ドラム、シンセサイザー、V がベースをプレイ。サウンドクオリティはローファイだが、バンド名やカバーアートさながらの、夜を感じさせるシンセサイザー使いが冷たく美しい。ボーカルはそこまで主張しているわけではなく、低めのがなり声。「終わりのない冬の夜を彷徨う」などといった曲名もメランコリックな雰囲気を助長している。

Неизбежность

UnBlack Metal

Был бы смысл...
Independent — 2010

ウクライナ中部のスヴィトロヴォッチクで 2007 年に結成。どの人脈筋でもない人物らで結成され、デモとフルレングスをそれぞれ 1 本ずつリリースし、2012 年には解散している。フルレングスは初回は自主制作でリリースされ、2011 年にアメリカの Metal for a Dark World からタイトルおよび曲名が英語に差し替えられたものが発売されている。解散後の 2014 年にはアメリカの SkyBurnsBlack Records からデジタル音源も出た。ボーカル、ギターを Andrii Magas、ベースを Dmytro Soroka、ドラムを Andrii Vynnychenko が担当。まるで子どもか女性が声を絞り出して叫んでいるような独特なボーカルワークが特徴のメロディアス・ブラックだが、モラルや社会性、さらにはアンチ・サタニズムをテーマにしたアンブラックメタルだ。

Патриарх

Avant-Garde Black Metal

Снежная ночь
Independent — 2000

キエフで結成。ブルータル・デスメタル Anger や、スラッシュメタル Nuclear Test で活動していた Pavlo Shpak が 2004〜2005 年まで在籍していたということ以外、その他のバンドメンバーの詳細は不明。今作は 2 枚目のフルレングスで、自主制作でリリースされた。制作時のラインナップなどは特に明かされておらず、謎に包まれている。アルバムタイトルは「雪の夜」という意味。さらに、「悲しみの歌」「暗い道」「雪と氷」とメランコリックで線の細そうな曲名が揃うが、演奏しているのはどことなく歌謡曲らしさが漂うノリのよいアップテンポな曲。ミドルテンポで着実に進められるビートは、はたまた日本のヴィジュアル系すら彷彿とさせ、縦ノリがピッタリくるようなブラックメタルらしくない曲調だ。ユニークなスタイルのバンドだが、このアルバムをリリースした後、全く活動をしておらず実質活動休止状態になっているのが残念だ。

Русич

Pagan Folk Metal, RAC

Велич богів у наших серцях
Ancient Nation Productions — 2006

2005 年にキエフで結成。同名の独りペイガン・ブラックメタルがロシアにもいるが、こちらは RAC プロジェクト Aparthate の Olexiy や、メロディック・ブラック Свapra の元メンバー Vladyslav が在籍するペイガン・フォーク/RAC バンド。今作は 2 枚目のフルレングスで、ウクライナの Ancient Nation Productions からリリースされた。制作時のラインナップは不明なのだが、おそらくボーカルを Vladyslav、ギターを Olexiy とブルータル・デスメタル Limbo の Dmitry がプレイしている。タイトルは「我々の心に宿る神の力」。ペイガニズム、ウクライナ人のプライドなど、愛国心強めなテーマを歌詞にしており、ボーカルは力強い RAC 調ではあるものの、メロディアスでフォーキッシュなメタルを演奏している。Burzum、同郷の RAC バンド Сокира Перуна のカバーも収録。

Сварга

Melodic Black Metal

Spirit of the Land
Fimbulvinter Productions — 2014

キエフで 2002 年に結成。Dmytro（2009 年に脱退）と、現在ペイガン・フォーク Русич などで活動する Vladyslav（2005 年に脱退）によって創設された。2009 年にいったん活動休止し、2013 年に復活。同名のペイガン・フォークとシンフォニック・ブラックがロシアにも存在する。バンド名の Сварга（Svarga）は、スラブ神話に出てくる、良人が生まれ変わる前に住む楽園のこと。今作はブラジルの Fimbulvinter Productions からリリースされた 2 枚目のフルレングス。再結成後、初めてリリースされた作品で、当時のラインナップは、ブラックメタル Somnia の Pablo Limbargo（ボーカル）、Andrii Sych（ギター）、Somnia の他にブルータル・デスメタル Limbo などでも活動する Vitalii Moon（ドラム）。ペイガンらしさ漂うメロウなリフが魅力のメロディック・ブラックだ。

Свентояр

Folk Metal

Єдність
Soundage Productions — 2013

ハルキウで 2008 年に結成。今作は 3 枚目のフルレングスで、ロシアの Soundage Productions からリリースされた。2014 年にはポーランドの Black Death Production からカセットも出ている。メインのフィーメールボーカルを Poloneya、ギター、笛、タンバリン、バッキングボーカルを Yarognev、ベースを Volodymyr、ドラムを Dobromysl が担当。他にもゲストが多数参加し、ボーカル、ツィンバロム、バンドゥーラ、ドムラを演奏している。全曲ウクライナ、ロシア、ベラルーシの伝統的な民族音楽をアレンジしたものになっているが、非常にポップで聴きやすい。バンド自身は「Experimental Slavik Folk-Metal」と自らをジャンルづけているが、フォークソングをダブステップ風にリミックスした曲まで収録されており、そのジャンル名に恥じないアルバムになっている。

Святогор

Death/Black Metal

Doctor Veritas
Svarga Music — 2012

ハルキウで 1999 年に結成。現在フォーク・ブラック Триглав で活動する Konstantin と、彼とともに Триглав に在籍する Arius の 2 人によって活動が始まった。今作は 3 枚目のフルレングスで、Svarga Music からリリースされた。2013 年にはポーランドの Werewolf Promotion からカセットも 300 本限定で発売。ラインナップは、ボーカル、リズムギターの Arius、ブラックメタル Burshtyn、インダストリアル・デス Thunderkraft のメンバーでもあるリードギター、バイオリンの Master Alafern、ベースの Duk、元 Drudkh のメンバーでドラムの Amorth I.M.。基本的にはメロディアスなデス / ブラックなのだが、なぜか 9 曲目の「La Concupiscence」は歌詞がフランス語で、サックスの艶めかしい音色がアヴァンギャルドなムードを醸し出している。

Сказ

Melodic Black Metal

Хроники лабиринта затмения
Independent — 2013

ショストカで 1999 年に結成。ブラックメタル Akoman、Ancient Funeral Cult、ブルータル・デスメタル Gore Inhaler などでも活動する DLL と、彼とともに Ancient Funeral Cult に在籍していた Samael のツーピースで、結成時から現在までこの 2 人で活動を続けている。今作は 5 枚目のフルレングスで、初回は自主制作でのリリースだが、2014 年には Depressive Illusions Records から CD-R が 66 枚限定で、また同時にデジタル音源も出された。Samael がボーカル、Vyacheslav がギター、ベース、ドラムをプレイ。乾いたローファイなサウンドクオリティだが、単なるプリミティブ・ブラックメタルではなく、物憂げでメロウなギターリフが癖になる。音質がクリアだったら、ポスト・ブラックらしさも漂うメロディーが散りばめられている。

Сокира Перуна

RAC/Pagan Folk Metal

...і мертвим, і живим, і ненародженим...
Patriot Productions — 2006

1998 年にキエフで結成。1995 〜 1998 年までは Бульдог（Bulldog）というバンド名で活動していた。改名後の Сокира Перуна（Sokyra Peruna）は「ペルーンの斧」という意味。元 Nokturnal Mortum の Saturious や KZOHH の Odalv などもかつて在籍していた。今作は 5 枚目のフルレングスで、ウクライナの Patriot Productions からリリースされた。2015 年には Sva Stone から再発盤が出ている。ボーカルを Arseniy Bilodub、ギターを Alex Pashkov、ベースを Shulja、ドラムを Svinni と Andriy Shushyk がプレイ。その他、Saturious を含め多くのゲストが参加している。フォークらしさを取り込んだ RAC で、Manowar やポーランドの RAC バンド Honor のカバーなども収録されている。

Сокира Перуна

RAC/Pagan Folk Metal

Дорога в АТО
Sva Stone — 2018

2018 年 4 月にリリースされた 11 枚目のフルレングス。Sva Stone から CD でリリースされた。ボーカルはフロントマンの Arseniy が変わらず務め、ギターを Yuriy "Boroda" Kharenko、ギター、ベースをブラックメタル Anthro Halaust にも在籍する Max Fitkalov、ベースを元 Dub Buk、現 Burshtyn の Artur Revyakin、ドラムをグルーヴメタル To Murder Drive などでも活動する Volodymyr Bilotserkovskyi がプレイ。また、ゲストで Nokturnal Mortum の Varggoth らがアディショナル・ボーカル、Mikhailo Kuzhba がダルシマー、バンドゥーラで参加している。ウクライナ語で『ATO（対テロ作戦）への道』という、このバンドらしい政治色強めのタイトルだが、曲自体は疾走感満点でパンキッシュで。

Ukraine 111

Триглав

Symphonic Folk Black Metal

When the Sun Is Rising Above the Earth
CCP Records
2006

ハルキウで 2001 年に結成。1999 〜 2000 年までは Danapr というバンド名で活動。今作は 1st フルレングスで、オーストリアの CCP Records からリリースされた。Burshtyn、Thunderkraft、Святоропなどで活動する Master Alafern がギター、ベース、キーボード、バイオリン、バッキングボーカル、オリジナルメンバーの Morok と、Святоропのメンバーでもある Arius がギターをプレイ。また、Святоропの Konstantin がスクリームボーカル、Thunderkraft の Anna Merkulova がフルート、その他 2 人がクリーンボーカルでゲスト参加している。キーボードが織りなすシンフォニックサウンドが、タイトなブラストビートやフォーキッシュなギターリフとともにメロディアスに展開される。思わず唸らされるような叙情的かつ勇ましい旋律に溢れた 1 枚。

Тринадцатый Бубен

Pagan/Folk Metal

Болотный угар
Independent
2016

ベルジャーンシクで 2012 年に結成。今作は 1st フルレングスで、初回は自主制作のデジタル音源でリリースされた。リリースの翌々月には、ロシアの Soundage Productions から CD も発売されている。ボーカルと口琴を Roman Trushov、ギターを Igor Serdyuk と Stanislav Shevchenko、ベース、ボーカルをデスメタル GoreMыка、ブラックメタル Ognivir にも在籍する Vladimyr Pasechnik、ドラムプログラミングを Dmitry Duzenko、アコーディオン、キーボードを Alexandr Salnik がプレイ。ミキシングを担当したのは、スラッシュ / デス Hell:On、インダストリアル・デス Ungrace で活動する Tony Alien。疾走感あるヘヴィでリズミカルなリフに、流麗なフォークサウンドが乗る 1 枚。

Чиста Криниця

Pagan Folk Black Metal

Доля
Blasphemous Terror Records
2005

ハルキウで 2005 年に結成。2000 〜 2004 年までは Bad Dreams、2004 〜 2005 年までは Morose Months of Melancholy の名前で活動していた。今作は 1st フルレングスで、ドイツの Blasphemous Terror Records からリリースされた。オランダの Achtung! Records からカセットも出ている。ボーカル、ドラムを Ruslan Krynycya、ギターを Volodimir Galaida、ベースを Svarg、キーボードを Tim Hresvelg が担当。ペイガン・フォーク、アトモスフェリック・ブラック、はたまたゴシックメタルと、複数のジャンルをミックスさせたようなアルバムで、ナヨナヨした裏声で歌うパートや、妙に爽快感のあるサビなどはまるでヴィジュアル系のような雰囲気すら感じさせる。なお、最近はデスメタルらしさも漂う重厚で激しめなサウンドになっている。

Чур

Folk Metal

Брате вітре
Oskorei Music
2006

ヘルソンで 2005 年に活動開始。かつて、ロシアの NS ブラック M8L8TH の Naglfar なども在籍していたが、基本的にはメロディック・ブラック Dammerung の元メンバー Chur こと Evgen Kucherov のワンマン・プロジェクトになっている。今作はロシアの Oskorei Music から 1000 枚限定でリリースされた 1st フルレングス。2007 年にはブラジルの Hammer of Damnation からカセットも出ている。ボーカル、ギター、ベース、ドラム、キーボード、パーカッションすべてを Chur が担当しており、Viktoriya Kumanovskaya、Olena Vanina という 2 人の女性がフィーメールボーカルとしてゲスト参加している。時に繊細に、時に力強く奏でられるフォークロアサウンドに、美しくもたくましいフィーメールボーカルと、Evgen の落ち着いた地声ボーカルが乗るフォークメタル。

キエフのメタルショップ案内

店舗が入っているショッピングモールの外壁は、なぜかやたらとメルヘン。

店舗の外観。仮設で作られたような簡易的な店構え。

Core Metal Shop

　キエフ市内にあるメタルショップ。地下鉄1番線の終点「Lisova」駅を降りたところにある、巨大ショッピングモールの中に入っている。Deep Purple のようなメジャーロックバンドから、Nokturnal Mortum や Hate Forest などウクライナのブラックメタルバンドまで、幅広いジャンルのマーチを取り揃えている。バンドTシャツ以外にも、パッチやブーツ、バッグ、その他の小物なども販売されている。店内には陳列されていないのだが、CD もほんの少しだけ取り扱っている（声をかければ、おそらく親切な店主がバックヤードからわざわざ持ってきてくれる）。平日の月〜金 10〜20 時までの営業で、週末は休業日なのでご注意を。また、このショッピングモールは市場の隣にあり、全体的にかなり広大なので時間に余裕をもって訪れたい。
Bilomorska St, 1, Kyiv

リュックまで売られている。

ベルトのバックルやマグカップなどもある。

店内には大量のTシャツが。マーチ好きにはたまらない。

Column　113

店の看板。

Militant Zone

　キエフの独立広場からほど近い場所にあるメタルショップ。週末(金・土・日)の13〜19時しか開店していない。また、建物のエントランスが閉まっているときは、呼び鈴を鳴らして合言葉「Militant Zone」を伝えて開けてもらう仕組みになっている。メタルショップとはいえ、取扱い商品は非常に偏っていて、かなりNS、RAC寄り。というのも、ここのオーナーは、現在ウクライナを拠点に活動するロシアのNSBMバンド、M8L8THのAlexeyなのだ。そのため、M8L8THはもちろん、ドイツの悪名高きNSブラックAbsurd、Militant Zoneと提携して一緒にPVなどを制作しているフランスのブラックメタルPeste Noireの商品が中心。Militant Zoneのオリジナル商品もある。BurzumやDarkthroneなどの、普通のメタルショップに置いてあるメジャーなバンドマーチは一切無い。ちなみに、わたしが訪れた時に対応してくれたスタッフは、最初は素っ気ない態度だったものの、こちらがそれなりの量を爆買いしたせいか、最後はステッカーのオマケも付けてくれた。さらに、「写真を撮っても良いですか？」と聞くと、快諾して「こっちも撮ったら？」と倉庫の扉を開けてくれるという大サービスだった。Tarasa Shevchenka ln. 5, Kiev

扉を開けてすぐ右の壁には、写真がずらりと並んでいた。最初、マイダン革命の際に死亡した「天国の100人」の写真かと思ったのだが、人相が一致しないので、ドネツクの戦闘で亡くなったアゾフ大隊か義勇兵の写真かもしれない。

カラーでお届けできないのが残念だが、美しい薄ピンクの可憐な建物が立ち並ぶ通りの一角に店を構えている。

アゾフ大隊の青年組織、「アゾヴィエフ」の旗が店の扉に堂々と掲げられていた。

倉庫の壁には悪名高きアゾフ大隊らしき絵が描かれていた。

当たり前のように飾られたヒトラーの肖像画。

CDなども少しだけ売られている。もちろんメジャーどころは置いていない。

第 2 章　ベラルーシ

　ベラルーシ共和国は、東ヨーロッパの共和制国家で、日本では白ロシアとも呼ばれている。人口約 950 万人（2016年）。国土は約 20.7 万 km² で、海には面しておらず世界最北の内陸国である。西はポーランド、南はウクライナ、北西にリトアニア、ラトビア、東はロシアと国境を接する。首都はミンスクで、通貨はベラルーシ・ルーブル。公用語はベラルーシ語とロシア語で、母語のベラルーシ語よりもロシア語の方が浸透している。2017 年時点でのGDP は 528 億ドル、一人当たりは 5,590 ドル。83.7% がベラルーシ人、8.3% がロシア人、ポーランド人が3.1%、ウクライナ人が 1.7%、その他ユダヤ人などもごく少数だが住んでいる。宗教は、ロシア正教が 80%、カトリックが 7%、その他 3% で、無宗教も 6% 存在する。

　ベラルーシの始まりは、9 世紀頃から存在したポロツク公国と言われている。後にキエフ大公国の統治下におかれるが、バルト海と黒海を結ぶ貿易の拠点として繁栄し、11 世紀に最盛期を迎えた際にはキエフ大公国やノヴゴロド公国と争うほどだった。12 ～ 13 世紀前半にはドイツ騎士団やモンゴル帝国と戦い、14 世紀にはリトアニア大公国の構成国となる。この大公国の貴族層はリトアニア人よりもルーシ人（ベラルーシ人やウクライナ人の先祖）が圧倒的に多かった。16 世紀にポーランド・リトアニア共和国が成立するにあたり、ベラルーシ領域でポーランド化が進められる。17 世紀には公用語がポーランド語とされ、口語以外でベラルーシ語の使用は禁止される。それに伴い貴族層やルーシ人の多くはポーランド語を母語とするようになり、宗教もローマ・カトリックに改宗した。しかし、農民層などはベラルーシ語を話し、宗教も東方正教会を信仰し続ける者も多かった。1795 年に第三次ポーランド分割でポーランド・リトアニア共和国が消滅してからは、ベラルーシ全域はロシア帝国に支配されるようになる。1812 年にはナポレオンのモスクワ遠征の通過地点となった。19 世紀には、貴族やインテリ層などが、信仰する宗教に関係なくロシア帝国からの迫害に遭い、亡命もしくは財産没収により無産階級へと落ちてしまう。1914年に第一次世界大戦が始まり、ベラルーシ西部をドイツが占領。1918 年、ドイツの占領下でベラルーシ人民共和国が成立したがすぐに消滅し、1919 年 1 月には白ロシア・ソヴィエト社会主義共和国が樹立される。1921 年、ポーランド・ソヴィエト戦争後に西半分の地域がポーランド領に。1922 年にソビエト社会主義共和国連邦が形成され、ベラルーシの東半分も正式加盟する。1939 年に第二次世界大戦が勃発し、独ソ不可侵条約を結んだ結果、ポーランド侵攻を果たし、ベラルーシの西半分もソ連の領土となる。1991 年、ソ連の崩壊に伴い、ベラルーシ共和国として独立。1994 年に行われた大統領選挙でアレクサンドル・ルカシェンコが当選し、現在も彼が政権を握り続けていることから、ヨーロッパ最後の独裁者とも呼ばれている。

ミンスク　Мінск

ベラルーシの中心に位置する同国の首都。人口約 191万人。独立国家共同体（CIS）の本部がある。かつてはポーランド人やユダヤ人、ロシア人などが多く住んでいたが、1989 年にはベラルーシ人の割合が 80% 以上を占めている。ベラルーシのメタルバンドはミンスク出身が圧倒的に多く、アトモスフェリック・ブラック Folkvang やペイガン・ブラック Kamaedzitca、ブラックメタル Massenhinrichtung などがいる。

ホメリ　Гомель

ベラルーシ東部に位置する都市。人口約 51 万人。ゴメリとも呼ばれる。ウクライナのチェルノブイリ原子力発電所まで 100km ほどしか離れておらず、爆発事故の被害を受けた都市でもある（いまだに立ち入り禁止地区もある）。市内では、18 ～ 19 世紀に建てられた木造建築の美しい宮殿も見られる。ホメリ出身のバンドは、ベテランのペイガン・ブラック Gods Tower やアヴァンギャルド・ブラック Door into Emptiness など。

マヒリョウ　Marinëÿ

ベラルーシ東部に位置する都市。人口約 37 万人。製鉄業や金属加工業などが盛ん。18 世紀後半にはロシア帝国の管轄となり、第一次世界大戦時にはロシア帝国軍の軍総司令部（スタフカ）が置かれた。ユダヤ人のコミュニティも存在し、19 世紀後半には人口の半数以上がユダヤ人だった。マヒリョウ出身のバンドは、スラッシュ／ブラック Aphoom Zhah、プリミティブ・ブラック Kruk、ペイガン・フォーク Дрыгва など。

ヴィーツェブスク　Віцебск

ベラルーシ北部に位置する都市。人口約 36 万人。マヒリョウと同じく、ロシア帝国支配下でユダヤ人コミュニティが発達し、ユダヤ人が人口の半分を占めていたこともある。1992 年からは、スラヴ諸国のアーティストが中心に参加するヴィーツェブスク・スラヴャンスキー・バザールという国際芸術祭が行われている。ヴィーツェブスク出身のバンドは、ペイガン・ブラック Interior Wrath、クリシュナメタルを標榜する Kripa、EDM 風味のペイガン・ブラック Vapor Hiemis がいる。

フロドナ　Гродна

ベラルーシ西部に位置する都市。人口 35 万人。ポーランドやリトアニアの国境にほど近い場所にある。ポーランドに支配されていたこともあるため、ポーランドの文化も浸透しており、ローマ・カトリックの信者も多い。今でもポーランド人が多く住んでおり、ポーランド人学校もある。フロドナ出身のバンドは、NS ブラック Sturm やデプレッシブ・ブラック Ordo Templi Orientis など。ペイガン・フォーク Яр のメンバーも一部フロドナ出身。

Aphoom Zhah

Apraxia

FolCore

Gods Tower

IDVision

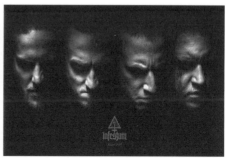
Infestum

Litvintroll

Lutavierje

Massenhinrichtung

Nebulae Come Sweet

Piarevaracien

Śmiercieslaŭ

Vietah

Zdań

Дрыгва

Родогост

118   Eastern European Black Metal Guidebook 2

[Für]

Post Black Metal

Leitmotiv
Independent — 2016

ミンスクで 2013 年に活動開始。どの人脈筋でもない、Roman Chernitsky という男性によるワンマン・プロジェクト。同郷のネオクラシカル・プロジェクト Soldthedragon や The Badjamba Orchestra とスプリットなども出している。今作は 1st フルレングスで、自主制作のデジタル音源でのみリリースされた。基本的には Roman が 1 人ですべて担当しているのだが、Iva という女性がセッションメンバーとして一部でヴォーカルを務めた。また、プロデューサーは、2nd フルレングスでも協力している Alexander Vivaldi。センチメンタルで切なげな、それでいてモダンな印象も受けるポスト・ブラックメタル。アンビエントなインスト曲も収録されており、全 14 曲、トータルで 1 時間 25 分と聴きごたえバッチリのアルバムになっている。

Łatanu

Primitive Black Metal

Čorny manalit
Thou Shalt Kill! Records — 2007

ミンスクで 2013 年に結成。今作は 1st フルレングスで、ロシアの Orthodox Productions のサブレーベル Thou Shalt Kill! Records から 333 枚限定でリリースされた。ブラックメタル Pestilentia や Rite of Darkness の元メンバー Norgveld がヴォーカル、ブラックメタル Niezgal でも活動していた P.Z. がギター、ベース、現在も Pestilentia に在籍している Plague666 がドラムをプレイ。エンジニアリングは、ウクライナの До Скону などで活動する Dmitry Kim が担当している。ミキシング、マスタリングはロシアの SS-18 などで活動する Sadist が手掛けた。ささくれ立った騒々しいプリミティブなサウンドで、ブリザードのような寒々しい正統派ブラックメタルを演奏している。

Aeon Noctis

Symphonic/Gothic Black Metal

Between Thorns and Silence
Grailight Productions — 2010

ミンスクで 1998 年に結成。度重なるメンバーチェンジを経て、フルレングス 2 本、デモ 1 本をリリースし、現在の活動状況は不明。バンド名の「Aeon Noctis」はラテン語で「黄昏時」だ。今作は 2 枚目のフルレングスで、ロシアの Grailight Productions からリリースされた。ヴォーカルを Sunburial、ギターをブラックメタル Massenhinrichtung でも活動する Ksaltone、ギター、キーボードを現在ドゥーム・デス Podych Navalnicy に在籍する De Monshade、ベースを Taelih、ドラムを Podych Navalnicy やフォークメタル Lutavierje でも活動する Artur NightSpirit がプレイ。音質はいまいちで少し垢抜けないのだが、シンフォニック・ブラックの壮麗さとゴシックメタルのダークさを備えた 1 枚になっている。

Aphoom Zhah

Thrash/Black Metal

Symbol of New Aeon
Possession Productions — 2005

マヒリョウで 1999 年に結成。1998 〜 1999 年までは Disclaimer の名前で活動していた。デモ 1 本とスプリット 2 本をリリースし、2004 年にいったん活動を休止し、2005 年に復帰。しかし、ベラルーシの Possession Productions からリリースされたフルレングスを最後に活動停止してしまう。最初で最後となったフルレングスは、インダストリアル・ブラック Sick で活動していた 2 人で制作され、Cold Flame がギター、ベース、エフェクト、Vajug がギター、ドラム、バッキングヴォーカルを担当。また、Possession Productions のオーナーで、ブラックメタル Kruk で活動する Voice of God こと Leonid Padlatsk がゲストとして一部でヴォーカル参加。デスメタルライクな曲もあれば、スラッシーでパンキッシュな曲も聴けるが、テーマは一貫して「サタニズム」というのが面白い。

Apraxia

Pagan Black Metal

Hymns of Dark Forest
Legion Production — 1998

ヴォルシャで 1995 年に結成。2003 年からは名前を Молат に変えて活動を続けている。今作は 1st フルレングスで、初回はベラルーシの Legion Production からカセットでリリースされた。翌年にはメンバーが運営していた Graveyard Silence Productions などから CD-R が出され、2005 年にはドイツの Ewiges Eis Records から、2016 年にはロシアの COD Music and Distro から再発盤 CD も出ている。ボーカルを Necromaniac、ギターを Yuri と Gunchar、ベースを Chuck、ドラムを Oleg がプレイ。時折やや音程が外れ気味のクリーンボーカルが入る、ローファイサウンドのペイガン・ブラックを演奏している。今作は完全にペイガニズムをテーマにしているが、後の作品ではアーリアニズムなどの NS 的な歌詞も見受けられるようになる。

Apraxia

Pagan Black Metal

Идеология
Graveyard Silence Productions — 1999

1st の翌年にリリースされた 2 枚目のフルレングス。初回は Graveyard Silence Productions からリリースされたカセットで、2000 年に同レーベルから CD も 500 枚限定で発売。その他、ロシアの Neuro Empire、ベラルーシの Metal Records、ポルトガルの Hallucination Zine からもカセットが、2015 年にはロシアの Der Schwarze Tod からリマスター盤 CD なども出ている。ラインナップは 1st と同じだが、9 曲目で Mareena という女性がセッションボーカルとして参加。ペイガンらしさを漂わせつつもどこかまったりとした印象を受ける 1st に比べると、せわしなくブラストビートが鳴り響くアグレッシブなアルバムになっている。1st 同様にロウな音質でやぼったさは否めないが、癖になるメロディーラインがそこかしこで聴ける。

Apraxia

Pagan Black Metal

Коловрат
Metal Records — 2003

2nd の 4 年後にリリースされた 3 枚目のフルレングス。ベラルーシの Metal Records から 500 枚限定の CD でリリースされた。同時にカセットも出ており、2011 年にはメキシコの Witchcraft Records からタイトルと曲名が英語に差し替えられ、ボーナストラックが 2 曲追加されたものが CD で出ている。ギターの Yuri とドラムの Oleg は今作には参加しておらず、代わりに Ivan という男性がギターとプログラミングを担当した。なお、セッションメンバーとして 2 人の男女がキーボードを弾いている。ボーカルは相変わらず Alexander が担当しているのだが、ブラックメタル然としたシャウトではなくノーマルボイスで歌っている。歌詞に「白色人種」「アーリア人戦士に栄光を！」という言葉が出てきてレイシズムを感じさせるものの、曲自体は民族楽器の音色も取り込まれ、メロウでキャッチーですらある。

Balrog

Primitive Black Metal

On the Throne of Demolition
Black Abyss Productions — 2005

ホメリで 2000 年に活動開始。独りアトモスフェリック・ブラック Vietah でも活動する Antarctis によるワンマン・プロジェクト。プロジェクト名の Balrog は、トールキンの作品に登場する怪物バルログのこと。今作は 1st フルレングスで、コロンビアの Black Abyss Productions から CD-R でリリースされた。Antarctis が Balrog の名前で全楽器、ボーカルを担当。Vietah では寒々しいアトモスフェリック・ブラックを演奏しているが、こちらのプロジェクトではオールドスクールなプリミティブ・ブラックを聴かせてくれる。歌詞は英語だが、「サタンよ、俺を殺してくれ」「あぁ、偉大なる主サタン」などと非常にわかりやすいシンプルな歌詞だ。何も真新しいことはやっていないのだが、アンダーグラウンド臭漂うボロボロ音質のブラックメタルが好きなら聴ける 1 枚だ。

Beyond the Darkness
Death/Doom Metal

Blind Shadows
Fono Ltd. — 2015

ミンスクで 2006 年に結成。過去にペイガン・フォーク Заповет や Родогост でも活動していた Alexandr Chukilo（2013 年に亡くなっている）も在籍していたが、現在はどの人脈筋でもない人物らで構成されている。今作は結成後、9 年の時を経てリリースされた 1st フルレングス。ロシアの Fono Ltd. からリリースされ、同時に自主制作でデジタル音源も出している。ボーカルを Mikhail "GeForeSt" Stefanovich、ギターを Anton "Doom" Levkovich と Anton "Faust" Evtisov、ベースを Oleg "Lithium..." Pekar、ドラムを Vadim "Balog" Lipnitsky がプレイ。ブラックメタル要素はほとんど感じられないデス・ドゥームなのだが、エクストリーム・メタルならではのジメジメとした世界観を呈している。

Blaine Rohmer
Atmospheric Black Metal

Curse of the Rising Star
Independent — 2016

ミンスクで 2010 年に活動開始。ペイガン・フォーク Wartha（現在は Vojstrau に改名）に在籍していた Gennadiy Kharitonov によるワンマン・プロジェクト。今作は 2 枚目のフルレングスで、初回は自主制作のデジタル音源でリリースされた。2018 年にはロシアの GS Productions から、100 枚限定と少量生産だが CD も発売されている。ゲストは呼ばず、Gennadiy がすべてを 1 人で担当。派手さは無いが、程よくメロディアスに進む旋律に、煌びやかで優雅なキーボードの調べがふんわりと乗せられたアトモスフェリック・ブラック。ボーカルはブラックメタルらしい高音の乾いた絶叫スタイルだが、神秘的な耽美さすら感じさせるメロディーはゴシックメタルの雰囲気も漂わせる。物寂しげではあるものの禍々しさは無いカバーアートも、このアルバムの楽曲にマッチしている。

Chernolesie
Depressive Black Metal

Comming Home
Depressive Illusions Records — 2011

ベラルーシ中南部の小さな町ハンサヴィチィで 2007 年に結成。デモ 1 本、フルレングス 3 本を出して、2012 年から活動休止中。今作は休止前に出された 3 枚目のフルレングスで、ウクライナの Depressive Illusions Records からカセットでリリースされた。111 本限定。ボーカルを、現在アンビエント・ブラック Kaat で活動する Hated Being（彼は今作にのみ参加してすぐに脱退している）、全楽器の演奏を Carpath が担当。ジトジト降る雨音のようなノイジーでジリジリとしたローファイサウンドだが、メランコリックでシューゲイザーらしさも漂わせるデプレッシブ・ブラックをやっている。ボーカルは案外普通のブラックメタルスタイルではあるものの、悲しげで切ないメロディーは、カセットでしかリリースされていないのがもったいないくらいに秀逸だ。

Desolate Heaven
Melodic Black Metal

Осквернение
Morak Production — 2012

ミンスクで 2008 年に結成。結成当初はギターとドラム担当の Matvey と、ボーカル担当でフューネラル・ドゥーム Pogost やブラックメタル Zaklon などのワンマン・プロジェクトで活動し、正体不明のアンビエント・ブラック Hreswelgr のメンバーでもある Temnarod の二人体制だった。今作は 2 枚目のフルレングスで、悪名高きベラルーシのレーベル Morak Production から 500 枚限定でリリースされた。オリジナルメンバーの Temnarod と Matvey の他、2010 年からバンドに加入した Hors がベースを弾いている。プリミティブな音質のオーソドックスなブラックメタルかと思いきや、フックに富んだリフをあちこちで聴くことができ、メジャーバンドのような派手さは決してないのだが、一筋縄ではいかない魅力あるアルバムになっている。

Dialectic Soul

Symphonic Black Metal

Terpsychora
Strong Music Productions — 2007

レチツァで 2000 年に結成。今作は 2 枚目のフルレングスで、バンド自身が運営するレーベル Strong Music Productions から 1000 枚限定でリリースされた。制作時のメンバーは全員フォークメタル Сымон-Музыка でも活動する 3 人。Sasha'Di こと Alexander Kluchnikov がヴォーカル、ギター、ベース、ドラムプログラミング、Slava'Z こと Vyacheslav Znaharenko がギター、作詞、Galina（ちなみに彼女はクラシックの教育を受けていたそうだ）がキーボードを担当。中高音絶叫と、低音グロウル、クリーンヴォーカルを Sasha'Di が 1 人で見事に使い分けており、デスメタル要素も含んだシンフォニック・ブラックを演奏。使用されているのはキーボードだが、ピアノのような音を出しており、ダイナミックながらも繊細なメロディーを奏でている。

Dies Nefastus

Post/Melodic Black Metal

Съвітаньне па-над руінамі
First Line Records — 2006

ミンスクで 2002 年に結成。どの人脈筋でもない Senelder（ギター、ドラムプログラミング）と Kejstevil（ヴォーカル、キーボード）の 2 人で始まったユニットだったが、現在は Senelder のワンマン・プロジェクトになっている。今作は 2 枚目のフルレングスで、ベラルーシの First Line Records から CD-R でリリースされた。タイトルはベラルーシ語で『遺跡の向こうの夜明け』。イントロが非常に軽やかかつ爽やかでブラックメタルらしさはゼロなのだが、中身は絶妙にフックの効いた緩い雰囲気のポスト・ブラックメタル。こもったロウな音質で、演奏もシャキっとせず、垢抜けなさは漂うが、愁いを帯びたフィーメールヴォーカルが入ったり、シューゲイズチックな旋律を聴かせてくれたりと意外にも癖になる。歌詞がベラルーシ語になった Burzum の「My Journey to the Stars」カバーも収録されている。

Divina Enema

Avant-garde Metal

At the Conclave
Eldritch — 2001

ミンスクで 1998 年に結成。デモ 1 本、EP1 本、フルレングス 2 本をリリースし、3rd フルレングスを制作している途中で解散してしまった。今作は 1st フルレングスで、ベラルーシの Eldritch から 1000 枚限定でリリースされた。同時にカセットも出ており、翌年にはカナダの Grind It! Records からも CD が出された。ヴォーカルを Yaroslav A. Burakoff、ギター、ベース、キーボードを Tikhon S. Zolotov、ドラムを Alexei S. Zolotov、キーボードを Timofey Kasperovich がプレイ。アメリカで活動するロックバンド System of a Down を思わせるような独特なヴォーカルに、さらにアクの強い King Diamond のようなシアトリカルな裏声が乗る、カオティックでシンフォニックなアヴァンギャルドメタル。

Doomslaughter

Death/Black Metal

Chants of Obliteration
Bleak Bone Mortualia — 2014

ミンスクで 2011 年に結成。ブラックメタル Okulus Diaboli や Deofel の元メンバー Nekrolyte と、Abortion Productions というレーベルの元オーナーで、ブラックメタル Pestilentia、独りフューネラル・ドゥーム / デス Fading Sun などで活動していた Dote の 2 人で結成され、現在もこのメンバーで活動を続けている。今作は 1st フルレングスで、ドイツの Bleak Bone Mortualia からリリースされた。ヴォーカル、ギターを Dote、ベース、ドラムを Nekrolyte がプレイ。オールドスクールな雰囲気のプリミティブサウンドで、ヴォーカルはデスメタルライクな低音グロウル。炸裂するブラストビートとイーヴルなギターリフ、獰猛なヴォーカルワークが織りなすカオティックさはグラインドコアに通じるところも。

122　Eastern European Black Metal Guidebook 2

Door into Emptiness

Avant-Garde Black Metal

Vada
Possession Productions
2011

ホメリで結成。結成年は不明。特に他のバンドでは活動していないメンバーによって結成された。今作は 1st フルレングスで、ベラルーシの Possession Productions から 500 枚限定でのリリース。同年に自主制作でデジタル音源も出している。ボーカル、ギター、シンセサイザーを Aqualung Disco、ベースを Somr Boogie、ドラムを Traumwalzer が担当。後々、エレクトロニカ要素をふんだんに取り入れたアヴァンギャルドなブラックメタルを演奏するようになるのだが、1st の時点ではいくらかその片鱗を見せつつも、割としっかりとブラックメタルらしい曲を演奏している。中にはシンセサイザーがアンビエントな静謐さを醸し出す曲も収録されており、アトモスフェリック、アンビエント系のブラックメタル好きにもアプローチできそうな 1 枚。

Dymna Lotva

Post Doom/Black Metal

Зямля пад чорнымі крыламі: Дрыгва
Der neue Weg Productions
2016

ミンスクで 2015 年に結成。アトモスフェリック・ブラック Трызна の元メンバーで、現在はゴシックメタル Aconitum でも活動する女性 Nokt こと Katsiaryna Mankevich と、1994 年生まれの青年 Jaŭhien の 2 人で活動が始まる。今作は初のフルレングス作品で、ドイツの Der neue Weg Productions から 500 枚限定でリリースされた。リリースの前月に自主制作のデジタル音源も出している。ボーカル、フルート、作詞を Nokt、ギター、ベース、作曲を Jaŭhien が担当。なお、グルーヴ・デスメタル Apologeth で活動する Andrey Tomak が、8 曲目のボーカルをセッションメンバーとして務めた。ドゥームメタルのドロドロしたムードをも放つメロディーに、Nokt の悲痛に満ちたデプレッシブな絶叫が響き渡る。重々しくダークに展開されるドゥーム・ブラックだ。

FolCore

Folk Metal

Haeresis
Soundage Productions
2017

ミンスクで 2012 年に結成。バンドメンバーは全員見た目はメタルコア風だが、「シャーマニック・フォークメタル」とバンドをジャンルづけている。今作は 1st フルレングスで、ロシアの Soundage Productions からリリースされた。同時にデジタル音源も出している。ボーカル、ギターを Pavel Kotov、フィーメールボーカルを現在フォークメタル Omut で活動する Elvira Stelmashuk、ギターを Ivan Savygin、ベースをフォーク・ブラック Piarevaracien のメンバーでもある Alexander Valeryevich、ドラムをブラックメタル Massenhinrichtung に在籍する Alexander Ermak、バグパイプを Vladimir Ostyakov が演奏。フォークロアなフィーメールボーカルも聴ける、ヘヴィでキャッチーな疾走感あるフォークメタル。

Folkvang

Atmospheric Black Metal

World of Wisdom
Ancient Nation Productions
2004

ミンスクで 2003 年に活動開始。同名のフォーク・ブラックメタルバンドがノルウェーにもいるが、こちらはベラルーシ産。Wind のワンマン・プロジェクトとして活動が始まった。今作は 1 枚目のフルレングスで、初回はウクライナの Ancient Nation Productions からカセットでリリース。500 本限定。翌年に同レーベルから、1000 枚限定で CD も発売されている。なお、CD バージョンには Burzum と Bathory のカバー曲も収録されている。楽器演奏、ボーカルなどすべて Wind が 1 人で担当。ローファイなサウンドクオリティで、寒々しくもメロウで物悲しげな旋律のブラックメタルを聴かせてくれる。バンド名に FolK という文字が入っている上、カバーアートもどことなくペイガン・フォークらしさを醸し出しているものの、フォークらしさはあまり無く、自然を感じさせるアトモスフェリックな出来になっている。

Belarus 123

Folkvang

Atmospheric Black Metal

Atmospheric Black
Wintersunset Records — 2009

1stリリース後、翌年に2ndフルレングスを発表し、2008年にはイギリスのペイガン・アトモスフェリック・ブラック Wodensthrone とのスプリット、2009年にはカナダの独りアトモスフェリック・ブラック Pagan Hellfire とのスプリットを出している。今作は3枚目のフルレングスで、フィンランドの Wintersunset Records からリリースされた。ボーカル、楽器演奏、作詞作曲は Wind が担当しているが、Pagan Hellfire の Incarnatus がセッションドラマーで参加している。『Atmospheric Black』とド直球なタイトルだが、収録曲5曲中、3曲がまさにアトモスフェリック・ブラックらしい9分程度の長尺曲。キーボードやシンセサイザーなどは使用していないものの、アトモスフェリックな温かみと美しさ、そしてメランコリックさをしっかりと備えた1枚になっている。

Gods Tower

Pagan Folk Metal

The Turns
MetalAgen — 1997

ホメリで1992年に結成。1989〜1992年までは Chemical Warfare の名前で活動しており、デモを1本リリースした後、現在の名前に改名している。今作は2枚目のフルレングスで、ロシアのメジャーレーベル Союз のサブレーベル MetalAgen からリリースされた。同時にカセットも出され、その後も数々のレーベルから再発盤 CD やカセットが発売されている。ラインナップは、ボーカルの Lesley Knife、ギターの Alexander Urakoff（2003年に肝硬変で他界）、メロディック・デス Rasta でも活動するベースの Yuri Sivtsoff、ドラムの Wladislaw Saltsevich、キーボードの Dmitry Ovchinnikoff。音痴に聴こえなくもないがむしゃらな Lesley のボーカルに、ドゥーミーさを纏ったフォークな音色が乗る。スラッシーなノリも感じられる、一言で形容しがたい曲が揃う。

Gods Tower

Pagan Folk Metal

Steel Says Last
Go-Records — 2011

2ndリリース後、ライブビデオやコンピレーション数本をリリースし、2011年に3枚目のフルレングスを発表。実に14年ぶりとなるフルレングス作品だ。今作はベラルーシの Go-Records からのリリースで、同時にロシアの Mazzar Records、ウクライナの ЯOK Music からも CD が発売された。ほぼ2ndと同様のメンツで、ボーカルを Lesley、ベースを Yuri、ドラムを Wladislaw、キーボード、バイオリン、パーカッション、ハモンドオルガン、バッキングボーカルを Dmitry がプレイ。2003年に亡くなったギターの Alexander の代わりに、2010年から加入した Dmitry Lazarenko がギターを弾いている。また、3名のゲストがトランペット、フルート、チェロを演奏。初期の頃に比べると、演奏のキレやボーカルワークが見違えるほど冴えており、万人受けしそうなペイガン・フォークに変身している。

Grafzerk

Avant-Garde Black Metal

Nja mesille
Independent — 2005

フロドナで2003年に活動開始。過去に独りブラックメタル Smrt でも活動し、ゴシック・ブラックメタル Medea のライブメンバーでもあった Victor Naumik によるワンマン・プロジェクト。フルレングスを2本リリースし、現在は活動停止している。今作は2枚目のフルレングスで、自主制作の CD でリリースされた。ボーカル、楽器、すべて Victor が担当している。デプレッシブ・ブラックを思わせる、まるで泣き声のような病的な絶叫を聴かせる曲もあれば、独り言をつぶやくような念仏パートもあったり、はたまたハチャメチャに叫びまくったりと、多種多様なボーカルスタイルを披露している。ローファイなサウンドは一貫しているが、アンビエントぽかったり、ノイズっぽかったりもすれば、シンフォニック・ブラックのようなキーボード使いの曲もあり、とにかく曲調が忙しく変わるアルバムだ。

Homoferus

Symphonic Black Metal

Herocly
Independent — 2012

レチツァで 2000 年に結成。シンフォニック・ブラック Dialectic Soul にも在籍していたボーカル、ギターの Anatoliy Eremchuk を中心に活動が始まった。2008 年から、ノルウェーのベルゲンに拠点を移して活動。なお、2015 年からは Iodguara とバンド名を変えて、ゴシック・ブラックメタルを演奏している。今作は 2 枚目のフルレングスで、自主制作の CD でリリースされた。なお、制作時のラインナップは不明だが、いずれにせよ、Anatoliy 以外のメンバーは他のバンドには所属せず、このバンド一本で活動している人物たちである。曲自体、特に新鮮味はないものの、クリアなサウンドクオリティとしっかりとした演奏で、実直なシンフォニック・ブラックを演奏している。知名度の割にはきちんとした曲をやっているので、初心者にも薦められる 1 枚だ。

I'm Nothing

Depressive Black Metal

I Wanted to See Angels
Independent — 2016

ミンスクで結成。Exit と No という 2 人の男性によって結成された。今作は 1st フルレングスで、自主制作の CD（100 枚限定）でリリース。同時に Possession Productions からデジタル音源も出ている。ギターを Exit、ボーカル、ベース、ドラムプログラミング、一部のギターを No が担当。アヴァンギャルドな雰囲気のアートワークは No によるものだ。憐憫な咆哮タイプのボーカルはこれぞデプレッシブ・ブラックといった具合で、そこに倦怠感を伴ったメランコリックなメロディーがゆったりと流れる。「Suicide」「Madness」「Life」「Love」などと憂鬱なデプレッシブ感の強い曲名が揃うが、曲調はそこまで鬱々としているわけでもない。しかし、No の一本調子な絶叫と反復リフをひたすら聴いているとやはり鬱々としてくるので、れっきとしたデプレッシブ・ブラックメタルといえるアルバムだ。

ID:Vision

Industrial Death/Black Metal

Destination Cybermind
Independent — 2011

ミンスクで 2006 年に結成。前身バンドは 2002 年から活動しており、結成当初は Desecrated、その後すぐに名前を Iratus Dominus に変え、2006 年からは現在のバンド名になっている。また、2012 年にいったん活動休止したものの、2017 年に復帰して今に至る。今作は 2 枚目のフルレングスで、自主制作の CD でリリース。スラッシュ・デス Inner Resistance でも活動する Mr. Resistor がボーカル、デス / ブラック Dwellstorm Borned のメンバーである LSD がリードギター、ペイガン・ブラック Infestum にも在籍する W-Todd All-X-Thunder がボーカル、ギター、プログラミング、Werwolfe がベース、Forneus がドラム、War-Tex がキーボードをプレイ。ブルータルでデスメタルライクなメロディーに、時折インダストリアルなサウンドが乗る。

Imšar

Primitive Black Metal

Abudžeńnie
NitroAtmosfericum Records — 2013

ホメリで 2012 年に活動開始。スラッシュメタル Archalaxis やブラックメタル Revetreth などでも活動する Darkus こと Stanislav Semenyago によるワンマン・プロジェクト。今作は 1st フルレングスで、ロシアの NitroAtmosfericum Records から 150 枚限定の CD でリリースされた。すべて Darkus が単独で制作している。自らの音楽性を「Chthonic Black Metal」（Chthonic は「地下に住む」という意味）と称しているが、確かにジメジメとしたプリミティブなサウンドは、地上とはかけ離れた陰気さをまとっている。ミドル〜スローテンポで進む曲は、ドゥームメタルらしさも少し帯びており、派手な展開などは無いものの、地下臭く湿っぽいブラックメタル好きには推薦できるアルバム。

Belarus

Infestum

Primitive Black Metal

Last Day Before the Endless Night
More Hate Productions
2002

ミンスクで 2000 年に結成。結成後わずか 1 年で脱退してしまったドラムの Grond と、2007 年まで在籍していたギターの Divine Skald の 2 人によって活動が始まった。今作は 1 枚目のフルレングスで、ロシアの More Hate Productions からリリースされた。2017 年にも同レーベルから CD が再発されている。ボーカルを Ion the Saint、ギターを Skald、ベースを Thorngrim、ドラムをデスメタル Deadly Carrion やブラックメタル Medievil でも活動する Burglar がプレイ。カバーアートは、世界中のメタルバンドのアートワーク等を手掛けるロシア出身の Waldemahr Smerdulak が担当した。ドコドコと機械的なドラムが鳴り響くプリミティブ・ブラックなのだが、独特のメロディーが印象に残る。Venom のイーヴルなカバー曲も収録。

Infestum

Symphonic Black Metal

Monuments of Exalted
Independent
2014

自主制作のデジタル音源でリリースされた 3 枚目のフルレングス。リリースの 4 か月後にロシアの Fono Ltd. から CD も発売されている。また、2014 年には、ブルータル・デスメタルを主に扱うチェコのレーベル Lacerated Enemy Records から、2 曲のボーナストラックが追加された CD も出ている。ボーカルは 1st 時同様 Ion the Saint、ギター、シンセサイザーはインダストリアル・デス / ブラック ID:Vision の W-Todd All-X-Thunder、ベースは同じく ID:Vision にも在籍する Werwolfe、ドラムはデスコアバンド Exist M やデス / ブラック Dwellstorm Borned でも活動する Forneus が担当。ゲストでピアノ奏者も参加している。1st 時のプリミティブ感は消え去り、ピアノとシンセサイザーによるシンフォニックでインダストリアルなブラックメタル。

Interior Wrath

Pagan Black Metal

Волчья кровь противостояния
Fatal Ecstasy Productions
2009

ヴィーツェブスクで 2002 年に結成。初期の頃はサタニズムをテーマにしていたが、現在はペイガニズムについて歌っている。今作は 1st フルレングスで、ベラルーシの Fatal Ecstasy Productions からリリースされた。翌年にはロシアの Volh Records からも CD が出ている。ペイガン・ブラック Vapor Hiemis の Black Tyrant がボーカル、同じく Vapor Hiemis の Slaven がベース、Alberth と Yaroslav がギター、Art がドラム、Wolfmoon がキーボードをプレイ。アートワークは Black Tyrant が担当した。しっかりとブラックメタルらしいリフの曲もあれば、キーボードの織りなすペイガン・フォークなメロディーが響き渡る曲もある。Black Tyrant の勢いあるボーカルスタイルもペイガンな雰囲気に一役買っている。

Iratus Dominus

Death/Black Metal

Dispatch the Incarnation of God
The Flaming Arts Productions
2005

ミンスクで 2002 年に結成。後にインダストリアル・デス / ブラックとして活動する ID:Vision の前身バンドだ。今作は 1st フルレングスで、Iratus Dominus 名義では最初で最後のアルバムになっており、ベラルーシの The Flaming Arts Productions から CD でリリースされた。制作メンバーの 3 人は、全員その後 ID:Vision に移行している。ボーカル、ギターを Wrathtodd こと W-Todd All-X-Thunder、ベースを WerWolfe、ドラムを Forneus がプレイ。この当時は、ID:Vision のようなインダストリアル感は皆無で、ブルータルなデス / ブラックを演奏している。音質はプリミティブだが、カバーアートの戦車さながらの、獰猛でストイックなブラックメタルが聴けるアルバムだ。

Kaat

Ambient Black Metal

Вечны сон
Independent
2013

結成地、結成年はともに不明で、ベラルーシのバンドということだけが判明している。全楽器担当の Abbadon と、過去にデプレッシブ・ブラックメタル Chernolesie にも在籍していたボーカル担当の Hated Being の 2 人体制。ポーランドのアンビエント・ブラック Longing for Depression とのスプリットカセットなども出している。今作は 2 枚目のフルレングスで、自主制作の CD でリリースされた。少量生産で 50 枚限定。デプレッシブな感触を帯びた、メランコリックで静謐なアンビエント・ブラック。インスト曲ばかりで、ピアノやキーボードで構成された完全アンビエントな曲も多く収録されている。ギターやドラムが使用された曲は、ローファイでささくれ立ったようなトレモロリフが悲しくこだまする。フランスのデプレッシブ・ブラック Nocturnal Depression のカバー曲入り。

Kamaedzitca

Pagan Black Metal

Дзеці леса
Strong Music Productions
2004

ミンスクで 2000 年に結成、2017 年に解散。「Pagan - Straight Edge - National Socialist」とメンバー自身は称している。今作は 1st フルレングスで、ベラルーシの Strong Music Productions からリリースされた。その後ロシアの På Gamle Stier やアメリカの Winter Solace Productions から CD やカセットが出ている。ボーカル、バグパイプ、フルートを Radan Luty、ギターを Baravit Vetran、ギター、キーボードを Baruta Chorny、ベースを Belyamir、ドラムをシンフォニック・ブラック Nightside Glance の元メンバー Viedyaslav Liha がプレイ。微妙に音程が外れていたりと、そこはかとなく垢抜けなさが漂うが、味のあるペイガン・ブラックを演奏している。

Kamaedzitca

Pagan Black Metal

Пяруне
Strong Music Productions
2008

1st リリースの 4 年後に出された 2 枚目のフルレングス。今回も Strong Music Productions からのリリースで、翌年にはウクライナの Griffin Music、2010 年には På Gamle Stier からも CD が出ている。また、2011 年には 1st 同様に Winter Solace Productions からカセットも発売された。ラインナップは 1st と同じ 5 人。ペイガン・フォーク Znich の Kastus' Trambicki がゲストで民族楽器を演奏しており、他にも 2 人のゲストがそれぞれフィーメールボーカル、キーボードをプレイしている。1st に比べると演奏のキレも良くなり、いや、良くなりすぎてかなりノリノリで弾けた曲もある。歌詞はすべてベラルーシ語で、「永遠に栄光あれ！ 我が国よ！」という歌詞も見受けられ、パワフルでメロディアスなペイガン・ブラックだ。

Khragkh

Melodic Black Metal

Ersatz
Independent
2017

2013 年に結成。結成地は不明。Khragkh はベラルーシ語で「崩壊」を意味する。XVI.X と XXIII という 2 人の人物からなるブラックメタル・プロジェクト。今作は 1 枚目のフルレングスで、初回は自主制作のデジタル音源でリリースされた。その数か月後に、ロシアの Der Schwarze Tod から 500 枚限定で CD が、アメリカの Eternal Death から 150 本限定でカセットが発売されている。XVI.X がボーカル、作詞、XXIII が全楽器の演奏、作曲を担当。アートワークは、ベラルーシの Leiptrfar Art と XXIII の合作。ややローファイなサウンドクオリティに、声が裏返りそうなむしゃらで独特なボーカルが響き渡る。ややオカルティックな雰囲気を孕みつつ、程よくメロディアス、かつ不気味に展開されるアルバムだ。ところどころでポスト・ブラックらしいパートも聴ける。

Belarus 127

Kripa

Progressive Metal

Life & Death
Independent — 2009

ヴィーツェプスクで 2005 年に結成。現在の活動状況は不明。メンバーたちは「クリシュナメタル」と自分たちの音楽性をジャンルづけしている。ポーランド人とベラルーシ人によって結成されたデスメタルバンド Veld の元メンバーである Anton Sheluho と、同じく Veld の元メンバーでメロディック・デスメタル Forodwaith や正統派メタルバンド Денатурат などでも活動する Denis Krutik が在籍している。情報が定かではないのだが、2006 年に 1st フルレングス『Anhideya』をリリースしており、こちらは 2 枚目のフルレングス。自主制作の CD でリリースされた。歌詞は基本的にサンスクリット語で、単調な地声ボーカルが印象的。エキゾチック度満点のメロディーの不思議なアルバムで、色物バンドかと思いきや、曲自体はキャッチーで奇妙なオリエンタルサウンドが癖になる。

Kruk

Primitive Black Metal

Endkampf
Possession Productions — 2008

マヒリョウで 1996 年に結成。インダストリアル・ブラック Sick や、プログレッシブ・デス Hospice の元メンバー Ryks Asirg こと Voice of God と、Twilight One という人物によって活動が始まる。Kruk はベラルーシ語で「カラス」を意味する。一時期、数年間活動を休止していたが、2017 年に活動再開している。今作は結成から 12 年の時を経て発表された 1st フルレングス。ベラルーシの Possession Productions から 1000 枚限定でリリースされた。2014 年にはドイツの Narbentage Produktionen からカセットも 500 本出ている。Ryks がボーカル、ベース、Twilight One がギターをプレイ。オーソドックスなプリミティブ・ブラックだが、随所にフックの効いたリフが散りばめられている。

Leprous Vortex Sun

Avant-Garde Black Metal

По направлению к Солнцу, плавящему изнутри кости
Independent — 2016

ホメリで活動開始。結成年およびメンバーの情報は明かされていない。今作は 2016 年に出された 1st フルレングス。初回は自主制作のデジタル音源でのリリースだったが、翌年にベラルーシの Possession Productions から 500 枚限定で CD も発売された。哲学や超越性、宗教道徳上の罪、不合理などを曲のテーマにしており、曲名に「ハンセン病患者の神」「唾液」「不条理」「枯渇」などと薄気味悪い。その不気味さをそのまま音で表現しており、フランスのアヴァンギャルド・ブラック Deathspell Omega のようなオカルティックで怪しい雰囲気を終始纏っている。変拍子や読めない曲展開などは好き嫌いが分かれそうではあるが、アヴァンギャルド、エクスペリメンタル系のブラックメタルを好むなら気に入るであろう 1 枚。カバーアート含め、ブックレットのアートワークも非常に病的で、世界観のこだわりが感じられる。

Litvintroll

Folk Metal

Rock'n'Troll
Independent — 2009

ミンスクで 2005 年に結成。2015 年には解散しているが、現在 Trollwald とバンド名を変えて活動している。今作は自主制作でリリースされた 1st フルレングス。ボーカル、バグパイプ、笛、シターンを Andrei Apanovich、ギターを Aliaksandr Savenok、ベースを Oleg Klimchenko（彼は 2012 年にライブで感電死している）、ドラムを Siarhei Tapcheŭski、キーボード、アコーディオン、バッキングボーカルを Dzianis Vecherski、バグパイプ、笛、フルートを Vasil Verabeichykaŭ が担当。また、ゲストに Anastasia Apanovich という女性がフィーメールボーカルを披露している。バグパイプや笛の音色に、時折サイケデリックなキーボードが重なるテンション高めなフォークメタルだ。Judas Priest のカバー曲入り。

Longa Morte

Funeral Doom Metal

Zvezdopad
Satanarsa Records　2017

ベラルーシ西部の人口 1 万人程の小さな町ビアロザフカで 2011 年に活動開始。Set こと Viktor Set'ko という 1994 年生まれの青年によるワンマン・プロジェクト。プロジェクト名の Longa Morte は「長い死」という意味。今作は 4 枚目のフルレングスで、ドゥーム系のバンドを中心に取り扱うロシアのレーベル Satanarsa Records から CD-R でリリースされた。Set がボーカルから楽器演奏まですべてを担当している。低音すぎて聴き取るのも難しいレベルのボーカルと、引きずるような遅く重たいメロディーは、完全にフューネラルドゥームのスタイル。しかし、絶望的な雰囲気一辺倒ではなく、ゴシックメタルやアトモスフェリック・ブラック、さらには時にアンビエントを思わせるような、哀愁漂う美しいリフや旋律なども聴くことができる。

Lutavierje

Pagan Folk Metal

Песні налітых хмараў
Soundage Productions　2012

ミンスクで 2006 年に結成。今作は 1st フルレングスで、ロシアの Soundage Productions からリリースされた。ボーカルを Syargey Buzo、ギターを Alyaxey Rysukhin、ベース、ボーカルを Alyaxey Malyauka、ドラムをシンフォニック・ゴシック / ブラック Aeon Noctis のメンバーでもある Artur NightSpirit、バイオリンとフィーメールボーカルを Tattsyana Malyauka、バグパイプや笛などの民族楽器を Zmitser Kuks が担当。また、フォークバンド UNIA で活動する Alyaksandra Shayko も 8 曲目でフィーメールボーカルとしてゲスト参加している。美しく優しげなフィーメールボーカルがリードを取るペイガン・フォークで、休む間もなく次から次へと繰り出されるメロディアスなフォークロアサウンドは、思わず踊りだしたくなる躍動感に満ちている。

Massenhinrichtung

Melodic Black Metal

Закон зброі
Darker than Black Records　2015

ミンスクで 2004 年に結成。バンド名はドイツ語で「集団処刑」。今作は 2 枚目のフルレングスで、ドイツの Darker than Black Records からリリースされた。ボーカルを Hresvelgr、ボーカル、ギター、ドラムをシンフォニック・デス / ブラック Aeon Noctis にも在籍する A.E.O.N. こと Ksaltone、ギター、ボーカルを 2015 年に自殺してしまった Stogn、ベース、ボーカルをブラックメタル Victim Path のメンバーでもある Narg がプレイ。また、フォークメタル FolCore の Pavel Kotov が 2 曲目でドゥダ (ハンガリーのバグパイプ) をゲストで演奏している。終始パワフルに疾走するメロディアスなブラックメタルで、フォークらしさもありつつ、ブルータリティもしっかりと含んでおり、多ジャンルからの影響を感じさせる曲が揃う。

Medea

Symphonic/Gothic Black Metal

Декаданс
More Hate Productions　2008

フロドナで 1998 年に結成。今作は 2 枚目のフルレングスで、ロシアの More Hate Productions からリリースされた。2017 年には自主制作でデジタル音源も出している。ボーカルを Dmitriy Molochnikov、ギターを Denis Atamanov、ベース、オーケストラ、ボーカルを Denis Matyas、ドラムをプログレッシブ・デスメタル Deathbringer の元メンバー Zmey、キーボードを Anton Panasik が担当。タイトルは『デカダンス』。シンフォニックメタルさながらのオーケストレーションに、ゴシックメタルらしいメランコリックさを湛えつつ、アグレッシブに疾走するブラックメタル。叙情的でメロディアスな旋律も聴けるので、メロディック・ブラック好きにもアプローチできそうなアルバムになっている。

MoonWay

Atmospheric Doom Metal

My 7even
Independent — 2011

ミンスクで 2009 年に結成。前身バンドは 2008 年に結成しており、Abisso Viola の名前で活動していた。今作は改名後初の音源で、1st フルレングス。初回は自主制作でのリリースで、30 枚限定の超少量生産だったが、2013 年にロシアの More Hate Productions から CD をリリースしている。ラインナップは、アトモスフェリック・ブラック Трызна の元メンバーでボーカル、ギターの Connor Lemac、ベースの Windrunner、ドラムの Wiedzmin、キーボードの Graffer。ミキシング、マスタリングは、ロシア出身の Vladimir "DarkElf" Prokhozhaev が手掛けた。スローテンポの愁いを帯びた物悲しいメロディーに、ドスの効いた重低音ボーカルが乗るアトモスフェリックなドゥームメタル。

Mora Prokaza

Black Metal

Dark Universe
More Hate Productions — 2016

ミンスクで 2013 年に結成。今作は 2 枚目のフルレングスで、ロシアの More Hate Productions からリリースされた。同時にデジタル音源も出ている。ブラックメタル Victim Path の元メンバーである Farmakon がボーカル、ギター、ベース、作詞作曲、Hatestorm がドラムと作曲を手掛ける。また、創設メンバーの 1 人で 2015 年までバンドに在籍していた Isvind も作曲に携わっている。サタニズム、中世、疫病、オカルティズムなどを歌詞のテーマにしており、今作でもミドルテンポベースのドロドロとした雰囲気のブラックメタルをやっている。オカルティックで薄気味悪く怪しげなムードの曲もあれば、ブラストビートが炸裂するオールドスクールな正統派ブラックメタルも収録されている。まだまだ知名度は高くないが、2015 年にはコロンビアの Inquisition の前座も務めており、今後の活躍も期待できる。

Nebulae Come Sweet

Post Metal

It Is Not the Night That Covers You
Independent — 2016

ミンスクで 2012 年に結成。現在はミンスクとロシアのモスクワを拠点にしている。今作は 1 枚目のフルレングスで、初回は自主制作のデジタル音源でのリリースだったが、翌年には CD も出している。かつてメロディック・デスメタル Rasta に在籍していた Igor Kovalev がリードボーカルとドラム、Andrey Buzovsky がギター、Sergey Shidlovsky がバッキングボーカルとベースを担当。また、アメリカのポスト・メタル Minsk の Chris Bennett、スウェーデンのポスト・メタル Moloken の Kristoffer Bäckström、同郷のヘヴィメタルバンド Aillion の Dmitrij Mikulich などもゲストでボーカルを披露。これぞポスト・メタルといった浮遊感漂う夢見心地なメロディーはもちろん、ドゥーム、スラッジメタル風な曲も聴ける。

Nightside Glance

Symphonic Black Metal

Gray Haven
Independent — 2014

ミンスクで 2003 年に結成。今作は 2 枚目のフルレングスで、初回は自主制作のデジタル音源でリリースされた。2016 年にロシアの Musica Production から CD も出ている。テクニカル・デスメタル Amentia でも活動する Demian がボーカル、現在唯一残るオリジナルメンバーで、同じく Amentia にかつて在籍していた Gozard がギター、ブラックメタル Massenhinrichtung のメンバー Bizo がドラム、Midgard がキーボードをプレイ。ゴシック・ブラック Medea、ポーランドのデスメタル Thy Disease や Disloyal などでも活動するベラルーシ出身の Artem Serdyuk がゲストでベースを演奏している。ところどころに映画のワンシーンのような音声がサンプリングされており、シアトリカルな印象のシンフォニック・ブラックになっている。

Ordo Templi Orientis

Depressive Black Metal

The Distances of Cold 2010
Kasla

フロドナで 2004 年に結成。フューネラル・ドゥーム Grieved Sometime Valley などでも活動していた Gesmas Lvcen Waarg と Gabriel Van Abatth によるプロジェクト。2012 年にドイツのレーベル Satan Fights Humanity Records から出されたスプリットを最後に解散している。今作は 3 枚目のフルレングスで、ベラルーシの Kasla からリリースされた。同時にウクライナの Depressive Illusions Records からボーナストラックが 1 曲追加されたカセットも 93 本出ている。ボーカルと楽器演奏を Gesmas、ベースを Gabriel が担当。また、ラインナップに記載はないが女性ボーカルも参加している。爽やかなカバーアートからは想像もつかない悲痛な絶叫が響き渡るローファイなデプレッシブ・ブラックで、フィーメールボーカルがリードするポスト・ロック風の曲も聴ける。

PD SS Totenkopf

Pagan/NS Black Metal

Ljasnyja braty 2006
Othal Productions

ミンスクで 2002 年に結成。バンド名の由来は、第二次世界大戦時に活躍したドイツの師団「SS Panzer Division "Totenkopf"」。今作は 1st フルレングスで、NS 系に特化したロシアのレーベル Othal Productions から 500 枚限定でリリースされた。ラインナップは、アトモスフェリック・ブラック Wackhanalija で活動する Pan Daminik（ボーカル）と、Voislav（ギター、キーボード）の 2 人。ゲストで Wackhanalija の元メンバー Aidan がギター、Ulfhedn がドラムプログラミングを担当している。愛国主義やクリヴィチ族（東スラヴ民族の部族連合体）をテーマにしたペイガン色の強いブラックメタル。しかし、バンド名やドイツの NS ブラック Absurd をカバーしている辺りからも察することができるが、NS ブラックらしさを感じさせる曲もある。

Pestilentia

Primitive Black Metal

Rotten 2011
Thou Shalt Kill! Records

ミンスクで 2002 年に活動開始。もともとは、ブラックメタル Latanu などでも活動する Plague666 がワンマン状態で始めたプロジェクトだった。今作は 1st フルレングスで、ロシアの Thou Shalt Kill! Records から 333 枚限定でリリースされた。翌年にはオーストラリアの Adverse Order Music からカセットが、アメリカの Final Agony Records から 12 インチが発売されている。現在デス / ブラック Doomslaughter で活動する T.D がボーカル、ギター、W. がギター、Eucharist がベース、Plague666 がドラムをプレイ。また、Latanu の P.Z. がゲストでベースを弾いている。終始熾烈なブラストビートが鳴りやまないアグレッシブなブラックメタルで、ロウな音質がイーヴルな世界観に拍車をかけている。

Piarevaracien

Pagan Folk Black Metal

Торны шлях 2008
Volh Records

ミンスクで 2004 年に結成。Piarevaracien という名前はベラルーシの神話に由来している。ウクライナの独りフォークメタル Чур やロシアのフォークメタル Опричь、ロシアのペイガン・ブラック Волчий Крест などとスプリットも出している。今作は 1st フルレングスで、ロシアの Volh Records からリリースされた。2011 年にはペイガン系のバンドを中心に取り扱うアメリカの Wolftyr Productions から『Down the Broken Path』とタイトルが英語に差し替えられたものが発売されている。制作時のラインナップは不明なのだが、ブラックメタル Massenhinrichtung の元メンバーが携わっている。ベラルーシの自然、ペイガニズム、文化や神話、さらにはナショナリズムをテーマにしており、少し垢抜けないギターソロが逆に良い味を出しているペイガン・フォーク。

Belarus 131

Pogost

Funeral Doom Metal/Ambient

Вечно спящим...
Forestland Productions
2005

ミンスクで活動開始。ブラックメタル Desolate Heaven や独りブラック Zaklon、Defunctus Astrum などでも活動し、自身の音源をリリースしているレーベル Forestland Productions のオーナーでもある Temnarod のワンマン・プロジェクト。今作は 1st フルレングスで Forestland Productions から CD-R でリリースされた。2009 年にはラトビアの Sounds of Tormenting Pain から 111 本限定でカセットもリリースされている。ゲストは呼ばずに Temnarod が 1 人ですべてを担当。タイトルは「永遠の眠り」。ボーカルはブラックメタルスタイルの高音絶叫だが、フューネラル・ドゥームの不気味さも纏う。ノイズがかったボロボロのロウサウンドだが、アンビエント要素も多分に含んでおり、どこか静謐な美しささえ漂っている。

Raven Throne

Industrial Black Metal

Доктрина ненависти
Gardarika Musikk
2014

ポラツクで 2004 年に結成。今作は 4 枚目のフルレングスで、ウクライナの Munruthel なども音源を出している、ロシアのレーベル Gardarika Musikk からリリースされた。同年に自主制作のデジタル音源も出ている。ボーカルを Ingvar Winterheart、ギターを Thy Wings、ボーカル、ベース、プログラミングを War Head が担当。ミキシング、マスタリングは、インダストリアル・デス / ブラック ID:Vision、プリミティブ・ブラック Infestum に在籍する W-Todd All-X-Thunder が手掛けた。初期はペイガン・ブラック、後にアトモスフェリック・ブラックを演奏するようになる Raven Throne だが、今作は機械的でインダストリアルなサウンドが目立つ、キレのある仕上がりになっている。

Reido

Funeral Doom Metal

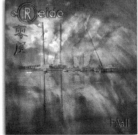

F:\all
Solitude Productions
2006

ミンスクで 2002 年に結成。カバーアートからも分かる通り、なぜかバンド名が「零度（Reido）」。今作は 1st フルレングスで、ロシアの Solitude Productions からリリースされた。ボーカル、ギター、プログラミングを Alexander Kachar、ベース、プログラミングを Anton Matveev がプレイ。また、シンフォニック・ブラック Nightside Glance、テクニカル・デスメタル Amentia などの作品にも協力している Andrey Starovoytov を筆頭に、5 人がレコーディングに携わっている。テクノロジーの崩壊、非社交性、厭世を主なテーマにしており、メランコリックな雰囲気のギターの旋律を交えつつ、スローテンポで病的に展開されるフューネラル・ドゥームだ。1 曲目の「Zero Level Activity」のビデオクリップも収録されている。

Revelation

Gothic/Doom Metal

The Forms of Suffering Flesh
Art Music Group
2004

ポリソフで 1999 年に結成。今作は 2 枚目のフルレングスで、ロシアの Art Music Group からリリースされた。デスメタル Warkraft（現在は Ion Disruption に改名）にも在籍していた Warcraft, Azgulrunia こと Alexei Scurat がボーカル、同じく Warkraft のメンバーの Sergey Ziborov がギター、ベース、プログラミングを担当。ゴシックメタルの儚げで憂鬱な雰囲気をふんだんに取り込んだドゥームメタル。ボーカルはドスの効いたデスメタルライクな低音グロウルだ。切なげなシンセサイザーの音色や「空が泣いた日」「心の中の天使」という曲名など、そこはかとなくロマンチックさが漂うアルバムになっている。Metallica の「Harvester of Sorrow」のカバー曲入り。

架空の星から来たプレデター風コスチュームなのにエスニックメタル

Plemя

出身地 ミンスク　　**活動時期** 2014～
主要人物 Vadim Shulga
メンバー Vadim Shulga(Vo.Percussion), Sylvester Palanevich(Gt), Aliaksandr Kardymon(Gt), Dmitry Ivantsov(Ba.Vo), Marina Shapovalova(Dr), Vitaly Borovkov(Key), Dmitry Duganov(Flute.Vo)
類似バンド **世界** Аркона **東欧** Грай, Свентояр, Mjød

　ミンスクで2014年に結成。Vadim Shulga（ボーカル、パーカッション）、Dmitry Ivantsov（ベース、バッキングボーカル）、Marina Shapovalova（ドラム）、Dmitry Duganov（フルート、バッキングボーカル）、ブラックメタルMassenhinrichtungでも活動するAliaksandr Kardymon（ギター）、Sylvester Palanevich（ギター）の6人で活動が始まる。
　2016年には、まだ音源をリリースしていなかったものの、本国ベラルーシやロシア、ウクライナ、ルーマニアなどのフェスに出演を果たす。そして2017年に、ようやく1stフルレングス『Enūma Eliš』をロシアのSoundage Productionsからリリース。この作品の制作時には、Vitaly Borovkov（キーボード）が加わっている。2018年にはシングル『Веер миров』を自主制作のデジタル音源で発売した。
　バンドメンバーは全員架空の星から来たという設定になっており、個性豊かなコスチュームに身を包んでいる。Experimental Etno-Metalを自称しているだけあって、インダストリアルらしさを感じさせるキレのあるサウンドに、フルートやパーカッションが奏でるエスニックな音色が乗る。ライブでは特別にダンサーを用意したりと、なかなか手の込んだステージを披露している。

Племя

Experimental Metal

Enūma Eliš
Soundage Productions
2017

ミンスクで 2014 年に結成。バンド自身は「Experimental Etno-Metal」と称しており、その不思議なジャンル名もさることながら、メンバーがプレデターの被り物をしていたりと見た目も強烈だ。今作は 1st フルレングスで、ロシアの Soundage Productions からリリースされた。ボーカル、パーカッションを Ubuy Kuvalda、ギターを Sylvester Palanevich と、Massenhinrichtung にも在籍する Aliaksandr Kardymon、ベース、バッキングボーカルを Dmitry Ivantsov、キーボードを Vitaly Borovkov、ドラムを Marina Shapovalova、フルート、バッキングボーカルを Dmitry Duganov。パーカションやフルートの音色がエスニックな雰囲気を醸し出し、怪しげな儀式を思わせるような世界観が広がるアルバム。

Q：まず簡単にバイオグラフィを教えてください。
Maryna Shapavalova (Dr.)：Племя は 2014 年に始動した。だけどメンバーは集まったものの、わたしたちのこのクレイジーなアイディアをどうやってサウンドに落とし込んだらいいのか分からなくてね。ちなみに、マスクを被ったアブノーマルなバンドをやろうというアイディアは、フロントマンの Vadim が思いついたのよ。ただ、そんな単純なものではなかったから、最初の1年は具体的なコンセプトとイメージを練ることに費やしたわ。メンバーは当時様々な音楽プロジェクトで活動していて、みんなそれぞれ好みが違ったんだけど、特定のスタイルに縛られるのは嫌だったから、色々と取捨選択をして現在のスタイルを確立したの。
2016 年にはデビューを果たして、ベラルーシやロシア、ウクライナ、ポーランド、ルーマニアのフェスに出演した。演奏するだけでなく、ステージでダンスや花火なども披露したわ。あと、その年はわたしたちの初のビデオクリップ「Тотем」を撮影した。このビデオはすぐにロシアのテレビで放送されるようになったのよ。才能ある映像作家の Sergey Buben が、このビデオのオペレーターと編集を務めてくれた。
2017 年にはキーボーディストも加入して、Племя のメンバーは総勢 7 名になった。そして 11 月 21 日にデビューアルバムの『Enūma Eliš』をリリースしたの。
Q：バンド名の意味を教えてもらえますか？
Vadim Shulga (Vo., Percussion)：「部族」という意味だよ。

Q：あなたたちのコスチュームはとてもユニークですよね。なぜこのコスチュームを選んだのですか？ また、それぞれのメンバーのコスチュームに何か意味はあるのでしょうか？
Vitaly Borovkov (Key.)：衣装のディティールに関しては Vadim に聞いた方が良いね。彼がこのアイディアを生み出して、コンセプトを作り上げたから。
それぞれのキャラクターにはストーリーがある。僕たちは各々異なる世界からやってきたという設定なんだ。そして Vadim が僕たちを集めて、一緒に世界を旅行し始めた。僕のコスチュームは「Great Guy」。僕は現実の自分よりもこの「Great Guy」を気に入ってるよ（笑）。
Ivantsov Dmitry (Ba., Vo.)：うん、もちろん全員のコスチュームにちゃんと意味はあるよ。ちなみに僕は、コンピュータのキャラクターと Vadim のファンタジーがミックスされた、ポスト・アポカリプティック・パンク。
Dmitry Duganov (Flute, Vo.)：みんなの衣装は、Vadim と彼の親しい人たちによって実現された。これは、別の現実世界の存在を反映したメンバー個々のイマジネーションの結果だと思う。誰もが別の世界でも生きてみたいと願っているだろ？ 俺たちはステージ上で別世界に生きるのさ。
Vadim Shulga：どのマスクも不死の存在なんだ。マスクは我々を使者と繋げ、知識と能力を与えてくれる。服装や振る舞いなどは単一化しがちだが、我々はそうではない。我々は互いに最大の距離を置いている。異なった世界と異なった時間の中で生きていたが、現実の道で集合し同じ道を進んでいるのだ。
Q：何にインスパイアされて音楽を制作しているのですか？ そして、何について歌っているのでしょうか？
Vitaly Borovkov：僕たちの曲について、か。僕が作曲する時の気分を要約するとこんな感じ。
「これは非常に卑しい言葉、置き換えた方が良い」「ここではこの言葉を使う価値があるな。そうすればもっと美しく、適切なはず」
ハーモニーとリズムはギターに任せるとして、僕はサウンドに幅と密度を持たせることに専念しているよ。アトモスフィアを注入するのが僕の仕事。
インスピレーションって神秘的なものだよね。どう作曲すればいいかなんて誰も教えてくれないし。実際、この世界で音楽が成り立っている。ミュージシャンの仕事は、ハーモニーを聞いて、リズムをとらえて、音質を捉えて具現化する。そして、僕たちの助けなしでこの音楽をみんなが聴けるようにすることだ。
Vadim：現実やその他の世界と絡み合った夢は、異なった場所や現象の間を行き来する。来たるべきアルバムに収録された「The Exorcist」は、Aokigahara のような場所が舞台になっているんだ。
Q：どのようにメタルを聴くようになりましたか？
Vitaly Borovkov：僕はメタルとともに育ったと言っても過言ではない。もっとも、ソ連ではロックは禁止されていたんだけど、ちょっとはそういうバンドもいたよね。一番最初に聴いたバンドを思い出すのは難しいけど、Deep Purple や Led Zepellin、Uriah Heep のレコードやカセットを持っていたよ。

Black Sabbathもね。他にも何か持ってたと思う。学校に通うようになってからは、Iron Maidenのレコードなんかも出回り始めたよ。僕も買った。ベラルーシが独立してからはメタルも色々と流入するようになった。Manowar、AC/DC、Kiss、Alice Cooper、Dio、Scorpions、Metallica、Slayer、その他色々と。80年代後半はヘヴィメタルの黄金期で聴くべきものもたくさんあったと記憶しているよ。その後、次の波とステージが訪れて、メタルが発展していったね。そして、選択肢も増えた。

Ivantsov Dmitry：君は信じないだろうけど、僕が音楽を聴き始めたのはVadimと出会ってからなんだ（笑）。

Dmitry Duganov：俺の音楽的嗜好は、子どもだった頃に父がくれたPinkFloydやクラシックのアルバムに基づいている。その後、何かが起こってブラックメタルやドゥームメタルを聴くようになったんだ。今のところ、メタルが一番気に入っているジャンルではあるけど、実はそんなにメタルを聴いているわけでもない。

Alexander Kardymon (Gt.)：俺は12歳の頃、偶然Dioのカセットを買ってからメタルを聴くようになったよ。

Vadim：Sepulturaの『Roots』とFear Factoryの『Demanufacture』を同時期に聴いていた。あと、ハワードの小説『コナン・ザ・バーバリアン』を読んだり、カーマゲドンをプレイしたりもしていたな。

Maryna Shapavalava：わたしはヘヴィなロック音楽がきっかけだったかな。今でもよく聴くし大好き。おばあちゃんちにアコースティック・ギターがあったんだけど、それでギターの練習をするようになった。明確にこのジャンルが好きというのはなくて、今は自分の心が求めるものを聴いているわ。

Q：メタル以外の音楽は聴きますか？ もし聴くのなら、お気に入りのジャンルやアーティストを教えてください。

Vitaly Borovkov：もちろん！ これがお気に入りというジャンルやアーティストがいるわけじゃないんだけど、この曲だけは何度聴いても飽きないというのはあるよね。それは僕にとって何なのか説明すると……
ベートーベンやバッハ、モーツアルト、チャイコフスキー、ラフマニノフ、リムスキー＝コルサコフ、ムソルグスキー、グリンカ、スクリャービン、ワーグナー、ヴェルディ、エルビス・プレスリー、Jerry Lee Lewis、The Beatles、The Doors、Jimmy Hendrix、Led Zeppelin、Jethro Tull、Pink Floyd、King Crimson、Emerson, Lake & Palmer、Rick Wakeman、Vangelis、Queen、Depeche Mode、Dire Straits、Eric Clapton、Scorpions、Kiss、Motörhead、Iron Maiden、Manowar、Metallica、DreamTheatre、Slayer、Rammstein、Nautilus、Auktsion、Aria、etc……その他、この百倍くらいリストに挙がってるよ。

Ivantsov Dmitry：さっきも言ったように、僕は様々なジャンルやスタイルの音楽を聴くんだ。ノンストップで聴いても飽きないのは、RammsteinとSystem of a Down だね。

Duganov Dmitry：ジャズ、IDM（インテリジェント・ダンス・ミュージック）、インディー・ロック、アンビエント……色々と聴くが、感情を呼び起こすようなものだったり、そのジャンルの起源となっているようなものをメインに聴いている。

Alexander Kardymon：俺はどの音楽も聴くよ。

Vadim：俺は、1つのジャンルにこだわらず、色々なものを聴いているよ。気に入っているアーティストはRichard Giger だ。

Marina：わたしはさっきも言った通り、心が求めるものを聴いている。

Q：差し支えなければ、あなたたちの政治観を教えてもらえますか？

Vitaliy Borovkov：バンドの政治観は僕が話すことじゃないな。

Alexander：俺たちのバンドは何の政治観も宗教観もないよ。ただ「自分たち」の基本的なコンセプトに沿った空想ストーリーに従っているだけさ。

Marina：異なった世界観、異なった時間軸、単一部族……これがわたしたちのポリシー。

Q：ベラルーシのメタルシーンについてはどう思いますか？

Vitaliy：ある一面から見たら、ベラルーシのシーンは独特だと思う。ソ連の崩壊後、ベラルーシにはこのジャンルの多数のアーティストやファンが残った。それどころか倍増したくらいだ。なぜだか分からないけど、そういう現象が起きた。国土も考慮してロシアと比較すると、ロシアよりもメタルアーティストやファンの人口は多いんじゃないかな。

これも僕個人の意見だけど、ベラルーシのメタルシーンは、アメリカやイギリス、ドイツやスカンジナヴィアには及ばないと思っているよ。確かに、大御所バンドの後追いではないユニークなバンドもいるけど、数は少ない。「誰かの真似」をして演奏するバンドもまだ存在する。だって、そっちの方がオリジナルの曲を作るより簡単だからね。

Dmitry Ivantsov：僕は最近のメタルシーンは割と好きだよ。すごく好きなバンドっていうのは少ないけど。

Alexander：メタルのことを知っている人がまだまだ少ないのが残念だな。

Q：音楽活動以外で仕事はしていますか？

Vitaliy：あいにく、今のところはそうだね。

Ivantsov：僕は起業しているんだ。今の仕事が好きだよ。

Dmitry Duganov：俺も別の仕事をしているが、幸い音楽関係の仕事なんだ。

Alexander：俺も仕事しているよ、何の仕事かは言わないけど。

Vadim：バンド活動に加えて、俺はビールや武器、甲冑なんかを作っている。

Marina：わたしは自分の仕事が大好きだからラッキーね。音楽の仕事ではないけど、とても特殊なプロジェクトに関わっているの。

Q：わたしは今年（2018年）の3月にベラルーシを旅行したんですけど、何もかもが日本はもちろん、ヨーロッパの他の国々と違うのでとても面白かったです。ただ、わたしは4日間しか滞在しなかったし、まだまだあなたたちの国について知らないことばかりです。何かベラルーシについて教えてもらえますか？　そして、自分たちの国をどう思いますか？

Ivantsov：この国は小さいけれど、とてもクールだと僕は思う。ロシアやヨーロッパに比べてもたくさんの森林や美しい湖がある。あと、道路もちゃんとしているよ（笑）。

ベラルーシ料理も美味しいんだ。僕たちは祝日の日にじゃがいもをたくさん食べる。あと、ボルシチとロールキャベツも好んで食べるね。そしてベラルーシ人の90％は、何でもパンと一緒に食べる。色々な具のパンケーキを作ったりもするし、美味しいピクルスもある。もし日本に行くことがあったら、絶対に持って行ってあげるよ（笑）。

Vitaly：僕はこの国に本当に輝かしい将来が訪れることを信じたいよ。きっとそれに値すると思ってる。

Alexander：素晴らしい国だよ。森も野原も川も湖もあって。

Q：ベラルーシは親露国で、まだまだロシア語を使う人が多いと聞きます。皆さんはロシア語とベラルーシ語、どちらの言葉を使っていますか？

Vitaly：ソ連が崩壊した後、ロシア語は英語のような共通語になった。

個人的な話をすると、僕はロシア語もベラルーシ語も母国語ではないんだ。僕の母語はイディッシュ語なんだよね、数単語しか知らないんだけど。僕自身はかなり幼い頃からロシア語を話していたな。ベラルーシ語も分かるけど使わない。あと僕は、英語で自分自身の説明をすることができるし、ヨーロッパの数か国の言葉も理解できる。国籍ははっきりしないけど、別に不快に思うこともないよ。

Ivantsov：僕は子どものころからロシア語を話しているけど、ベラルーシ語も分かるよ。

Dmitry Duganov：残念ながら、俺たちの国ではほぼすべてにおいてロシア語が使われている。グローバリゼーションはこの世界を吸収していって、俺たちのこの小さな国も例外に漏れず吸収されているんだ。

Vadim：俺はロシア語が好きだよ。世界中の全人類が話すグローバルな言葉がないのは残念だな。「エスペラント語」というプロジェクトが作られて実行されたものの、失敗に終わったのは残念だ。

Q：英語はどのように勉強したのでしょうか？

Vadim：今まで英語を勉強したことはない。英語なんて知らないよ（笑）

Vitaly：僕は学校で。

Maryna：わたしは高校で勉強して、海外のオーディエンスやオーガナイザーとコミュニケーションの練習をしたわ。

Q：結局のところ、ロシアについてはどう思っていますか？

Vadim：俺たちの音楽はファンタジー・フィクションやパラレルワールド、シャーマニズムの旅、そして現実世界を越えた広大な多元宇宙をテーマにしている。基本的に、政治には興味が無い。

136　Eastern European Black Metal Guidebook 2

Vitaly：27年前、ロシアとベラルーシは一つの国だった。それがソ連だ。人々や言葉、そしてありとあらゆる物事を、ナショナリストはキープしようとした（僕はその時代のことを覚えているくらいには年齢を重ねているよ）。こういった繋がりは今でも消えていない。たとえば、僕はミンスクで生まれたけど、ロシアの市民権を持っている。これは僕の決断ではなかった。政府のお偉いさんが決めたんだ。彼らは僕のために多くのことを解決しようとする。これに抵抗することはできないから、僕は可能な限り政治に固執している。幸い、音楽には境界線はないけどね。

Q：知っている日本のバンドやアーティストがいたら教えてください。

Vitaliy：もちろん！ BABYMETAL、ナイトメア、Yoshikiは基本だね。日本はとても興味深い音楽が多い。
以前日本の伝統的な音楽を色々と聴いたことがあるんだけど、とにかく面白い。そして、現代の日本の音楽を聴いた時も驚いた。日本のアーティストはスタイルをコピーするだけでなく、日本独自のサウンドを自分たちの音楽にうまく付け加えている。僕が話しているのは、真剣なアーティストのすべてのスタイルについてであって、商業的なポップスに関してではないよ。

Alexander：俺は山岡晃が好きだな。

Marina：わたしもAlexanderと一緒！

Vadim：DADAROMA、マキシマム ザ ホルモン、和楽器バンド、Crossfaith、X Japan、DIR EN GREY。

Q：日本にはどんなイメージがありますか？

Vitaly：僕が思いつくのは……

富士山、桜、石庭、伝統、空手、侍魂、歌舞伎劇場、宮崎駿のアニメ、アニメに出てくる女子学生、素晴らしい車、良質なシンセサイザー、発達したテクノロジー、サイバーパンク。

Dmitry Ivantsov：Vitalyの意見に賛成だよ。僕は日本の食べ物や伝統に関する動画を1000本観た。それからというもの、まだ入ったことのない日本食レストランを見かけると、そのまま通り過ぎることができなくなってしまったよ。

Alexander：俺は映画でしか日本を見たことがないな。

Marina：自然や食べ物、宮崎駿の創造性など、わたしにとって日本は伝統や精神がユニークな国。いつか訪れてみたいわ。

Q：インタビューに答えてくださってありがとうございました！ 最後に日本のメタルヘッドに一言お願いします！

Vitaly：いつか君たちの前で演奏する日が来ますように！

Ivantsov：日本のメタルはクールで面白い！ 僕はJapanBel metalというプロジェクトを構想しているんだ（笑）君たちはクールだよ！ ありがとう！

Alexander：メタルに生きろ！

Vadim：ありがとう。君たちの幸運を祈るよ。君たちのもとへパワーを送るよ！

Marina：インタビューをしてくれてありがとう！ みんなにすぐに会えますように！

Sick

Industrial Black Metal

Satanism. Sickness. Solitude. 2006
Possession Productions

マヒリョウで 2003 年に結成。2009 年に解散している。今作は最初で最後の作品となったフルレングスで、ベラルーシの Possession Productions から 1000 枚限定でリリースされた。2008 年にはフィンランドの Spikefarm Records からも CD が発売されている。プログレッシブ・デスメタル Hospice の元メンバーで、現在ブラックメタル Kruk で活動する Voice of God がボーカル、スラッシュ / ブラック Aphoom Zhah の元メンバー Spiritus Sancti がギターとサンプリング、同じく Aphoom Zhah に在籍していた Vaiug がドラムをプレイ。ドゥームメタルらしさも含んだインダストリアル・ブラックで、ドゥドゥとアップテンポな EDM らしいノリの曲も聴ける。イングランドのエレクトロニカグループ Portishead のカバー曲も収録されている。

Šmiercieslaŭ

Thrash/Death/Black Metal

Cjomny pryliŭ razburennja / Ciemrazoŭ 2013
Possession Productions

ホメリで 1998 年に結成。同郷のスラッシュ / ブラック Aphoom Zhah とのスプリットも出しており、今作は結成から 15 年の時を経てリリースされた 1st フルレングス。ベラルーシの Possession Productions から 500 枚限定でのリリースだ。同レーベルから、タイトル、曲名が英語になったものがデジタル音源でも出ている。1999 〜 2003 年の間に楽曲は制作済みだったが、レコーディングされていなかったフルレングス作品と EP を合体させたアルバムになっている。ブラックメタル Zmrok などでも活動する Radzim がボーカル、ギター、ベース、同じく Zmrok のメンバーで、ペイガン・フォーク Яp にも在籍していた Darkut がドラムをプレイ。アートワークは Aphoom Zhah の元メンバー Vaiug が手掛けた。80 年代スラッシュのようなドタバタ感満載のスラッシュ・デス / ブラックメタルを演奏している。

Soulcide

Primitive Black Metal

The Warshadows 2005
Possession Productions

2001 年に結成。どの人脈筋でもない 2 人の人物によって結成されたツーピースバンドだ。ロシアのアンビエント・ブラック Nuclear Winter とのスプリットも出しており、今作はベラルーシの Possession Productions からリリースされた 1st フルレングス。Melkor がボーカル、ギター、ベース、Jaros がギター、キーボードをプレイしている。ドラムはおそらくプログラミング。オールドスクールなムードが漂う、ボロボロなサウンドクオリティのローファイなブラックメタルだが、時折メロウなリフが顔を出したりと、単なるプリミティブ・ブラックとは一線を画している。なお、今作をリリースした後、特に活動はしていないようで、2 人のメンバーも特に他のバンドに所属しているわけではなく、実質活動休止状態になってしまっている模様。

Šturm

NSBM

Ultra 2000
Possession Productions

フロドナで 1997 年に結成。デモとフルレングスを 1 本ずつリリースして解散している。今作は 2000 年に Possession Productions からリリースされた 1st フルレングス。カセットで 500 本限定の発売だ。2003 年にはカナダの Autistiartili Records から、ボーナストラックが 3 曲追加された CD が、2007 年には Algkult が運営する Werewolves Records からリマスター盤 CD が 1000 枚限定で出ている。ペイガン・ブラック Pagan で活動する Algkult がボーカル、キーボード、同じく Pagan にもともと在籍していた Alex がギター、ベースを担当。ドラムは詳細不明のセッションメンバーがプレイしている。アーリアニズムなどをテーマにしており、ロウなサウンドのミサントロピックなメロディーや軍隊パレードのようなサンプリングなど、完全なる NS ブラックだ。

Tartavara

Atmospheric Black/Folk Metal

Зов древних
Independent — 2015

ホメリで 2009 年に結成。デモを 1 本発表した後、いったん活動を休止し 2013 年に再開。アンビエント・ブラック Wisdom of Shadows でも一緒に活動している Erebor と Deni Dark の 2 人体制のプロジェクトだ。今作は 2 枚目のフルレングスで、初回は自主制作のデジタル音源でリリースされた。リリースの 3 か月後に、ロシアの Cvlminis から CD-R が 20 枚のみ発売されている。全楽器を Erebor、ボーカル、プログラミング、作詞を Deni Dark が担当。ふわふわしたキーボードの旋律が、スロー〜ミドルテンポで進むフォーキッシュなメロディーに悲しげに乗る。なお、2nd 以前はインスト曲ばかり制作していたが、今作はボーカルが入った曲もしっかり収録されているので、インスト曲ばかりのアルバムが苦手な人にも推薦できる、アンビエントでアトモスフェリックなアルバムになっている。

Thou Shalt Fall

Black Metal

Rejoice and Laugh, Doomed to Be Sacrificed
Nomos Dei Productions — 2013

2009 年に結成。なお、2005 〜 2009 年までは Krumbach という名前で Thyfall のワンマン・プロジェクトとして活動していた。今作は 2 枚目のフルレングスで、ロシアの Nomos Dei Productions から 250 枚限定でリリースされた。2015 年にはフランスの Battlesk'rs Productions から 100 本限定でカセットも出ている。Thyfall（彼は現在休止中の BeBlessedTheCursed というレーベルを運営している）がボーカル、ギター、ベース、ロシアのアトモスフェリック・ブラック Not Last Rise やデスメタル Pyre、ブラックメタル Sternatis でも活動するロシア出身の Noersyl Skept がドラムを担当。オーソドックスなブラックメタルだが、一本調子具合が逆に不気味な中音域ボーカルが、どこか呪術的でオカルティックな空気を漂わせている。

Vapor Hiemis

Pagan Black Metal/EDM

Miortvaja halava
Der Schwarze Tod — 2017

ヴィーツェプスクで結成。結成年は不明。今作は 3 枚目のフルレングスで、ロシアの Der Schwarze Tod からリリースされた。制作時のラインナップは不明だが、直近のメンバーはペイガン・ブラック Interior Wrath でも活動する Black Tyrant とギターの Slaven、同じくギターの Raman Sałonikaŭ、ブラックメタル Massenhinrichtung の元メンバーでドラムの Narg の 4 人だ。ベースはペイガン・ブラックメタルなのだが、そこにキレの良いエレクトロニカサウンドが乗る斬新なスタイル。「Atmospheric Techno EBM Black Metal with Pagan Inspirations」とバンド自身は称しているが、まさにそのジャンル名にふさわしい楽曲で、イロモノバンドかと思いきや、驚くほど EDM サウンドがノリ良く馴染んでおり、つい聴き入ってしまう 1 枚だ。

Victim Path

Depressive Black Metal

Surrounded by Pain
Independent — 2012

ミンスクで 2009 年に結成。今作は 1st フルレングスで、初回は自主制作の CD でリリース。同年にベラルーシの Possession Productions から 500 枚限定で CD が発売され、2014 年にはロシアの From the Dark Past からカセットも出ている。現在ブラックメタル Mora Prokaza で活動する Farmakon がボーカル、V01d がギター、Funer4l がベース、Mora Prokaza の元メンバーの Isvind がドラムを担当。音質はクリアで演奏もしっかりしており、正統派ブラックメタルの様式をも備えているが、何を言っているのか一言も分からない Farmakon の病的なボーカルが響き渡るデプレッシブ・ブラックメタルだ。曲調自体はそこまで鬱々としていないので、ボーカルさえ受け入れられれば、デプレッシブ・ブラックが苦手な人でも聴けるアルバムではないだろうか。

Belarus 139

Vietah

Atmospheric Black Metal

Zorny maroz
Stygian Crypt Productions　　2008

ホメリで 2006 年に活動開始。独りブラックメタル Balrog と Antarctis によるワンマン・プロジェクト。今作は 1st フルレングスで、ロシアの Stygian Crypt Productions からリリースされた。2016 年には、ドゥーム系を主に取り扱うスウェーデンのレーベル I Hate から 12 インチも 500 枚限定で発売されている。楽器、ボーカルはすべて Antarctis が 1 人で担当。また、グラフィック面は、ドイツのアンビエント・ブラック・プロジェクト Vinterriket などで活動し、Neodawn Productions というレーベルも経営していた Christoph Ziegler によるもの。Antarctis のデプレッシブ・ブラックにも通ずる身を切るような絶叫が、物寂しげな反復ギターリフと、寒々しい印象を与えるキーボードの音色に混ざり合う、荒涼としたアトモスフェリック・ブラック。

Vietah

Primitive Black Metal

Czornaja ćvil
Possession Productions　　2015

Vietah の 4 枚目のフルレングス。今回は Stygian Crypt Productions とベラルーシの Possession Productions との共同で、1000 枚限定でリリースされた。2017 年には他の作品同様、スウェーデンの I Hate から 12 インチも出ている。今作も楽器演奏、ボーカルなど、Antarctis がすべてを 1 人で担っている。トータル約 45 分、10 分前後の長尺の曲が 4 曲収録されたアルバムで、音質はプリミティブではあるものの、1st で聴けたようなアトモスフェリックなムードは排除されている。デプレッシブがかっていた Antarctis の絶叫ボーカルも、だいぶ落ち着いてオーセンティックなボーカルスタイルに。ギターソロや派手な展開があるわけでもなく、ただひたすら同じリフが繰り返されるミニマルな作品だ。

Vojstrau

Pagan Folk Metal

Vaśmikancovaja
Independent　　2016

2015 年に活動開始。Aleh Zielankieviĉ のワンマン・プロジェクトだが、2008 〜 2015 年までは Wartha という名前でバンド形式で活動していた。今作は 1st フルレングスで、自主制作のデジタル音源でリリースされた。Aleh がボーカル、ギター、ベース、キーボード、作詞作曲、アートワークとほぼすべてを 1 人で担当。また、ロシアのポスト・ブラック Second to Sun、ゴシックメタル The Lust で活動する Theodor Borovski がドラムを、Artur Matveenko というロシア出身の男性が 6 曲目でシンセサイザーをゲストでプレイしている。ミキシング、マスタリングを手掛けたのは、アトモスフェリック・ブラック Blaine Rohmer の Gennadiy Kharitonov。これでもかというくらい次から次へとメロディアスな旋律が繰り出されるペイガン・フォークを聴かせてくれる。

Vox Mortuis

Black Metal

Epitafija praklonu
Independent　　2016

ミンスクで 2014 年に結成。今作は 1st フルレングスで、自主制作の CD でリリースされた。デジタル音源も出ている。所属メンバーは全員デス / ブラック Wasteland of Reality に在籍していた人物たちで、Lord Kaban がボーカル、ベース、ドゥーム・デス Podych Navalnicy でも活動していた Daemethar こと Dmitry Vladimirovich がギター、ブラックメタル Massenhinrichtung、フォーク・ブラック Заповет の元メンバーで、現在はデプレッシブ・ブラック Victim Path でも活動する Terr がドラムをプレイしている。明瞭なサウンドクオリティ、演奏も比較的安定しているが、これと言って目立つ特徴などの無いブラックメタル。しかし、ミドルテンポの反復リフなど、時折デプレッシブ・ブラックらしさを感じさせる節も。

Wackhanalija
Atmospheric Black Metal

В надежде на вашу смерть
Electrica Caelestis — 2010

ミンスクで 2000 年に結成。NS ブラックメタル PD SS Totenkopf のメンバーらによって結成された。今作は 4 枚目のフルレングスで、ロシアの Electrica Caelestis からリリースされた。ボーカル、作詞を Belphegor こと Pan Daminik、ギター、ベース、キーボード、作曲、アートワークを独りブラックメタル Hebrewdead でも活動する Voislav が担当。キーボードの旋律がふんわりとアトモスフェリックに乗るブラックメタルを演奏している。寒々しく凍てついた印象を与えるローファイサウンドで、キーボードがさらにコールドな雰囲気を作り出しており、NS ブラックバンドのメンバーで構成されているだけあって、ミサントロピックなムードも漂う。Darkthrone の「Unholy Black Metal」のカバー曲入り。

Wartha
Pagan Folk Metal

Azure Lakes
Soundage Productions — 2015

ミンスクで 2008 年に結成。2015 年からは Vojstrau と名前を変えて、Aleh Zielankievič のワンマン・プロジェクトとして活動している。今作は 2 枚目のフルレングスで、ロシアの Soundage Productions からリリースされた。ボーカルを Aleh Zielankievič、ギターを Yan Machulski、独りアトモスフェリック・ブラック Blaine Rohmer の Gennadiy Kharitonov がベースプログラミング、フォーク・ブラック Заповет にも在籍していた Ivan Bakarioŭ がドラムプログラミングを担当。また、フォークメタル Omut のメンバーを筆頭に、6 名のゲストが一部でギターやボーカルなどを披露している。哀愁漂う旋律で埋め尽くされたエピックなペイガン・フォークで、次から次へと繰り出されるメロディアスな展開に飽きることなく聴けるアルバムだ。

Wisdom of Shadows
Atmospheric Black Metal

Imhła
Independent — 2015

ホメリで 2014 年に結成。アトモスフェリック・ブラック Tartavara で活動する Deni Dark と Erebor の 2 人によって活動が始まる。今作は 1st フルレングスで、初回は自主制作のデジタル音源でリリースされた。その後、同年にメキシコの Inductive Oppression Records から 120 枚限定で CD も発売された。Deni Dark がボーカル、Erebor が楽器の演奏を担当。カバーアートは D.D MDCXIII という男性（現在 Wisdom of Shadows が所属しているベラルーシのレーベル MDCXIII Prods. のオーナー？）によるものだ。こもりきったボーカルがまるで吹雪の音のように聴こえ、それがロウなサウンドクオリティと相まって、真冬を思わせる寂寞とした世界を表現している。それでいて美しく、どこか優しささえ感じさせるアトモスフェリック・ブラック。

Woe unto Me
Funeral Doom Metal

A Step into the Waters of Forgetfulness
Solitude Productions — 2014

フロドナで 2008 年に結成。今作は 1st フルレングスで、Solitude Productions からリリースされた。ハーシュボーカル、ギター、ドラム、キーボードをテクニカル・デス Amentia などでも活動する Artem Serdyuk、クリーンボーカルを Sergey Puchok、フィーメールボーカルを Julia Shimanovskaya、ギター、ドラム、キーボードを Dzmitry Shchyhlinski、ベースを Ivan Skrundevskiy、キーボードを Olga Apisheva がプレイ。ミキシング、マスタリングは、フィンランドのブラックメタル Azaghal などに在籍する Narqath が手掛けた。Artem の低いがなり声と、愁いを帯び、神聖さすら感じさせる Sergey と Julia のクリーンボーカルが織りなす、アトモスフェリックなフューネラル・ドゥーム。

Belarus 141

Zaklon

Atmospheric Black Metal

Nikoli...
Independent — 2014

ミンスクで 1999 年に結成。レーベル Forestland Productions のオーナーで、ブラックメタル Desolate Heaven などで活動する Temnarod のワンマン・プロジェクトだ。イタリアのブラックメタル The True Endless やスペインの Xerión、スイスのインダストリアル・ブラック Borgne、ポルトガルのアンビエント・ブラック Crystalline Darkness などとスプリットも出している。今作は自主制作でリリースした 4 枚目のフルレングス。数か月後には Possession Productions からも 1000 枚限定で CD が発売された。ボーカル、楽器演奏のすべてを Temnarod が担当。浮遊感漂うシンセサイザーがアンビエントな香りを漂わせるアトモスフェリック・ブラックメタル。かき鳴らされるトレモロリフも寒々しく痛ましい。

Zdań

Depressive Black Metal

Svietłaja pamiać, viečny spakoj
Maa Productions — 2017

ミンスクで 2016 年に結成。Zdań はベラルーシ語で「幽霊」を意味するそうだ。今作は 1st フルレングスで、日本の Maa Productions から 500 枚限定でリリースされた。一部の曲のみ、自主制作のデジタル音源も出ている。シンフォニック・ブラック Aeon Noctis、アトモスフェリック・ブラック Трызна の元メンバー Athame がボーカル、作詞作曲、Disorder がギター、ベースをプレイ。Ahnostyk という男性も一部で作曲に協力している。女性ボーカリスト Athame の絶望的で痛ましい高音の絶叫に、物悲しげでアトモスフェリックなピアノの旋律が重なるデプレッシブ・ブラック。ただ叫んでいるだけといった具合の抑揚のないボーカルスタイルなのだが、バックで流れるメロディーはゴシックメタルをも感じさせる優美さがある。

Zmrok

Primitive Black Metal

Achviara
Possession Productions — 2017

ホメリで 2002 年に結成。スラッシュ・デス / ブラック Šmiercieslaŭ のメンバーらによって結成されたスリーピースバンド。今作は 2 枚目のフルレングスで、ベラルーシの Possession Productions からリリースされた。ギター、ボーカルを Modgud、彼女の元夫で、現在ペイガン・ブラック Oyhra でも活動する Radzim がギター、ベースをプレイ。アートワークは、ブラックメタル Aphoom Zhah やインダストリアル・ブラック Sick で活動していた Vaiug が手掛けた。怒涛のブラストビートと、イーヴルながらも印象的なギターリフが駆け巡るアルバム。Modgud のどこか女性らしさも含みつつ、男性顔負けの狂気に満ちたシャウトはなかなかの迫力で、ポーランド出身の女性ボーカリストを擁するドイツのブラックメタル Darkened Nocturn Slaughtercult を彷彿とさせる。

Znich

Pagan Folk Metal

Крыжы-абярэгі
BMA Group — 2006

ミンスクで 1996 年に結成。今作は 3 枚目のフルレングスで、ベラルーシの BMA Group からリリースされた。翌年にはロシアの Volh Records からも CD が発売されている。ラインナップは、ボーカルの Ales Tabolitch、ギターの Sjargej Stets、ベースの Tsimur Ganbarau、ドラムの Alexander Gorokh、キーボードの Aleksandra Suhadolava、バグパイプの Kastus' Trambicki の 6 名。ゲストで Marina Labanava という女性がバイオリンを弾いている。また、ラインナップに記載はないのだが、フォークロアなムードのフィーメールボーカルも聴くことができる。スラッシュメタルやデスメタルの要素も取り込まれており、バグパイプが織りなすセンチメンタルなメロディーに溢れたペイガン・フォーク。

Дрыгва

Pagan Folk Metal

Сын магутнага Рода
Grailight Productions
2010

マヒリョウで 2006 年に結成。2014 年にいったん活動を休止しているが、2017 年に活動再開。バンド名の Дрыгва はベラルーシ語で「沼」を意味する。今作は 1st フルレングスで、ロシアの Grailight Productions からリリースされた。2017 年には Soundage Productions からも、ボーナストラックが追加されたものが再発されている。ボーカルを Vital Berazouski、楽器演奏、ミキシング、マスタリングを Alyaxey Stetsyuk が担当。重低音の効いたしっかりしたヘヴィなリフに、軽快な笛の音色が乗るのだが、Alyaxey が単独で楽器を演奏したとは思えないレベルの音の厚さだ。サウンドクオリティも非常に良く、タイトな演奏にエモーショナルなメロディーが癖になるペイガン・フォークを聴かせてくれる。

Дьяволиада

Symphonic Black Metal

Низведанье: Глава 26
More Hate Productions
2011

マヒリョウで 2005 年に結成。どの人脈筋でもない、Grigoriy Kon'kov（ボーカル）、Anton Selitsky（ギター）、Dmitriy Buymistrov（ドラム）の 3 人で活動が始まった。今作は 1st フルレングスで、ロシアの More Hate Productions からリリースされた。2017 年には同レーベルからデジタル音源も出されている。カルト映画のワンシーンのような奇妙なアートワークを担当したのは、ベラルーシ出身の Irina Dulina と Sergey Dulin という 2 人の人物だ。サウンドクオリティ面はやや残念ではあるものの、勢いのあるパワフルなシンフォニック・ブラックメタル。ロシア語で力強く語るようなパートがあったり、笑い声が入っていたりと、シアトリカルな雰囲気が終始漂っている。

Заповет

Pagan Folk Black Metal

Рассвет нового дня
Agressor Records
2010

ミンスクで 2007 年に結成。2012 年には解散している。今作は唯一のフルレングスで、ベラルーシの Agressor Records から CD-R でリリースされた。ラインナップは、現在独りデス / ブラック Sacrilegious Profanity で活動するボーカルの Goat Worshiper、シンフォニック・ブラック Nightside Glance の元メンバーでギターの Alex Osster、同じくギターの Mikhail Astaroth、ペイガン・フォーク Родогост などにも在籍していたボーカル、ベースの Alexandr Chukilo（2013 年に亡くなっている）、デプレッシブ・ブラック Victim Path などで活動するドラムの Terr。また、2 名のセッションメンバーがキーボードを演奏している。ザクザクとしたギターリフに、かすかにキーボードが重なり合うペイガン・フォーク・ブラックだ。

Коло Прави

Pagan Folk Metal

Было. Есть. Будет.
Independent
2012

ベラルーシ北部のノヴォポロツクで 2006 年に結成。今作は 1st フルレングスで、自主制作でリリースされた。ラインナップは定かではないが、おそらくボーカルと作詞を創設メンバーの Pravoslav Snezhan、ギター、フルート、ジャレイカ（ベラルーシやウクライナで使用されている縦笛）で、Igor Olegovich、メロディック・ブラック DevilWaltz にも在籍していた Ivan Svetlov がベースをプレイしている。民族衣装のようないかにもフォーキッシュなコスチュームを身に纏うメンバーのアーティスト写真からも分かる通り、まごうことなきペイガン・フォークを演奏している。Pravoslav は、パンキッシュな RAC らしさ漂うダミ声ボーカルと勇ましげな地声ボーカルを使い分けており、そこに笛やギターの旋律がメロディアスに乗るアルバムになっている。

Belarus 143

反共コンセプトなのに「ハンマー」意味するペイガンRAC

Молат

出身地 ヴォルシャ　　　　　　　　　　　**活動時期** 2003～
主要人物 Necromaniac(Vo) Chuck(Ba)　**メンバー** Necromaniac(Vo), Yuri(Gt), Gunchar(Gt), Chuck(Ba), Oleg(Dr)
類似バンド **世界** Bound for Glory, Iron Youth　**東欧** Сокира Перуна, Kamaedzitca, Honor

　ヴォルシャで 2003 年に結成。前身バンドは 1995 年から活動する Apraxia で、2003 年に今の名前に改名している。Молат(Molat) は、ベラルーシ語で「ハンマー」。正式メンバーは、Apraxia 時代から共に活動する Necromaniac (ボーカル)、Yuri (ギター)、Gunchar (ギター)、Chuck (ベース)、Oleg (ドラム) の 5 人だが、ほとんどの作品は基本的には Necromaniac と Chuck (クレジット表記はそれぞれ A. と S.) のみで、ゲストなどを呼んで制作している。

　2003 年、改名後の 1st デモを上記のフルラインナップでリリース。同年に、ウクライナの RAC/ペイガン・フォーク Сокира Перуна やロシアの RAC バンド Коловрат、NS ブラック Сварог らとスプリットを制作し、ウクライナの Patriot Productions からリリースしている。翌年には、Apraxia 名義で作った曲と Молат の曲を収録したものを、ウクライナの Evil Barber Records から出した。

　2005 年、1st フルレングスとなる『В пламени рассвета(In the Flame of a Dawn)』を、ハンガリーの Hammer Records からリリース。ギリシャの NS スラッシュ Iron Youth のカバー曲が収録されている。2005 年、ロシアの RAC バンド Коловрат や Вандал などのスプリットを発売。しばらく間が空き、2010 年に 2 枚目となるフルレングス『Уваскрашэнне герояў』を自主制作でリリースした。この時は、まだフルラインナップで制作していた。2012 年、3rd フルレングス『Пагоняй да новае эры (As a Chase to New Era)』をアメリカの Strong Survive Records から発表。今作から制作時の正式ラインナップが Necromaniac と Chuck に。2014 年には 4th『Молатакрыж』、2016 年に 5th『Бел-а-рок』、2017 年に 6th『Bielarus na varcie』を続々とリリース。以前はペイガン・フォーク感もあったが、現在の作風はすっかり RAC 風になっている。

　彼らはポーランドやロシアなどの東欧圏でライブを行うこともある。また、イギリスのネオナチ団体「Blood & Honour」と関わりがあるという噂も立っている。

Молат

RAC, Pagan Folk Metal

Пагоняй да новае эры (As a Chase to New Era)
Strong Survive Records — 2012

ヴォルシャで2003年に結成。前身バンドは1995年から活動するペイガン・ブラックApraxia。Молат（Molat）の意味は「ハンマー」。ロシアのNSブラックСвароr、ウクライナのRACバンドСокира Перуна、ロシアのRAC/スラッシュメタルКоловратなどとスプリットを出していることからも察せられる通り、Apraxia時代の名残を感じさせるRAC風味のペイガン・フォークをやっている。今作はアメリカのStrong Survive Recordsからリリースされた3rdフルレングス。ラインナップは、ヴォーカルNecromaniacことAlyaxandr、ベースのChuck。ゴシック・ドゥームDying RoseのMaxがゲストでキーボード、ドラム、エフェクト関連を担当。ダミ声ヴォーカルにテンポ良く民族楽器の音色が乗り、RACにフォーク要素を足したような楽曲に仕上がっている。

Молат

RAC, Pagan Folk Metal

Молатакрыж
Strong Survive Records — 2014

2014年にリリースされた4枚目のフルレングス。今回もStrong Survive Recordsからのリリースで、正式メンバーは3rdと同じ。前作同様Max "Shadow"がドラム、パーカッション、エフェクトでゲスト参加している。さらに、ロシアのブラックメタルBranikaldのKaldrad、同郷のペイガン・ブラックVapor Hiemisの元メンバーで現在はInterior Wrathで活動するBlack Tyrant、ペイガン・フォークWarthaの元メンバーで、現在はVapor Hiemisなどに在籍するKnyaz Perepelokもゲストでヴォーカルを務めている。6曲目の「Warriors of My Race」は珍しく英語で歌われており、普段のロシア語歌詞とはまた違う魅力を感じさせる。今回も男臭くハイテンションでパワフルに駆け巡る1枚。

Молат

RAC, Pagan Folk Metal

Бел-а-рок
Strong Survive Records — 2016

Молатの5枚目のフルレングス。今回もStrong Survive Recordsからリリースされた。正式ラインナップは3rd制作時と同様の2人で、Alyaxandrがヴォーカルに加え民族楽器の演奏を、Chuckがベースを担当。3rdにも参加したMAXがゲストでドラムとパーカッションをプレイしている。また、彼はエンジニアリングも務めた。主張の強いカバーアートはベラルーシ出身の女性Diana Ivashkevichが手掛けた。タイトルをローマ字に直すと『Bel-A-Rock』。今作ではよりRAC感が強化され、何も知らずに聴いたらパンクにしか聴こえないパートもある。しかし、時折顔を出す民族楽器の音色がいかにもМолатらしい。フランスのRACバンドLégion 88やスウェーデンのRACバンドKindred Spiritのカバー曲も収録されている。

Молат

RAC, Pagan Folk Metal

Bielarus na varcie
Strong Survive Records — 2017

5thの翌年にリリースされた6枚目のフルレングス。いつもと同じStrong Survive Recordsからのリリースで、メンバーも毎度おなじみの2人。Alyaxandrがヴォーカル、民族楽器、Chuckがベースをプレイ。クレジットはそれぞれA、S.という表記になっている。また、ギター、ドラム、キーボード、民族楽器をV.Z.という人物が演奏している。今作は、タイトルおよび曲名、そしておそらく歌詞もベラルーシ語になっている。軍服を纏い旗を掲げた少年が印象的なカバーアートだが、「若者のマーチ」「俺たちのゴール、それは幸福」と、曲名も民族主義や独立を連想させる。しっかりと刻まれるギターリフと、小気味良いバスドラム、さりげなく盛り込まれる民族楽器の音色が織りなすアップテンポなメロディーは、どこか明るくポップささえ感じさせる仕上がりになっている。

Belarus 145

Родогост

Pagan Folk Metal

Зачин
Soundage Productions
2014

ミンスクで 2008 年に結成。バンド名はロシア語で「聖職者たち」。今作は 1st フルレングスで、ロシアの Soundage Productions からリリースされた。ボーカル、管楽器、作詞作曲を Sviatoslav Baranov、ギター、作曲を Pavel Gilevich、ギターを Aleksei Pastukhov、ベースを 2013 年に亡くなってしまったフォーク・ブラック Заповет などでも活動していた Alexandr Chukilo、ドラムを Alexander Manetsky、ダルシマー（ヨーロッパで使用される打弦楽器。ピアノの前身にあたる）を Ekaterina Meleshko が担当。その他、ロシアのペイガン・フォーク Cварга のメンバーなど 8 名のゲストがアコーディオンや口琴、ボーカルなどで参加している。力強いボーカルと勇ましくメロディアスな旋律が印象的なペイガン・フォーク。

Сымон-Музыка

Folk Metal

Сымон-Музыка
Strong Music Productions
2011

レチツァ / ホメリで 2004 年に結成。シンフォニック・ブラック Dialectic Soul のメンバーらによって結成されたフォークメタルバンド。今作は 1st フルレングスで、Dialectic Soul が運営するレーベル Strong Music Productions から CD でリリースされた。フィーメールボーカルを Victoria Bidova と Ilona Avramchikova、男性ボーカル、ギター、ベース、ドラムプログラミングを Alexander Kluchnikov、ギターを Vyacheslav Znaharenko、キーボードを Galina が担当している。ベラルーシの作家ヤクブ・コーラス（1882 〜 1956）の詩を歌詞にしている。ヤクブは小作農に同情的な人物で、彼らについての詩を書いていた。落ち着いた地声フィーメールボーカルに、屈強なグロウルが絡み合い、テンポの良いメロディーとともに進むフォークメタル。

Трызна

Atmospheric Black Metal

Працягнутае жыццё
Independent
2016

ミンスクで 2011 年に結成。今作は 2016 年にリリースされた 2 枚目の EP。自主制作のデジタル音源で、3 曲トータル約 21 分の EP になっている。制作ラインナップは定かではないのだが、リリース時に在籍していたメンバーは、オリジナルメンバーであり、Сияние というプロジェクトでも活動していた Nokturnal（ギター）と Mizantrop（ドラム）、Annette（ボーカル）、Melancholy（ギター）、デス / ブラック Wasteland of Reality の元メンバー Varokh（ベース）、Kaiien（キーボード）。タイトルはベラルーシ語で『延命』。ボーカルの Annette は女性なのだが、凄味の効いたシャウトを聴かせてくれ、哀しげでありながらフックの効いた旋律に見事に融合している。Emperor の「I Am the Black Wizards」のカバー曲入り。

Яр

Pagan Folk Metal

Jatvieź
Der Schwarze Tod
2016

フロドナ / カレリヒィで 2007 年に結成。バンド名をローマ字にすると「Jar」。ちなみにポーランドにも同名のバンドがいるが、あちらは完全にメタル要素皆無のフォークバンドだ。こちらのベラルーシ産 Jar は、しっかりとフォークメタルをやっている。今作は 3 枚目のフルレングスで、ロシアの Der Schwarze Tod と COD Music and Distro との共同でリリースされた。ボーカル、ベースを Ogneslav、ボーカル、ギター、弦楽器、笛を Jaravit がプレイ。中音ボーカルと叙情的に展開される流麗なメロディーは、ポーランドのペイガン・フォーク Stworz を思わせる。エモーショナルなギターリフに重なる儚げで美しい弦楽器の音色なども印象深い。ややポスト・ロックのような感触を帯びたパートもあり、単なるペイガン・フォークのジャンルに収まりきらない可能性を秘めている。

読み方がわからないバンド名

ウクライナ

Drudkh（ドゥルドゥフ）
ハルキウのアトモスフェリック・ブラックメタル。

Khors（ホルス）
スラヴの太陽神。ハルキウのペイガン・ブラックメタル。

Moloch（モロク）
子どもを生贄に祭ったセム族の神。リウネのアンビエント・ブラックメタル。

Mørkt Tre（マルクト・ツレ）
ノルウェー語で「暗黒の3」。リヴィウのアンビエント・ブラックメタル。

Semargl（セマルグル）
スラヴ神話の神。キエフのブラックメタル / ポップメタル。

Буревій（ボレヴィイ）
リヴィウのペイガン・ブラックメタル。

Вихор（ヴィホル）
ウクライナ語で旋風。ビーラ・ツェールクヴァのペイガン・フォークメタル。

Гетьман（ヘトマン）
ヘルソンのペイガン・ブラックメタル。

Говерла（ホヴェルラ）
トルスカヴェツのペイガンメタル。

Горинь（ホルィン）
ウクライナ西部スラブータのアトモスフェリック・ブラックメタル。

Дальше Некуда（ダルシ・ネクダ）
ロシア語で「Next is Nowhere」。ドネツィクのポスト・ブラックメタル。

До Скону（ド・スコヌ）
ウクライナ語で死ぬ日まで。マキイフカのプリミティブ・ブラックメタル。

Евроклідон（エヴロクリドン）
ウクライナ語でユーロクリドン。キエフのアンブラックメタル。

Заводь（ザヴド）
ロシア語で背水？ハルキウのポスト・ブラックメタル。

Лютомысл（リュトミスル）
ロシア語で凶暴な考えの男。ジトームィルのメロディック・ブラックメタル。

Лють（リュウト）
ウクライナ語で怒り。ドニプロの RAC。

Морок（モロク）
ウクライナ語で暗闇。ドニプロのプリミティブ・ブラックメタル。

Неизбежность（ニーズビエジネスト）
ロシア語で必然。スヴィトロヴォッチクのアンブラックメタル。

Патриарх（パトリアフ）
ロシア語で家長、総主教。キエフのアヴァンギャルド・ブラックメタル。

Русич（ルシチ）
キエフのペイガン・フォークメタル /RAC。

Сварга（スヴァルガ）
スラヴ神話に出てくる天国。キエフのメロディック・ブラックメタル。

Свентояр（スヴェントヤル）
ハルキウのフォークメタル。

Святогор（スヴャトゴル）
スラヴ神話に出てくる巨人。ハルキウのデス / ブラックメタル。

Сказ（スカス）
ショストカのメロディック・ブラックメタル。

Сокира Перуна（ソキラ・ペロナ）
ウクライナ語でペルーンの斧。キエフの RAC/ ペイガン・フォークメタル

Триглав（トリグワフ）
スラヴ神話に出てくる神。ハルキウのシンフォニック・フォーク・ブラックメタル。

Тринадцатый Бубен（トリナーツェティ・ブベン）
ロシア語で 13 のタンバリン。ベルジャーンシクのペイガン・フォークメタル。

Чиста Криниця（チスタ・クリニーツァ）
ウクライナ語で澄んだ井戸。ハルキウのペイガン・フォーク・ブラックメタル。

Чур（チュール）
スラヴ神話の神。ヘルソンのフォークメタル。

Column 147

ベラルーシ

Kamaedzitca（カマエヂトツァ）
冬眠から覚める熊を祝う異教の文化。ミンスクのペイガン・ブラックメタル。

Khragkh（クラフ）
ベラルーシ語で崩壊。出身都市不明だが、ベラルーシのメロディック・ブラックメタル。

Łatanu（ワタヌ）
ミンスクのプリミティブ・ブラックメタル。

Plemя（プレミヤ）
ロシア語で部族。ミンスクのエクスペリメンタル・メタル。

Šmierciesłaŭ（シミェルチエスラウ）
ベラルーシ語で幽霊。ホメリのスラッシュ・デス／ブラックメタル。

Šturm（シトゥルム）
フロドナのNSブラックメタル。

Wackhanalija（ヴァチャナリヤ）
ミンスクのアトモスフェリック・ブラックメタル。

Zdań（ズダニ）
ミンスクのデプレッシブ・ブラックメタル。

Дрыгва（ドルィヴァ）
ベラルーシ語で泥沼。マヒリョウのペイガン・フォークメタル。

Дьяволиада（ディアヴォリアーダ）
ロシア語で悪魔。マヒリョウのシンフォニック・ブラックメタル。

Заповет（ザポヴィェト）
ミンスクのペイガン・フォーク・ブラックメタル。

Коло Прави（コロ・プラヴィー）
ノヴォポロツクのペイガン・フォークメタル。

Молат（モラット）
ベラルーシ語でハンマー。ヴォルシャのRAC/ペイガン・フォークメタル。

Родогост（ロドゴスト）
ミンスクのペイガン・フォークメタル。

Яр（ヤール）
フロドナ／カレリヒィのペイガン・フォークメタル。

リトアニア

Altorių Šešėliai（アルトリウ・シェシェリアイ）
リトアニア語で祭壇の影。リトアニア西部のガルグジュダイのアンビエント・ブラックメタル。

Amžius（アムジウス）
リトアニア語で世紀。カウナスのメロディック・ブラックメタル。

ラトビア

Sovvaļnīks（ソヴァルニクス）
ラトビア語で嫌悪。レーゼクネのゴシックメタル。

エストニア

Metsatöll（メッツァトル）
エストニア語で、狼の婉曲表現。タリンのフォークメタル。

Sõjaruun（スヤルーン）
エストニア語で戦争。プルバのメロディック・ブラックメタル。

セルビア

Ljuska（リュスカ）
クロアチア語でシェル。ズレニャニンのブラックメタル。

Искон（イスコン）
ノヴィ・サドのブラックメタル。

クロアチア

Udûn（ウドゥン）
オシエクのアトモスフェリック・メタル/アンビエント。

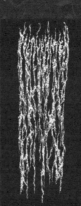

Pogavranjen（ポガヴランイェン）（P239参照）のロゴ

モンテネグロ

Византъ（ヴィザント）
ニクシッチのアンブラックメタル。

スロベニア

Ivje（イヴェ）
メンゲシュのブラックメタル。

ボスニア・ヘルツェゴヴィナ

Krv（クルヴ）
ボスニア語およびその他のスラヴ語で血。サラエヴォのブラックメタル。

Zvijer（ズヴィエル）
ボスニア語で獣。バニャ・ルカのメロディック・ブラックメタル。

マケドニア

Потоп（パトプ）
ロシア語およびスラヴ圏の言葉で洪水。スコピエのドローン/ドゥームメタル。

ブルガリア

Ханъ（クハーン）
ソフィアのフォークコア。

Ненавист（ネナヴィスト）
ブルガリア語で憎悪。ソフィアのデプレッシブ・ブラックメタル。

ルーマニア

Dordeduh（ドゥデドゥ）
ティミショアラのアトモスフェリック・フォーク/ブラックメタル。

Marțolea（マルツォレア）
ルーマニアの神話の悪魔的存在。クンプルング・モルドヴェネスクのフォーク・ブラックメタル。

モルドバ

Basarabian Hills（P314）のロゴ。一部で「陰毛ロゴ」と話題になった。メンバーによると注視すれば読めるそうだ。

Column 149

第3章　バルト三国

リトアニア

リトアニア共和国はバルト三国のうち最も南に位置する共和制国家。人口281万人（2018年）。国土は6.5万km²。西はバルト海に面し、南はロシアの飛び地、ポーランド、東はベラルーシ、北はラトビアと国境を接している。首都はヴィリニュスで、旧市街は世界遺産に登録されている。通貨は2015年からユーロが導入されている。公用語はリトアニア語で、その他一部でロシア語、ポーランド語なども話されている。2016年時点でのGDPは427億、一人当たりのGDPは14,892ドル。人口の83%がリトアニア人、6%がポーランド人、4.8%がロシア人、その他ベラルーシ人やウクライナ人などもいる。宗教は国民の約80%がローマ・カトリックを信仰しており、正教やその他の宗教は少数派。無宗教者も9.5%存在する。リトアニアは多神教信仰が14世紀頃まで続き、キリスト教が浸透するのは16世紀と他国に比べて遅かった。

リトアニアの名前が初めて文書に記載されたのは1009年のこと。リトアニアはスラヴ系ではなくバルト系民族で、キリスト教化を狙うドイツ騎士団などと戦いつつ、ミンダウガスがリトアニア大公国を作り上げ、1253年に初代国王となる。1386年、リトアニア大公のヨガイラがポーランドの王女ヤドヴィガと結婚し、リトアニア・ポーランド連合が成立。ローマ・カトリックを受け入れ、ポーランド王も兼ねることに。14世紀後半、リトアニア公国は領土を黒海の方まで広げ、ヨーロッパ最大の国となる。1569年、ポーランド・リトアニア共和国が成立し、政治、言語、文化面でポーランド化が進む。しかし、17世紀半ばの北方戦争でリトアニアの地はスウェーデンに破壊され、その後18世紀初頭に起きた大北方戦争で一時スウェーデンに征服される。スウェーデンの敗北によりまた共和国に戻るが、3度にわたるポーランド・リトアニア分割により共和国は解体、領土の大半がロシア帝国のものとなった。当時はロシア化政策が強化され、リトアニア語の出版物などは禁止となり、キリル文字の使用が強制された。また、19世紀後半から20世紀前半にかけて、飢饉をきっかけに人口の約20%ものリトアニア人がアメリカに移住している。1917年にロシア帝国の滅亡を機に、翌年リトアニアは完全独立を宣言。その後ポーランドとの軍事紛争が起き、ヴィリニュスを含む東部がポーランドに占領されてしまう。第二次世界大戦が始まり、1940年にリトアニアはソ連に編入される。1980年代後半、芸術家らによってサユディスという民族組織が誕生。サユディスはゴルバチョフを支持し、リトアニアの独立運動を率いた。1990年、ソ連の構成国の中でいち早く独立を宣言し、翌年完全に独立を果たす。

ヴィリニュス　Vilnius

リトアニア南東に位置する同国の首都。人口約54万人。バルト三国の中では唯一海に面していない首都で、ベラルーシの国境に近い。旧市街は世界遺産に登録されている。ヴィリニュスにはリトアニア人が少なく、2001年の時点でのリトアニア人の人口は60%弱。次いでポーランド人が約19%、ロシア人が14%となっている。ヴィリニュス出身のバンドは、ペイガン・ブラックObtestやポスト・ブラックNRCSSSTなど。

カウナス　Kaunas

リトアニア中南部に位置する第二の都市。人口約30万人。ヴィリニュスがポーランドに併合された1920年には、カウナスが臨時の首都となりリトアニア最大の都市として栄えた。第二次世界大戦中にカウナス日本領事館に赴任し、ユダヤ人を中心とする多くの難民を救った杉原千畝の記念館、また、世界中の悪魔に関する物品が展示された悪魔博物館などがある。カウナス出身のバンドは、ブラックメタルNahashやアヴァンギャルド・ブラックAnubiなど。

クライペダ　Klaipėda

バルト海に面した、リトアニア南部に位置する都市。人口約15万人。リトアニアでは唯一の港湾都市でもある。ハンザ同盟の加盟都市（ドイツ語ではメーメル）として、古くから交易で栄えた。1970年代まで、経済面の発展に注力し、文化活動や宗教活動は制限されていた。当時、ローマ・カトリック教会を布教しようと試みる者は逮捕されていたという。本著で紹介しているクライペダ出身のバンドは、アンビエント・ブラックAltorių Šešėliaiのみ。

シャウレイ　Šiauliai

リトアニア北部に位置する第四の都市。人口約10万人。市内から12kmほどの場所に、無形文化遺産として登録されている十字架の丘がある。シャウレイもリトアニアの他の都市と同様に、かつてはユダヤ人の人口がかなり多かった。シャウレイ出身のバンドは、本著で紹介した中ではアヴァンギャルド・ブラックArgharusのみだ。

ラトビア

ラトビア共和国はバルト三国の真ん中に位置する共和制国家。人口211万人（2018年）。面積は約6.5万km²。西はバルト海、南はリトアニア、ベラルーシ、東はロシア、北はエストニアと国境を接する。首都はリガで、旧市街は世界遺産に登録されている。通貨は2014年からユーロが導入された。公用語はラトビア語だが、都市部にはロシア系住民も多く、ラトビア語話者は58%、ロシア語話者は38%になっている。かつてロシア語を強制されていた名残とロシア系住民の多さで、都市部ではロシア語も通じやすく、表記もよく見かけることができる。居住民族はラトビア人が62%、ロシア人が27%、その他、ベラルーシ人やウクライナ人、ポーランド人などもいる。GDPは302億ドル、一人当たりのGDPは15,403ドル（2017年）。宗教はプロテスタント（ルター派）が主流で、次いでカトリック、ロシア正教などが信仰されている。無宗教者も多く、ラトビア神教という独自の自然崇拝に基づく宗教もある。

リトアニアと同じバルト系民族で、また古くから貿易の要所として栄えた。13世紀初頭、キリスト教伝播のためにドイツ騎士団が現在のリガに進出し、占領。1282年にはリガ市がハンザ同盟に加盟し、バルト海エリアや北ドイツと貿易を行い発展した。1558年、リヴォニア戦争（リヴォニアはラトビア東北部からエストニア南部の地域を指す）が起き、ポーランド・リトアニア共和国と安全保障を交わしたリヴォニア連盟はロシアと戦った。その結果、ラトビアはポーランド・リトアニア共和国の領土となった。1629年には、スウェーデン・ポーランド戦争により、一部の領土がスウェーデンに占領される。1721年にロシア帝国が誕生し、ラトビアの大部分がロシアの支配下に置かれ、1795年の第三次ポーランド分割によりラトビア全域はロシアのものとなってしまった。第一次世界大戦後の1918年11月18日、ラトビア共和国として独立を宣言。しかし、第二次世界大戦中の1940年にはソ連に編入されてしまい、独ソ戦の間はナチス・ドイツが占領、1944年にソ連に再び征服されてしまう。1990年、ソ連からの独立を宣言し、翌年の9月6日にソ連もラトビア共和国の独立を認めた。なお、ソ連時代に帰化せずに移住してきて、どの国の国籍も持たないロシア系住民がかなり多く、今現在もラトビアの大きな問題となっている。

リガ

リガ　Rīga

ラトビアの首都で、バルト海に面した西部に位置する。人口約64万人。バルト三国の全都市の中でも、最も人口の多い街である。旧市街は世界遺産に登録されており、「バルト海の真珠」とも言われる美しい街並みを見ることができる。ラトビア人の住民は50%弱と少なく、ロシア人の割合が40%とかなり高い。リガ出身のバンドは、ペイガン・フォーク Skyforger や日本の神道をコンセプトにした Yomi などがいる。

ダウガフピルス　Daugavpils

ラトビア南東部に位置する都市。人口約8.6万人。リトアニアとベラルーシの国境に近い。ロシアの国境までも120kmほどで、住民はロシア人が約53%と非常に多い。ラトビア人は約18%、次いでポーランド人が15%となっている。ダウガフピルス出身のバンドは、デス／ブラック Begotten、ペイガン・フォーク Dothbogria、フォーク／ヴァイキングメタル Varang Nord など。

イェルガヴァ　Jelgava

ラトビア南部に位置する都市。人口約6万人。16世紀から1795年まで存在したクールラント公国の首都として機能していた。かつてはドイツ系住民の人口も多かったが、第二次世界大戦時に西部に移動している。現在はラトビア人が約60%、ロシア人が約27%となっている。本著で紹介しているイェルガヴァ出身のバンドは、ポストメタルの Audrey Fall のみ。

エストニア

エストニア共和国はバルト三国の一番北に位置する共和制国家。人口132万人（2017年）。国土は4.5万km²。西と北はバルト海に面し、南にラトビア、東にロシアと国境を接する。80キロほど北上するとフィンランドがある。首都はタリンで、バルト三国の他国同様に、旧市街は世界遺産に登録されている。2011年からユーロを導入しており、旧共産圏の国ではエストニアが初。公用語はフィン・ウゴル語派のエストニア語で、国民の約69%が母語としている。ロシア語話者も多く、約30%の国民の母語となっている。その他、フィンランド語なども比較的通じるようだ。民族は、エストニア人約70%、ロシア人約25%、ウクライナ人1.7%、その他ベラルーシ人、フィンランド人も少数だが住んでいる。ラトビアと同様、ソ連時代に移住してきた国籍を持たないロシア系住民などの問題を抱えている。GDPは231億ドル、一人当たりのGDPは17,574ドル（2016年）。無宗教者が多く、宗教信仰者は国民全体の20%程度。最大の宗教はルター派プロテスタント（30%）で、次いでロシア正教（28%）、カトリック（3%）となっている。

13世紀以前のエストニアは複数の共同体に分かれており、国として統一されていなかった。1219年にデンマーク軍が上陸し、タリンの起源となる都市を築く。1285年にタリン（当時はレヴァル）などの数都市がハンザ同盟に加盟し、交易で栄えた。13世紀にはキリスト教化も進められる。1346年、デンマーク王がドイツ騎士団にエストニアの領土を売却。1517年にはルターの宗教改革がエストニアの地にも及び、ルター派の信仰がこの時期から広まった。その後、リヴォニア戦争を経てエストニアはスウェーデンの領土となる。スウェーデンは「バルト帝国」を築き、聖書のエストニア語訳なども出て学術が発展した。この時代は「古き良きスウェーデン時代」とも呼ばれている。1721年、大北方戦争が終結し、エストニアはロシアの占領下に置かれた。ロシアはエストニアに残るスウェーデン色を払拭するために、バルト・ドイツ貴族を優遇し、エストニアに元から暮らす農民と貧富の差が生じる。19世紀後半には、本格的なロシア化政策がとられ、民族運動などが禁止された。1918年2月24日、エストニアは独立を宣言するが、それを認めないロシアと「エストニア自由戦争」を開始。結果としてエストニアが勝利し、1920年に正式に独立。しかし1940年には再びソ連に編入されてしまう。1991年8月20日、晴れてエストニア共和国として独立に成功した。現在エストニアでは、ソ連の象徴ともいえる鎌と槌のシンボルを公共の場で掲げることが禁止されている。また、ロシアに対する防衛政策として、IT技術が非常に発展している。

タリン

タリン　Tallinn

エストニア北部に位置し、バルト海に面する同国の首都。人口約41万人。旧市街は世界遺産に登録されている。「バルト海のシリコンバレー」と呼ばれるほどにIT産業が発展しており、Skype発祥の地もタリンである。エストニア人約55%に対し、ロシア人は36.5%と割合も多く、またエストニア国籍を所持せず在住している住民も多い。タリン出身のバンドは、ブラックメタルLoitsやフォークメタルMetsatöll、ペイガン・ブラックTharaphitaなど。

タルトゥ　Tartu

エストニア中東部に位置する第二の都市。人口約9.7万人。エストニア最古の大学（タルトゥ大学）もあり、学問や文化の中心になっている。タリンに比べるとエストニア人の割合も約80%多く、ロシア人は14.5%にとどまっている。本著で紹介しているタルトゥ出身のバンドは、ゴシック／ドゥーム／ブラックCelestial Crownのみ。

パルヌ　Pärnu

エストニア西部のパルヌ湾に面した港湾都市で、エストニア第四の都市でもある。人口約5万人。19世紀前半からすでにリゾート地としての開発が進んでおり、国内外から観光客が訪れるエストニア屈指のリゾート地となっている。本著で紹介しているパルヌ出身のバンドは、ペイガン・ブラックTarmのみ。

Cheerful Depression（リトアニア）

Devlsy（リトアニア）

Dissimulation（リトアニア）

Fuck Off and Die!（リトアニア）

Nahash（リトアニア）

Obtest（リトアニア）

Pergalė（リトアニア）

Romuvos（リトアニア）

Agares（ラトビア）

Catalepsia（ラトビア）

Eschatos（ラトビア）

Frailty（ラトビア）

Green Novice（ラトビア）

Nycticorax（ラトビア）

Varang Nord（ラトビア）

Yomi（ラトビア）

Bestia（エストニア）

Forgotten Sunrise（エストニア）

Manatark（エストニア）

Sõjaruun（エストニア）

Süngehel（エストニア）

Tharaphita（エストニア）

Thou Shell of Death（エストニア）

Urt（エストニア）

Altorių Šešėliai

Ambient Black Metal　　リトアニア

Margi sakalai
Independent　　2006

リトアニア西部のクライペダ近郊の小さな町ガルグジュダイで、2005年に活動開始。Avinpapisという男性のワンマン・プロジェクトで、デモ2本、フルレングス1本を出して活動停止している。今作のフルレングスは、自主制作のCD-Rでリリースされた。翌年にはイギリスのTodestrieb RecordsからCDも発売されている。基本的にすべてをAvinpapisが担当。同郷のスラッシュメタルKatedraのメンバーを筆頭に、4人のゲストがヴォーカル、ベース、フルート、作詞で参加。カバーアートはリトアニアのスラッシュ/ブラックFuck Off and Die!やイギリスのストーナーメタルRegulusなどのアートワークも手掛けたリトアニア人女性Vandenisによるもの。郷愁を誘うような切なくもどこか牧歌的なメロディーも聴けるアンビエント・ブラック。

Amžius

Melodic Black Metal　　リトアニア

Atgimk
Independent　　2010

カウナスで2008年に結成。バンド名のAmžiusはリトアニア語で「時、世紀」を意味する。今作は1stフルレングスで、自主制作のCD-Rでリリースされた。ヴォーカルをRūkas、ギターをDovisと、現在デプレッシブ・ブラックExtravaganzaで活動するTėvasことTomas Valentinaitis、ベースをLaimis、ドラムをVėjasがプレイ。荒々しいノイジーなプリミティブサウンドだが、意外にもメロウで印象深いリフに溢れている。サウンドクオリティはともかく演奏も粗削りで、時々音程が外れているようなところもあるのだが、それがまたアンダーグラウンド臭に輪をかけており、マニアにはたまらないアルバムになっている。アルバムタイトルは『奪還』で、曲名も「俺は神だった」「彼女はそこに立ち、我々を待つ」などとエキセントリックだ。

Andaja

Pagan Black Metal　　リトアニア

Iš atminties
Dangus Productions　　2006

ヴィリニュスで2002年に結成。後にリトアニア南部のヴァレナに活動拠点を移す。なお、2009年にいったん活動休止しているが、再開後はメタル要素は消え、フォーク・ロックスタイルになっている。今作は1stフルレングスで、リトアニアのDangus Productionsからのリリース。現在ポスト・ブラックPergalėなどで活動するLevasがヴォーカル、キーボード、Daiva Pelėdaitėがバッキングヴォーカル、Gediminas Gaidulisと、ブラックメタルDark Ravageに在籍するRobertasがギター、Frankasがベース、Mantas Galinisがドラムをプレイ。ブラックメタルらしい絶叫と力強いヴォーカルの織りなすペイガン・ブラックを演奏している。キーボードの淡い旋律がシンフォニック要素をプラスしているので、シンフォニック・ブラックファンにも推薦できそうだ。

Anubi

Avant-Garde Black Metal　　リトアニア

Kai pilnaties akis užmerks mirtis
Danza Ipnotica Records　　1998

カウナスで1992年に結成。創設メンバーのLord Ominousがセーリング中に事故死し、2002年に解散となった。今作は最初で最後になってしまったフルレングスで、イタリアのDanza Ipnotica Recordsから12インチでリリースされた。翌年には同レーベルからCDが、リトアニアのVetšo Mėnesio Vaizbuvaからカセットが出ている。ヴォーカルをLord Ominous、ギターをThothとMr. Harm、ベースをRimas、キーボードをLady Sleepが担当。ブラックメタルNahashのメンバーなど計5人がゲストでドラムやサックス、アコーディオンなどを演奏している。呪文を唱えるようなオカルティックなヴォーカルや突然の変拍子展開、サックスのジャジーな旋律など、ちぐはぐなようでいて妙にしっくりとまとまったユニークなアヴァンギャルド・ブラックメタル。

Argharus

Avant-Garde Black Metal　　リトアニア

Pleištas　　2009
Inferna Profundus Records

シャウレイで 2004 年に結成。同郷のブラックメタル Luctus とのスプリットと、フルレングス 1 本をリリースして 2014 年に解散している。解散前最後にリリースされたフルレングスは、リトアニアの Inferna Profundus Records から発売され、翌年にはポーランドの Werewolf Promotion からカセットも出ている。現在ポスト・ブラック Pergalė で活動する 7 がボーカル、ベース、e.e6 と、スピードメタル Pekla の I1 がギター、アンビエント・ブラック Svartthron、デス / ブラック Sisyphean の [k] がドラムをプレイ。デプレッシブ・ブラックを感じさせる狂気の絶叫や、憑りつかれたようなボーカルスタイルに、ややアヴァンギャルドなムードを帯びたメロディーが重なる。さすが Pergalė のメンバーが絡んでいるだけあり、時折ポスト・ブラックの香りがする曲もある。

Beprasmybė

Drone/Funeral Doom Metal　　リトアニア

Banalybė　　2005
Independent

リトアニア北部の小さな町パスヴァリスで 2005 年に活動開始。Damian という青年によるワンマン・プロジェクトだ。2 曲入りのデモをデジタル音源で発表した後、1st フルレングスを自主制作の CD-R でリリースした。今作はノルウェーのドゥームメタルバンド Funeral のメンバーで、2003 年に自殺してしまった Einar André Fredriksen に捧げられているとのことだ。ドローンのようなミニマルで展開の少ないメロディーに、低くおぞましいボーカルが恨みがましく響く。不気味さではかなわないものの、スウェーデンのノイズアンビエント Abruptum を思わせるような、ドロドロとした底気味悪さが漂っている。なお、1st の翌年に 2nd フルレングスも CD-R でリリースしたが、それ以降全く活動の気配は見られず、実質活動休止状態になっているようだ。

Blackthru

Black Metal　　リトアニア

Iš tamsos...　　2007
Candarian Demon Productions

リトアニア西部の町ガルグジュダイで 2004 年に活動開始。Bletmanas こと Justas Balsevičius という人物による独りブラックメタル。現在は Triangle of Art とプロジェクト名を変えて、アトモスフェリック・ブラックメタルを演奏している。今作は 1st フルレングスで、アメリカの Candarian Demon Productions から 1000 枚限定でリリースされた。ボーカル、楽器演奏すべてを Bletmanas が担当。カバーアートを手掛けたのは、同郷のアンビエント・ブラック Altorių Šešėliai などのアートワークも描いた、リトアニア出身の女性 Vandenis によるもの。ジャリジャリとした質感のノイジーな音質で繰り出されるアンダーグラウンドなサウンドに、どこか神秘的なキーボードの音色がうっすらと乗る。これと言った目立った特徴は無くとも、邪悪さにおいては満点だ。

Cheerful Depression

Depressive Black Metal　　リトアニア

Cheerful Depression　　2010
Independent

ヴィリニュスで 2010 年に活動開始。Martynas Žemaitis という人物によるワンマン・プロジェクトだ。グルジアのデプレッシブ・ブラック Psychonaut 4 や、ロシアの Культура Курения、Hovert などとスプリットを出している。今作は、自主制作のデジタル音源でリリースされた 1stEP。2012 年にはロシアの Rigorism Production から、50 枚限定で CD も発売されている。目を閉じると情景が広がるようなアトモスフェリックな空気を纏い、Martynas のやるせない絶望的なシャウトが悲しくこだまするデプレッシブ・ブラックメタル。胸をかきむしられるような切なくも美しげなサウンドは、いつまでも聴いていたくなるような心地よさすら感じさせる。EP ではあるものの 25 分となかなか聴きごたえがあり、アンビエントな佇まいも含んだデプレッシブ世界が堪能できる 1 枚になっている。

Dark Ravage

Primitive Black Metal　　リトアニア

Dawn of a New World　　2007
Warfront Productions

ヴィリニュスで 2004 年に結成。今作は 1st フルレングスで、ドイツの Warfront Productions から 500 枚限定でリリースされた。ポスト・ブラック Devlsy でも活動していた Necrontyr がヴォーカル、Dunkelheit がギター、Odium がベース、アンビエント・ブラック Haeiresis、アヴァンギャルド・ブラック Inquisitor、ポスト・ブラック Nyksta などにも在籍する GarLoq がドラムをプレイ。また、アンビエント・ブラック Svartthron や Tomhet がレイアウト面で協力している。闇、死、邪悪、混沌などを曲のテーマにしており、タイトルは『新たな世界の夜明け』。地下臭満点のボロボロのサウンドクオリティで、まるで見本のように典型的なプリミティブ・ブラックを演奏している。新鮮味こそないものの、初期衝動にまみれた真正ブラックメタルだ。

Deprivacija

Depressive Black/Sludge Metal　　リトアニア

Dugne　　2015
Independent

カウナスで 2014 年に結成。結成の翌年に Depressive Illusions Records からデモをリリースし、同年に自主制作でリリースされた作品が今作の 1st フルレングスだ。デジタル音源も出ている。ヴォーカルを Rokas、ギターを Domantas、ベースを Karolis、ドラムを Deimantas がプレイ。メンバーは全員このバンドのみで活動しているようだ。アルバムタイトルの『Dugne』は、リトアニア語で「底」を意味する。厭世的でローファイな音質で奏でられるディストーションのかかったスローテンポなギターリフは、ハードコアとスラッジメタルを混ぜたような雰囲気。Rokas の泣き叫ぶかのようなヒステリックな絶叫ヴォーカルは、デプレッシブ・ブラックメタルのフィーリングをも帯びており、一言では言い表せないアルバムになっている。

Devlsy

Post Black Metal　　リトアニア

A Parade of States　　2014
Maa Productions

ヴィリニュスで 2011 年に結成。今作は 1st フルレングスで、日本の Maa Productions からリリースされた。翌年に自主制作のデジタル音源も出ている。アヴァンギャルド・ブラック Inquisitor にも在籍する Vytautas がヴォーカル、ゴシックメタル Shadowdances の元メンバー Giedrius がギター、Darius がベース、メロディックメタル Ruination の Vytenis がドラムをプレイ。アートワーク、デザインなどのヴィジュアル面を手掛けたのは、リトアニア出身の女性 Fotoprincess だ。また、デスメタル Grol やスラッシュ/デス Stormgrey で活動する Rimtautas Piskarskas がレコーディング、ミキシングを担当した。エモーショナルなヴォーカルに、シューゲイザーにも通ずるモダンな音使いのメロディーが映えるポスト・ブラックメタル。

Dissimulation

Thrash/Black Metal　　リトアニア

Maras　　2002
Ledo Takas Records

リトアニア中北部の小さな町アニクシチェイで 1993 年に結成。同郷のペイガン・フォーク Obtest とスプリットも出している。今作は 1 枚目のフルレングスで、ブラックメタル Nahash の元メンバーが運営するリトアニアのレーベル Ledo Takas Records からリリースされた。2013 年には同レーベルから 12 インチも 333 枚限定で発売されている。ヴォーカル、ベースを Venomous、ギターを Nekrofagas、ドラムを Stabmeldys がプレイ。エンジニアリング、ミキシングは、数々のバンドのエンジニア面で協力しているラトビア出身の Gints Lundbergs によるもの。マスタリングは Nahash のヴォーカリスト Agalyarey が務めた。イーヴルで地下臭いロウサウンドで暴虐的に疾走しながらも、スラッシーなリフが程よく軽快さも加えている 1 枚。Kreator のカバー曲入り。

Dissimulation

Thrash/Black Metal　　リトアニア

Atiduokit mirusius　　　　　　　　　2005
Ledo Takas Records

同じく Ledo Takas Records からリリースされた Dissimulation 3 枚目のフルレングス。2012 年に同レーベルから 300 枚限定で 12 インチも発売されている。ラインナップは 1st と変わらずオリジナルメンバーの 3 人。今作でも、エンジニアリング、マスタリング、ミキシングを Gints Lundbergs が手掛けた。また、写真撮影を務めたのは、同郷のブラックメタル Luctus やパワーメタル Thundertale、プログレッシブメタル Kielwater の写真も撮影しているリトアニア人女性 Crazyte こと Renata Drukteinytė。サウンドクオリティは相変わらずローファイだが、スラッシュ感がさらに強まっている。1 曲目は、サーカスで頻繁に使用されるチェコの作曲家ユリウス・フチークの『剣闘士の入場』で始まるが、そこから一気にブルータルに展開されるパートは非常にクールだ。

Extravaganza

Depressive Post Black Metal　　リトアニア

Priepuoliai　　　　　　　　　2016
Independent

カウナスで 2012 年に結成。今作は 1st フルレングスで、初回は自主制作の CD でリリースされた。同時にデジタル音源も出ている。翌年にはドラマーとして 2018 年まで在籍していた Šapoka が運営するレーベル Ghia から 65 本限定のカセットが、さらにアメリカの Razed Soul Productions からも CD が発売された。メロディック・ブラック Amžius の元メンバー Tomas Valentinaitis がボーカル、ギター、Mantas Vaškelis がギター、現在ゴシックメタル Xess で活動する Liudvikas Žemaitis がベース、Algirdas Šapoka がドラムをプレイ。時にデプレッシブ・ブラックのような吹っ切れた絶叫、時に人間らしさが残る感情的な咆哮が響き、そこにシューゲイザー的な切なく儚げな旋律が重なり合う。次々に繰り出される流麗なメロディーが心地よい 1 枚。

Fuck Off and Die!

Thrash/Black Metal　　リトアニア

No Peace. No Love. No Whores. No God.　　　　2005
Independent

カウナスで 2005 年に活動開始。ブラックメタル Luctus やアンビエント・ブラック Svartthron などでも活動する Kommander L. によるワンマン・プロジェクト。彼が途中で引っ越したのか、中期にはイタリアのローマに拠点を移し、今はまたリトアニアに戻りヴィリニュスで活動を続けている。今作は 1 枚目のフルレングスで、自主制作でリリースされた。2012 年にはリトアニアの Volcanic Slut Records からカセットも出ている。ボーカル、楽器演奏、ドラムプログラミングなど、すべて Kommander L. が 1 人で担当。まず、Fuck Off and Die! というド直球のお下劣なプロジェクト名にあっけにとられるが、演奏している曲もまさに衝動性の強いストレートなスラッシュ / ブラック。曲調もさることながら、11 曲収録、トータル 25 分というコンパクトさもパンキッシュだ。Blasphemy のカバー曲入り。

Ha Lela

Pagan Folk Metal　　リトアニア

Pabudimas　　　　　　　　　1998
Eldethorn

ウテナで 1994 年に結成。今作のフルレングスを最後に解散している。その最初で最後となったフルレングスは、イギリスの Eldethorn からリリースされ、同年にリトアニアの Dangus Productions からカセットも出された。ボーカルを Vaidas、フィーメールボーカルを Laura、ギター、キーボード、バッキングボーカルを Lauras、ギター、ベース、キーボード、バッキングボーカルをペイガン・ブラック Poccolus のメンバー Ramūnas Peršonis、ドラムを Aurius、トロンボーン、バッキングボーカルを Vadimas、口琴、笛などの民族楽器を Donatas、カンクレス（リトアニアの弦楽器）、ボーカルを Vilma Čiplytė（2009 年に癌で逝去）と、大所帯の制作となった。大仰なキーボードの音色が怪しさを醸し出しており、エクスペリメンタル・メタルにフォーク要素を織り交ぜたような不思議な 1 枚。

Haeiresis

Avant-Garde/Ambient Black Metal　リトアニア

Transparent Vibrant Shadows　2011
Inferna Profundus Records

ヴィリニュスで 2000 年に活動開始。アヴァンギャルド・ブラック Inquisitor やインダストリアル・ブラック The Axis of Perdition などでも活動する、S.B. こと Saulius Bielskis のワンマン・プロジェクトとして始まった。今作は 1st フルレングスで、リトアニアの Inferna Profundus Records からリリースされた。S.B. がボーカル、楽器演奏、ミキシング、マスタリングを手掛けている。また、2009 ～ 2010 まで Haeiresis に在籍していた女性 Namira と、ドゥーム・デス Hesper Payne などに在籍するイギリス出身の Brooke Johnson が一部のベースをセッションメンバーとして演奏している。奥にこもったボーカルが不穏な空気を振りまき、アヴァンギャルドなリフとインダストリアルな音使いがさらに奇妙さをプラスするアンビエント・ブラック。

Inquisitor

Avant-Garde Black Metal　リトアニア

The Quantum Theory of Id　2010
Forgotten Path Records

ヴィリニュスで 2002 年に結成。2016 年からは活動休止状態になっている。今作は 1st フルレングスで、リトアニアの Forgotten Path Records から 1000 枚限定でリリースされた。自主制作のデジタル音源も出ている。ポスト・ブラック Devlsy でも活動する Lord がボーカル、キーボード、アンビエント・ブラック Haeiresis のメンバーである Skol こと Saulius Bielskis がギター、もう 1 人のギターを Nyku、ベースを Mind Architec、Haeiresis やブラックメタル Dark Ravage に在籍する GarLoq がドラムを担当。形而上学、認識論、経験論など、哲学的で硬派なテーマをメインにしており、アヴァンギャルドな雰囲気が立ち込めた派手なピアノの旋律や、カオティックかつメロディアスに展開されるギターリフなどが聴ける 1 枚。

Juodvarnis

Pagan Metal　リトアニア

Šauksmai iš praeities　2014
Der Schwarze Tod

リトアニア北東部の小さな町ドゥセトスで 2011 年に結成。現在はヴィリニュスに拠点を移している。今作は 1 枚目のフルレングスで、ロシアの Der Schwarze Tod と AuToDafe の共同でリリースされた。ストーナーメタル Orb でも活動する Paulius Simanavičius がボーカル、ギター、作詞、Modestas Juškėnas がギター、Linas Kulbačiauskas がベース、デスメタル Posterity にも在籍していた Gediminas Tumėnas がドラムをプレイ。タイトルはリトアニア語で『過去からの叫び』。ゲームのサウンドトラックのようなエピックなイントロから始まり、朗々としたクリーンボーカルと、そこかしこで聴ける王道ヘヴィメタルのようなギターリフは、エクストリームメタルファンでなくとも楽しめそうだ。

Luctus

Black Metal　リトアニア

Ryšys　2015
Inferna Profundus Records

スラッシュ / ブラック Fuck Off and Die! などで活動する Kommander L. のワンマン・プロジェクトとして、2001 年に当時彼が住んでいたイタリアのローマで活動が始まる。その後リトアニアのカウナスに拠点を移している。今作は 3 枚目のフルレングスで、リトアニアの Inferna Profundus Records からリリースされた。同時に自主制作のデジタル音源も出ており、2016 年にはアメリカの Cenizas Records から 12 インチも発売されている。ボーカル、ベースを Kommander L.、ギターを Šatras と、ゴシックメタル Xess の元メンバーである Blakulla、ドラムをペイガン・ブラック Poccolus でも活動する Kingas が担当。ややスラッシーなリフに、ヘヴィでデスメタルライクなボーカルが響き、ブルータルかつ怪しげな空気を纏いながら疾走するアルバムになっている。

Meressin

Thrash/Black Metal　　リトアニア

The Baphomet's Call
Bomba Records　　1996

テルシェイで 1993 年に結成。今作は 1st フルレングスで、初回はリトアニアの Bomba Records からカセットでリリースされた。その後 2007 年に Inferna Profundus Records から CD も出ている。ボーカル、ギターを Hidra、ボーカル、ベースを Zaltys、ギターを Mindaugas Vizgaudis、ドラムを Debesis が担当。また、1st デモでセッションメンバーとしてキーボードを演奏した Virgis Pazemeckas が、プロデューサーを務めている。『The Baphomet's Call』というアルバムタイトルは実にブラックメタルらしいが、サウンド的にはどちらかというとヘヴィメタル、スラッシュメタルに近く、ボーカルもブラックメタル的なシャウトではなく、邪悪さはかなり薄め。1996 年の作品だが、80 年代の香りがするアルバムになっている。

Nahash

Occult Black Metal　　リトアニア

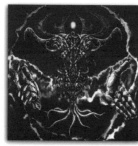

Wellone Aeternitas
Ledo Takas Records　　1996

カウナスで 1993 年に結成。バンド名の Nahash は、聖書に出てくる蛇の名前。今作は 1 枚目のフルレングスで、初回はリトアニアの Ledo Takas Records からカセットで 1100 本リリースされた。翌年にはフランスの Drakkar Productions から CD も 1000 枚限定で出され、2010 年にはリトアニアの Inferna Profundus Records からリマスター盤が発売されている。Xe Xe Chax Heyatha Zhaiyrhous がボーカル、ギター、Pitas がギター、Nerijus がベース、Ledo Takas Records のオーナーの Tadas がドラムをプレイ。また、ごく初期の頃に正式メンバーとして在籍していた Tironas がゲストでキーボードを弾いている。ジリジリとしたローファイな音質で演奏されるうっすらとシンフォニックなメロディーに、不気味なボーカルが時折混ざるオカルティックな 1 枚だ。

Nahash

Occult Black Metal　　リトアニア

Daath
Drakkar Productions　　2016

1st リリースから 20 年の時を経てリリースされた 2nd フルレングス。Drakkar Productions から CD でリリースされ、同時に 2 枚組 12 インチも 500 枚限定で発売された。2017 年には Inferna Profundus Records からカセットも 100 本のみリリースされている。制作時のラインナップは不明なのだが、おそらく当時在籍していたのは、唯一残るオリジナルメンバーの Xe Xe Chax Heyatha Zhaiyrhous（ボーカル、ギター、キーボード）、ペイガン・フォーク Ha Lela、Poccolus の元メンバー Zheamoth Hazatha Flauros（ギター）、Mega'on Hera Crarihus（ベース）、メロディック・デス Ossastorium などに在籍していた Sir Glasya Labolas（ドラム）。1st に比べると音質が改善されてはいるものの、相変わらずの不気味さをまき散らしている。

Nyksta

Post Black Metal　　リトアニア

Lieka tik sienos
Inferna Profundus Records　　2014

ヴィリニュスで 2013 年に結成。今作は 1st フルレングスで、リトアニアの Inferna Profundus Records からリリースされた。同年にアメリカの Metalhit からデジタル音源も出ている。グラインドコア Faršas、アンビエント・ブラック Haeiresis などでも活動する Laimis がギター、ベース、ノイズ、ブラックメタル Dark Ravage の元メンバー Valdas がサックス、Dark Ravage、Haeiresis にも在籍する Mindaugas こと GarLoq がドラムをプレイ。ボーカルの記載がないが、おそらく Vaidotas D. が担当したと思われる。モダンさを感じさせる、洗練されたメロディーのポスト・ブラックを演奏しており、時折聴けるサックスの音色もモダンさに一役買っている。時にメロディアスに、時にアンビエントに、様々なスタイルを盛り込んだ 1 枚。

Baltic States　161

リトアニア人ナルシストが旧東ドイツ人引き連れてポストブラック

NRCSSST

出身地 ヴィリニュス　　　　　　　　**活動時期** 2011 〜
主要人物 /AJ/
メンバー /AJ/(All), Basty(Gt), Henker(Ba), Bealdor(Dr)
類似バンド **世界** Alcest, Ghost Bath, Deafheaven　**東欧** Extravaganza, Cuckoo's Nest

　ヴィリニュスで 2011 年に結成。/AJ/ こと Almantas Jasiūnas のワンマン・プロジェクトとして始まった。現在は彼の仕事の関係でドイツに拠点を移して活動している。バンド名は Narcissist（ナルシスト）を意味する。
　2015 年に 1st フルレングスとなる『Schizophrenic Art』を、日本の Maa Productions からリリース。この頃にはメンバーが加入し、バンド体制となっている。/AJ/ がギター、リトアニアのポスト・ブラック Au-Dessus で活動する /MG/ こと Mantas もギター、現在はメロディック・デスメタル Mandragora で活動する /GZ/ こと Gražvydas Zujus がボーカル、グラインドコア Faršas に在籍する /TB/ こと Tomas Baranauskas がベース、バッキングボーカル、/AM/ こと Artūras Možeiko がドラムをプレイしている。現在、音源はこのフルレングスしかリリースしていない。
　ドイツに拠点を移してからは、/AJ/ 以外のメンバーは全員ドイツ人の 4 人編成で活動。エピック・ブラックメタル Temple of Oblivion にも在籍する Henker などを中心に、東部ドイツに住むメンバーで構成されている。

Post Black Metal

Schizophrenic Art　　　　　　　　　　　　　2015
Maa Productions

ヴィリニュスで 2011 年に活動開始。メロディック・デスメタル Mandragora などに在籍していた /AJ/ こと Almantas Jasiūnas のワンマン・プロジェクトとして始まった。現在はドイツに拠点を移している。今作は 1st フルレングスで、日本の Maa Productions から 1000 枚限定でリリースされた。自主制作のデジタル音源も出ている。Mandragora に在籍する /GZ/（Gražvydas Zujus）がボーカル、/AJ/ と、ポスト・ブラックメタル Au-Dessus の /MG/（Mantas Gurkšnys）がギター、グラインドコア Faršas で活動する /TB/ がベース、バッキングボーカル、/AM/（Artūras Možeiko）がドラムを務めた。エモーショナルなボーカルが、シューゲイザー的な愁いを帯びた旋律に乗る、メロディアスなポスト・ブラックメタル。

回答者：/AJ/

Q：まず簡単にバイオグラフィを教えてください。
A：このプロジェクトは、2011年にワンマンDSBMバンドとして始まった。2013年には友人が加入してバンド体制になって、2014年に初ライブを行った。滑り出しは順調で、1年後には『Schizophrenic Art』をリリースしたんだ。それに、バルト界隈の2つの大きなフェスにも出演したよ。2014年はKilkim Žaibu、2015年はDevilstoneにね。他にも小さなフェスやいくつかのライブに出ている。

Q：このバンド名にはどういう意味が込められているのですか？
A：ナルシスト、自分自身を称賛する。自分と恋に落ちて、ステージでこの感情を表現する。バンドを始めた頃の僕たちは若かったし、自分たちにうぬぼれていた節があった。だから「ＮＲＣＳＳＳＴ＝Narcissist」というバンド名は、僕たちのコンセプトにぴったりだった。今はあの頃に比べたら分別のある大人になったけど、僕の音楽の中にあるナルシスト的思想をよく表している。僕はリスナーのみんなに、自分の内なる美しさを見つけてもらって、自分自身を愛して外の世界に出て行ってほしいんだ。だから僕の音楽は、憎しみや戦争、破壊などについては一度も触れたことがない。

Q：1stアルバムを日本のレーベルMaa Productionsからリリースしていますよね。このレーベルからリリースすることになったいきさつを教えてもらえますか？
A：僕たちの友達のバンドDevilsyが、Maa Productionsからアルバムをリリースしたことがあってね。1stアルバムのリリースは、3つのレーベルのどこから出そうか迷っていたんだけど、ここのレーベルが一番僕たちの音楽に適していると思った。友人たちの勧めもあったし、アジアに音楽を輸出したいという気持ちと、僕個人の日本に対する敬愛も手伝って、Maa Productionsと契約を交わしたんだ。

Q：あなたはポスト・ブラックメタルを演奏していますが、これは一番好きなジャンルなのでしょうか？ ほかのジャンルの音楽は演奏しないのですか？
A：うん、ポスト・ブラックメタルは僕のお気に入りのジャンルだよ。そうでなきゃ、この音楽を演奏しないよね。一般的に、実験的要素や感情表現の境界が無いブラックメタルが好きだ。僕は典型的なメタルヘッドではないし、自分をメタルヘッドだと考えたこともない。1990〜2000年代のアメリカン・パンクロックも好きだから、最近はそういうソロプロジェクトを新しく始めたんだ。趣味でね。

Q：オールドスクールなブラックメタルは聴きますか？
A：いいや、聴かない。正直言うと、あんまりオールドスクール系は好きじゃない（笑）

Q：あなたの音楽はフランスのポストメタルAlcestの雰囲気を感じさせますね。音楽を制作するにあたって、影響を受けたバンドやアーティストはいますか？
A：音源を制作していた当時は、Alcestはお気に入りのバンドのひとつだったし、かなりの影響を与えてくれた。だけど、僕は絶対にＮＲＣＳＳＳＴをAlcestの二番煎じにしたくはなかったよ。

影響を受けたバンドは、Alcest、Agalloch、Deafheaven、Slowdive、The Fauns、Lifelover、Year Of No Light、Wolves In Throne Room、God Is An Astronautだね。

Q：あなたは今ドイツに住んでいるようですが、なぜドイツに移住することになったのですか？ ドイツ語は話せるのでしょうか？
A：仕事のためにドイツに移住せざるを得なかったんだ。自分の生活に満足していない時期だったから、ちょうど良い機会だったよ。移住は良い選択だったと思う。もう鬱に苦しむ必要もないし、最愛の人も見つけたし、僕は今また幸せになれた。そう、ドイツ語も話すよ。僕は5か国語を話せるんだ。

Q：どこでドイツ語を勉強したのですか？ 他には何語が話せるのでしょうか？
A：数ヶ月、ドイツ語のレッスンを受けていたんだ。あとは誰かと話すことで学んでいるよ。僕はリトアニア語、英語、ドイツ語、そしてちょっとだけロシア語とポーランド語も話せる。

Q：あなたは今ドイツ人のメンバーとバンド活動をしていますよね。彼らと活動していて、コミュニケーションやその他の点で何か問題はないのでしょうか？
A：うん、今は僕以外のバンドメンバーは全員ドイツ人だね。でも、みんな英語が堪能だし、僕もドイツ語を話せるし、コミュニケーションにおいてはまったく問題ない。みんなでスタジオに集まった時もうまくやっているよ。僕が思うに、2017年に行われた初のヨーロッパツアーの後、僕たちの結びつきは強くなった。今はとても近しい親友という感じ。ただ、問題もある。いや、これはどこの国にいても同じだろうけど、同じ思想や音楽的嗜好を持ったドラマーを見つけるのはとても難しいね。僕たちの街ケムニッツは、パンクやハードコアシーンの方が強くて、メタルシーンは弱いんだ。だから、100km離れたライプツィヒに住むドラマーを選ぶことになった。彼はこのバンドに完璧にぴったりなドラマーだよ。

Q：どのようにメタルを聴くようになったのでしょうか？
A：自然と聴くようになったね。子どもの頃にメタルを聴き始めて、この音楽は唯一無二だと思った。9〜11歳の頃のお気に入りのバンドは、Lord Belial、Testament、Children of Bodom、Sepulturaだったよ。後から気づいたんだけど、友達の間でメタルを聴いているのは僕だけだったね。みんなつまらないポップスばかり聴いてた（笑）。

Q：メタル以外の音楽も聴きますか？ もし聴くのなら、お気に入りのジャンルやアーティストを教えてください。
A：さっきも言ったように、1990〜2000年代のアメリカン・ロックが大好きだ。Blink 182、Sum 41、Offspring、Good Charlotte、Angels and Airwaves辺りのね。ポストロックやフォークも好きだよ。今の時点では、オルタナティブ・ロックにハマっている。Shinedown、Creed、Hinder、Seether、Three Days Grace、Puddle of Muddなんかを聴いているよ。

Q：オールタイムベストを教えてください。
A：Agallochだね。僕の音楽性と性格にここまで影響を与えたバンドは他にいない。
Q：もし差し支えなければ、あなたの政治観を教えてもらえますか？
A：僕はレイシズムと性差別に反対だ。中立的でいようとは心がけているけどね。政治観に関しては、リベラリストで民主主義者よりかな。
Q：リトアニアのメタルシーンについてどう思いますか？ また、ドイツとリトアニアのメタルシーンの相違点があれば教えてください。
A：ドイツはリトアニアの何倍も大きい国だから、当然メタルシーンも大きいよね。なぜだか分からないんだけど、リトアニアのメタルシーンには改善が見られないんだ。だから停滞し続けている。Au-Dessus、Luctus、Awakening Sun、Autismのように世界的に名を挙げているバンドは少ない。ほかに新しいバンドの名前は聞かないね。ドイツには有名バンドが山ほどいるし、数々のフェスも開催されている。リトアニアに比べたら、注目されるチャンスもたくさんあるよ。
Q：音楽活動以外で仕事はしていますか？
A：もちろん、バンドメンバーはみんな正社員として働いているよ。何人かは家族や子どももいるし。僕たちには僕たちの生活があるから。ＮＲＣＳＳＳＴは僕たちにとっては趣味みたいなもんだよ。
Q：知っている日本のバンドやアーティストがいたら教えてください。
A：お気に入りのアーティストはGirugamesh、Envy、Orochi、the GazettE、Monoなんかも好きだよ。
Q：日本にはどんなイメージがありますか？
A：日本は素晴らしい自然と伝統、長い歴史がある。僕は日本食が大好きで、アニメもたくさん観るよ。だから日本は僕のお気に入りの国のひとつなんだ。本当にいつか行ってみたいよ。
Q：インタビューに答えてくださってありがとうございました！ 最後に日本のメタルヘッドに一言お願いします！
A：こちらこそ時間を取ってくれてありがとう。日本のメタルヘッドのみんな、僕たちは今新しいアルバムを制作中で、日本でもライブをしたいと思っているよ！ 近いうちに君たちに会えると良いな！

Obtest

Pagan Black Metal　　リトアニア

Tūkstantmetis　　1997
Vetšo Mėnesio Vaizbuva

ヴィリニュスで1992年に結成。ブラックメタルバンドとして活動を始めたが、1993年にペイガン・ブラックメタルにスタイルを変更している。今作は1stフルレングスで、初回はリトアニアのVetšo Mėnesio Vaizbuvaからカセットでリリースされた。1999年にはドイツのWolf MusikからCD、2003年にはリトアニアのLedo Takas Recordsから12インチ、2007年には同レーベルから再発盤CDが出ている。当時の正式メンバーは2人で、Baalberithがボーカル、アヴァンギャルド・ブラックAnubiなどにも在籍していたSadlaveがギターを演奏していた。かなり生々しいプリミティブな音で、この頃はまだペイガン色は薄めのブラックメタルを演奏していた。終始バタバタと疾走するドラムと、かき鳴らされるギター、やけっぱちにも聴こえるがなり声ボーカル、すべてが初期衝動に満ちている。

Obtest

Pagan Black Metal　　リトアニア

Auka seniems dievams　　2001
Ledo Takas Records

1stリリース後、ドイツのMiriquidi ProductionsからEPを2本リリース。そして、2001年に2枚目のフルレングスとなる今作をLedo Takas Recordsから発表。2002年にはベラルーシのFatal Ecstasy Productionsからカセット、2002年にはLedo Takas Recordsから12インチ、2011年には同レーベルから再発盤CDと12インチが発売された。ボーカルをBaalberith、ギター、ベース、バッキングボーカル、ドラムプログラミングをSadlave、さらにInsmuthがドラムプログラミングを担当。タイトルはリトアニア語で『古代の神々へのいけにえ』とまさに異教感たっぷりだが、サウンドも1stに比べるとだいぶ勇ましいペイガニックなリフが増えている。やけくそ気味だったボーカルもいくらか落ち着いてはいるものの、やはり変わらずエネルギッシュだ。

Obtest

Pagan Black Metal　　リトアニア

Iš kartos į kartą　　2005
Ledo Takas Records

2ndリリース後、EP1本と、ライブビデオを発表。2005年に3枚目のフルレングスとなる今作をLedo Takas Recordsからリリースした。翌年には同レーベルから499枚限定で12インチも発売されている。制作時のラインナップは不明なのだが、当時在籍していたメンバーは、Baalberith（ボーカル）、Sadlave（ギター、ベース、その他）、Insmuth（ドラム）、パワーメタルSoul Stealerでも活動するEnrikas Slavinskis（ギター）。デザイン面を担当したのは、ゴシックメタルXessのメンバーであるRosvaldas Sarapinas。音質はだいぶ改善され（それでも完全にクリアではないが）、ペイガニックなサウンドはこれまでよりさらにパワーアップし、力強く繰り出されるメロディアスな旋律に思わず聴き入ってしまう1枚。

Obtest

Pagan Black Metal　　リトアニア

Gyvybės medis　　2008
Osmose Productions

3rdリリース後、EPを10インチでリリース。そして、2008年にフランスの大手レーベルOsmose Productionsから4枚目のフルレングスを発表した。同レーベルから12インチも出ており、また、Ledo Takas Recordsからも1000枚限定でA5デジブックバージョンのCDが発売された。ボーカルをBaalberith、ギターをSadlaveとEnrikas Slavinskis、ベースを現在ポスト・ブラックPergalėで活動するDemonas、ドラムをInsmuthが担当。ミキシングを手掛けたのは、様々なバンドのレコーディングなどを行っているラトビア出身のGints Lundbergs。タイトルはリトアニア語で『生命の木』。今作で一気に曲にメリハリが出て、驚くほどメジャーらしいサウンドに成長している。しかし、ひたすらに疾走するところは相変わらずObtestらしさを感じさせてくれる。

Baltic States　165

Pergalė

Depressive/Post Black Metal　　リトアニア

Horizontalios maldos palaima　　2011
Inferna Profundus Records

ヴィリニュスで 2009 年に結成。バンド名の Pergalė はリトアニア語で「勝利」。メンバー自身は「Victorious Psycho Black/Rock」と音楽性をジャンル付けている。今作は 1st フルレングスで、リトアニアの Inferna Profundus Records からリリースされた。同時にデジタル音源も出ている。ブラックメタル Argharus に在籍していた 7 がヴォーカル、Gusmanas がギター、ペイガン・ブラック Obtest の元メンバー Demonas がベース、Ilja Molodcov がドラム、アンビエント・ブラック Svartthron でも活動する Levas がキーボードをプレイ。アートワークはリトアニア出身の女性 Gintarė K. Narga が手掛けた。コロコロと変わる曲調、突然気が狂ったような声を出すヴォーカルなど、変態的要素が詰まったアルバム。キーボード使いもユニークだ。

Pergalė

Depressive/Post Black Metal　　リトアニア

Antropologija　　2016
Inferna Profundus Records

1st リリースの 5 年後にリリースされた 2 枚目のフルレングス。Inferna Profundus Records とリトアニアの TeRRoR の共同でリリースされた。前作同様デジタル音源も出ている。ラインナップは 1st 時の 5 人に加え、ポスト・ブラック Au-Dessus でも活動する Simonas がギターを弾いている。今作でも Gintarė K. Narga がアートワークを担当した。タイトルは『人類学』。曲名も「少年の夜遊び」「エストニアのレズビアン」「Les yeux rouges（フランス語で「赤い目」）」など、意味深長で個性的だ。1st でもアヴァンギャルドな変態っぷりをこれでもかと発揮していたが、今回もパンクのようなノリの曲もあれば、しんみりとしたバラード曲もあり、しっかりブラックメタルをベースにした曲もある。それでいて一筋縄ではいかない曲展開は、今作にも引き継がれている。

Poccolus

Pagan Black Metal　　リトアニア

Poccolus　　1996
Hammerheart Productions

ウテナで 1993 年に結成。リトアニアで一番最初に結成されたペイガン・ブラックメタルバンドと言われている。残念ながら現在の活動状況は不明。今作は 1st フルレングスで、韓国の Hammerheart Productions からリリースされた。同年にリトアニアの Dangus Productions からカセット、2006 年にはイギリスの Supernal Music から再発盤 CD が出ている。ブラックメタル Nahash やペイガン・フォーク Ha Lela などで活動していた Ramūnas Peršonis がヴォーカル、ギター、キーボード、Raimondas Ramonas がベース、Ha Lela の元メンバー Audrius Šimkūnas がドラムをプレイ。こもったロウな音質で、キーボードがさりげなく神秘的に漂うペイガン・ブラックを演奏している。ヴォーカルはデプレッシブ・ブラックさながらの高音絶叫で、心許なくメランコリックな旋律が癖になる 1 枚。

Romuvos

Folk/Viking Metal　　リトアニア

Romuvan Dainas　　2014
No Colours Records

Velnias という男性が 2014 年に活動を始めたワンマン・プロジェクト。リトアニア出身ということだけで、活動details の詳細は不明。ちなみに、ライブ活動も行っているが、ライブメンバーはブラックメタル Eternal Decay などに在籍するイスラエル出身のメンバーたちで構成されている。今作は 1st フルレングスで、ドイツの No Colours Records からリリースされた。2016 年には同レーベルから 12 インチも 200 枚限定で発売された。ヴォーカル、楽器演奏、作詞作曲、レコーディング、マスタリング、ミキシング、さらにはアートワークまで Velnias が 1 人で手掛けている。ほんの少しだけ Bathory の後期作品を思わせるような地声ヴォーカルで、着実に勇ましく歌い上げられるフォーク / ヴァイキングメタル。終始ゆったりとしたテンポで、決して勢いがあるわけではないが、壮大なメロディーが心地よいアルバム。

Screaming Silence

Depressive Black Metal　　リトアニア

Feelings of Solitude　　2006
Independent

ヴィリニュスで 2006 年に活動開始。ブラックメタル Dark Ravage、アンビエント・ブラック Haeiresis、ポスト・ブラック Nyksta など様々なバンドで活動する GarLoq によるワンマン・プロジェクト。今作は、自主制作の CD-R でリリースされた 1st フルレングス。翌年には中国の Funeral Moonlight Productions からも CD-R が出ている。すべて GarLoq が 1 人で担当した。『孤独の感覚』というアルバムタイトルで、曲名も「憎悪」「悲哀」「痛み」「苦しみ」と厭世的。10 分前後の曲が全 4 曲が収録されており、約 40 分間ジャリジャリとけたたましくプリミティブなサウンドで、ひたすらミニマルなギターリフがかき鳴らされる。ボーカルなしのインスト曲だが、ミサントロピックで絶望的なムードはボーカルが無くともしっかりと伝わってくる。

Sisyphean

Black Metal　　リトアニア

Illusions of Eternity　　2017
Drakkar Productions

ヴィリニュスで 2012 年に結成。2012～2014 年までは Division という名前で活動しており、Division 名義で EP を 1 本出している。今作は Sisyphean に改名してから初めてリリースしたフルレングス作品。フランスの Drakkar Productions から 1000 枚限定でリリースされた。同時に 12 インチでリリースされた、翌月にはデジタル音源、翌年にはカセットも 50 本発売された。制作時のラインナップは不明だが、最新メンバーはブラックメタル Nahash の D.（ボーカル、ベース）、オリジナルメンバーの A.（ギター）、ポスト・ブラック Extravaganza の元メンバー K.（ギター）、アンビエント・ブラック Svartthron の [k]（ドラム）の 4 人。ドロドロとしたややオカルティックで不穏な空気を帯びながら進むブラックメタルで、どこかメランコリックでアトモスフェリックな 1 枚。

Svartthron

Depressive Black Metal　　リトアニア

Soundtrack to My Solitude　　2006
Diabolist Services

ウクメルゲで 2005 年に結成。バンド名の Svartthron は、ノルウェー語で「黒い王座」。今作は 1st フルレングスで、初回はアメリカの Diabolist Services から 12 インチでリリースされた。その後、翌年の 2007 年にギリシャの ISO666 Releases から、ボーナストラックが 1 曲追加されたものが CD でも出ている。ラインナップは、ボーカルおよび楽器担当の Tomhet と、アンビエント・ブラック Haeiresis でも活動しており、一部でのベース、キーボード担当の Namira。ノイジーでくぐもったサウンドクオリティで、不穏な空気を撒き散らしながら進むデプレッシブ・ブラックを演奏している。Tomhet の絞り出すような禍々しいハイトーンの絶叫と、ミニマルで鬱々としたギターリフが絶望世界を極限まで表現している。

Svartthron

Ambient/Atmospheric/Depressive Black Metal　　リトアニア

Bearer of the Crimson Flame　　2008
Inferna Profundus Records

リトアニアの Inferna Profundus Records からリリースされた 4 枚目のフルレングス。今作では、正式ラインナップは Tomhet のみのワンマン・プロジェクト状態になっており、彼が全楽器の演奏を務めている。また、オーストラリアのデスメタル Impetuous Ritual、デス / ブラック Temple Nightside、ニュージーランドのデス / ブラック Vesicant などで活動する Mordance が、セッションメンバーとしてボーカルを担当した。マスタリング、ミキシング、デザイン面は Tomhet が手掛けている。デプレッシブ一色だった初期に比べると、アンビエントでアトモスフェリックなムードが増しており、メランコリックな旋律がゴシックメタルのような雰囲気さえ纏っている。ブラストビートが炸裂するブルータルなパートもあり、多方面のファンにアプローチできそうな 1 枚。

Ūkanose

Folk Metal　　　リトアニア

Ūkanose　　　　　　　　　　　　　　　　　　2016
Soundage Productions

ヴィリニュスで 2012 年に結成。今作は 1st フルレングスで、ロシアの Soundage Productions からリリースされた。自主制作のデジタル音源も出ている。ボーカルを Martynas、ギターを Robertas Turauskas と Linas Petrauskas、ベースを Andrius、ドラムを Vilius Panavas、アコーディオンを Tadas Survila がプレイ。リトアニアの民族音楽から影響を受けているらしく、アコーディオンの哀愁漂う旋律にリズミカルなテンポのギターリフが乗る曲もあれば、落ち着いた地声ボーカルでしんみりと聴かせる曲もある。シャウトやグロウルはせず、音質もクリアでエクストリームメタル色は強くないので、初心者でも安心して聴ける。ドイツのメディーバル・フォークバンド Corvus Corax のカバー曲入り。

Zpoan Vtenz

Pagan Folk Black Metal　　　リトアニア

Gimę nugalėt　　　　　　　　　　　　　　　　1997
Dangus Productions

ペイガン・フォーク Ha Lela やペイガン・ブラック Poccolus に在籍していたメンバーによって、ウテナで 1994 年に結成。1997 年にフルレングスを 1 本リリースし、活動を休止。2003 年に再開したようだが、結局音源はリリースしておらず、2009 年にはメンバーの Vilma Čiplytė が癌で逝去してしまい、実質解散となっている。その唯一の音源となったフルレングスは、リトアニアの Dangus Productions からカセットで出され、翌年にはイギリスの Eldethorn から CD も発売された。ボーカル、ギターを Ramūnas Peršonis、ドラムを Audrius Šimkūnas、フィーメールボーカルを Vilma Čiplytė が担当。リトアニアの民話、伝説などをテーマにしており、怪しげなキーボードや Vilma の穏やかながらもミステリアスなボーカルなど、90 年代の地下ペイガンマニアには垂涎もの。

Agares

NS/Primitive Black Metal　　　ラトビア

Hymns of Freedom　　　　　　　　　　　　　　2004
Independent

リガで 2003 年に結成。ゴシック・ドゥームメタル Heaven Grey、インダストリアル・デス A.N.T.I. などのメンバーが在籍していた。また、オリジナルメンバーでドラムを務めていた Frostmourn が、2004 年の 7 月に森で首つり自殺をして弱冠 18 歳という若さで亡くなっている曰く付きのバンドだ。2003 〜 2004 年の間にデモ、ライブアルバム、フルレングス、EP をそれぞれ 1 本ずつリリースし解散している。今作は自主制作でリリースされたフルレングス。制作時のラインナップは不明。主に第二次世界大戦をテーマにしているようだが、「White Aryan Resistance」という曲名などからも NS 思想が見て取れるのは言うまでもない。ミサントロピックな生々しい音質だが、曲自体は特に変哲のないプリミティブ・ブラックスタイル。Burzum、Darkthrone のカバー曲入り。

Audrey Fall

Post Metal　　　ラトビア

Mitau　　　　　　　　　　　　　　　　　　　2014
Independent

イェルガヴァで 2010 年に結成。2015 年から活動休止状態になっている。今作は自主制作でリリースされた 1st フルレングス。同時にデジタル音源も出している。Elvijs Pūce と、ポストロック George Will でも活動する Jurģis Narvils がギター、Pauls Jaks がベース、Aigars Lībergs がドラムを担当。アトモスフェリックなカバーアートは、アメリカ出身の Kevin Russ という男性が手掛けている。収録曲は全 10 曲、トータル 1 時間弱のアルバムだが、メンバーにボーカリストがいないことからもうかがえるように、全曲インスト曲になっている。クリアな音質で優しく儚げに、時に軽やかに演奏されるメロディーは、メタルファンのみならず、ポストロック、シューゲイザーロックのリスナーも魅了するであろう作品だ。まばゆくかき鳴らされるトレモロリフも切なく美しい。

Begotten

Death/Black Metal　　ラトビア

Awake
Independent　　2012

ダウガフピルスで 2009 年に結成。2013 年から活動休止している。今作は、自主制作でリリースされた 1st フルレングス。デジタル音源も出ている。制作時のラインナップは不明なのだが、初期の頃から現在まで所属しているメンバーは、シンフォニックメタル Disease、ブラックメタル Urskumug にも在籍するボーカルの Andrey Nyarlathotep、スラッシュメタル Saintorment の元メンバーで、現在はフォークメタル Varang Nord、デス/スラッシュ Asthma でも活動するギターの Max Vollf、彼と同じく Varang Nord で活動するベースの Jaroslav Sokolov。ボーカルは低く猛々しいがなり声で、重低音の効いたリフもデスメタルらしさ満点。ところどころ、ポーランドの Behemoth を彷彿とさせるデス/ブラックメタルを演奏している。

Catalepsia

Gothic Doom Metal　　ラトビア

World of Cliché
Independent　　2015

リガで 2005 年に結成。ゴシック・ドゥーム Heaven Grey の元メンバー Erwin Franz を中心に活動が始まった。結成後、音源をリリースせずに 2011 年にいったん活動休止し、2013 年に再開。そして、結成から 10 年の時を経て発表された音源が今作のフルレングスだ。自主制作の CD とデジタル音源でリリースされた。ボーカル、ギターを Erwin、ギターを Juris Kreilis、ベースを Jānis Emīls Katinskis と Valentīns Kudrjavcevs、ドラムを Krišjānis Purens、キーボードを Silvija Gaujēna がプレイ。カバーアートのモデルになった女性は、ラトビア出身の Irbe Madara Kūlaine。終始物悲しげなキーボードがバックで鳴り響き、ノーマルボイスとグロウルが織りなすゴシック・ドゥームメタルを演奏している。

Dark Domination

Black Metal　　ラトビア

Rebellion 666
Evil Distribution　　2006

リガで 1997 年に結成。初期の頃はデスメタルを演奏していたが、後にブラックメタルに路線変更している。今作は 2 枚目のフルレングスで、ラトビアの Evil Distribution からリリースされた。Lord Messir がボーカル、ギター、キーボード、現在ブラックメタル Nycticorax で活動する Lodbrok がギター、Eligor がベース、Nycticorax の元メンバーである Midgard がドラム、クリーンボーカルを担当。また、エストニアのブラックメタル Loits の Lembetu がバッキングボーカルを、ペイガン・フォーク Skyforger の元メンバー Kaspars Bārbals がバグパイプをゲストで演奏している。純度 100% のサタニックなブラックメタルといった具合で爆走しまくるファストブラックが中心のアルバムになっている。なお 1 曲ごとにインストが挿入されている。

Dothbogria

Pagan Folk Metal　　ラトビア

Trinken der Fleisch
Independent　　2011

ダウガフピルスで 2007 年に結成。メンバーは全員ラトビア人だが、ドイツのペイガニズムをテーマにしており、歌詞も全部ドイツ語という珍しいバンドだ（ただ、中には意味をなさないなんちゃってドイツ語や、文法のおかしいドイツ語も含まれているそうだ）。今作は 1st フルレングスで、自主制作でリリースされた。ボーカル、ギターを Nikolajs Loskis、ギターを Miķelis Krogzem、ベースを Kaspars Petrov "Wolfjäger"、ドラムを Igors Vihrovs、キーボードを Vestards Šimkus が演奏している。ブラックメタルらしいがなり声で叫びながら疾走するパートもあれば、勇壮なクリーンボーカルでフォーキッシュに歌い上げるパートもあり、なかなか聴きごたえがある。それだけに、フルレングス扱いになっているものの、全 5 曲トータル 16 分の EP 並みのコンパクトさが残念だ。

Baltic States　　169

Eschatos

Progressive Black Metal　　　ラトビア

Hierophanies　　　2013
Independent

リガで 2012 年に結成。今作は 1st フルレングスで、自主制作の CD でリリースされた。同年にアメリカの Tridroid Records からカセットも 100 本限定で出ている。メロディック・ブラック Ocularis Infernum に在籍していた Kristiāna がリードボーカル、ブラックメタル Protean や Grondh で活動する Hellhurl Caligula がボーカル、ギター、同じく Protean や Grondh のメンバーでもある Edgars Gultnieks がギター、Ocularis Infernum の元メンバー Edvards Percevs がドラムを担当。また、ゲストで Jānis Kaņeps という男性がキーボード、後に正式メンバーになる Thomas von Becker がベースを演奏している。プログレッシブに展開されるメロディーに、Kristiāna の女性らしさを残しつつも邪悪なシャウトがこだまする。

Frailty

Atmospheric Doom Metal　　　ラトビア

Lost Lifeless Lights　　　2008
Solitude Productions

リガで 2003 年に結成。今作は 1st フルレングスで、ロシアの Solitude Productions からリリースされた。翌月にはラトビアの P3LICAN からも CD が出ている。ラインナップは、ボーカルの Martins Lazdāns、ブラックメタル Protean でも活動するギター、バッキングボーカルの Edmunds Vizla、ギターの Girts Fersters、ベースの Kārlis Ulmanis、デスメタル Malduguns にも在籍するドラムの Lauris Polinskis、メロディック・ブラック Ocularis Infernum のメンバーでキーボードの Andris Začs の 5 人。アトモスフェリックなキーボードと、ゴシックメタルのような退廃的な美しいギターリフが織りなすドゥームメタル。ボーカルはフューネラル・ドゥーム的な低くゆっくりとしたグロウルがリードし、ブラックメタルらしい絶叫なども聴ける。

Green Novice

Folk Metal　　　ラトビア

Padebeši　　　2014
Independent

ラトガレ地方で 2005 年に結成。今作は 1st フルレングスで、自主制作の CD とデジタル音源でリリースされた。ペイガン・フォーク Skyforger でも活動する Alvis Bernāns がボーカル、ギター、Zigmunds Čeksis がギター、Vitālijs Piskunovs がベース、Valdis Metlāns がドラムをプレイ。また、ゲストにも 3 名参加しており、Marta Vaivode がフィーメールボーカルを、Latvīte Cirse がクアクレ（ラトビアの伝統的な弦楽器）、Uģis Vilcāns がベースをそれぞれ一部で担当している。ミキシング、マスタリングはラトビア出身の Gints Lundbergs が手掛けた。しっかりとフォークメタルでありながら、キレのあるメロディーや少しクサめなギターリフが聴け、フォークメタルファンはもちろん、正統派メタル好きにも推薦できそうな 1 枚。

Grondh

Black Metal　　　ラトビア

Necilvēks　　　2011
P3LICAN

リガで 2008 年に結成。今作は結成後初の音源となった 1st フルレングス。ラトビアの P3LICAN からリリースされた。プログレッシブ・ブラック Eschatos の元メンバーで、現在はブラックメタル Protean などでも活動する Hellhurl Caligula がボーカル、ベース、Eschatos などにも在籍する Edgars Gultnieks がギター、このバンドでのみ活動する Tyran もギター、テクニカル・デスメタル Neglected Fields の Dante がドラムを担当。また、インダストリアル・ブラック Machinerie Perfect の Faun がゲストでボーカルとして参加している。アルバムタイトルはラトビア語で「非人間的な」「残酷な」という意味。実際、そこまで残酷で非人間的な曲を演奏しているわけではないが、適度に疾走し、ほどほどにイーヴル、時にメロディアスなブラックメタルを聴かせてくれる。

Heaven Grey

Gothic Doom Metal　　　ラトビア

Manuscriptum　　　2016
Via Nocturna

リガで 1993 年に結成。1998 年にいったん活動をやめ、2008 年に再結成している。メンバーチェンジも多く、また 1994 〜 1998 年まで在籍していた 2 人のメンバーが癌とバイク事故で 2000 年代に亡くなっている。今作は 3 枚目のフルレングスで、ポーランドの Via Nocturna から CD とデジタル音源でリリースされた。ボーカルを Arturs Fishers、ボーカルとキーボードを Stanislav Semjonov、ギターを Vladimir Beluga と Vjačeslavs Ņikitins、ベースを Andrei Nikitin、ドラムを Slasla Ronson がプレイ。またゲストで Reinis Melbardis という青年がチェロを演奏している。メランコリックで陶酔感の漂うゴシックなメロディーに、低すぎないだみ声ボーカルが絡むゴシック・ドゥームメタルを演奏している。

Heresiarh

Symphonic Black Metal　　　ラトビア

Mythical Beasts and Mediaeval Warfare　　　2000
Demolition Records

リガで 1997 年に結成。2002 年に解散している。今作は最初で最後のフルレングスで、イギリスの Demolition Records からリリースされた。同年にメンバーの 1 人が運営する Elven Witchcraft からカセットも出ている。ブラックメタル Urskumug の Draake がボーカル、キーボード、テクニカル・デス Neglected Fields にも在籍していた Rasa がフィーメールボーカル、Burial Jester がギター、現在デスメタル Malduguns で活動する Mourn Majesty もギター、Hater がベース、ペイガン・フォーク Skyforger の元メンバー Edgars "Mazais" がドラムをプレイ。「Romantic Dragon Metal」とメンバーが自称しているだけあって、カバーアートもドラゴン。Rasa の儚げなソプラノボーカルに重なるローファイなシンフォニックサウンドがカルトな 1 枚。

Last Decline

Depressive Black Metal　　　ラトビア

Escape　　　2015
Beverina Productions

リガで 2003 年に結成。結成当初は Ohrwurm というバンド名で活動していたが、2004 年に現在の名前に変更。今作は 1st フルレングスで、ラトビアの Beverina Productions からデジタル音源でリリースされた。翌月には同レーベルから CD も 100 枚限定で出ている。ボーカル、ベース、ドラムプログラミングを Todessucht、バッキングボーカル、ギターを Vomh が担当。2 人とも創設メンバーだ。レコーディング、ミキシング、マスタリングは、同郷のメロディックメタルバンド Burned in Blizzard の Matīss Klaviniuss が手掛けた。生々しいサウンドで奏でられるデプレッシブ・ブラックで、悲壮感が漂っていながらもどことなくメロウな旋律に、一本調子だが憐憫さはバッチリの中音域のボーカルが乗る。急にバンドが変わったか？と思うくらい曲調の違うファスト・ブラックな曲も入ったアルバムだ。

Nycticorax

Black Metal　　　ラトビア

Treatise of Death　　　2018
Terror Records

リガで 2003 年に結成。今作は 6 枚目のフルレングスで、スイスの Terror Records から 500 枚限定でリリースされた。自主制作のデジタル音源も出ている。現在も唯一バンドに残るオリジナルメンバーで、ブラックメタル Dark Domination などでも活動していた Lodbrok がボーカルとギター、ブラックメタル Agares の元メンバー Voltz がベース、Mjolnir がドラムとヴィオラをプレイ。また、過去に正式メンバーとして在籍していた Morok がサンプリング、Ognedar が一部でドラム、その他 2 名の女性がバイオリンとピアノをゲストで演奏している。アートワークは、パワーメタル Sabaton などのカバーアートも手掛けているブラジル出身の Jobert Mello によるもの。曲名のほとんどがキリル文字のロシア語になっているこのアルバム、真新しさは特に無いが、ソツのないブラックメタルを演奏している。

Baltic States　171

Protean

Black Metal　　　ラトビア

The Burning Centuries　　2015
Beverina Productions

2012 年に結成。結成地は不明。今作は 1st フルレングスで、ラトビアの Beverina Productions から 300 枚限定でのリリース。同時にラトビアの P3LICAN からデジタル音源が、翌年にはドイツの Heathen Tribes からカセットが発売された。ブラックメタル Grondh の Jānis Bušs がボーカル、プログレッシブ・ブラック Eschatos の Edgars Gultnieks がギター、アトモスフェリック・ドゥーム Frailty の Edmunds Vizla がギター、バッキングボーカル、ブラックメタル Urskumug の元メンバー Jānis Krivāns がベース、キーボード、ドラムプログラミング、バッキングボーカル、ブラックメタル Begotten の Dmitry Suhanovsky がドラムをプレイ。時に儀式的な怪しいボーカルがうめき、時にインダストリアルに、時にメロディアスに疾走する。

Shadowdances

Gothic Doom Metal　　　ラトビア

Misery Loves My Company　　2008
Independent

ヴィリニュスで 1995 年に結成。デスメタル Conscious Rot のメンバーらによって結成された。現在は拠点をロンドンに移して活動している。今作は 2 枚目のフルレングスで、自主制作の CD でリリースされた。現在はデジタル音源も出ている。ボーカル、ドラムを元 Conscious Rot の Juodas、ギターを現在デス / スラッシュ Stormgrey に在籍する Raimondas 'Raima' Kieras と、ポスト・ブラック Devlsy の Giedrius Gudaitis、ベースを Aidas、キーボードをプログレッシブ・スラッシュ Prosecutor の元メンバー Lady Amial が担当。カバーアートは、Cradle of Filth や Kamelot などのアートワークも手掛けるリトアニア人女性 Natalie Shau によるもの。線の細そうなボーカルに、メランコリックで気だるげなメロディーのゴシック・ドゥーム。

Urskumug

Black Metal　　　ラトビア

Am Nodr　　2006
Ledo Takas Records

リガで 2002 年に結成。今作は 2 枚目のフルレングスで、リトアニアの Ledo Takas Records からリリースされた。12 インチも出ている。シンフォニック・ブラック Heresiarh の元メンバー Draake がボーカル、キーボード、エフェクト、Krauklis がギター、ドラムプログラミング、ボーカル、Maero がギター、ドラムプログラミング、現在ブラックメタル Protean で活動する Kriwix がベース、エフェクトを担当。また、アメリカのブラッケンドデス Witch Casket に在籍するラトビア出身の Balrogh がドラム、その他 3 名がキーボードやディジュリドゥなどをゲスト演奏している。ブラストビートとともに爆走するファスト・ブラックで、ボーカルは特筆する点は無いごく普通の絶叫スタイルだが、時折儀式的なドラミングなどを織り交ぜた怪しげなアルバムに仕上がっている。

Varang Nord

Folk/Viking Metal　　　ラトビア

Master of the Forest　　2015
Independent

ダウガフピルスで 2014 年に結成。前身バンドは、2004 〜 2008 年まで活動していた Балауры。今作は 1st フルレングスで、自主制作の CD とデジタル音源で発表された。翌年にはロシアの Soundage Productions から『Хозяин леса』とタイトルがロシア語になった CD もリリースされた。スラッシュ / デス Asthma、デス / ブラック Begotten でも活動する Wolf (Maxim Popov) がボーカル、ギター、フォークメタル Yomi ぞ Khurr がボーカル、ベース、Begotten の Sokol (Jaroslav Sokolov) がギター、Aig がドラム、Alyona Kalnish がアコーディオンをプレイ。アコーディオンの哀愁漂う音色にメロディアスなギターリフが絡み、そこに猛ったグロウルが乗るヴァイキング / フォークメタル。

172　Eastern European Black Metal Guidebook 2

米大手レーベルからもリリースした正統派色残るペイガンフォーク

Skyforger

出身地 リガ　　**活動時期** 1995〜
主要人物 Pēteris "Peter", Edgars "Zirgs"
メンバー Pēteris "Peter"(Vo.Gt.Other), Alvis(Gt.Vo), Edgars "Zirgs"(Ba.Vo.Other), Artūrs Jurjāns(Dr.Percussion)
類似バンド　世界 Аркона, Månegarm　**東欧** Obtest, Metsatöll, Loits

　リガで 1995 年に結成。1991 〜 1995 年までは、Grindmaster Dead というバンド名でデス / ドゥームメタルバンドをやっていた。オリジナルメンバーは、現在も在籍する Pēteris "Peter" と Edgars "Zirgs"、今はスラッジ / ドゥーム Diseim で活動する Imants Vovers の 3 人だ。
　1997 年にデモ『Semigalls' Warchant』を自主制作で発表。ややスラッシュ色の強い曲が収録されている。そしてこの頃には、いったん脱退しつつも 2008 年まで在籍する Rihards Skudrītis が加入している。翌年 1998 年に 1st フルレングス『Kauja pie Saules』を、オランダの II Moons からリリース。2000 年には 2nd『Latviešu strēlnieki』をドイツの Folter Records から発表。Rihards、Imants が抜け、代わりに Edgars "Mazais" がドラムとして加入している。2003 年には 3rd『Pērkoņkalve』をリリースした。今作では Rihards が再び戻ってきて、4 人体制での制作となった。ブラックメタル然としていた初期に比べると、ボーカルがだいぶ地声に近づき、フォーク要素も増している。同年に同じラインナップで 4th『Zobena dziesma』を自主制作で発表。今作は異色のアルバムで、全曲ラトビアの伝統的なフォークソングで構成されている。2005 年に 1st デモの収録曲と新曲が 4 曲入ったコンピレーションを発売した。
　2010 年には、アメリカの大手レーベル Metal Blade Records と契約を交わして、5th フルレングスとなる『Kurbads』をリリース。Rihards が脱退したが、Mārtiņš Pētersons と Kaspars Bārbals が加入し、5 人編成になっている。4th では完全にフォークソングのみだったが、今回はブラック要素は消えたものの、しっかりとペイガン・フォークメタルのスタイルになっている。さらに 5 年後の 2015 年に 6th フルレングス『Senprūsija』をリリース。Mārtiņš と Kaspars が抜け、正式メンバーは 3 人のみとなってしまったが、正統派ヘヴィメタルの雰囲気も多分に帯びたキャッチーな作品に仕上がっている。また、同年にラトビアやリトアニアでのライブの様子を収めたライブ DVD も出している。

Skyforger

Pagan Folk Black Metal　　ラトビア

Kauja pie Saules
II Moons　　1998

リガで 1995 年に結成。前身バンドは 1991 年から活動する Grindmaster Dead。今作は 1 枚目のフルレングスで、ハンガリーのアトモスフェリック・ブラック Sear Bliss などの音源を出していたオランダのレーベル II Moons からリリース。翌年にはオランダの Mascot Records からカセット、2004 年にはドイツの Folter Records から 12 インチも発売。その後アメリカの Paragon Records など複数レーベルから再発盤も発表。ボーカル、ギター、民族楽器を Pēteris "Peter"、ギター、バッキングボーカル、民族楽器を Rihards Skudrītis、ベース、口琴などを Edgars "Zirgs"、ドラム、バッキングボーカルを Imants Vovers が担当。音質はチープだが、ブラックメタル感の強いシャウトと小気味よいペイガンサウンドが融合したカルトな 1 枚。

Skyforger

Pagan Folk Black Metal　　ラトビア

Latviešu strēlnieki
Mascot Records　　2000

1st リリースのちょうど 2 年後に発表された 2 枚目のフルレングス。オランダの Mascot Records から CD とカセット、ドイツの Folter Records からは 12 インチが、翌年にはベラルーシの Fatal Ecstasy Productions からカセット、2005 年には CD-Maximum から再発盤 CD が出ている。前作でドラムを担当していた Imants とギターの Rihards が抜け、シンフォニック・ブラック Heresiarh に在籍していた Edgars "Mazais" がドラマーとして加入。また、スピードメタル Hell Patrol のメンバーなどを筆頭に、4 名のゲストが合唱やアコーディオンで参加。ブラックメタルらしさが強かったボーカルから、勇ましさを感じさせるボーカルになっており、さらに勢いを増した勇敢なサウンドに変化を遂げている。ラトビアの小銃手をテーマにした作品で、所々にメンバー扮する戦士の声が入っている。

Skyforger

Pagan Folk Black Metal　　ラトビア

Pērkoņkalve
Folter Records　　2003

2nd から約 3 年の時を経てリリースされた 3 枚目のフルレングス。ドイツの Folter Records から CD と 12 インチでリリースされた。同年に、Fatal Ecstasy Productions とラトヴィアの Gailītis-G からカセットが、2004 年には CD-Maximum から CD が、2009 年には Folter Records から 12 インチが 500 枚限定で出されている。今回の正式ラインナップは 4 人で、2nd には参加しなかった Rihards Skudrītis が再び戻ってきてギターやキーボードなどを演奏している。ゲストで、シンフォニック・ブラック Heresiarh に在籍していた Rasa がフィーメールボーカル、元メンバーの Imants が一部でボーカルを披露。Peter のボーカルはだいぶ地声に近くなっており、スラッシュメタルかと思うような曲も。テンポも良くフォーキッシュな笛の音色も楽しめる。

Skyforger

Pagan Folk Metal　　ラトビア

Zobena dziesma
Independent　　2003

3rd リリースの 8 か月後に発表された 4 枚目のフルレングス。今回は自主制作でのリリースだ。2008 年に同じく自主制作で再発盤 CD を出しており、同年に Folter Records から 12 インチも発売。2016 年にはデジタル音源と、バンド自身のレーベル Thunderforge Records から CD も出ている。正式ラインナップは 3rd と同じ 4 人で、前作にも参加した Imants や Rasa、後に正式メンバーとなる Kaspars Bārbals や Ģirts "Motors" Kļaviņš などもセッションメンバーとしてボーカルやバグパイプなどを担当した。ラトビア語で「剣の歌」というタイトルのアルバムだが、これまで彼らが制作してきた楽曲とは打って変わって、メタル色が一切排除されたフォークソングで構成されている。ペイガン・ブラックの激しさを求めるリスナーにはガッカリかもしれないが、Skyforger の新たな一面を垣間見ることのできる 1 枚だ。

Skyforger

Pagan Folk Metal　　　ラトビア

Kurbads
Metal Blade Records　　　2010

4th リリース後、初期デモなどを収録したコンピレーションを 2005 年に発表。その後しばらく間を置き、2010 年にリリースされた 5 枚目のフルレングスだ。アメリカの大手レーベル Metal Blade Records からのリリースで、同年にロシアの Fono Ltd. からも CD が出ている。4th まで在籍していた Rihards が脱退し、Kaspars Bārbals（バグパイプ、バッキングボーカル、民族楽器）と、Mārtiņš Pētersons（ギター、バッキングボーカル）が加入。2004 〜 2006 年まで正式メンバーとして在籍していた Ģirts "Motors" Ķlaviņš と、デスメタル Brute Chant、スラッシュメタル Collide の元メンバー Sandis Korps がゲストでボーカルを担当。4th では毒気が抜けたフォークメタル化していたが、今作で勢いを取り戻すテンション高めのスラッシーなペイガン・フォークを演奏している。

Skyforger

Pagan Folk Metal　　　ラトビア

Senprūsija
Thunderforge Records　　　2015

5th から 5 年の時を経てリリースされた 6 枚目のフルレングス。自主レーベル Thunderforge Records からのリリースだ。前作に参加していた Kaspars と Mārtiņš が脱退し、Pēteris "Peter"（ボーカル、ギター、民族楽器）、Edgars "Zirgs"（ベース、口琴、バッキングボーカルなど）、Edgars "Mazais"（ドラム）の 3 人での制作となってしまった。ただ、フォークメタル Green Novice でも活動し、後に正式メンバーになる Alvis を筆頭に、総勢 9 名のゲストが参加しており、ボーカル、ギター、バイオリン、バグパイプなどを演奏している。レコーディングなどは彼らの全作品に協力している Gints Lundbergs によるもの。正統派ヘヴィメタル、スラッシュメタルに通ずるキャッチーなリフが多用されており、初期のブラックさは消え去ったが、多方面からのファンの心を掴みそうな出来になっている。

「Nekas nav aizmirsts」の PV。うら若き女性が森で頭蓋骨を見つけて手に取るも、手が血だらけになりパニックに。

彼女が頭蓋骨を手にした途端、過去にその地で行われた戦争の情景が、脳裏にリアルに浮かぶ羽目になる。

彼女が川で溺れている間も、自然の中でのどかに演奏するメンバーたち。

最後に溺死したであろう女性が全裸で復活して終わる。

ラトガリアのヘヴィメタルを研究し教え子とも共演する古典文学博士

Sovvaļnīks

出身地 レーゼクネ
主要人物 Ingars Gusāns　　**メンバー** Vadim Vasilyev(All)　　**活動時期** 2009 〜
類似バンド　世界 HIM, Type O Negative　**東欧** Linga, Opus Pro

　レーゼクネで 2009 年に活動開始。Ingars Gusāns という男性によるワンマン・プロジェクトだ。デプレッシブ・ロック、ゴシックメタルなどと形容されているが、本人はヘヴィメタル / ハードロックが妥当としている。
　2009 年に 1st フルレングス『Sūpluok』を自主制作でリリース。翌 2010 年には 2nd フルレングスとなる『Bolts susātivs』を自主制作でリリースした。今作は、5 名のゲストがギター、キーボード、ベース、ドラムをプレイしている。しばらく間をあけて、2016 年に 3rd フルレングスとなる『Napaseitynuots』を自主制作で発表。今回も、ポップロックバンド Dzelzs Vilks のメンバーを中心に 7 名ものゲストが参加しており、バグパイプやプサルタリー（注：木箱に 24 本のピアノ線を張った楽器）、キーボード、リコーダー、ボーカルなどを演奏した。
　Ingars はもともと Borowa MC というポップスグループで活動しており、さらにヘヴィな音楽を作るためにソロ活動を始めた。また、音楽活動と並行して大学で学位を習得。ラテン語や古代ギリシャ語、古代ギリシャなどの古典文学を 20 年間教えている。

Gothic Metal

Napaseitynuots　　　　　　　　　　　　2016
Independent

今作は、自主制作でリリースされた 3 枚目のフルレングス。500 枚限定での発売だ。デジタル音源も出ている。正式ラインナップは Ingars のみで、彼がボーカル、ギター、アコーディオンを演奏。また、同郷のロックバンド Dzelzs Vilks の Kaspars Tobis や、レーゼクネ出身の女性フォークシンガー Biruta Ozoliņa などを含む 7 名のゲストも参加しており、ボーカルやバグパイプ、キーボード、リコーダーなどをプレイしている。一部の曲は民族音楽をモチーフにしており、全体的に愁いを帯びたムードを漂わせつつ、時にアグレッシブに、時にフォーキッシュに展開される。ボーカルもクリーンボーカル、グロウル、フィーメールボーカルなどバラエティ豊か。ゴシックメタルに分類されることもあるが、本人はヘヴィメタルに括るのが妥当としている。

Q：まず簡単にバイオグラフィを教えてください。
A：僕はレーゼクネで 1974 年に生まれた。僕と音楽の最初の出会いは 6 歳の時、ピアノを習い始めた頃だったよ。その後、少しだけアコーディオンとギターを習って、ブラスバンドでドラムを演奏したりもした。学生の頃はいくつかの音楽プロジェクトに参加していたけど、本腰を入れてはいなかったね。ちゃんと活動し始めたのは、2000 年頃に初めて自分の曲を作った時からだった。Slieksnis というバンド名で 1st デモを録音して、その後ポップ / ロック / ラップなどを演奏する Borowa MC からオファーをもらったんだ。僕たちは一緒に 3 本のアルバムを制作し、ラトビアのいくつかの音楽賞を受賞した。そして 2008 年に自分のプロジェクト Sovvaļnīks を作って、3 本のアルバムを制作した。また、音楽活動と並行して、ラトビア大学で学位を取得し、今でも学会に参加しているよ。過去の 3 〜 4 年間ではラトガリア（注：レーゼクネなどを含むラトビア南東部の地域）の音楽やヘヴィメタルについて研究していて、僕の論文はラトビアだけでなく海外にも進出しているんだ。

Q：このプロジェクトを始めたきっかけは何だったのですか？
A：僕は 13、4 歳頃からハードロックやヘヴィメタルを聴き始めたんだけど、すぐに心を奪われた。ハードロック / ヘヴィメタルのファンになって、他の多くさんのファンと同様に、いつかこういった音楽を演奏することを夢見ていた。ついに、作曲する機会だけでなく通常のレコーディングスタジオで録音する機会を得て、このチャンスを逃さずに夢を叶えるべきだと悟った。Borowa MC は素晴らしいプロジェクトだけど、僕は常々もっと違う、何かヘヴィな音楽をやりたかったんだ。新プロジェクトは、ラトガリアの詩を宣伝する良い機会だったしね。

Q：あなたの音楽は、時にメタル、時にロック、時にフォーク……と、多様な要素が混ざっていると思います。あなたの音楽は一体どのジャンルに当てはまるのでしょうか？
A：ハードロックとヘヴィメタルに分類できるんじゃないかな。僕の最初の作品はロックにすぎなかったけど、最近のアルバムは様々な要素を含んだスラッシュメタルのようでもある。Encyclopaedia Metallum では「ゴシックメタル」とカテゴライズされているけど、それはちょっとおかしい気がする。でもそう思う人がいるなら、それでもいいよ。最近は、ジャンルの境界線が曖昧で、ミュージシャンがどういう音楽を演奏しているのか明言するのは難しいよね。僕が思うに、ヘヴィメタルという言葉こそ、すべてのメタルを結ぶ最高の名称だと思う。

Q：あなたはいつも母国語で歌っていますね。一体何について歌っているのですか？
A： 僕 は、Marija Andžāne、Antons Kūkojs、Anna Rancāne、Valentins Lukaševičs のような、ラトガリアの詩人の詩を引用しているんだ。これらの詩は、信仰、個人の成長、歴史や愛国心、愛や悲しみなどの、人類の普遍的な問題に関連したものだよ。

Q：あなたが音楽を制作する時、何にインスパイアされていますか？　また、影響を受けたアーティストやバンドはいますか？
A：かつては有名ミュージシャンに似た音楽をやりたかったけど、時が経つにつれて、感情に任せて作曲するべきという考えに変わったんだ。いくつかの曲は、詩から影響を受けている。詩を読んでいると、これを曲にするべきだと分かる瞬間があるんだよ。あと、一人で自然の中にいる時、意図せず音楽が頭の中で流れるんだ。自然は僕をインスパイアしてくれる要素のひとつだよ。

Q：メタル以外の音楽は聴きますか？
A：学生時代、僕はDJだったからありとあらゆる音楽を聴かなくてはならなかったんだ。今でもリストアップできないくらい、ほぼ全ての音楽を聴いているよ。どのジャンルにも聴くべき曲が山ほどあるから大変だよ！
　一度にすべてを聴くのが不可能なのは分かっているから、まず最初にベートーベンとバッハの名曲から始め、ジャズで終える。まだ若かった80～90年代には、ディスコ音楽もかなり聴いたね。これは僕が最初に気に入った音楽ジャンルでもあるんだ。だからいまだにModern TalkingやBad Boys Blueなんかを聴くよ。90年代後半からは、ScooterやDepeche Mode、A-haなどを聴くようになった。

Q：オールタイムベストを教えてください。
A：話の流れ的に、メタルに絞ろう。今、僕のコレクションは年々増えていって、2,000以上のCD、レコード、テープがあるから、何枚かの音源をピックアップするのは難しい。でも、メタルにハマり始めた頃に聴いていたバンドたちは今でもよく覚えているし、その中でも一際気に入っていたのはJudas Priestだったね。他にもAnnihilator、Iron Maiden、Katatonia、Paradise LostやAnathema、もう少しマイナーなバンドだとThe Morningside、Before the Dawnかな。

Q：あなたは大学の講師だそうですね。何を教えているのですか？　また、同僚や学生はあなたの音楽活動について知っているのでしょうか？
A：ラテン語、古代ギリシャ語、古代ギリシャとローマの文学、その他にも古典文学に関連したいくつかの科目を約20年近く教えているんだ。僕は古典文学の博士号を持っていて、古代ギリシャの詩人カリコマスの賛歌についての論文を書いてきた。
　一部の同僚は、僕がミュージシャンだということも知っているし、興味も示してくれている。でも学生は僕の音楽活動についてはほとんど知らないみたい。そもそも今のこの世の中、様々な情報で溢れ返っているから、学生たちがそんなに有名ではない僕の音楽活動を知ることはないんだ。一方で、僕の教え子や元教え子がライブに来てくれて、さらには一緒に歌ってくれるのを目にするのはとても嬉しいよ。
　ところで、僕の教え子にMarko Rass（プログレッシブ・ブラックメタルEschatosなどに在籍）という子がいるんだけど、彼はちょっとした有名ミュージシャンでね。Sovvaļnīksのレコーディングやライブに、ゲストボーカルとして参加してくれたこともあるんだ。こうして僕の音楽を知ってくれて、サポートをしてくれる人

たちにはとても感謝しているよ。
Q：もし差し支えなければ、あなたの政治観を教えてください。
A：僕の政治観は保守的なんだけど、ラトビアの全地域の平等な発展に興味がある。なぜかというと、僕は今、ラトビアの中では発展していない地域に住んでいる。これは切迫した問題だよ。そして僕の地域の付加価値であるラトガリア語の保持と発達も大切だ。
Q：ラトビアのメタルシーンについてはどう思いますか？
A：僕たちの音楽界は多様で、それなりに世界の音楽を追っているから、各ジャンルで少なくとも１〜２組は代表格がいる。ハイクオリティの音楽を作ってラトビア外に進出しているバンドもいるね。たとえば、Skyforger、Frailty、Heaven Grey、Preternatural、Varang Nord、Green Noviceのように。
あと、かなりメタルファンが減っている気がする。外国のアーティストだけでなく、地元のメタルバンドをサポートしてくれる人がもっと増えてくれたら良いんだけど。
Q：日本のアーティストやバンドを知っていますか？
A：うん、知っているよ。メタルを聴き始めた頃にLoudnessの『Hurricane Eyes』を手に入れて、このアルバムの大ファンになった。Double DealerやBow Wowも聴いていた。今気に入っているバンドはBlood Stain Childで、特に『Idolator』と『Mozaīq』が好きだ。
Q：日本にはどんなイメージを持っていますか？
A：侍映画のイメージが強いね、今までたくさんその手の映画を観てきたから。君の国はとても美しくて、間違いなく僕が訪れたい国のひとつだ。でも、たまに日本の伝統が理解できないこともあるんだけど、これは北野武の映画を観て思った。彼の作品はとても独特だよね。あともちろん、科学分野での発明や、人々の仕事能力の高さなどのイメージもある。
Q：あなたはレーゼクネという街出身ですね。どんな街なのですか？　どこかオススメのスポットなどはありますか？
A：まぁ、レーゼクネは小さな街だから、特に注目するべきようなものはない気がする。歴史的な建物と最新の建物（コンサートホール「Gors」やユースセンター「Zeimu|s」など）が並ぶいくつかの通りは見る価値があるかもしれないね。いずれにしても、日本の建築物に比べたら大したことはないんだけど。旅行者は、ラッシュの無い生活がどういうものか知るために、ただこの町を歩くだけでも良いかもしれない。
Q：インタビューに応じていただきありがとうございました！　最後に日本のメタルファンに一言お願いします。
A：ヘヴィメタルは君を開眼させ、リアルな人生を見出す手助けをしてくれ、音楽の本物のエネルギーを感じさせてくれる。Heavy metal forever!

DSBMからまるでヒーリング・ミュージックのシューゲイザーロック

Sun Devoured Earth

出身地 アイズクラウクレ　　　　　　　　**活動時期** 2009〜
主要人物 Vadim Vasilyev　　**メンバー** Ingars Gusāns(Vo.Gt.Accordion)
類似バンド **世界** Alcest, Amesoeurs, Airs, Lantlôs　**東欧** Old Silver Key, Drudkh

　アイズクラウクレで2009年に活動開始。1992年生まれの青年Vadim Vasilyevによるワンマン・プロジェクトだ。活動初期はFuschiaというプロジェクト名で活動していた。彼はまた、Poor, Useless Meというサイケデリック/シューゲイズ/ノイズのプロジェクトもやっていた。
　2009年にFuschia名義で1stデモ『Transition to White』を自主制作のデジタル音源でリリース。翌年にEP2本とコンピレーション、1stフルレングス『Sun Devoured Earth』、2ndフルレングス『End of Hope』をそれぞれデジタル音源でリリース。1stはおそらくノイズがかった劣悪な音質のシューゲイザーだが、2ndでは音質もかなり良くなり、まるで別人が演奏しているのかと思うほどに物静かなシューゲイザーになっている。
　翌年の2011年は非常に精力的に音源をリリースする。まず3rdフルレングス『Good Memories Are the Hardest to Keep』をアメリカのHandmade Birds Recordsと契約を結んでデジタルで出し、その後EP3本、アメリカのヘンテコブラックメタル、ロリVOMITSとポスト・ブラックVerwüstungとのスプリット、そして4thフルレングス『The Sunshine Always Fades』、4本のEP、ボックスセット、アンビエント・プロジェクトとのスプリットを立て続けにリリースした。3rdではついに絶叫ボーカルを披露している。
　2012年2月にイギリスの独りアトモスフェリック・ブラックWounderとのスプリットを発表し、7月に5thフルレングス『Sounds of Desolation』をリリース。中身はかなり毒気の抜けまくったフワフワとしたシューゲイザーだ。2013年には6thフルレングス『Elīlan』をリリースしたのだが、ちょっとしたサイド・プロジェクトとして制作したものだそうで、エレクトロニカ風の曲が収録されている。同年に7thフルレングス『A Static Life』を発表したのを最後に、突然活動が止まってしまった。
　Sun Devoured Earthの作品は聴く人を選ぶかもしれないが、今やブラックメタルも非常に幅広くさまざまなジャンルを取り込んでいることに気づかされる。

Sun Devoured Earth

Shoegaze/Post Black Metal　　ラトビア

Sun Devoured Earth
Independent　　2010

1992年生まれの青年 Vadim Vasilyev が、ラトビア中部の小さな町アイズクラウクレで 2009 年に活動開始したワンマン・プロジェクト。今作は 2 曲入りデモ『Transition to White』、4 曲入り EP『The Black Death』の後に出された 1st フルレングス。自主制作のデジタル音源で発表された。すべて Vadim が 1 人で手掛けている。セルフタイトルが冠された初のフルレングスは、全 7 曲インスト曲オンリーだ。ボロボロの低音質で奏でられるディストーションのかかったギターの反復リフは、この音質でこそブラックメタルらしさを秘めているが、これでクリアなサウンドクオリティだったとしたら、そのまま万人受けしそうなシューゲイザー・ロックになるだろう。しかしこのローファイ音質だからこそ、美しさだけでなく深い闇を感じさせる曲に仕上がっている。

Sun Devoured Earth

Shoegaze/Post Black Metal　　ラトビア

End of Hope
Independent　　2010

1st リリース後、インスト曲のみが 17 曲収録されたコンピレーションを発表。その 2 か月後にリリースされた 2 枚目のフルレングス。今回も自主制作のデジタル音源だ。Vadim1 人での制作だが、今回は女性の声も入っている。全 11 曲中 5 曲はインストで、他はボーカルと言うよりもナレーションのような語りが入る。英語で淡々と語られるセリフは、まるでドキュメンタリー映画のようだ。今作は、そこらへんの中途半端なプリミティブ・ブラックメタルも顔負けなレベルでノイジーだった 1st に比べると、だいぶ音質が向上している（それでもまだクリアな音質ではないが）。特に絶叫するわけでもなく、ブラックメタルらしさはほぼ見当たらないものの、心地よく沈み込んでいくような倦怠感に満ちたメロディーは、ポスト・ブラックファンはもちろん、アトモスフェリック・ブラック、デプレッシブ・ブラックのファンの心も掴むかもしれない。

Sun Devoured Earth

Shoegaze/Post Black Metal　　ラトビア

Good Memories Are the Hardest to Keep
Handmade Birds Records　　2011

2nd リリース後、4 曲入り EP をリリース。その翌月に発表されたのが 3 枚目のフルレングスだ。今回は、フランスのアヴァンギャルド・ブラック Blut aus Nord の音源なども出しているアメリカの Handmade Birds Records からデジタル音源でリリースされた。また、数曲が再録されたものが、2 か月後に自主制作のデジタル音源でリリースされている（こちらはボーカルなどが少しアレンジされている）。『良い想い出を保つのは難しい』というアルバムタイトルに従い、曲名も「子ども時代が懐かしい」「人生は過ぎてゆく」など、物寂しくメランコリック。そして、これまでインスト曲ばかり、もしくは歌詞がついていても、特に歌うわけではなくセリフのように読み上げる曲ばかりだったが、今作ではブラックメタルファンお待ちかねの絶叫ボーカルを一部でやっと聴くことができ、愁いを帯びたメロディーにシャウトがこだまする。

Sun Devoured Earth

Shoegaze/Post Black Metal　　ラトビア

The Sunshine Always Fades
Handmade Birds Records　　2011

3rd リリース後、アメリカのブラックメタル、ロリ VOMITS、ポスト・ブラック Verwüstung とのスプリットを自主制作のデジタル音源でリリース。他にも EP3 本を発表し、3rd リリースから 3 か月後の 2011 年 4 月に、4 枚目のフルレングスをリリースした。前回同様、Handmade Birds Records からデジタル音源でのリリースとなっている。「憎しみの歌」「何もかもが最悪に終わる」「生きることに飽きた」といつもに増してデプレッシブ度の高い曲名が揃うが、3rd で披露していた絶叫ボーカルは今作でも健在。しかし、決して鬱々としたダークな本格的デプレッシブ・ブラックに偏るわけではなく、シューゲイザー的な浮遊感を前面に散りばめており、適度にこもったギターのサウンドも作品全体に温もりを与えている。もやがかかったようなアトモスフェリックなメロディーも、まるでヒーリングミュージックのようだ。

Baltic States　181

Sun Devoured Earth

Shoegaze/Post Metal　　ラトビア

Sounds of Desolation
Independent　　2012

4th リリース後、3rd、4th およびいくつかの EP 作品をまとめた 4 枚組 CD のボックスセットを、Handmade Birds Records から 100 本限定でリリース。そして、2012 年の1月に 5 枚目となるフルレングスを自主制作のデジタル音源で発表した。『悲しみの音』という、これまたデプレッシブなムード漂うタイトルだが、3rd、4th のポスト / デプレッシブ・ブラックのスタイルから打って変わって、軽やかなシューゲイザー・ロックになっている。物憂げでフワフワした雰囲気、こもりがちの音質など、今までの面影を十分に残しつつ、シャウトボイスはほぼ封印されているので、ブラックメタルらしさを求める人には少し退屈かもしれない。なお、10 曲目の「Anxiety」は、アメリカの著名的映画監督コーエン兄弟の 2001 年作『バーバー』のワンシーンがサンプリングされている。

Sun Devoured Earth

EDM　　ラトビア

Ellilan
Independent　　2013

5th リリースの約 1 年後にリリースされた 6 枚目のフルレングス。今回も自主制作のデジタル音源でのリリースだ。さて、前作でブラックメタルから脱却し、シューゲイザー・ロックスタイルへと変貌を遂げた Sun Devoured Earth だが、今作でもまた新たなジャンルを演奏している。Vadim 自身、この作品は「ビデオゲームのサウンドトラックから着想を得たエレクトロニカ」と述べているが、シンセサイザー 1 つで制作したであろうアルバムで、もはやブラックメタルでもなければシューゲイザー・ロックでもない、インスト曲のエレクトロニカを披露。中には 10 秒という極端に短いトラックもあり、最長でも 3 分弱の曲が 21 曲収録されている。初期〜中期の Sun Devoured Earth ファンは肩すかしを食らいそうだが、ブラックメタルに耳が疲れた時の気分転換には良いかもしれない。

Sun Devoured Earth

Shoegaze/Post Metal　　ラトビア

A Static Life
Independent　　2013

6th リリースの 5 か月後に出された 7 枚目のフルレングス。毎度おなじみ、自主制作でデジタル音源でのリリースだ。『A Static Life（変わらない生活、静かな生活）』というタイトルが冠された今作だが、再びかつてのシューゲイザースタイルに戻っている。5th でもシューゲイザーを演奏していたが、そちらはやたらとキャッチーな軽やかさが目立ち、続く 6th ではメタル色もエクストリーム性も一切排除したエレクトロニカ作品を制作し、往年のファンを驚かせ落胆させたかもしれない。しかし、ブラックメタルらしさは相変わらずどこ吹く風ながらも、この闇を感じさせる無重力空間の中に漂うような、そんなアトモスフィアが戻り胸をなでおろした人もいるだろう。だが残念なことに、これまでは 1 年に何本も作品を出すなどしてかなり精力的に、かつコンスタントに制作活動をしていたが、今作のリリース後パタッと活動が止まっている。

V.A

Shoegaze/Post Metal　　ラトビア

Verwüstung / Sun Devoured Earth / ロリ VOMITS
Independent　　2011

3rd リリース後に発売されたスプリットアルバム。アメリカのドローン / ポスト・ブラック Verwüstung と、同じくアメリカのブラックメタル、ロリ VOMITS との制作。自主制作のデジタル音源でリリースされた。Sun Devoured Earth の曲は、スプリット発売前後に出された 2 本の EP から 2 曲が収録されている。相変わらずのシューゲイズサウンドだが、2 曲目の「Make Me Disappear」ではシャウトも聴ける。対する Verwüstung は、カリフォルニア出身の青年のワンマン・プロジェクトで、重苦しい雰囲気の立ち込めた暗黒アンビエント・ドローンを披露。約 15 分に及ぶ大作だ。そして、名前が気になるロリ VOMITS は、Evil Lolikon という人物によるニューヨークを拠点としたワンマン・ブラック。ジャリジャリしたプリミティブ音質の形容しがたい音楽をやっている。

Velnezers

Black Metal　　　ラトビア

Pagātnes raktuves
Beverina Productions

リガで 2014 年に活動開始。Velnezers はリガにある湖で、「悪魔の湖」という意味を持っている。スラッシュメタル Traumatized にも在籍する、Svēte こと Roberts Blūms のソロ・プロジェクトとして始まった。その後 Traumatized のメンバーらが加入し、現在は 4 人で活動している。今作は 1 枚目のフルレングスで、ラトビアの Beverina Productions からデジタル音源でリリースされた。当時はまだ Svēte のワンマン状態で、彼 1 人での制作となっている。ラトビアの神話、自然、生死などをテーマにしているようだが、曲調は至ってオーソドックスなブラックメタル。Mayhem の「Freezing Moon」のカバーも収録されている。なお、このアルバムはレーベルの Bandcamp で無料ダウンロードできる。

Bestia

Black Metal　　　エストニア

Ronkade parved　　　2009
Hexenreich Records

タリンで 2000 年に結成。バンド名の Bestia はスペイン語およびその他数か国語で「獣」を意味する。今作は 2 枚目のフルレングスで、エストニアの Hexenreich Records、ラトビアの Evil Distribution、タイの Roots Active Productions からそれぞれ CD でリリースされた。2011 年にはウクライナの Depressive Illusions Records からもカセットも出ている。制作時のラインナップは不明だが、Thon、アンビエント・ブラック Vanad Varjud やペイガン・ブラック Urt、Sõjaruun などでも活動する Thon が、セッションメンバーとしてドラムを叩いている。また、他にも 2 人のゲストがサックスとヴィオラを演奏。少しスラッシーでオールドスクールな雰囲気のブラックメタルに、違和感なくサックスなどの音が絡みアヴァンギャルドな一面も見せる 1 枚。

Celestial Crown

Gothic/Doom/Black Metal　　　エストニア

Suicidal Angels　　　2006
Divenia Music

タルトゥで 1999 年に結成。かつては Celebratum というバンド名で活動していた。今作は 3 枚目のフルレングスで、メキシコの Divenia Music から CD でリリースされた。ラインナップは、ボーカルの Denis Volynkin、ギターの Sergei Vlassov、ギター、キーボード、プログラミングの Aleksander Shelepenkin、ゴシック・ドゥーム Ecthalion にも在籍していたフィーメールボーカルの DiaNik の 4 人。また、パワーメタル Inferno でも活動し、後に正式メンバーとなる Viktoria Seimar が一部でボーカル、2000 〜 2006 年まで在籍していた Arno Looga がベースをゲストで担当。90 年代を感じさせるムードに包まれており、ディストーションのかかったギター、美麗なフィーメールボーカル、シャウトとノーマルボイスの掛け合いなどが聴けるアルバムだ。

Forgotten Sunrise

Atmospheric Industrial Metal　　　エストニア

Ru:mipu:dus　　　2004
My Kingdom Music

タリンで 1992 年に結成。今作は 1st フルレングスで、イタリアの My Kingdom Music からリリースされた。デジタル音源も出ている。デスメタル Deceitome でも活動する Anders Melts がボーカル、プログラミング、ギター、ベル、Tiiu Kiik がボーカル、キーボード、バイオリン、デスメタル Rattler の元メンバー Renno Süvaoja がギターをプレイ。また、イギリスのゴシック/ドゥーム My Dying Bride の作品にもゲスト参加したアメリカ出身の Ghost など 4 人のゲストが、ボーカル、ベース、ジャンベ、ダラブッカなどを演奏している。気だるげな女性ボーカルにインダストリアルなメロディーなど、モダンでエキセントリックな印象を受ける。アメリカの映画監督デヴィッド・リンチに影響を受けているそうだが、確かに彼のアンニュイな作品にも合いそうな曲が揃う。

三味線や琴披露、剣道着着用ロシア系ラトビア人による神道メタル

Yomi

出身地 リガ　　　　　　　　　**活動時期** 2013～2014, 2014～
主要人物 Khurr, Andrey　　**メンバー** Khurr(Vo.Shamisen.Shakuhachi Mouth harp), Tom(Ba). Andrey(Dr)
類似バンド **世界** God of Shamisen, The Nine Treasuresn **東欧** Skyforger

　リガで 2013 年に結成。ボーカルと民族楽器担当の Khurr と、ドラムの Andrey の 2 人で結成された。メンバーの多忙により、1 曲も出さずに 2014 年に解散してしまったのだが、すぐに再結成して今に至る。
　2015 年 2 月、デモ『Age of the Gods』を自主制作のデジタル音源でリリース。同年 9 月には、このデモ 8 曲にさらに 2 曲が追加された 1st フルレングス『Age of the Gods』を自主制作の CD で発表した。今作には Andrey は参加しておらず、代わりに女性ドラマーの Stephania が加入。他にもギターの Isaz、ベースの Tom が加入し、4 人体制での制作となった。Khurr は尺八や三味線を披露しており、このアルバム自体、日本の伝説や年代記、古代の伝説や神話について掘り下げた作品となっている。
　翌年 2016 年の 11 月には、2 枚目のフルレングスとなる『Genpei』を、ロシアの Soundage Productions からリリース。ラインナップは 1st と同じ 4 人で、日本のシンフォニック・ブラック Ethereal Sin に 2018 年から加入したアメリカ出身の Will "Lord Wilhelm" Hibben が、ゲストで一部のボーカルを担当している。今作は、源平合戦とも呼ばれる治承・寿永の乱（1180～1185）をテーマにしているという。2018 年には 3rd フルレングス『Land of the Rising Sun』を自主制作のデジタル音源で出した。ギターの Isaz とドラムの Stephania が脱退してしまったが、Andrey が再びドラマーとして復活した。

Folk Metal　　　　ラトビア

Age of the Gods
Independent　　　　　　　　　　　　　　　　　　　　2015

　リガで 2013 年に結成。バンド名の Yomi は、日本語の「黄泉」から来ている。今作は 1st フルレングスで、自主制作でリリースされた。フォークメタル Varang Nord でも活動する Khurr こと Artyom Kuritsyn がリードを取っており、ボーカル、口琴、尺八、三味線、作詞作曲を行っている。他のメンバーは、ギター、作曲の Isaz、ベースの Tom、ドラムの Stephania。カバーアートは Khurr と Tom の 2 人が手掛けた。バンド名や演奏楽器、アートワークから分かる通り、日本の文化にすこぶるインスパイアされており、独学で学んだのか、Khurr は三味線も見事に演奏している。「Japanese Folk Metal」と自称しているが、低音グロウルにヘヴィなリフのデスメタル風の曲に、和テイストのメロディーが重なるユニークな曲を聴かせてくれる。

三味線を懸命に演奏する Khurr 氏。本名は Artyom Kuritsyn のれっきとしたロシア系ラトビア人だ。尺八も演奏できるとの事。

歌舞伎の白塗りなのか、それともブラックメタルのコープスペイントなのか判別不能。

Facebook でファンに向けて「書き初め」を説明。2016 年には Korpiklaani や Skamold と共演を果たし、2017 年は更なる飛躍の年となる事を祈願していた。

Facebook に掲載されていたクリスマスカード。日本語が読めないファンに向けて、「メリークリスマスと書いてある」と説明している。

1920年代独立期普段着やエストニア人SS義勇兵軍服コスプレイヤー

Loits

出身地 タリン　　**活動時期** 1996～
主要人物 Lembetu
メンバー Lembetu(Vo.Gt), Markus Karmo(Gt), Draconic(Gt), M. Divine(Ba), Marko Atso(Dr), Karje(Key)
類似バンド 世界 Vreid, Khold　東欧 Skyforger, Sõjaruun, Tharaphita

　タリンで1996年に結成。現在も唯一残るオリジナルメンバーのLembetuと、1996年にだけ在籍していたMassacraによって活動が始まる。
　1999年、2000年に続けてデモ音源を自主制作のカセットで発表。2001年に1stフルレングス『Ei kahetse midagi』を自主制作のCDでリリースした。当時のラインナップは、Lembetu（ボーカル）、現在ブラックメタルSortsで活動するGates（ギター）、M. Divine（ベース）、Marko Atso（ドラム）、Karje（キーボード）と、この時点で基軸となるメンバーが揃う。2002年にはEP『Legion Estland』、2003年にはCDビデオ『Reval 15.02.2003』、2004年にはコンピレーションとEP『Meeste muusika』を発売。
　2004年10月、2ndフルレングス『Vere kutse kohustab』をリトアニアのLedo Takas Recordsからリリース。1st時に比べると、ロックンロールの色合いを帯びており、この頃から「Flak'n'Roll」という肩書を名乗るようになった。2006年にはバンドへのインタビューなどが収められたDVDを発売。翌年にはEP『Mustad laulud』とDVD『Leegion laval 12.01.07』を出している。
　2007年には3rdフルレングス『Must Abum』もエストニアのNailboard Recordsからリリース。2005年から加入したギタリストのMarkus Karmoも参加して、総勢6人での制作となった。2012年にDVD『Loits 10』、2013年にEP『Raiugem ruunideks』、2016年には、初期のリハーサル音源を収録したEP『Tulisilma Sünd』をリリースした。
　愛国主義をテーマにし、エストニアのSS義勇兵の制服を着ることもあるため、NSブラックと誤解されることもあるが、本人たちはそれを否定している。

Loits

Black Metal　　エストニア

Ei kahetse midagi　　2001
Independent

今作は 1st フルレングスで、初回は自主制作でリリースされた。2003 年にはポーランドの Seven Gates of Hell からも CD が出されており、その後も Drakkar Productions などから続々と再発盤が出ている。ペイガン・ブラック Tharaphita の元メンバー Lembetu がボーカル、ブラックメタル Sorts などで活動する Gates がギター、デスメタル Aghor の M. Divine がベース、ブラック/ドゥーム Pōhjast の Marko Atso がドラム、Karje がキーボードを担当。レコーディング、ミキシング、マスタリングは、同郷のフォークメタル Metsatöll などのエンジニア面も手掛けたエストニア出身の Elmu Värk らによるもの。ロウな音質で地下臭さを纏いつつ、なかなかにメロディアスなリフを聴かせてくれる。さらに時にはペイガンらしさやエピック感まで漂う独特なアルバム。

Loits

Black Metal　　エストニア

Vere kutse kohustab　　2004
Ledo Takas Records

1st リリース後、2 本の EP、1 本のコンピレーションと、ライブの様子が収録された CD-R を発表。今作は 2004 年にリリースされた 2 枚目のフルレングス。リトアニアの Ledo Takas Records から 1000 枚限定で発売された。同年に 12 インチも出ており（なぜか 501 枚限定）、2014 年にはカセットも 200 本限定でリリースされている。ラインナップは 1st 同様の 5 人。レコーディング、ミキシング、マスタリングを手掛けたのは、ドラムの Marko も在籍するデス/スラッシュメタルバンド Aggressor の Kristo Kotkas だ。また、ブックレットには軍服に身を包んだメンバーの写真が載っている（写真撮影は同郷のヘヴィメタルバンド SABO の元メンバー Indrek Kasesalu らが行った）。曲自体も軍歌がサンプリングされていたりするのだが、1st よりもスラッシーでユニークなパートが増えている。

Loits

Black Metal　　エストニア

Must Album　　2007
Nailboard Records

2nd リリース後、2 本のライブ DVD と 1 本の EP をリリース。3 枚目のフルレングスとなる今作は、エストニアの Nailboard Records からリリースされた。2009 年にはドイツの Eisenwald から 12 インチ、2015 年にはアイルランドの Sarlacc Productions からカセット、2017 年にはドイツの Hammerbund からもカセットが出ている。これまでギターをプレイしていた Gates が脱退し、新たに Markus Karmo と、スラッシュメタル Nitrous やグルーヴメタル Wyrm Sub Terra で活動する Lauri Kuriks がギタリストとして加入した。時にミドルテンポでしっかりと刻まれ、時にメロウに疾走するギターリフに、キーボードや管楽器、時にアコーディオンの音色が重なる。演奏も作曲センスもこれまで以上に個性的にパワーアップした印象を受ける。

回答者：Lembetu

Q：まず簡単にバイオグラフィを教えてください。
A：まず 1996 年に、Massacra（ex-Discrucior, ex-Tharaphita）とともに、Loits の名前で初のリハーサルデモをレコーディングした。これがバンド誕生の瞬間だ。それ以前も、レコーディングを試みたことがあったが、まだ Loits という名前では活動していなかった。1999 年に、今も在籍する Kaire と M.Divine が加入した。1999 年の時点でスタジオレコーディングを行い、エストニア、ラトビア、リトアニアで 1 週間のツアーを決行した。残念ながら 2000 年にはギター

の Alan Kalm が亡くなってしまったが、Gates と Atso が 2000 年に加入した。2001 年には俺たちのデビューアルバム『Ei kahetse midagi』をリリースし、3 年後には 2nd『Vere kutse kohustab』、さらに 3 年後に 3rd『Must Album』を発表した。Horna や Behexen などとツアーも回り、7 インチ EP も出している。

Q：あなたたちは自分たちの音楽スタイルを「Flak'n'Roll」と名付けていますが、これはどういう意味なのですか？
A：Loits はサタニズムを標榜しているわけではないから、ブラックメタルという表現は俺たちの音楽性にはピ

Baltic States　187

ンとこない。俺たちの歌詞は戦争をテーマにしたものが多い。そこで、ブラックメタルと同じような響きの「Flak Metal」を名乗ろうという案が出たんだ。Flak とは対空砲のことで、第二次世界大戦中にたくさんの若いエストニア兵が、「赤い疫病（ソ連）」から空を守るためにこの対空砲を携行していた。『Vere kutse kohustab』をリリースした時、「Metal」の代わりに「Roll」を使うようになった。その頃の俺たちの音楽性や姿勢は、ロックンロールの色合いを多分に帯びていたからな。

Q：確かに 2nd アルバムの『Vere kutse kohustab』は音楽スタイルが変わりましたよね。あなたが言ったように、ロックンロールのテイストを含んでいます。なぜこのようにスタイルを変えたのでしょうか？ 何か心境の変化でもあったのですか？

A：この変化はごく自然なものさ。1st は俺がほぼ 1 人で作曲したけど、2nd は 3 人で作曲したんだ。1st と 2nd の間にリリースした EP も興味をそそるものになっているよ。

Q：あなたたちは軍服をよく着ていますよね。なぜこのコスチュームを選んだのでしょうか。

A：俺たちは、ライブや 2003 年に出した 1stEP のフォトセッションで軍服を着るようになったんだ。そして 2nd『Vere kutse kohustab』の写真撮影で、エストニアの勲章がついた第二次世界大戦中のドイツ軍のユニフォームを着た。1939 年にエストニアは赤軍に占領されていて、俺たちの祖父はエストニア防衛軍の制服を着て故郷を守る機会を奪われた。エストニアの人々はエストニア独立戦争（1918～1920）における赤軍の脅威をよく知っていたし、多くの若者がエストニアの自由のために戦う機会を逃さないためにも、より小さな悪を選んだ。このアルバムはそんなヒーローたちに捧げられているのさ。

Q：3rd アルバムの『Must Album』では、メンバー全員がクラシカルな服装に身を包んでいます。なぜこのファッションを選んだのですか？

A：これは、エストニアの独立戦争（1918～1920）後の 1920 年代後半の服装なんだ。エストニアは初めて自由を獲得し、経済が急成長した。何もかもが素晴らしく、第二次世界大戦が迫ってきているなんて、誰も予測すらしていなかった。『Must Album』の 2CD バージョンでは、メンバーは 1920 年代の人物に扮していて、大戦中の架空の運命が各々記されているんだ。ちなみにこの物語は、俺たちの曽祖父の運命から繋ぎ合わせたものになっている。さらに言うと、Loits の熱心なファンなら、俺たちの音源の曲数の繋がりに気付くかもな。『Ei kahetse midagi』は 8 曲収録で 1～8、『Vere kutse kohustab』は 11 曲収録で 9～20、『Must Album』は 9 曲収録で 21～29。俺たちはトラックナンバーを年号に見立てているんだ。『Must Album』の 2LP バージョンには、この期間中にエストニアで起きた重要な出来事が年ごとに掲載されている。この制作にどれだけ時間がかかったかは君たちの想像に任せるが、価値あるものになったよ。

Q：Loits のことを NSBM 扱いしている人もいますが、

それについてはどう思いますか？
A：俺たちが何者かについて何度も繰り返すのは面倒だ。少し調べれば、Loits が NSBM バンドでないことは分かる。でも、もし必死になって俺らの汚点を探そうとするならば、おそらく少しはそういう要素が見つかるだろうな。そもそもアクティブに活動しているバンドで、ナチや人種差別、ミソジニストなどのレッテルが貼られていないバンドはいないと思う。これはブラックメタルうんぬんより、今日の一般社会について多く物語っているんじゃないか。
Q：あなたの政治観を教えてください。
A：Loits の政治観でいいのか？ もちろん、バンドメンバーは全員世の中の政治について各々意見を持っているが、バンドとしては決して政治観に触れることはない。俺たちは歴史的な出来事、友情、地方の民話や神話、時には社会問題について歌うが、政治に関しては一切テーマにしない。Loits は政治的なバンドではないんだ。
Q：音楽を作る時、何からインスピレーションを受けていますか？
A：みんな、作曲するきっかけはそれぞれだ。頭の中で突然リフがひらめくかもしれないし、過去の思い出や日々の生活からひらめくこともある。それがどう展開するかは分からない。今日俺は夢を見たんだが、あれは完全にデスメタルの PV みたいなもんだった。ビジュアル、歌詞、リフ……鐘と笛の音がずっと鳴り響いていたよ。
Q：それではあなた自身のことも教えてください。あなたはどのようにメタルを聴くようになったのですか？
A：80 年代半ば、エストニアではメタルが大人気だった。俺のまわりの同年代はみんなヘヴィメタルを聴いていて、学校の椅子に W.A.S.P. や Iron Maiden、Accept なんかのロゴを掘るやつもいた。ヘヴィメタルに関するものは何もかも中毒性があったな。パンクも同じだ。ある意味で、ソ連の支配に対する抵抗のひとつだった。だから 80 年代半ばは転換期で、他の奴らが音楽に興味を失っていくにつれ、俺はますます音楽に関わるようになった。エクストリームな音楽は特に魅力的だった。ヘヴィメタル好きな奴は、スラッシュメタルファン、デスメタルファン、そしてブラックメタルファンになっていった。俺の最初の邪悪なバンドは、1990 年に結成された。1991 年に最初のデモを作ったんだ。
Q：メタル以外の曲は聴きますか？
A：メタルに加えて、パンクも俺にとっては重要な役割を果たしてきた。J.M.K.E.、Vennaskond、Kulo のようなエストニアのバンドはもちろん、The Exploited や Ramones、KSU のような世界中のバンドを聴いていた。それから、Depeche Mode のようなバンドや、The Cure のようなポスト・パンクバンド、Pixies などのオールドスクールなインディー系もね。Beastie Boys、Kraftwerk、Iggy Pop、Dead Can Dance、Nick Cave、David Bowie、Untsakad、Laibach、King Crimson、Pink Floyd、Aphex Twin、And One、Cypress Hill、Death In June、Deutsch Nepal、Toivo Tulev も聴く。これらは注目される価値のあるジャンルで、今でもメタルとその他のジャンルは五分五分くらいの比率で聴いているよ。気分によってはヘヴィな音楽を聴く気

が起きない時もあるしな。
Q：オールタイムベストを教えてください。
A：難しい質問だな。このリストを書いている間でさえ、コロコロと気分が変わるよ。このリストは決して完璧なものではないし、真実を反映していないと思ってくれ。ジャンルは気にせずに、俺が最近よく聴いているアルバムたちを紹介する。
Pōhja Konn『Pōhja Konn』
Ulver『The Assassination of Julius Caesar』
Manes『Be All End All』
Dødheimsgard『A Umbra Omega』
Laibach『Also Sprach Zarathustra』
Fleurety『The White Death』
Von Thronstahl『E Pluribus Unum』
Lucifer's Friend『Lucifer's Friend』
Blut Aus Nord の 777 シリーズ……ぁぁ！ そして Immortal の新作もだ！
Q：エストニアのメタルシーンについてはどう思いますか？
A：エストニアは、4 万 5000 平方キロメートルの国土で、人口もわずか 134 万人と小さな国だ。この国のオーディエンスは、まず 3 つのグループに分けることができる。さっきも言ったように 80 年代のエストニアではメタルが非常に人気だった。この時代の人たちは

Baltic States 189

まだそこらじゅうに生き残っている。有名バンドのライブが行われるとなると、彼らは数万人の群れとなってやってくる。次に、定期的にライブに足を運ぶ人たち。これは１万人くらいいる。そして、その中の 1000 人ほどがエクストリームメタルに傾倒している。あくまでもこれは俺の意見だからな、正確な数字ではないぞ。バンドの数に関しては、良い統計がある。Metal-Archives を参考に、各国 10 万人あたりのバンド数を示すマップが作られた。これによると、エストニアのバンド数はなかなか良い数字を打ち出している。「Interactive Map of Heavy Metal Bands By Country Per Capita」(https://www.gislounge.com/map-of-heavy-metal-bands-by-country-per-capita/) だけど俺は、どれだけ多くの人が Loits と Metsatöll 以外のバンドを知っているのか分からない。次に挙げるのは、このジャンルのオススメのバンドだ。Tharaphita（ここでは伝説

的なバンドだよ）、Kalm、Manatark、Süngehel、Sõjaruun、Sorts、Thou Shell of Death、Põhjast、ÜrgSiug。もしデスメタルにも興味があるなら、Deceitome をチェックするといい。昔から活動しているバンドならば、Shower（スラッシュメタル）の 1st アルバム、Aggressor（デスメタル）、Forgotten Sunrise（デス／ドゥーム）もチェックしてほしいな。

Q：あなたが子どもだったころ、エストニアはまだソ連の支配下だったと思うのですが、当時のことは覚えていますか？ また、その時代についてどう思いますか？
A：もし家族が元気で戦争もない子ども時代を送れたとしたら、それは世界中のどこにいたとしても素晴らしい子ども時代だ。俺は至るところに毛が生えてきて、世界というものを感じる年齢になった時、どれだけそれが歪められて、俺の両親や祖父母が苦しんできたかをようやく理解した。エストニアが独立を勝ち取ったのは俺が15 歳の頃。それまで俺たちは、奇妙な文化圏に生きていた。過酷で全体主義的な独特のソビエト政権（まるで北朝鮮のような）の支配下に置かれていたが、一方でその他の世界への扉も開いていた。フィンランドの TV 番組を観ることができたし、西側のラジオ番組も聴くことができた。ただ、ちょうど良いバランスを見つけるのがどれだけ大変だったか、君にはイメージできないだろう。この時代はものすごく奇妙で、貧しかったし、まったく良いことはなかったよ。

Q：フィンランドの話が出ましたが、エストニア語とフィンランド語は似ているそうですね。フィンランドのことはどう思っているのでしょうか。
A：確かに、エストニア語とフィンランド語（そして文化も）はかなり近い。バルト＝フィン諸語は、約 3,000 年前にエストニア北部で形成され、やがて異なる言語へと発展した。今は、エストニア語とフィンランド語は、多少は語学レッスンを受けないと理解できないくらいには異なっている。さっきも言ったように、ソ連時代には北エストニアの人々はフィンランドの TV 番組を観ていたから、俺と同い年くらいの奴らはフィンランド語をうまく話す。俺たちは間違いなく兄弟国だ。タリンとヘルシンキは海を隔てて 80km は離れているが、文化的にともに発展して来た。いつかこの二都市を繋ぐトンネルのようなものができるかもしれないな。

Q：音楽活動以外に何か仕事はしていますか？
A：そうだな、音楽だけでは生きていけないからな。俺は今、貿易の会計士をやっているが、もともとは建設関係や倉庫作業などの肉体労働をしていた。その後、様々なメタル／ロック系のクラブやレストランでマネージャーとしてキャリアを積んだ。一時 TV 番組の AD としても働いていたが、今は劇場にいる。その他、妙な仕事を数えきれないくらいやったよ。あ、Metsatöll のローディーも 5 年やっていた。

Q：日本のアーティストやバンドは知っていますか？
A：奇妙に聞こえるかもしれないが、最初に思いついたのは KK Null と Merzbow だったよ！ その次に思いつくのは三池崇史だな、他に誰がいるってんだ！ あと、清水崇！ その他の名前も思いつくんだが、おそらくこれは中国人だな。信じられないく

190　Eastern European Black Metal Guidebook 2

い、ここでは日本の文化について知られてない。これはどうにかしないといけないな。あぁ、あとヘヴィメタル。実際、Sigh、Abigail、Sabbat、Metalucifer、そしてもちろん Loudness は誰もが知っている。Gallhammer も一時騒がれていたし、BABYMETAL についても一応言及しておかないとだな。これはあまりにも有名だから。

Q：日本にはどんなイメージがありますか？
A：思いつく順に答えよう。origami、yakuza、kimono、manga、ramen、sake、gozilla、seppuku、bonsai、nyotaimori、kinbaku、aum shinrikyo、fusuma、haiku、hiroshima、geisha、wabi-sabi、sumo、bukkake、Hiro Onoda。謎に満ちた国だ。

Q：この質問で、小野田寛郎さんと答えた人は初めてです（笑）彼のことはどこで知ったのですか？
A：あと数日で、エストニアの Forest Brothers（ソ連と戦ったバルト三国のパルチザン）の一員 August Sabbe（Forest Brothers の中で最後まで生き残った人物の 1 人。エストニアの森に隠れ、1978 年に漁師に扮した KGB に捕まりそうになり、川で溺死したと言われているが射殺説もある）が見つかった日から 40 年が経つんだ。彼と Hiro は、どちらもやや似た例だ。Sabbe の方は悲惨な最期を遂げたけどな。彼は人生のほとんどを森に隠れて過ごし、1978 年に Hiro よりもかなり悲劇的に人生を終えた。Hiro のストーリーは広く知れ渡っているが、Sabbe のことはあまり知られていない。

Q：Loits の今後の予定を教えてください。新作の予定はありますか？
A：以前のラインナップで 2017 年の Hard Rock Laager（エストニアで行われるメタルフェス）に出演したんだが、その時に新作を演奏したんだよ。正式にレコーディングしてすぐにでもリリースできればいいんだが、まだ終わりが見えない。他の計画も 10 年以上前から始動していて、これに関しては良いメンツが見つかったおかげで事が運びそうな気がする。今すぐに確約することはできないけど、そのうち雷鳴を轟かせるはずさ！

Q：インタビューに応じていただきありがとうございました！　最後に日本のメタルファンに一言お願いします。
A：さゆき、Loits にインタビューのチャンスを与えてくれてありがとう！　俺は、フィンランドのメタルやパンクが日本でとても人気があるのを知ってるよ。フィンランドの数十キロ南にエストニアがあるんだ。言葉、文化、メタルシーンはあっちに似てるけど、世界中のどの国とも違う国さ。

Manatark

Progressive Black Metal　エストニア

Crimson Hours
Metal Age Productions　2006

タリンで 1996 年に結成。フルレングス 3 本とデモ 2 本をリリースし、2008 年に活動休止。その後 2015 年に活動を再開している。今作は 3 枚目のフルレングスで、スロヴァキアの Metal Age Productions からリリースされた。ブラックメタル Loits などでも活動する Draconic がボーカル、ギター、シンセサイザー、プログラミング、作詞作曲、ペイガン・ブラック Tharaphita のメンバーでもある Benton がギター、Martin がベース、スラッシュメタル Thrashless の Suss がドラムをプレイ。また、プログレッシブメタル Kantor Voy の Risto Sülluste がゲストでベースを弾いている。デスメタルライクな咆哮にノーマルボイスが重なり、時にプログレッシブに曲が展開され、時にメロウなギターリフとともにパタパタとベースドラムが疾走する 1 枚。

Must Missa

Thrash/Black Metal　エストニア

Martyr of Wrath
Nailboard Records　2007

タリンで 1996 年に結成。バンド名はエストニア語で「黒いミサ」。2008 年には解散している。今作は 3 枚目のフルレングスで、解散前最後の作品だ。エストニアの Nailboard Records からリリースされ、同時にドイツの Problem Child Records からも 12 インチが 400 枚限定で発売された。現在、ペイガン・ブラック Tharaphita で活動する Ank がボーカル、ギター、Suss がドラム、ボーカル、Tharaphita の元メンバーで、ヘヴィメタルバンド Herald にも在籍していた Viking がベース、ボーカルをプレイ。さらに、グルーヴメタル Monarch の Roman Denissenko がゲストでギターを演奏している。まるで Venom や Celtic Frost を彷彿とさせるような、80 年代の空気感満載のオールドスクールなスラッシュ / ブラックが堪能できるアルバムになっている。

Ocean Districts

Post Metal　エストニア

Expeditions
Independent　2014

タリンで 2011 年に結成。今作は 1 枚目のフルレングスで、バンド初の音源だ。自主制作の CD でリリースされた。デスメタル Goresoerd の元メンバーで、現在メロディック・デスメタル Burn Still でも活動する Martin Lepalaan と、同じく Burn Still に在籍する Taavi Liinak の 2 人がギター、Tanel Kõnd がベース、デスメタル Horricane などで活動する Madox がドラムをプレイ。マスタリングは、アメリカのロックバンド Melvins のマスタリングなども手掛けた Nicholas Petersen によるもの。重低音の効いたクリアなサウンドで、ポスト・メタルらしいトレモロリフがかき鳴らされる。ボーカルなしのインスト曲だが、アイルランドのポスト・ロック God Is An Astronaut を思わせるようなエモーショナルでアトモスフェリックな仕上がりになっている。

Realm of Carnivora

Black Metal　エストニア

Grotesk
Black Devastation Records　2012

エストニア南東部の小さな町プルバで 1998 年に結成。現在は、ペイガン・ブラック Urt などにも在籍する Thon (このプロジェクトでは Thonolan と名乗っている) のワンマン・プロジェクト状態になっている。結成当初は、彼とともに Urt やブラックメタル ÜrgSiuG で活動する Pimedus なども正式メンバーの一員だった。今作は 7 枚目のフルレングスで、ドイツの Black Devastation Records から 300 枚限定でリリースされた。ボーカル、全楽器を Thonolan が担当。レイアウトおよびロゴは、後に出るシングル『Sukkubus』のアートワークも手掛けたエストニア出身の Tarmo Kasearu によるものだ。冷たく不気味なムードを纏い、メロウでふさぎ込んだようなメロディーがミドルテンポを主体に展開される。華美さはないが、重々しくダークな音色が耳に残る 1 枚。

エストニア語歌詞で文化普及、教育科学省言語学演技賞にノミネート

Metsatöll

出身地 タリン　　　　　　　　　　　**活動時期** 1999 〜
主要人物 Markus "Rabapagan"
メンバー Markus "Rabapagan"(Vo.Gt), Varulven(Gt.Vo.Other), KuriRaivo(Ba.Vo.Other), Tõnis Noevere(Dr)
類似バンド **世界** Týr, Korpiklaani, Finntroll　**東欧** Skyforger, Obtest, Tharaphita

　タリンで 1999 年に結成。現在も在籍している Markus Teeäär（ボーカル、ギター）、2001 年まで在籍していた Andrus Tins（ベース）、今はプログレッシブメタル Äss に在籍する Factor（ドラム）で活動が始まった。Metsatöll はエストニアの古語で狼の婉曲表現。
　1999 年に上記の 3 人でデモ『Terast mis hangund me hinge』を自主制作でリリース。この頃はまだ民族楽器は使用していなかったが、節々にフォークらしいメロディーを感じさせる作品になっている。2000 年には様々な民族楽器を操る Varulven こと Lauri Õunapuu が加入。シングルを 2 本出した後、2004 年に 1st フルレングス『Hiiekoda』を発表した。2001 年から加入した KuriRaivo もベースなどで参加し、Factor の代わりに 2004 年から加入した Marko（Loitsにも在籍）がドラムを務めた。エストニア国内でヒットを収めた今作は、2005 年のミュージック・アワードのベスト・メタル・アクト賞を受賞している。同年、1st デモを再録した 2nd フルレングスの『Terast mis hangund me hinge 10218』をリリースし、同賞を獲得した。
　その後、EP やライブ DVD、ライブアルバムなどを出し、2008 年には 3rd フルレングス『Iivakivi』を発売。今作でもミュージック・アワードにてベスト・メタル・アーティスト賞を獲得した。着実に人気を高めていき、同年にフィンランドの Spinefarm Records と契約を結ぶ。2010 年、4th フルレングス『Äio』を発表。Children of Bodom や Nightwish など、名だたるバンドのエンジニア面を手掛けるフィンランドの Mikko Karmila によってレコーディングが行われ、2010 年に最も売れたエストニア語のアルバムとして再び受賞した。2011 年には 5th フルレングス『Ulg』をリリース。この年、エストニア文化の普及を称えられ、エストニア教育科学省の言語学演技賞にノミネートされている。2014 年、6th フルレングスの『Karjajuht』を発表した。
　徹底してエストニア語の歌詞を貫き、ノリの良いキャッチーなリフに見事にフォーク・インストゥルメンタルが乗る楽曲で人気を博す、エストニアのメタル界では大成功を収めたバンドだ。

Metsatöll

Folk Metal　　エストニア

Hiiekoda
Nailboard Records　　2004

タリンで1999年に結成。バンド名のMetsatöllは古代エストニア語で「狼」の婉曲表現。今作は1枚目のフルレングスで、エストニアのNailboard Recordsからリリースされた。2007年には自主制作で12インチも500枚出された。ボーカル、ギターをMarkus Teeäär、ギター、バグパイプ、フルート、口琴、ツィター（中欧で使用される弦楽器）、バッキングボーカルをVarulven、ベース、コントラバス、バッキングボーカルをKuriRaivo、ドラム、バッキングボーカルを、ブラックメタルLoitsでも活動するMarko Atsoが担当。アートワークは、1936年生まれのエストニア出身の画家Jüri Arrakによるもの。民族楽器の哀愁漂うメロディーがそこかしこで奏でられ、アップテンポでフォーキッシュかつメロディアスな曲が収録されている。ミステリアスなエストニア語の歌詞も良い味を出している。

Metsatöll

Folk Metal　　エストニア

Iivakivi
Nailboard Records　　2008

1st、2nd同様、Nailboard Recordsからリリースされた3枚目のフルレングス。同時に1000枚限定のボックスセット（CDとポスターが木箱に入ったもの）、また自主制作の12インチも発売された。ラインナップは1st同様の4人。今作のアートワークもJüri Arrakの作品だ。マスタリングはデス/スラッシュAggressorのKristo Kotkas、デザインは1stにも協力しているAndres Toomが担当した。1stですでに独自の音楽性を確立していたMetsatöllだが、今回もテンポの良さはそのままに、これまで以上に作曲センスがパワーアップし、フォークメタルやエクストリームメタルファンのみならず、正統派メタルファンにも推薦できそうなアルバムに仕上がっている。ややがなり声ながらも過激すぎないボーカルに民族楽器の音色が軽やかに重なる。

回答者：Varulven

Q：まずはバイオグラフィを教えてください。
A：Metsatöllは、Markus、Andrus、Silver (Factor) の3人で1999年に始まった。俺たちは同じエリアに住んでいて、いくつかのプロジェクトで一緒にプレイしていた。ある日、Markusが俺のところに変なCD-Rを持ってきて、「これが俺が今やっているバンドだ」と言うんだ。それは少し国粋的でヘヴィなパンクといった具合で、歌詞はエストニア語だった。エストニアのメタルヘッズの間じゃ、エストニア語で歌うのはあまり流行ってはいなかったんだけどな。ただ、俺はこの歌詞が割と気に入って、俺のアパートにMarkusとSilverを呼んでMetsatöllsの曲を演奏するようになったんだ。3回目のギグに向かう車の中で、俺たちはその日いくつかの曲でフルートを使うことを決めた。CD-Rをプレイヤーに挿入して、俺は自分のフルートを取り出した。フォルクスワーゲンのゴルフは一瞬にしてリハーサルルームに姿を変えたよ。
そのギグの後、いくつかの新曲を作った。俺は勇気を出してさらにエストニアの民族楽器を演奏してみたんだ。バグパイプをギター代わりに使うことを受け入れるには、少し時間がかかったな。それでも誰も不満を言わなかったよ。その頃、ドラマーとベーシストが脱退して、楽しく仲良くプレイできる人物を探していた。兄弟のように思える奴とバンドをやるのは、非常に重要だと思う。メンバーだけでなく、エンジニアやレコード会社のみんなともそうでありたい。
現在、俺たちは700以上のコンサートに出演し、6枚のフルレングスアルバムと数えきれないほどのシングル、ライブアルバム、DVDなどを作ってきた。特筆すべき作品は、Estonian National Male Choirと一緒に制作した『Raua Needmine』というDVDだ。MetsatöllとVeljo Tormis（エストニアの作曲家）の曲が収録されている。
これが今のラインナップだ。
Markus "Rabapagan" Teeäär - vocals, rhythm guitar (1999-present)
Lauri "Varulven" Õunapuu - guitar, vocals, traditional instruments (1999-present)
Raivo "KuriRaivo" Piirsalu - bass, vocals, contrabass (2000-present)
Tõnis Noevere - drums, vocals (2017-present)

Q：バンド名のMetsatöllはどういう意味なのですか？なぜこの名前を選んだのでしょうか？
A：Metsatöllは、オオカミを婉曲的に表現する言葉のひとつなんだ（かつては同じような言葉が100もあった）。昔、人々はオオカミをそのまま「オオカミ」と直接的に呼ぶのを避けていたんだよ。なぜかというと、それを聞いたオオカミが羊を食べにやってくると信じられていたから、「偽物」の名前を使っていたのさ。「悪を言わざる」みたいなものだ。しかし、実際オオカミたちは尊敬されてもいた。すべての「敵」は敬意を払われて

いたんだ。
Metsatöll は「森の動物」と訳すことができる。「Mets」は「森」、「töll」は4本足で歩く生き物や大きな生き物を指す。また Metsatöll は狼男の意味でも使われている。
陳腐な言い方かもしれないけど、Metsatöll がこの名前を選んだわけじゃない。この名前がバンドを選んだんだ。

Q：Varulven さんは民族楽器も演奏しますよね。演奏法はどう習得したのですか？

A：俺は子どもの頃、ミュージックスクールでクラシックギターを習っていたんだ。数年しか行ってなかったけど、このおかげで音の世界に関する知識を簡潔に得ることができた。ティーンエイジャーになって、またギターを友達から習い始めた。この友達は伝統的な音楽やヘヴィメタルに傾倒していて、俺も自分で演奏してみたくなったんだ。
初めてのパスポートを手に入れたとき、俺はクレイジーなアイディアを思いついた。家を出て、そのまま戻ってこない、というね。路上で音楽を演奏してお金を稼ぐことができると聞いたことがあったから、俺は安いフルートを買って家を去った。演奏しながらの旅は、俺にいくつかのことを教えてくれた。そして、家よりも良い場所はないということに気づいたんだ。
子どもの頃に演奏したフォークソングはすべて覚えているし、歌うこともできる。そして、エストニアの民族楽器をたまに一緒に演奏していた幼馴染を思い出させてくれる。彼らが演奏するところを見て俺も真似して演奏したり、古い録音物を聞いて、独学で勉強していったんだ。

Q：あなたたちの曲はほぼすべてエストニア語で歌われているようですが、いったい何について歌っているのですか？

A：何曲かには、日常的に使われるエストニア語とは違う古語や方言が含まれているよ。俺は南エストニアの村に住んでいるんだが、ここではエストニアの公用語とはだいぶかけ離れた言葉が使われている。たくさんの古い言葉が今なお保たれているんだ。そんな場所で暮らしていると、語彙が豊かになり、歌詞にもたくさんの方言を使うことができる。
Metsatöll は時を超越した物事について歌っている。俺たちの歌詞はエストニアの過去と繋がっているが、人間が必要とするものはいつの時代も同じだ。これらのテーマの価値は永遠に変わらない。俺の日常生活は、エストニアの民話や哲学と強く結びついている。だから俺たちの曲は、古いエストニアの観点に深く根付いているかもしれないな。

Q：ところで、「Küü」のビデオクリップを観たのですが、水中で演奏したり歌ったりしていますよね。これはどのように撮影されたのですか？　大変そうですね。

A：そうそう、大変だったんだよ。あの水中での撮影は深いプールで行われたんだが、撮影前にダイビングコースを受講して、呼吸を止め続ける方法や酸素を得る方法、そしてパニックに陥らない方法を学んだよ。

Q：音楽を作る時、何からインスピレーションを得てい

Baltic States 195

ますか？
A：俺が作詞作曲をする時は、自然や、俺個人の過去の思い出写真からインスピレーションを得ている。もしくは、個人の感情を交えないエストニアの歴史とか。もちろん、インスピレーションの大部分は、エストニアの古い民話や物語からきているけどね。

Q：どのようにメタルを聴くようになったのですか？
A：1980年代にスラッシュメタルブームがエストニアでも起きたんだ。今でもメタルブームは続いてるけどな。誰もが Iron Maiden、Metallica、Motörhead、Manowar のカセットをコピーしたものを持っていた。そして、俺の親父がハードロックの大ファンで、親父のおかげで子どもの頃から Led Zeppelin や Deep Purple を聴いて楽しんでいたんだ。これが俺のヘヴィ・ロックな未来の礎になったんだよ。

Q：メタル以外の音楽は聴きますか？
A：俺は家でメタルを聴くのはそんなに好きじゃないんだが、俺の息子が大ファンでね。いつも家でメタルDJをやっているから、メタルから逃れることができない。でも俺は、幅広く音楽を楽しめる方なんだ。良い音楽ならば、ジャンルはたいして重要じゃない。俺はクラシック音楽も愛しているよ。モーツァルト、ショパン、リスト……あと、ブルースも聴く。Reverend Gary Davis、Blind boy Fuller、Big Joe Williams や Alan Lomax、その他昔のアメリカで録音されたものなどをね。Tom Waits、Billie Holiday、Massive Attack なんかも大好きだ。全ジャンルの音楽にそ

れぞれお気に入りがいる。Forethingay、Trees、Malicorne、Milladoiro、Martin Carthy、Steeleye Span などの、ヨーロッパのフォーク音楽も良いね。

Q：あなたの政治観やモットーなどを教えてもらえますか？
A：Metsatöll の中では、メンバーのみならず全スタッフとすべてを互いにシェアしている。より楽しく音楽を演奏するためにな。作曲や編曲をする時も、みんなが意見を出すようにしているし、それを誰も厭わない。俺たちはどんな人だろうと、すべての人を受け入れる。もし、何か問題が起きたとしたら、きちんと話し合う。友好的な関係を作っことを目標にしているんだ。

Q：エストニアのメタルシーンをどう思いますか？ どのサブジャンルが一番人気なのでしょうか？
A：最近は、フォークメタルがとても成長しているな。Metsatöll と同じ道を歩む同志も増えている。エストニアの人口から考えると、この国のメタルバンドは相当な数だよ。

Q：音楽活動以外に何か仕事はしていますか？
A：ベーシストの KuriRaivo は電気技師。ドラマーの Tõnis は音楽の輸出入を行っていて、ロッククラブ「Tapper」も経営している。俺はエストニアのフォークソングや伝統文化の講演やワークショップを行っていて、エストニアのフォークロア協会の役員でもある。

Q：知っている日本のバンドはいますか？
A：日本のメタルバンドは知らない、と白状しないといけないな。俺のお気に入りの日本の音楽は、Smithsonian Folkways（アメリカのレーベル）から出た『Traditional folk songs from Japan』に入っている曲だ。服部龍太郎のコレクションから選曲されたもので、日本のあらゆる地域の民謡が入っている。あと、俺は神道の音楽が収録されたレコードも持っている。そしてもちろん、久石譲の名曲も大好きだ。

Q：日本にはどんなイメージがありますか？
A：俺は、たいていのヨーロッパ人がそうであるように、映画やアニメ、本を通して日本のイメージを形作っている。それは地に足がついていて、白か黒かをはっきりさせない。それは映画やアニメにも現れている。登場人物は悪人と善人だけじゃない。善悪は、それを見る人によって異なる。もちろん日本は国民が誇るとても美しい国だと思っているし、いつかは訪れてみたいな。

Q：インタビューを受けてくださってありがとうございました。最後に日本のメタルヘッズに一言お願いします。
A：みんな、お元気で。そして君たちの独自の文化をそのまま保存しておくれ。すぐにみんなに会えますように！

Sõjaruun

Melodic Black Metal　　エストニア

Org　　2009
Black Devastation Records

タルトゥで 2007 年に結成。バンド名はエストニア語で「戦争」を意味する。ドイツのペイガン・ブラック Odal とスプリットも出しており、今作はドイツの Black Devastation Records からリリースされた 1st フルレングス。正式ラインナップはペイガン・ブラック Urt などにも在籍する 3 人で、Oliver がボーカル、ギター、Sander がベース、Thon がドラム、効果音を担当している。マスタリング、ミキシング、レコーディングは、アンビエント・ブラック Vanad Varjud の Sorts と、ブラックメタル Sorts、ドゥーム・ブラック Põhjast などで活動する Gates が手掛けた。ビリビリとしたベースと鳴りやまないバスドラムがしっかりと重低音を支え、そこに次々と表情を変える秀逸なギターリフが融合する。少しノイズがかった音質ではあるものの、優れたメロディック・ブラックを聴かせてくれる。

Sorts

Death/Black Metal　　エストニア

Product of Decadence　　2013
Independent

タリンで 1998 年に結成。ペイガン・ブラック Urt、Realm of Carnivora などで活動する Thon と、ペイガン・ブラック Tharaphita のメンバー Benton、Ank らによって結成された。現在はブラックメタル Loits の Mantas、ブラック・ドゥーム Põhjast の Gates のツーピースバンド。チェコのペイガン・フォーク Cales などとスプリット作品も出している。今作は結成から 15 年後に出された 1st フルレングスで、自主制作の CD でリリースされた。基本的には、低圧感のある低めのボーカルに、ミドルテンポでズンズンと進むシビアなブラックメタル。しかし、アルバムの最後を飾る「Seduced by Fire」は、まるでブリティッシュ・ロックバンドにありそうな気だるげな地声ボーカルが聴け、他とは毛色の違う曲で面白い。

Süngehel

Death/Black Metal　　エストニア

Necromantic Blood　　2015
Independent

タリンで 2012 年に結成。今作は 1st フルレングスで、自主制作でリリースされた。デジタル音源も出ている。ボーカル、ギターを Wroth 666、もう 1 人のボーカルをシンフォニック・ブラック Itk にも在籍する女性 Caddy、ギターを現在はブラックメタル Viirastus で活動する Alla-Xul、ベースを KuradiSiim、ドラムをブルータル・デス Baalsebub や Hymenotomy のメンバーでもある Malphas がプレイ。禍々しくグロテスクなアートワークが目を引くが、そのカバーアートに引けを取らないブルータルでイーヴルなブラックメタルを演奏している。Wroth 666 の凄味のあるデスボイスと、女性ながらも迫力たっぷりの Caddy のシャウトに、最初から最後まで休む間もなく爆走するブラストビート、そしてメロディーよりもカオティックさ重視のギターリフが勢いに拍車をかけるデス / ブラックメタル。

Tarm

Pagan Black Metal　　エストニア

Nad tulevad kääpaist　　2007
Regimental Records

パルヌで 2002 年に結成。今作は 1st フルレングスで、アメリカの Regimental Records から 1000 枚リリースされた。ウォー・ブラックメタル Third Descent の元メンバー Kyyvits がボーカル、現在はペイガン・ブラック Urt、Sõjaruun に在籍する Oliver がギター、同じく両バンドに在籍する Sander がベース、Thon がドラムをプレイしている。マスタリング、ミキシング、エンジニアリングを担当したのは、かつてパワーメタル Fordonia で活動し、エストニアを中心とするバンドのエンジニア面に協力している Asko-Rome Altsoo。タイトルはエストニア語で『彼らは墓場からやってくる』。疾走型のメロディーに、時々裏返るような Kyyvits の個性的なボーカルがこだまする。なお、ペイガニズムをテーマにしているようだが、メロディーからはあまりペイガンらしさは感じられない。

Baltic States　197

Tharaphita

Pagan Black Metal　　エストニア

Raev
Independent　　1995

ラクヴェレ/タリンで 1995 年に結成。93 〜 95 年までは Ancestral Damnation という名前で活動していた。Tharaphita はエストニア神話に出てくる雷の神。今作は 1st フルレングスで、初回は自主制作の CD-R でリリースされた。2000 年にはやはり自主制作で 8 センチ CD も出しており、同年にリトアニアの Dangus Productions からカセットも発売されている。ラインナップは、ブラックメタル Sorts やスラッシュ/ブラック Must Missa の元メンバーでヴォーカル、ギターの Ank、ブラックメタル Loits でも活動するギター、バッキングヴォーカルの Lembetu Mardus とキーボード、バッキングヴォーカルの Draconic、Loits の元メンバーでベースの Massacra、ドラムの Melu。音質、演奏などは粗削りだが、フックの効いたリフが聴けるペイガン・ブラック作品。

Tharaphita

Pagan Black Metal　　エストニア

Iidsetel sünkjatel radadel
Nailboard Records　　2007

2007 年にリリースされた 4 枚目のフルレングス。エストニアの Nailboard Records から発売された。ヴォーカル、ギターを Ank、ギターを Draconic と、Sorts の元メンバーで現在はプログレッシブ・ブラック Manatark でも活動する Benton、ベースを Must Missa の元メンバー Viking、ドラムを Melu がプレイ。プロデューサー、レコーディング、ミキシング、マスタリングを手掛けたのは、デス/スラッシュメタル Aggressor で活動する Kristo Kotkas。写真撮影は、Loits の写真も担当している Viktor Koshkin が行った。1st の時点ですでに泥臭くも完成度の高い楽曲を演奏していたが、今作では音に厚みが増し、相変わらずフックの効いたリフはもちろん、メロディアスなギターソロも強化されている。

Thou Shell of Death

Atmospheric Black Metal　　エストニア

Sepulchral Silence
Talheim Records　　2013

エストニア西北部のヴァルボラで 2010 年に結成。ドイツのデプレッシブ・ブラック Wedard や、同郷のアンビエント・ブラック Vanad Varjud、メンバーが在籍するブラックメタル ÜrgSiuG などとスプリットも出している。今作は 1st フルレングスで、オーストリアの Talheim Records から 1000 枚限定でリリースされた。独りブラックメタル Khurdhost をやっていた Ingwar がヴォーカル、ギター、プログラミング、Rasmus がベース、エピック・ブラック Bestia にも在籍する Sander がドラムをプレイ。病的な雰囲気のカバーアートは、エストニア出身の女性 Hella-Liisa Aavik が手掛けた。エコーがかかった不気味でヒステリックなヴォーカルに、カルトホラーチックなキーボードが覆いかぶさる。アトモスフェリックながらも、デプレッシブ・ブラックのような鬱々とした空気を纏った 1 枚。

Urt

Avant-Garde/Pagan Black Metal　　エストニア

Varjuring
Independent　　2005

ブルバで 2004 年に結成。バンド名は南エストニアの方言で「死の魂」を意味する。今作は 1st フルレングスで、自主制作の CD-R でリリースされた。100 枚限定。同年にアメリカの Regimental Records から 333 本カセットも出ており、現在はデジタル音源も公開されている。ラインナップは、ブラックメタル Realm of Carnivora のメンバー（元メンバーも含む）で構成されており、ヴォーカルを Pimedus、ベースを Argoth、ギター、ドラム、エフェクトを Thonolan が担当。ジリジリとしたローファイなサウンドで奏でられる愁いを帯びたメロディーは、アトモスフェリック・ブラック、はたまたデプレッシブ・ブラックの雰囲気をも感じさせる。それでいて奇怪でアヴァンギャルドに展開され、デビュー作にしてオリジナリティ抜群の仕上がりだ。なお、曲調からは想像もつかないが、テーマはペイガニズムが主なようだ。

Urt

Avant-Garde/Pagan Black Metal　　エストニア

IXI
Independent — 2014

2014年にリリースされた5枚目のフルレングス。自主制作のCDとデジタル音源でのリリースだ。初期メンバーのPimedusがボーカル、口琴、太鼓、Thonがドラム、エフェクト、民族楽器、ペイガン・ブラックSõjaruunのOliverがギター、Sanderがベースをプレイ。また、アンビエント・ブラックVanad VarjudのSorts、デスメタルCatafalcのAndo Ennsら6人のゲストが、ギター、アディショナルボーカルなどで参加している。レコーディング、ミキシング、マスタリングはSanderが行っている。初期に比べると音質も良くなり、さらにはブルータリティが加味されている。しかし、どこかリチュアルでオカルティックなムードが漂い、1stほどのアヴァンギャルドさは無いが、ファストに爆走する曲なども収録されている。

Vanad Varjud

Ambient/Depressive Black Metal　　エストニア

Dismal Grandeur in Nocturnal Aura
Symbol of Domination Prod. — 2016

タリンで結成。今作は2枚目のフルレングスで、ベラルーシのSymbol of Domination Prod.、ルーマニアのArcana Noctis、エストニアのHexenreich Recordsの共同でリリースされた。500枚限定。メロディック・デス/ブラックAeon Aetherealの元メンバーOtt Kadakがボーカル、デスメタルNihilistikryptなどで活動していたSortsがギター、ベース、エフェクト、ペイガン・ブラックUrtやSõjaruunなどでも活動するThonがドラム、バッキングボーカル、ピアノを演奏。ミキシング、マスタリングは、スウェーデンのスラッジ・ドゥームSerpent OmegaのAndreas "Jonsson" Westholmが手掛けた。ところどころにアンビエントなパートが挿入された、デプレッシブな印象のブラックメタル。

Tapper

Pagan Black Metal　　エストニア

Vereklanni kolmas tulemine
Independent — 2013

タルトゥで2004年に結成。今作は、結成から9年の時を経てリリースされたバンド初の音源。自主制作のCDでリリースされたフルレングス作品だ。ラインナップは、ボーカルのRebane、ギター、ボーカルのAnto、ギターのKris、ギター、ベースのHenry、ベースのImp、ドラムのAusin、キーボード、バッキングボーカルのArhitektの7人編成。歌詞は剣、魔術、裏切り、ドワーフ、エルフ、半神などといった、ファンタジー要素を詰め込んだかのようなテーマが元になっているが、特にキャッチーさは感じられないペイガン風味のブラックメタルをやっている。ボーカルもゴツめのグロウルパートもあれば、ブラックメタルらしい高めの絶叫、地声に近いがなり声、はたまた女性の掛け合いのような声が入ることも。エストニア語の歌詞がミステリアスな雰囲気を醸し出すのに一役買っている。

Põhjast

Viking Metal　　エストニア／フィンランド／カナダ

Vereklanni kolmas tulemine
Stormspell Records — 2014

エストニア人メンバーと、ドイツのペイガン・ブラックOdalで活動するTaakenによって結成されたインターナショナル・プロジェクト。現在Taakenは脱退しており、新たにフィンランド人、カナダ人を交えて活動を続けている。今作は2枚目のフルレングスで、ブルガリア出身のMumintrollが運営するアメリカ拠点のレーベルMumintrollからCDでリリースされた。後にポーランドのWarheart Recordsからも、CDとデジタル音源が出ている。カナダのドゥーム/スラッシュBeast Withinなどで活動するEric Syreがボーカル、ブラックメタルSortsのGatesがギター、フィンランドのブラックメタルAjattaraのKalmosがベース、ブラックメタルLoitsのMarko Atsoがドラムをプレイ。中期以降のBathoryを感じさせる、勇ましくヴァイキング色の強いメタルをやっている。

東欧マニアック観光2

ウクライナ　チェルノブイリ博物館
実際に爆発が起きたチェルノブイリ原子力発電所近辺に赴くツアーもあるが、キエフ市内には原発事故に関する展示物を見学できる博物館がある。別料金がかかるが、日本語の音声ガイドも用意されている（ただし、3時間程かかるようなので要注意）。館内は1Fと2Fがあり、主な見学フロアは2Fのみ。残念ながら英語の解説は無いので、事前にある程度事故の詳細を調べてから行くとより理解が深まるかもしれない。展示物はそんなに多いわけではないが、演出にこだわっているようで、不気味でアーティスティックな雰囲気が楽しめる。なお、建物の外観が博物館らしくない上、目立つ看板などが出ているわけでもないので見つけづらいかもしれない。写真撮影は別料金。
Khoryva Ln, 1, Kyiv

ベラルーシ　KFC
ミンスク市内では意外にも至る所でファストフード店を見かけるのだが、その中でもこのケンタッキーフライドチキンは一見の価値ありだ。通常のKFCの店舗の上に、威風堂々とした共産主義デザインの彫刻が鎮座しているのだ。ネミガ通りと、スヴィスラチ川沿いにあるプラスペクト・ポベジテレイ通りにかかる橋の上から、建物の全貌を眺めることもできる。
Prospekte Pobeditelei 1, Minsk

ベラルーシ 巨大マンション

ミンスク市内のスヴィスラチ川沿いに連なる巨大マンション。まるでSF映画にでも出てきそうな特異なデザインも圧巻だが、その現実離れした大きさに驚かされる。横幅はなんと約400メートルもあるそうだ。なお、夜はライトアップされ、日中とはまた違う雰囲気が楽しめる。噂によると、某民泊サイトにこのマンションの部屋が掲載されているらしく、もし空きがあれば宿泊できる可能性もあるらしい。
Staražoŭskaja vulica 8, Minsk

リトアニア 悪魔博物館

杉原千畝記念館で有名なカウナスにある。リトアニアの画家アンタナス・ジュムイジナヴィチュスの個人コレクションから始まり、現在は世界中から集まった悪魔にまつわる彫刻や絵画が展示されている。ワンフロアはそんなに広くはないが、1F～3Fまでと見ごたえあり。ブラックメタルファンが喜びそうな不気味な悪魔から、可愛らしいおちゃらけた悪魔まで、様々な悪魔を見ることができる。また、どこか影のあるタッチが特徴のリトアニア出身の画家ミカロユス・チュルリョーニスの美術館も近くにある（悪魔博物館は国立チュルリョーニス美術館の分館）。
V.Putvinskio 64, Kaunas

モルドバ サハルナ修道院

キシナウから100kmほど北上したサハルナという村にある修道院。モルドバの正教会系の中では、最古の修道院のひとつ。やたらとデコラティブでカラフルな建物が、ソ連のSF映画に出てきそうな胡散臭い雰囲気を放っていて面白い。なおこの修道院へのアクセスは悪く、村の小道の行き止まりにあるので、自由に動ける車などで行かないと不便。
5431, Saharna

リトアニア 十字架の丘

北部のシャウレイ郊外にある巡礼地。19世紀に、ロシアに対する蜂起での犠牲者のために建てられた十字架がきっかけで、その後ソ連軍により撤去されそうになったが復活。今現在もとどまるところを知らず年々十字架が増えていき、まるで芸術作品のような姿となっている。ユネスコの無形文化遺産に登録されている。誰でも十字架を飾ることができ、入り口付近の売店でも十字架が購入できる。多種多様な十字架が立ち並び、中には日本語が記されたものも。シャウレイの中心地からバスで15分ほどのバス停で降り、そこからさらに20〜30分ほど歩いた人気の無い場所にある。

Jurgaičiai 81439

第4章　西バルカン

セルビア

セルビア共和国はバルカン半島に位置する共和制国家。人口705.7万人（2016年／コソボは除く）。面積は7万7474km²。南にコソボとマケドニア、西にアルバニア、モンテネグロ、ボスニア・ヘルツェゴヴィナ、クロアチア、北にハンガリー、東にルーマニア、ブルガリアと国境を接している。首都はベオグラード。通貨はセルビア・ディナールが使用されている。公用語はセルビア語だが、クロアチア人はクロアチア語、ボシュニャク人はボスニア語をそれぞれ話している。どの言語もほぼ同じで、ユーゴスラビア時代にはセルビア・クロアチア語と一つの言語とされていた。2011年に行われた国勢調査では、住民はセルビア人が83%、ハンガリー人（マジャル人）が4%等。GDPは377億ドル、一人当たりのGNIは5,280ドル。セルビア人の多くはセルビア正教、ハンガリー人やクロアチア人はカトリック、ボシュニャク人やアルバニア人はイスラム教を信仰している。

この地域にスラヴ人が定住しはじめたのは6世紀頃。9世紀には正教会を受容し、12世紀にセルビア王国が建国され、ネマニッチ朝が始まった。この頃、ローマ・カトリック教会も布教されていたが、13世紀には正教会が有力となった。14世紀にはいると、ネマニッチ朝の領土はギリシャやマケドニア、アルバニア、モンテネグロ、ボスニアの一部にまで及び、最盛期を迎えた。しかし、1389年にコソボの戦いが勃発し、オスマン帝国の支配下に置かれるようになる。15世紀初頭にはハンガリーがベオグラードを占領したが、1521年にはその地もオスマン帝国の統治下となった。また、オスマン帝国時代にギリシャ正教とは別にセルビア正教会が出来上がった。オスマン帝国の5世紀弱の支配に不満を募らせていたセルビア人は、19世紀に民族意識が高まり、二度にわたるセルビア蜂起の結果、セルビア公国が成立。1830年には完全自治を認められた。1878年、ベルリン会議でセルビアの独立が国際的に承認される。1882年、王政へと移行しセルビア王国が成立。1912年、ロシアの協力の下、ブルガリア、ギリシャ、モンテネグロとバルカン同盟を結び、オスマン帝国とのバルカン戦争が始まる。1914年、オーストリアがセルビアに宣戦布告し第一次世界大戦が開始。戦後はセルビア人・クロアチア人・スロベニア人王国（1929年にユーゴスラビア王国に改名）の構成国となり、第二次世界大戦後はユーゴスラビア社会主義連邦共和国の一員に。1992年の解体後にはモンテネグロとユーゴスラビア連邦共和国を形成。1999年にはコソボ紛争が勃発し、NATOの空爆を受ける。2003年にはセルビア・モンテネグロと国名を変え、2006年にモンテネグロは独立した。また、2008年にはコソボがセルビアからの独立を宣言するも、セルビア側は正式に承認していない状態が続いている。

ベオグラード

ベオグラード　Београд
セルビア中北部に位置する同国の首都。人口約137万人。旧ユーゴスラヴィアの中では最大の都市。ベオグラードには、旧ユーゴスラヴィア構成国の民族はもちろん、インドネシア人や中東系も多く住んでいる。中欧風の建物もあれば現代的な建物も見受けられ、幅広い建築物が楽しめる。ベオグラード出身のバンドは、ブラックメタル The Stone や Kozeljnik、エピック・ブラックメタル Númenor などがいる。

ノヴィ・サド　Нови Сад
セルビア北部に位置する第二の都市。人口約28.6万人。17世紀、オスマン帝国の支配から逃れたセルビア人によって作られた。ノヴィ・サドがあるヴォイヴォディナ州は豊かな農業地帯になっており、旧ユーゴスラヴィアの中でも発展した都市だった。ノヴィ・サド出身のバンドは、シンフォニック・デス／ブラック Sangre Eterna やメロディック・デス／ブラック Bane、ブラックメタル Paimonia など。

クラグイェヴァツ　Крагујевац
セルビア中部に位置する都市。人口約15万人。19世紀にはセルビアの首都が置かれており、最初の本格的な大学も同都市に設立された。第二次世界大戦中には、数千人のセルビア人およびロマ人がナチによって虐殺されている（クラグイェヴァツの虐殺）。クラグイェヴァツ出身のバンドは、ブラックメタル Introitus やメロディック・ブラック Triumfall など。

クロアチア

クロアチア共和国はバルカン半島に位置する共和制国家。人口 417.1 万人（2016 年）。面積は 5 万 6,594km²。西はアドリア海に面し、西北はスロベニア、東北はハンガリー、東はセルビア、南はボスニア・ヘルツェゴヴィナと国境を接する。首都はザグレブ。通貨はクーナ。公用語は、クロアチア語。ほぼ同じ言語のセルビア語はキリル文字も使われているが、クロアチア語はラテン文字を使用している。住民は、クロアチア人が 90.4%、セルビア人が 4.4%、ボシュニャク人が 0.7%。GDP は 504.3 億ドル、一人当たりの GDP は 5,628 ドル（2016 年）。宗教は、86.3% がローマ・カトリックで、セルビア正教会が 4.4%、イスラム教が 1.3%、プロテスタントは 0.3%。

7 世紀頃にスラヴ人がこの地に定住し始める。8 世紀末には、カール大帝率いるフランク王国の支配を受けるようになった。その頃、ローマ・カトリックを受容し、ラテン文字表記などのラテン文化が広まった。フランク帝国と東ローマ（ビザンチン帝国）に圧力をかけられながらも、10 世紀にはトミスラヴによりクロアチア王国が誕生する。11 世紀後半にはアドリア海沿岸のダルマチア地方も併合し、最盛期を迎えた。しかし、11 世紀末にはハンガリーが介入するようになり、12 世紀になると実質的にハンガリーの支配下に置かれた。さらに、15 世紀初頭にダルマチア地方をヴェネツィアと争い、結果的に内陸部が分断されてしまう。1526 年、モハーチの戦いでオスマン帝国がハンガリー軍を破り、クロアチアの内陸部はオスマン帝国に占領された。1699 年には、オスマン帝国とオーストリア、ポーランド、ヴェネツィアがカルロヴィッツ条約を結び、クロアチアはオーストリア帝国（ハプスブルク帝国）に編入させられた。一方で、飛び地になっているドゥブロヴニクはラグサ共和国として独立。その後もオスマン帝国に保護されながら 1808 年にナポレオンが占領するまで同国は存続した。19 世紀にはいると民族意識が芽生え、1848 年に「諸国民の春」と呼ばれた革命が欧州各地で起き、クロアチアでも独立を求める運動が起きる。1867 年に普墺戦争にオーストリアが敗北したことにより、オーストリア＝ハンガリー二重君主国が成立。クロアチアはハンガリー政府に支配される。第一次世界大戦後の 1918 年、セルビア人・クロアチア人・スロベニア人王国の構成国となり、1929 年にはファシズム団体ウスタシャが生まれた。第二次世界大戦中の 1941 年、ナチス・ドイツの傀儡政権クロアチア独立国が成立し、セルビア人を大量虐殺した。1945 年にはクロアチア独立国は崩壊し、クロアチアはユーゴスラビア社会主義連邦共和国の一員となる。戦後はチトーによる独自の社会主義政治体制が始まる。1991 年、クロアチア共和国として独立するが、この独立によりセルビアとの間にクロアチア紛争が勃発し、1995 年まで続いた。

ザグレブ

ザグレブ　Zagreb

クロアチア北部に位置する同国の首都。人口約 79 万人。中央ヨーロッパとバルカン半島、アドリア海を結ぶ交通の要衝とされ、金属や電機、化学、繊維などの産業が盛んで、クロアチア随一の工業都市でもある。美しい公園や広場も多く、小ウィーンとも呼ばれている。博物館、美術館、劇場などの文化施設も多い。ザグレブ出身のバンドは、NS ブラック Wolfenhords やペイガン・ブラック Slavogorje、フォーク・ブラック Stribog など。

リエカ　Rijeka

クロアチア西北部のアドリア海に面した都市。人口 12.8 万人。かつてはイタリアに占領されていた地域でもあり、いまだにイタリア国籍を有する住民もいる。日本の川崎市と姉妹都市になっている。リエカ出身のバンドは、ブラックメタル Black Cult、メロディック・ブラック Gorthaur's Wrath、ペイガン・ブラック Kult Perunov など。

オシエク　Osijek

クロアチア北東部に位置する第四の都市。人口約 10.8 万人。ドラヴァ川沿いにある都市で、セルビア、ハンガリーの国境に近い。川沿いには遊歩道があり、バロック様式の街並みとともに人気の観光スポットとなっている。また、毎年 5 月にはクロアチアの民族楽器タンブリツァの音楽祭が開催される。オシエク出身のバンドは、ブラックメタル Bustum やアトモスフェリックメタル／アンビエント Udûn。

スロベニア

スロベニア共和国は、中央ヨーロッパに位置する共和制国家。人口206.6万人（2016年）。面積2万273km²。西はイタリア、北はオーストリア、東はハンガリー、南はクロアチアと国境を接する。また西側の一部はアドリア海に面している。首都はリュブリャナ。通貨は2007年からユーロを導入。公用語はスロベニア語で、ユーゴスラヴィア時代の名残でセルビア・クロアチア語が話せる人もいる。住民はスロベニア人が89%、クロアチア人、セルビア人、ボシュニャク人などの旧ユーゴスラヴィア系の民族が10%、その他マジャル人（ハンガリー人）やイタリア人も0.5%いる。GDPは439.9億ドル、一人当たりのGDPは21,304ドル（2016年）。宗教は無宗教者も約40%と多く、ローマ・カトリックが2/3以上、その他セルビア正教やマケドニア正教、イスラム教信者もいる。

6世紀頃、この地にスラヴ人が定住し始めた。当時はアヴァール人に支配されており、7世紀にはカランタニア公国が成立するが、後にバイエルン人やフランク王国の支配下に入る。8世紀にはローマ・カトリックを受容。10世紀頃に神聖ローマ帝国が成立すると、スロベニア人の地域はその支配下となる。1282年には、ハプスブルク家の所領となった。16世紀にはルターの宗教改革の波紋が及び、スロベニアでプロテスタント信者が増加した。しかし、ハプスブルク家が対抗宗教改革を呼びかけ、プロテスタントの文献を禁止・焚書するなどしたため、16世紀末にはカトリックが再び主流となる。18世紀、マリア・テレジアの統治下には、対宗教改革時に焚書されたことで消えてしまったスロベニア語の印刷物が再び出版されるようになる。マリア・テレジアの死後はドイツ語教育が優先されたが、ナポレオンの統治下ではスロベニア語も公用語として認められ、民族意識が強まるようになった。第一次世界大戦後、1918年にはセルビア・クロアチア・スロベニア王国に加盟。第二次世界大戦中は、領土が枢軸国に分割されたが、戦後はユーゴスラヴィア社会主義連邦共和国の構成国となる。1991年、スロベニアはユーゴスラヴィアからの独立を宣言するが、これにより戦争が勃発した（十日間戦争）。これは後ほど各国で起きるユーゴスラヴィア戦争のきっかけとなるが、十日間戦争自体はその名の通り十日で終結し、1992年にはスロベニア共和国として国際的に独立を認められた。

リュブリャナ

リュブリャナ　Ljubljana

スロベニア中西部に位置する同国の首都。人口約27.9万人。中世から1918年までは、ライバッハ（古ドイツ語）と呼ばれていた。市内を見下ろすことのできる丘の上にリュブリャナ城が建っており、観光地であるとともに、行事や結婚式などが行われることもある。リュブリャナ出身のバンドは、元ブラックメタルで現在はインダストリアルメタルを演奏するNoctiferia、シンフォニック・フォークBrezno、アトモスフェリック・ブラックDekadentなど。

ツェリェ　Celje

スロベニア中北部に位置する第三の都市。人口約3.8万人。サヴィニャ川沿いにある。19世紀末〜20世紀初頭には、反スロベニアのドイツ愛国主義の中心地世なっており、人口の約67%がドイツ人だった。ツェリェ出身のバンドは、ペイガン・フォーク・ブラックExsilium。また、ブラックメタルCvingerにもツェリェ出身のメンバーがいる。

ボスニア・ヘルツェゴヴィナ

ボスニア・ヘルツェゴヴィナはバルカン半島に位置する共和制国家。また、ボスニア・ヘルツェゴヴィナ連邦とスルプスカ共和国の2つの構成体によって形成された連邦国家でもある。人口351.7万人 (2016年)。面積は5万1129km²。西と北をクロアチア、東をセルビア、南をモンテネグロと国境を接する。首都はサラエボ。通貨は兌換マルク。公用語はボスニア語、クロアチア語、セルビア語で、かつてはセルビア・クロアチア語とひとまとめにされていた。住民は、ボシュニャク人48%、セルビア人37%、クロアチア人14%で、少数だがロマもいる。GDPは169億ドル、一人当たりのGNIは4,940ドル (2016年)。信仰宗教は民族ごとに異なり、ボシュニャク人はイスラム教、セルビア人はセルビア正教、クロアチア人はローマ・カトリックが主流。

この地に祖先となるスラヴ人が定住し始めたのは6世紀後半。10〜12世紀には、クロアチアやハンガリー、東ローマ (ビザンチン帝国) などの支配を受ける。12世紀後半にはハンガリー王国の保護下で、バンと呼ばれる総督によるボスニア王国がボスニア中部に出来上がった。14世紀後半に入るとヘルツェゴヴィナ地方も包括し、最盛期を迎える。しかし1463年には、オスマン帝国の支配下に置かれる。もともとキリスト教で異端とされるボゴミル派が多かった地域だが、オスマン帝国統治下にボゴミル教徒の多くがイスラム教に改宗した。400年に及ぶオスマン帝国の支配によって、イスラム教徒の人口が増え、文化もトルコ化が進んだ。1875年、キリスト教徒の農民がイスラム教徒の地主に反発し、ボスニア・ヘルツェゴヴィナ全体で反イスラムの暴動へと発展する。そして、1878年のベルリン会議によって、オーストリア・ハンガリー帝国に行政を統治されるようになる。1908年、青年トルコ人革命でオスマン帝国が混乱している最中に、オーストリアはボスニア・ヘルツェゴヴィナ両州の併合を宣言。この行動が、セルビア人やロシア人の反発を買うことになった。1914年には、サラエボでオーストリア・ハンガリー帝国の皇太子夫妻がセルビア人青年に暗殺される事件が発生し、第一次世界大戦を引き起こした。戦後の1918年、セルビア人・クロアチア人・スロベニア人王国の一部となり、第二次世界大戦中に国土の大部分がナチス・ドイツの傀儡政権クロアチア独立国に占領される。戦後の1945年、ボスニア・ヘルツェゴヴィナ社会主義共和国が成立し、ユーゴスラビア社会主義連邦共和国に加盟。1992年に独立するも、ボシュニャク人とクロアチア人対セルビア人のボスニア内戦が始まる。1995年にNATOの空爆が行われ、同年にデイトン合意に調印し終結となった。これにより、ボシュニャク人とクロアチア人のボスニア・ヘルツェゴヴィナ連邦と、セルビア人のスルプスカ共和国の2つの構成体に分かれた。

サラエヴォ

サラエヴォ　Sarajevo

ボスニア・ヘルツェゴヴィナの中部に位置する同国の首都。人口約31万人。1914年にサラエボ事件が発生し、第一次世界大戦の引き金となった都市として知られる。また、ヨーロッパで初めて路面電車の終日運転が行われた都市でもある (世界では2番目)。タバコや衣類、家具、自動車などの産業も盛んで、観光業も重要な産業のひとつになっている。セルビア正教会、カトリック教会、モスクなど宗教に関する見どころも多い。サラエヴォ出身のバンドは、ブラックメタル Krv や Odar。

バニャ・ルカ　Бања Лука

ボスニア・ヘルツェゴヴィナの西北部に位置する第二の都市。人口約19.5万人。セルビア人が主体となったスルプスカ共和国最大の都市で、同共和国の首都になっている。1969年に大きな地震が起き、多大なる被害を受けた。この時期に、ヘルツェゴヴィナ地域から多数のセルビア人が移住してきた。サラエヴォよりバンド数が多く、プリミティブ・ブラック 1389 やメロディック・ブラック Zvijer などがいる。

モンテネグロ

モンテネグロはバルカン半島に位置する共和制国家。人口62.28万人（2016年）。面積は1万3812km²。西はアドリア海に面し、北西はクロアチアの飛び地、北はボスニア・ヘルツェゴヴィナ、北東はセルビア、南東はコソボ、南はアルバニアと国境を接する。事実上の首都はポドゴリツァ（憲法上の首都はツェティニェになっている）。通貨は2002年の時点ですでにユーロを導入している。公用語はモンテネグロ語だが、60％以上の国民が母語をセルビア語と認識している。なお、セルビア語とモンテネグロ語は方言程度の違いで、お互いに意思疎通を図れるレベル。民族は、モンテネグロ人45％、セルビア人29％、ボシュニャク人9％、アルバニア人5％、その他ムスリム人やクロアチア人、ロマ人などもいる。GDPは47.7億ドル、一人当たりのGNIは7,350（2017年）。宗教は正教が70％以上、イスラム教が約18％。

モンテネグロ人の祖先となるスラヴ系民族がこの地に定住しはじめたのは6～7世紀。10世紀にはドゥクリャ公国として半独立していたが、11世紀にはセルビア王国に支配される。1360年、近代のモンテネグロに近いとされるツェタ（ゼータ）独立公国ができる。1516年には、統治権が主教に譲られ、モンテネグロ主教領として神政政治が始まる。この頃、ツェティニェに首都が置かれていた。同時に16世紀にオスマン帝国が進出してきて、強い影響下にあったにもかかわらず、完全に支配されることはなかった。1852年には、モンテネグロ公国となるが、これによって宗主国であったオスマン帝国と対立し軍事衝突が起きる。これが後ほどクリミア戦争を引き起こす引き金となった。1878年、モンテネグロ公国は国際的に独立を認められる。1905年の日露戦争時にはロシア側に立って日本に宣戦布告しているが、実際に戦闘には参加しなかった。1910年には元首の称号を「王」に変えてモンテネグロ王国が成立した。1916年、第一次世界大戦中にオーストリアに占領され、戦後の1918年にセルビアに編入、ユーゴスラビア王国の一員となった。1941年にはユーゴスラビア王国が解体され、モンテネグロはイタリアの支配下に置かれたが、1944年にはユーゴスラビア社会主義連邦共和国の構成国となる。1991年から1992年にかけて、どんどん構成国が独立していき、1992年にはセルビアとモンテネグロでユーゴスラビア連邦共和国を結成。2003年にはセルビア・モンテネグロと国家名を変更するも、セルビアが主導権を握る姿勢にモンテネグロ側は不満を抱いており、2006年にモンテネグロとしてようやく独立を果たした。

ポドゴリツァ

ポドゴリツァ　Podgorica

モンテネグロの南部に位置する同国の事実上の首都。憲法上の首都はいまだにツェティニェに置かれている。人口約18.6万人。1946年から1992年まではティトーグラードと呼ばれていた。住民は、モンテネグロ人が約57％、セルビア人が約23％、アルバニア人が約5％。正教会、カトリック、イスラム教の3つの宗派が同居しており、正教会信者が約78％と一際多い。ポドゴリツァ出身のバンドは、ペイガン・ブラックMoranaやアトモスフェリック・ドゥームPlacid Artなど。

ニクシッチ　Nikšić

モンテネグロ中西部に位置する第二の都市。人口約5.8万人。2003年の国勢調査によると、モンテネグロ人が約63％、セルビア人約27％、ムスリム人約11％。哲学学校などを含め40の教育施設があり、モンテネグロの教育の中心となっている。また、製鉄所や鉱山、醸造所などもあり、重要な産業地帯の一つとしても機能している。ニクシッチ出身のバンドは、アンブラックメタル Византъ。

マケドニア

マケドニア旧ユーゴスラビア共和国（通称マケドニア）は、バルカン半島に位置する共和制国家。人口208万人（2016年）。面積は2万5,713km²。南にギリシャ、西にアルバニア、北にコソボ、セルビア、東にブルガリアと国境を接している。首都はスコピエ。通貨はマケドニア・デナル。公用語はマケドニア語で、国民の68%が使用している。次いでアルバニア語25%、トルコ語3%なども話されている。民族は、マケドニア人が60%以上、アルバニア人が23%、その他トルコ人、セルビア人、ロマ人などがいる。アルバニア人の出生率はマケドニア人より高く、人口も増えていることから国の不安要素になっている。GDPは109億ドル（2016年）、一人当たりのGDPは4,852ドル（2015年）。宗教は、マケドニア正教が約70%で、イスラム教が約30%。

マケドニア共和国の国土は、紀元前に繁栄したマケドニア王国の地域と一部重なっているが、民族的には関連性がない。マケドニア人の祖先とされるスラヴ人がこの地域に住むようになったのは、東ローマ（ビザンチン帝国）の支配下に置かれていた6〜7世紀頃。9世紀には第一次ブルガリア帝国に占領されるが、ブルガリア帝国の衰退に伴い再び東ローマの支配下に戻る。ブルガリアやセルビア王国の支配を受けつつも、15世紀にはオスマン帝国に統治される。オスマン帝国は民族や言語ではなく、宗教で人々を分類しており、マケドニア人は民族意識を持つこともなく、帰属意識は正教会の信仰にあった。オスマン帝国時代のこの地域には、スラヴ人以外にもアルーマニア人、トルコ人、アルバニア人、ユダヤ人など様々な民族が入り乱れていた。19世紀になると、バルカン半島で民族意識が高まり、オスマン帝国から独立した近隣諸国（ブルガリア、ギリシャ、セルビアなど）に目を付けられるようになる。そしてマケドニアは1878年に大ブルガリア帝国に編入されるも、すぐに再びオスマン帝国の支配下に収まる。しかし、ようやくマケドニアにも民族意識が芽生え、1893には内部マケドニア革命組織（VMRO）が結成された。1903年に蜂起を起こすも、結果的にはオスマン帝国に鎮圧されてしまった。その後、1912年の第一次バルカン戦争でオスマン帝国から解放されたものの、第二次バルカン戦争でセルビア・ブルガリア・ギリシャによって分割された。1918年にはセルビア人・クロアチア人・スロベニア人王国に組み込まれ、すぐにユーゴスラビア王国と名前を変える。1945年、ユーゴスラビア社会主義連邦共和国の一国となり、ユーゴスラビアの解体に伴い1991年に独立。2001年にはアルバニア人武装勢力と衝突しマケドニア紛争を起こすが、NATOが仲介に入り停戦した。なお、現在もギリシャとマケドニアの国名を巡って対立している。

スコピエ

スコピエ　Скопје

マケドニア北部に位置する同国の首都。人口約53.6万人。マケドニア全人口の1/3がスコピエに住んでいる。マザー・テレサの出身地でもあり、彼女にちなんだ目印や彫像、記念館などもある。マケドニア人が約67%、アルバニア人が約20%、ロマ人も約4.6%住んでいる。アルバニア人の人口が多いことから、スコピエではマケドニア語のみならずアルバニア語も公用語とされている。スコピエ出身のバンドは、スラッジ／ブラック Gargoyles、シンフォニック・ブラック Sinjac など。

アルバニア

アルバニア共和国はバルカン半島南西部に位置する共和制国家。人口287.6万人（2016年）。面積は2万8748km²。南にギリシャ、東にマケドニアとコソボ、北にモンテネグロと国境を接し、西はアドリア海に面している。首都はティラナ。通貨はレク。公用語はアルバニア語で、北と南でそれぞれ方言があり、標準語は南の方言。南部の一部ではギリシャ語を話す者もおり、外国語としてイタリア語を話す人もいる。住民の大部分はアルバニア人で、国境付近にはギリシャ人、マケドニア人、モンテネグロ人なども住んでいる。GDPは119億ドル、一人当たりのGNIは4,180ドル（2016年）。かつて政府が国家無神論の政策を取っていたこともあり、現在も無宗教者が圧倒的に多い。信仰されている宗教は穏健なイスラム教が主流だが、正教やカトリックの信者もいる。

アルバニアは紀元前にローマ帝国に支配されており、紀元後にはすでにキリスト教の布教が始まった。4世紀末には東ローマ（ビザンチン帝国）がこの地域を征服。東ローマの衰退後もいくつかの国に支配され、1478年にオスマン帝国の属国となる。500年にも及ぶオスマン帝国の支配の下で、キリスト教からイスラム教に改宗する者が相次ぎ、それが現在のアルバニアのイスラム教徒の数に繋がっている。19世紀末には、アルバニア人の政治機関としてプリズレン連盟を結成し、数々の民族運動が始まった。1912年にはオスマン帝国から独立。1914年、ルーマニア王妃エリザベタの甥で、ドイツの貴族であったヴィート公子ヴィルヘルムを君主に迎え、アルバニア公国が誕生した。しかし、第一次世界大戦によって彼は国外に亡命してしまい、君主不在の無政府状態となる。1925年からはアルバニア共和国として共和制国家となるも長くは続かず、1928年には再び君主制のアルバニア王国へと変わる。1939年、イタリア軍がアルバニアに侵攻し、保護領となった後にイタリアに併合された。1944年、全土解放が行われ、1946年にはエンヴェル・ホッジャが首相となりアルバニア人民共和国（1976年にアルバニア社会主義人民共和国に改名）が誕生。彼はスターリンを崇めており、1948年にスターリンと断絶したユーゴスラビアとの国交を絶った。1961年にはスターリン批判を行ったソ連とも国交を断絶。同時に中国に接近し、経済、軍事の援助を受けるようになる。そして、1967年に中国での文化大革命に触発され、宗教活動を完全に禁止とした。1976年、米中和解に反発したことにより中国からの援助も停止され、鎖国状態となる。この時代、国境が封鎖、さらにソ連を「仮想敵国」とみなして多額の資金を費やし軍事面が強化された。1985年にホッジャが亡くなった後、鎖国状態が次第に解かれるようになる。しかし、1997年に国民の半分以上がネズミ講の被害に遭い、それを黙認していた政府などに対し暴動が起きた。この損害は今なおアルバニアの経済に打撃を与え続けている。

ティラナ

ティラナ　Tiranë

アルバニア中部に位置する同国の首都。人口約41.8万人。アドリア海から約30km内陸に入ったところにある。住民の多くはイスラム教徒だが、正教徒も居住。ソ連時代に作られた毛織物、金属、木材加工などの工場が20ほど建っている。空港もあるが国際線しか飛んでおらず、国内の移動はもっぱらバスが利用されている。アルバニア自体ブラックメタルバンドが少なく、本著で紹介したティラナ出身のバンドは、メロディック・ブラック Nihil のみ。

ドゥラス　Durrës

アルバニアの西部に位置する第二の都市。人口約11万人。アドリア海に面しており、アルバニア屈指のビーチリゾートとしても親しまれている。首都のティラナまでは36kmほど。また、造船などの重工業も盛んである。アルバニアの他の地域同様、多数のトーチカがドゥラスの砂浜沿いでも見られる。ドゥラス出身のバンドは、NSブラック Shiptarian Darkness。

Bane（セルビア）

Draconic（セルビア）

Khargash（セルビア）

Kolac（セルビア）

Kozeljnik（セルビア）

May Result（セルビア）

Mor（セルビア）

Númenor（セルビア）

Ophidian Coil（セルビア）

Rain Delay（セルビア）

Sangre Eterna（セルビア）

Shadowdream（セルビア）

Simargal（セルビア）

Svartgren（セルビア）

Terrörhammer（セルビア）

Triumfall（セルビア）

Utvar（セルビア）

Vranorod（セルビア）

Wolf's Hunger（セルビア）

Zloslut（セルビア）

Ashes You Leave（クロアチア）

Defiant（クロアチア）

Gorthaur's Wrath（クロアチア）

Infernal Tenebra（クロアチア）

Manheim（クロアチア）

Stribog（クロアチア）

Voloh（クロアチア）

Wolfenhords（クロアチア）

Avven（スロベニア）

Bleeding Fist（スロベニア）

Brezno（スロベニア）

Cvinger（スロベニア）

Dekadent（スロベニア）

Morana（スロベニア）

Noctiferia（スロベニア）

Veldes（スロベニア）

Agonize(ボスニア・ヘルツェゴヴィナ)

Interfector ボスニア・ヘルツェゴヴィナ)

Krv(ボスニア・ヘルツェゴヴィナ)

Void Prayer(ボスニア・ヘルツェゴヴィナ)

Abhoth（モンテネグロ）

Rikavac（モンテネグロ）

Zaimus（モンテネグロ）

Aeon Arcanum（マケドニア）

Ambroz（マケドニア）

Saint of Fear and Rage（マケドニア）

Потоп（マケドニア）

Nihil（アルバニア）

謝肉祭用獣コスチュームしながら割とまともなメロディックブラック

All My Sins

出身地 パンチェヴォ
主要人物 Nav Cosmos, V
類似バンド **世界** Uada, Pillorian **東欧** Mgła, The Stone, Sear Bliss
活動時期 2000〜
メンバー Nav Cosmos(Vo.Ba), V(Gt)

　ベオグラード近郊の小さな街パンチェヴォで 2000 年に結成。当時 16 歳だった Nav Cosmos（Vo.Ba）と V（Gt）を中心に活動が始まる。

　2002 年に自主制作で 1st デモ『Night Sculpture』をリリース。当時のラインナップは、Vuk（Vo）、V（Gt）、Džimi（Gt）、Nav Cosmos（Ba）、Dejan（Dr）の 5 人で、初期衝動を感じさせるプリミティブなサウンドながら、どこかフックの効いたメロディーを含んだブラックメタルを演奏していた。2004 年、2nd デモ『From the Land of the Shining Past』を同メンバーでリリース。その後、しばらく活動休止状態に入る。

　そして 13 年の時を経て、ポーランドの Black Death Production と契約を交わし、4 曲入り EP『Lunar / Solar』を CD とカセットで発表。この頃には、正式メンバーは Nav と V の 2 人になっていた。翌年 2018 年 1 月に、シングル『Zov iz magle』をセルビアの Miner Recordings から 200 枚限定の 7 インチでリリース。同年 9 月に、シングル曲を含む 1st フルレングス『Pra sila - Vukov totem』を、フィンランドの Saturnal Records からリリースした。

Atmospheric Black Metal　　　　セルビア

Lunar / Solar　　　　2017
Black Death Production

パンチェヴォで 2000 年に結成。今作は 2017 年に発表された 1stEP。ポーランドの Black Death Production から CD とカセットでリリースされた。Nav Cosmos がボーカル、ベース、ブラックメタル Dead Shell of Universe やスラッシュ / ブラック Terrörhammer で活動する V こと Phaesphoros がギター、ベース、キーボードを担当。また、Terrörhammer やプログレッシブ・メタル Organized Chaos の B.B.K. Necro Doctor が一部でベース、Nemir という人物がドラムをゲストでプレイ。『Lunar / Solar（月 / 太陽）』という神秘的なタイトルの通り、歌詞も南スラヴの神秘をテーマにしている。エモーショナルなトレモロリフの嵐と、静けさを感じさせるパートのギャップが魅力的だ。

Atmospheric Black Metal　セルビア

Pra sila - Vukov totem
Saturnal Records　2018

結成から 18 年後の、2018 年にようやくリリースされた 1st フルレングス。フィンランドの Saturnal Records から 500 枚限定で発売され、自主制作のデジタル音源も出ている。正式メンバーはこれまでと同じ V と Nav Cosmos の 2 人。また、1stEP にも参加した Nemir が今作でもゲストでドラムを叩いており、その他にも、Terrörhammer や Jaguar がバッキングボーカル、Khargash もベース、バッキングボーカルを一部で披露している。カバーアートを手掛けたのは、ルーマニアのアトモスフェリック・ブラック Negură Bunget の元メンバーである Daniel Dorobanțu。ややスラッシーな疾走パートから始まるも、すぐに All My Sins らしい神秘性漂うメロディアスなリフが登場する。1stEP を気に入った人ならば、間違いなく納得できるであろうメロウなアトモスフェリック・ブラック。

回答者：Nav Cosmos

Q：インタビューに応じていただきありがとうございます。まずは日本のメタルヘッドに向けて、簡単にバイオグラフィを教えていただけますか？
A：興味深いインタビューをありがとう。手短に話すと、このバンドが結成したのは 2000 年の末のことで、まずは 2 本のデモをリリースしたんだ。 1 枚目は『The Night Sculptures』(2002)、そして 2 枚目は『From the Land of the Shining Past』(2004)。それからは頻繁にラインナップが変わり、EP『Lunar / Solar』を 2017 年にリリースするまでにかなり長い期間が空いてしまったよ。

Q：最近のアーティスト写真を見ると、獣のような変わった衣装を着ていますね。この衣装にはどんな意味があるのでしょうか？　また、どこで手に入れたのですか？
A：写真で着ている衣装は、俺たちの出身地の文化遺産の一部さ。これらの衣装は、キリスト教が布教される少し前から行われている、「Poklade（謝肉祭）」と呼ばれる風習で使用されるものなんだ。ある意味でこの伝統は、キリスト教化の過程を生き延びてきたことを念頭に置いていて、その耐え難さからくる共鳴のこだまのようなものだ。プロのコスチュームデザイナーの友人の助けを借りて制作したよ。

Q：最近 1st フルアルバムの『Pra sila - Vukov totem』をリリースしましたね。このアルバムは、神話上の存在としての「狼」に捧げられているという情報を見ました。この「狼」について詳しく教えてもらえますか？　また、なぜ「狼」に捧げることにしたのでしょうか？
A：アルバムを「狼」に捧げるというアイディアはずいぶん昔からあったんだけど、やっとそれを叶えることができたよ。俺たちの各作品は、ある神話的存在に捧げられていて、それはこのバンドに昔からある慣例なんだ。セルビアの神話における狼は、月の存在と、俺たち人類の古代の祖先を表している。ぼんやりとした遠い過去と現代をリンクさせるというアイディアを思いついて、その抽象的概念として狼をテーマに落とし込んだんだ。

Q：初期の頃は英語で歌っていたようですが、最近は母国語で歌っています。なぜスタイルを変えたのですか？　また、主に何について歌っているのでしょうか？
A：初期の頃は俺たちもかなり若かったから英語で歌いたかったんだよね。やがて、いつも物事を考える時に使う言葉で作詞するのがベストだということに気づいた。セルビア語、またはセルビア・クロアチア語で歌うことで、より表現がしやすくなって、言い回しなども簡単に用いることができるようになった。基本的に、歌詞や曲のテーマはブラックメタルの核となる思想にありがちなもので、憎しみや痛み、悲痛、疎外感、厭世や死だけど、真の南スラヴの民話というプリズムを通したものになっているよ。

Q：音楽を作る時は何にインスパイアされていますか？
A：俺たちが愛するものを表現する必要があると思っている。これについては今まで特に気にしたことはなかったんだけど、その瞬間にインスパイアされてるなと感じる。また、活動初期の頃から、個人的に聴いていたブラックメタルを演奏したいと思っていたよ。

Q：どのようにメタルを聴くようになったのでしょうか？
A：俺たちは割と早い段階で音楽を聴くようになった。地元のラジオ局や TV の番組などでメタルに触れることがあったんだ。種類は多くないけど雑誌もあって、当時の俺たちにとっては非常に重要な存在だったよ。

Q：メタル以外の音楽は聴きますか？
A：そうだ、もちろん聴くよ！　俺たちは様々な音楽を聴いては新しい分野を発見することが多い。ダークロックやニューウェーブ、ポストパンクのミュージシャンを探すのが好きで、ブラックメタルと並んでお気に入りのジャンルに入れることができる。とにかく世の中にはたくさんの高品質な音楽がある。パンクやエレクトロニカ、オーセンティックなフォーク、サイケデリック・ロック、クラウトロック、グランジなんかもね。

Q：オールタイムベストを教えてください。
A：Ulver『Nattens Madrigal』
Idoli『Odbrana i poslednji dani』
Simple Minds『New Gold Dream』
Mizar『Mizar』
Bathory『Under the Sign of the Black Mark』
Mayhem『De Mysteriis Dom Sathanas』
Root『The Book』
Nokturnal Mortum『The Voice of Steel』
Destroyer 666『Cold Steel...For an Iron Age』
Burzum『Aske』
Pink Floyd『The Division Bell』

The Sisters of Mercy『First And Last And Always』
Bjesovi『Sve sto vidim i sve sto znam』
Iron Maiden『Somewhere in Time』
Fields of the Nephilim『Elizium』
Dead Can Dance『Spleen and Ideal』
Lycia『A Day in the Stark Corner』
Dodheimsgard『Monumental Possesion』
Slayer『Show No Mercy』
Morbid Angel『Blessed Are the Sick』
とりあえずこんな感じかな。

Q：セルビアのメタルシーンについてはどう思いますか？　セルビアにメタルヘッドはいますか？

A：メタルシーンもメタルヘッドも存在はするよ。遠い過去となってしまった部分もあるけど、まだ残ってはいる。セルビアのシーンは組織化されているわけでもないし、現地のメディアから膨大な支持を受けているわけでもないしね。

Q：あなたたちはパンチェヴォという街の出身ですね。パンチェヴォはどのような街なのでしょうか？　見どころなどはありますか？

A：パンチェヴォはベオグラードにほど近い場所にある小さな街だ。南バナト群に属している平野だよ。オーストリア・ハンガリー二重君主国時代の雰囲気を残した建物もあれば、ユーゴスラビア時代に建てられたものもあり、すべてのスタイルが混ざり合っている。それと、市内を流れるタミシュ川も俺たちには馴染み深い。パンチェヴォは、ローマ人がやってくる前から豊かで激しい歴史を有している。だから、色々と学ぶことのできる市の博物館と歴史資料館に訪れることをオススメするよ。

Q：音楽活動以外に何か仕事はしていますか？

A：うん、V は自身のスタジオ Wormhole Studios を経営していて、俺は郵便配達員として働いているよ。

Q：日本のバンドやアーティストは知っていますか？

A：人物やバンドはあまり知らないんだよね。人物としては黒澤明やオノヨーコ、バンドなら Loudness。でも、日本に関しては結構知ってるよ。

Q：日本にはどんなイメージがありますか？

A：俺は日本に関しては特別に知識があるといっても過言ではないね。よく知っていることといえば、豊かな土着芸術や詩（俳句）、映画、漫画、アニメ。日本は古代からある国で、それが古い伝統と新しい影響とのコンビネーションを作り出していると思う。火山帯に位置していて、人々は今でも勤勉で、素晴らしいオーディオやビデオ機器のみならず自動車産業も盛ん。侍、天皇、王朝などの偉大な歴史がある。俺の日本のイメージは、広島や長崎から満開の桜を見物する人たちのコントラストだ。雑だけど、昔読んだ俳句から引用するよ。「二本の指を月の間に置けば、最も美しい楽しみを得られる」

Q：インタビューに応じてくださりありがとうございました！　最後に日本のメタルヘッドに一言お願いします。

A：素晴らしい質問をありがとう。そして、このインタビューを読んでくれた人や、俺たちの音楽を聴いてくれているみんなもありがとう。音楽を愛して、いつも音楽を追い求めて、音が放つメッセージを受け取って！

Angelgoat

Primitive Black Metal　セルビア

Primitive Goat Worship
Grom Records　2017

ヴルバスで 2001 年に活動開始。スラッシュ/ブラック Catastrophy の元メンバーである Unholy Carnager こと Igor Bojovic のワンマン・プロジェクト。2007 〜 2008 年の間は、Catastrophy でともに活動していた Occultum Malleus も在籍していた。2008 年にいったん活動を停止し、2015 年に復帰している。今作は 2017 年に出された 2 枚目のフルレングスで、セルビアの Grom Records から 500 枚限定でリリースされた。2018 年にはポーランドの Morbid Chapel Records とチリの Peste Sagrada からカセットも出ている。ボーカルおよび、楽器演奏をすべて彼が 1 人で担う。終始ドタバタとせわしないドラムに、メロディーを極力排除した反復リフが続くオールドスクールなプリミティブ・ブラックをやっている。

Bane

Melodic Death/Black Metal　セルビア

Chaos, Darkness & Emptiness
Grom Records　2010

ノヴィ・サドで 2006 年に結成。何度か活動休止と再開を繰り返し、現在は創設メンバーの Branislav Panić がカナダに移住したことにより、モントリオールを拠点に活動している。今作はセルビアの Grom Records からリリースされた 1st フルレングス。翌年にはデンマークの Satanic Deathcult Productions からカセットが、アメリカの Abyss Records からも CD が出ている。Branislav がボーカル、ギター、シンフォニック・ブラック Khargash などで活動する Khargash がベース、ボーカルを担当。また、ワンマン・アンビエント・プロジェクト Shadowdream の Nocturnal や、チェコの Master's Hammer の Honza Kapák ら 3 名がゲスト参加している。デスメタリックな咆哮とブラックメタルらしいシャウトが野太くメロディアスなリフに乗るデス/ブラック。

Bane

Melodic Death/Black Metal　セルビア

The Acausal Fire
Abyss Records　2012

1st リリース後、マレーシアのブラックメタル Neftaraka やメキシコの Warfield、イタリアの The True Endless などとスプリットをリリース。その後 2nd フルレングスとなる今作が、アメリカの Abyss Records からリリースされた。ラインナップはボーカル、ギターの Branislav、ベースの Nokkturno、ブラックメタル Angelgoat などでも活動していたドラムの Occultum Malleus。今回も、1st 同様に Nocturnal がオーケストレーション、Honza Kapák がアディショナルボーカルなどでゲスト参加している。スウェーデンのメロディック・ブラック Eyecult の Patrik Carlsson もゲストでボーカルやギターソロを務めた。以前に増してメロディーにキレが出て、うっすらと重なる神聖なオーケストレーションが怪しくも美しい雰囲気を醸し出している。

Bethor

Primitive Black Metal　セルビア

Demogorgon
Pesttod Records　2004

ムラデノバツで 2001 年に活動開始。セルビアの数々のアンダーグラウンドなエクストリームメタルバンドで 80 年代から活動してきた Bethor こと、Mikica Marić のワンマン・プロジェクトとして始まった。今作は 1 枚目のフルレングスで、オーストリアの Pesttod Records から 200 本限定のカセットでリリースされた。この頃はまだワンマン状態だったので、ボーカル、全楽器の演奏を Bethor が 1 人で担当している。また、彼とともにブラックメタル/グラインドコア Leponnex で活動していた Lanquerius が、セッションドラマーとして 8 曲目に参加。万人受けなど一切考慮されていない、いかにも地下ブラックといったプリミティブなサウンドで抑揚のないリフが繰り返される。しかし、アウトロではクワイアのような歌声がうっすらと流れる、ガラリと雰囲気が変わったアンビエントな曲が聴ける。

West Balkan　219

Carnival of Flesh

Symphonic Death/Black Metal　　セルビア

Stories from a Fallen World
Independent　　2015

ベオグラードで 2002 年に結成。ヴォーカルの Dachaz とキーボードの Dam の 2 人によって活動が始まる。2008 年にいったん活動を休止し、2014 年に新たなメンバーとともに再結成している。今作は 1st フルレングスで、初回は自主制作のデジタル音源でリリースされた。翌月に CD も出ている。制作時のラインナップは不明だが、当時在籍していたのは Dachaz と Dam、2016 年に脱退してしまった Jake O'Bayne（ギター、ベース）、デスメタル Punished の元メンバーで、現在はスラッシュメタル Deadly Mosh などでも活動する Vojin Ratković（ドラム）。しっかりと暴虐性を帯びつつも疾走感のあるメロディーに、さりげなくシンフォニックなキーボードが重なる。シンフォニック / メロディック・デスメタル好きの琴線にも触れそうな 1 枚。

Dead Shell of Universe

Atmospheric Black Metal　　セルビア

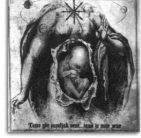

Tamo gde pupoljak vene... tamo je moje seme
Eichenwald Industries　　2008

パンチェヴォ / ベオグラードで 2006 年に結成。ペイガン・メタル All My Sins やスラッシュ・ブラック Terrörhammer などでも活動する Phaesphoros と、ブラックメタル Kozeljnik に在籍する L.G. によって結成された。現在は、Phaesphoros のワンマン状態になっている。今作はイギリスの Eichenwald Industries からリリースされた 1stEP。500 枚限定。ヴォーカルを Ponor、ギター、ベース、ヴォーカルを Phaesphoros、ドラム、キーボードを L.G. が担当。カバーアートは All My Sins のアートワークも手掛けた Marko Adamovic によるもの。不気味でひんやりとしたオカルティックなアトモスフィアは、フランスの Deathspell Omega を彷彿とさせる。完成度の高い作品だが、今作リリース後、特に活動をしていないのが残念だ。

Draconic

Melodic Symphonic Black Metal　　セルビア

Conflux
Rock Express Records　　2004

ベオグラードで 2002 年に結成。今作は 1st フルレングスで、セルビアの Rock Express Records からリリースされた。ボスニア・ヘルツェゴヴィナのプログレッシブ・ブラック Interfector でも活動する Antares がヴォーカル、キーボード、シンフォニック・ブラック Númeror やプログレッシブメタル Alogia などにも在籍する Sirius と彼の兄弟である Mira がギター、現在デスメタル The Hell やゴシック / ドゥーム The Father of Serpents で活動する Milan Šuput がベース、ヘヴィメタル King Size の Procyon がドラム、シンフォニックメタル Oblivion Awaits の Tania がフィーメールヴォーカルを務めた。メランコリックで耽美な旋律がメロディアスにとめどなく流れる、インダストリアルな感触を帯びたシンフォニック・ブラック。

Endarken

Melodic Black Metal　　セルビア

Tvoj je hram u srcu mom
Blackest Ink Recordings　　2018

アパティンで 2016 年に活動開始。ブラックメタル Samrt でも活動する Nekrst のワンマン・プロジェクトとして始まった。今作はデビュー作となる 1st フルレングス。Samrt が運営するレーベル Blackest Ink Recordings から CD とデジタル音源でリリースされた。ヴォーカル、ギター、ベース、サンプリング、作詞作曲を Nekrst、ドラムをブラックメタル Paimonia やシンフォニック・ブラック Khargash などにも在籍する N.P.V. が担当。また、ゲストで Dušan Kljajić というセルビア人男性がギターソロをプレイしている。バンドロゴを手掛けたのは、自身のスタジオでデザイナーとして活躍するセルビア出身の Nemethor。ドラムがスタスタと走り、叙情的なギターリフが重なる疾走感溢れるメロディック・ブラックを演奏している。

Endlife

Depressive Black Metal　　セルビア

Lost in Blinding Lights　　2016
Independent

ベリカ・プラナで 2013 年に活動開始。Milan Stojilović という人物によるワンマン・プロジェクトだ。2017 年からは Exhale とプロジェクト名を変え、メタルコア寄りの曲を作っている。今作は 1st フルレングスで、初回は自主制作のデジタル音源でリリースされた。翌年にはロシアの Cvlminis から 20 枚限定の CD-R とデジタル音源が出ている。ボーカル、全楽器の演奏を Milan が担当。マイナーすぎるバンドを輩出しまくる Cvlminis から音源が出ていることからも薄々感じるが、全体的になんとも惜しい仕上がりになっている。メロディーセンスはそこまで悪くないものの、地声で歌うパートはわざとかどうかは不明だが、気になるレベルで音程が外れている。どことなくやる気のなさそうな雰囲気はデプレッシブ・ブラックにも通じる。

Goddess

Primitive Black Metal　　セルビア

Raped into Being　　2018
Life as a Dream Records

結成地、結成年ともに不明。イギリス出身で、今はセルビアに住む青年 Damjan Stefanović によるワンマン・プロジェクト。彼は、MRTVI という独りブラック、イギリスのシンフォニック・ゴシックメタル Sarah Jezebel Deva でも活動している。今作は 1stEP で、イギリスの Life as a Dream Records からリリースされた（Damjan がイギリス在住時に立ち上げたレーベルかもしれない）。カナダの Medusa Crush Recordings から 77 本限定のカセットも出ている。2017 年の夏にレコーディングされ、1 年以上たった 2018 年 11 月に発売となった。カバーアートは、フランスの画家ウィリアム・アドルフ・ブグローの作品。何とも珍しいことに、動物の権利などについてを歌詞のテーマにしているようだが、曲自体はあまり特徴のないプリミティブ・ブラックだ。

Hetera

Melodic Black Metal　　セルビア

Sa one strane　　2004
One Records

ベオグラードで 2003 年に結成。2000 ～ 2003 年までは Spirit of Destruction というバンド名で活動していた。フルレングス 2 本とデモと EP をそれぞれ 1 本ずつ出し解散している。今作はデビュー作となる 1st フルレングスで、セルビアの One Records からリリースされた。Boris Sumrak がボーカル、Luka Jurašin と Marko Lazić がギター、現在プログレッシブ / パワーメタル Leonardo で活動する Ivan Stanković がベース、Đorđe Vujčić がドラム、Uroš Marković がキーボードをプレイ。薄くてチープな音質ではあるが、叙情的なメロディーが休みなく炸裂する良質メロディック・ブラック。ボーカルはデスメタル寄りの低めのがなり声で、メロディック・デスの雰囲気も感じさせてくれるアルバムだ。

Introitus

Black Metal　　セルビア

Skies of the Unholy Departed　　1996
CCP Records

クラグイェヴァツで 1995 年に結成。セルビアで最初に活動を始めたブラックメタルバンドと言われている。バンドロゴは Christophe Szpajdel によるもの。1996 年にデモとフルレングスをそれぞれ 1 本ずつ発表して解散している。フルレングスはオーストリアの CCP Records からリリースされた。ブラックメタル Triumfall にも在籍していた Defluens がボーカル、ドラム、Svantevid がギターをプレイ。レーベル Butcher Sound のオーナーで、現在はグラインドコア Napalm Death のウェブマスターとしても活動するセルビア出身の Max Butcher らがマスタリング、ミキシングを手掛けている。メロウなミドルテンポの曲から、はたまたファストでアグレッシブな曲まで収録されており、郷愁を誘うようなアコギパートもちらりと顔を出す。素朴ながら癖になるギターリフも聴ける。

West Balkan

Joys of Life

Depressive Black Metal　　　セルビア

Dem Tod sei Dank　　2015
Depressive Illusions Records

テメリンで 2014 年に活動開始。Dopamine&Serotonine という人物による独りブラックメタルだ。今作は 1st フルレングスで、ウクライナの Depressive Illusions Records から 66 枚限定の CD-R でリリースされた。自主制作のデジタル音源も出ている。ボーカルおよび全楽器を Dopamine&Serotonine が担当。タイトルはドイツ語で「死に感謝」。彼はセルビア出身なのだが、曲名もすべてなぜかドイツ語で「地獄への歓声」「星々を呪う」「苦しみの終焉」など。これらの曲名や、おそらく自傷行為中のご本人写真が使用されたカバーアートの通り、気だるいローファイサウンドのデプレッシブ・ブラックをやっている。気が滅入ってくるようなのろのろとしたテンポで繰り返されるノイジーなリフに、全力の高音絶叫がこだまする。ただ、どんよりとメランコリックではあるが、鬱一辺倒ではない不思議な 1 枚。

Kagan

Pagan Black Metal　　　セルビア

Slovensko bojište　　2006
Frostscald Records

ピロト/ベオグラードで 2006 年に結成。現在は活動休止中。このバンドは、「異教」をモットーにする世界中のアーティストが集まるサークルに所属している。今作は 2 枚目のフルレングスで、ロシアの Frostscald Records からリリースされた。デプレッシブ・ブラック Vranorod でも活動する Vandalicum がボーカル、ギター、管楽器、アンビエント・ブラック Deathower にも在籍する Independor がドラム、パーカッション、キーボードをプレイ。アンダーグラウンドな香り漂う不明瞭なローファイサウンドで、神秘的なムードが立ちこめるペイガン・ブラックを演奏している。シャーシャーとかすれた絶叫ボーカルと、冷厳な地声ボーカルが、崇高ささえ感じさせる美しくアトモスフェリックなキーボードと絡み合う。時々、軍隊の行進を思わせるようなパートもあり、ユニークな仕上がりになっている。

Khargash

Melodic Black Metal　　　セルビア

Pathway Through Illumination　　2012
Miner Recordings

ノヴィ・サドで 2011 年に活動開始。メロディック・デス/ブラック Bane の元メンバーで、現在デス/スラッシュ Obscured などで活動する Khargash のワンマン・プロジェクトとして始まった。現在は 3 人体制になっている。今作は 1 枚目のフルレングスで、セルビアの Miner Recordings からリリースされた。この時点ではまだ彼のワンマン状態で、ボーカル、ギター、ベース、キーボード、バイオリンを 1 人で担当している。また、チェコの Master's Hammer で活動する Honza Kapák を筆頭に複数名のゲストが参加している。アメリカのデス/ブラック Fornicus の Scott Briggs もゲストで猛烈なドラミングを披露。デスメタルのヘヴィな激烈さを備えつつ、シンフォニックメタルの流麗さも持ち合わせており、美と醜が隣り合わせになったかのようなアルバムだ。

Kolac

Black Metal　　　セルビア

Zauvek crni　　2014
Nigra Mors

ベオグラードで 2006 年に結成。バンド名の Kolac は「杭」を意味する。今作は 2 枚目のフルレングスで、スペインの Nigra Mors から 100 本限定のカセットでリリースされた。翌年にはセルビアの Grom Records から CD が、2017 年には日本の Hidden Marly Production からも日本盤 CD が 500 枚限定で出ている。ボーカル、ギターを Zlorog、ギターを Omadan IX、ベースをスラッシュメタル Redenik の元メンバー Grob が担当。ドラムは、ドイツの独りブラックメタル Winterblut などで活動する L'Hiver がゲストでプレイしている。ローファイ気味なサウンドプロダクションで、オールドスクールなブラックメタルを実直に演奏している。母国語歌詞と英詞があるが、「サタン」や「デーモン」「デビル」などお馴染みの単語が出てくるお手本のようなブラックメタル。

Kozeljnik

Black Metal　セルビア

Deeper the Fall
Paragon Records
2010

ベオグラードで 2006 年に結成。ブラックメタル The Stone のメンバーでもある Kozeljnik と、The Stone で 2017 年まで活動していた L.G. の 2 人によって結成された。初期の頃は、ブラックメタル Zloslut や Inomatanas も在籍していたが、現在は先述の 2 人のツーピースバンドになっている。今作は 2 枚目のフルレングスで、アメリカの Paragon Records からリリースされた。同年にチェコの Werewolf Productions から 12 インチ、翌年にイギリスの Darkness Shade Records からカセットが出ている。ボーカル、ギター、ベースを Kozeljnik、ドラムを L.G. がプレイ。ゲストで B. Lacković という女性がバイオリンを弾いている。程よいアグレッシブさとメロウさを併せ持った、そつのないブラックメタルを演奏している。

Ljuska

Black Metal　セルビア

Vessel of the Void
Der neue Weg Productions
2017

ズレニャニンで 2017 年に活動開始。アトモスフェリック・ブラックメタル・プロジェクト Utvar でも活動する Sifr Shraddha による独りブラックメタル。2017 年の 5 月にシングルをデジタル音源でリリースし、同年 10 月に今作の 1st フルレングスがリリースされた。同郷のメロディック・デス / ブラック Bane や、グルジアのデプレッシブ・ブラック Psychonaut 4 なども音源を出したことがあるドイツの Der neue Weg Productions から CD で発売され、同時に自主制作のデジタル音源も出ている。タイトルは『空虚な器』とどこか哲学的で、歌詞は禁欲主義、傾倒、死などをテーマにしている。怪しさ香るややささくれ立ったギターリフに、がなり声ながらも淡々とした印象のボーカルが乗る。全体的にドロドロとしたミドルテンポで進み、オカルティックで硬派なムードが立ちこめる 1 枚。

May Result

Symphonic Black Metal　セルビア

Слава смрти
Grom Records
2008

ベオグラードで 1995 年に結成。「超エクストリーム」なデス / ブラックバンドを目指し、ブラックメタル Kozeljnik こと Marko Jerković を中心に結成された。2010 年から活動休止している。今作は 4 枚目のフルレングスで、セルビアの Grom Records からリリースされた。同年にオーストラリアの Battlegod Productions からも Impaled Nazarene のカバーが追加された CD が出ている。ブラックメタル The Stone でも活動する Glad がボーカル、The Stone の元メンバー Dušan と Kozeljnik がギター、Demonetras がベース、Kozeljnik にも在籍する L.G. がドラム、Grom Records のオーナー Urok がキーボードを担当。爆走しつつメロウなリフを織り交ぜてくる、うっすらとシンフォニックなブラックメタル。

Mor

Melodic Black Metal　セルビア

Храм крви и празнине
Forgotten Wisdom Productions
2009

ベオグラードで 2004 年に結成。Mor は古代セルビア語で「死」を意味する。現在はこのバンド 1 本で活動する人物らによるスリーピースバンドになっているが、過去にはブラックメタル Kozeljnik や May Result の L.G.、スラッシュ / ブラック Soul in Cage や Shvaba なども在籍していた。今作は 1st フルレングスで、フランスの Forgotten Wisdom Productions からリリースされた。残念ながら制作時のラインナップや在籍メンバーは不明である。タイトルはセルビア語で『血と空虚の寺院』。アヴァンギャルド・ブラックが似合いそうなシュールレアリズムなカバーアートだが、キーボードがメランコリックな雰囲気を醸し出すメロディック・ブラックだ。適度な曲展開と疾走感溢れるテンポで飽きさせることのないアルバムになっている。

West Balkan

Númenor

Epic Black Metal　　セルビア

Colossal Darkness　　2013
Stygian Crypt Productions

ベオグラードで 2009 年に結成。前身バンドは 2004 年に結成された Franconian Frost で、2005 ～ 2009 年までは Esgaroth というバンド名で活動し今に至る。今作は 1st フルレングスで、ロシアの Stygian Crypt Productions からリリースされた。同年にセルビアの Grim Reaper Records からも 33 本だけだがカセットも出ている。Despot Marko Miranović がボーカル、プリミティブ・ブラック Bethor などでも活動する Srđan "Sirius" Branković がギター、ベース、ドラム、彼とともにプログレッシブメタル Expedition Delta に在籍する Vladimir Đedović がキーボードをプレイ。基本的には中音域シャウトだが、パワーメタルさながらのハイトーン気味の朗々としたボーカルも炸裂する、クササ満点のエピック・ブラックメタル。

Númenor

Epic Black Metal　　セルビア

Sword and Sorcery　　2015
Stormspell Records

Númenor、2 枚目のフルレングス。今作は、正統派ヘヴィメタルからパワーメタル、スピードメタルを主に扱うアメリカの Stormspell Records からリリースされた。同時にデジタル音源も出ている。翌年には、1st をリリースしたロシアの Stygian Crypt Productions からも CD とデジタル音源が発売された。ラインナップは、ボーカル、ナレーションの Despot Marko Miranović、ギター、ベース、ドラムの Srđan "Sirius" Branković、そしてハンガリーのフォークメタル Astur などで活動するハンガリー出身の Bálint Kemény がキーボードとプログラミングを担当。ボーカルといいメロディーといい、前作以上にパワーメタル感が強まっており、大げさなピロピロギターソロも聴ける。もはやブラックメタルに括る必要もなさそうなくらいに晴れ晴れとした旋律で漲った 1 枚だ。

Ophidian Coil

Occult Black Metal　　セルビア

Denial | Will | Becoming　　2015
Obscure Abhorrence Productions

ベオグラードで 2013 年に結成。今作はドイツの Obscure Abhorrence Productions からリリースされた 1stEP。同時に自主制作のデジタル音源も出ている。ブラックメタル Kolac などの元メンバーで、Opposition Artworks の名でバンドのアートワークなどを手掛ける INIMICVS がボーカル、ギター、XIII.XIII. がギター、ベースをプレイ。また、チェコのアヴァンギャルド・ブラック Master's Hammer の Honza Kapák がゲストでドラムを叩いている。アートワークは INIMICVS、ミキシング、マスタリングは XIII.XIII. が手掛けた。不穏にノイズがかったパイプオルガンの音色で幕を開け、激烈なブラックメタルサウンドに、時折クワイヤが挟み込まれる。5 曲入り 27 分弱の EP だが、オカルティックな空気が蔓延したイーヴルな 1 枚。

Paimonia

Black Metal　　セルビア

Disease Named Humanity　　2013
Exalted Woe Records

ノヴィ・サドで 2011 年に結成。今作は 1 枚目のフルレングスで、初回はアメリカの Exalted Woe Records から 100 枚限定のカセットでリリースされた。翌年には、アメリカの Humanity's Plague Productions から、CD も 1000 枚発売されている。メロディック・デス / ブラック Bane の元メンバーで、現在ブラックメタル Zloslut でも活動する B.V. がボーカル、ギター、ベース、作詞作曲、シンフォニック・ブラック Khargash のメンバーでもある N.P.V. がドラムをプレイ。ブラジルのデプレッシブ・ブラック Thy Light や、Paolo Bruno や、フランスのブラックメタル Otargos や Dagoth などもゲストとして一部でボーカルやギターを務めた。がむしゃらに叫びまくるかすれたボーカルに、デスメタルにも通じるヘヴィかつ獰猛なリフがコールドに鳴り響く。

Rain Delay

Gothic Doom Metal　　　セルビア

As I Bequeath My Yesterday　　2005
Active Time

ベオグラードで 2003 年に結成。どの人脈筋でもない 3 人の人物によって活動が始まる。現在はメタルコア風のスタイルになっており、2011 年には「Shiseido」というタイトルで意味不明な日本語歌詞の曲を出している。今作は 1st フルレングスで、セルビアの Active Time から CD-R でリリースされた。ボーカル、ギターを Dušan Pešić、ギターを Biljana Zeković、ベースを Stefan Radojković、ドラムを現在デスメタル The Hell で活動する Marko Mrčarica、フィーメールボーカルを Ana Pešić が担当。気だるげなフィーメールボーカルがリードを取る、ゆったりとしたメランコリックなゴシック・ドゥーム。ドゥーミーな低音グロウルの男性ボーカルも、物寂しく切なげなメロディーと相まって悲壮感を増長している。

Salamander Funeral

Occult Black Metal　　　セルビア

Flesh Cannonization Rituals　　2014
Independent

パンチェヴォで 2010 年に結成。今作は 1 枚目のフルレングスで、スペインの Deathrune Records から CD とデジタル音源でリリースされた。2017 年には同レーベルから、ボーナストラックが 1 曲追加された 12 インチも 500 枚限定で出ている。ラインナップは、アトモスフェリック・ブラック All My Sins などでも活動するボーカル、ギターの Pentagramator、プログレッシブメタル Organized Chaos にも在籍するベースの B.B.K. Necro Doctor。またゲストとして、チェコの Master's Hammer の Honza Kapák がドラムを、ギリシャのペイガン・ブラック Kawir の Therthonax がイントロ制作の一部に携わっている。軽快で小気味良いギターリフのスラッシュサウンドに、ブラックメタルライクなシャウトが乗るスラッシュ / ブラック。

Samrt

Melodic Black Metal　　　セルビア

Mizantrop mazohist　　2012
Darzamadicus Records

アパティンで 2006 年に結成。今作は 1st フルレングスで、マケドニアの Darzamadicus Records からリリースされた。メロディック・ブラック Endarken でも活動する Nekrst がボーカル、ギター、シンフォニック・ブラック May Result やブラックメタル The Stone などにも在籍する Demonetras がギター、ベースをプレイ。テクニカル・デスメタル Disdained の元メンバーで、現在はグラインドコア Nominal Abuse などのメンバーでもある Zoltan Šimon がセッションメンバーとしてドラムを叩いている。レコーディング、ミキシング、マスタリングを手掛けたのは、Samrt の元メンバーで自身のスタジオを所有する Nemanja Kalinić。若干チリチリとしたローファイサウンドで、どこか愁いを帯びながらメロディアスに疾走する 1 枚だ。

Sangre Eterna

Symphonic Death/Black Metal　　　セルビア

Amor Vincit Omnia　　2005
Sleaszy Rider Records

ノヴィ・サドで 2005 年に結成。バンド名はスペイン語で「永久の血」という意味。今作は、2 本のデモの後に出された 1st フルレングス。ギリシャの Sleaszy Rider Records からリリースされた。テクニカル・デスメタル Disdained やシンフォニックメタル Сварун にも在籍していた Strahinja Popović がリードボーカル、Trinitus がボーカル、キーボード、Bora Jovanović がギター、ベース、メタルコア Hollow My Eyes などの元メンバー Miloš Armuš がドラムをプレイ。プロデューサーを務めたのは、ゴシック / パワーメタル Demether やクロアチアのヘヴィメタルバンド Divlje Jagode で活動する Damjan Deurić。30 分弱と短めの尺だが、さりげなくキーボードが乗る哀愁漂うフックの効いたシンフォニック・デス / ブラック。

Sangre Eterna

Melodic Death Metal　　セルビア

Asphyxia
Maple Metal Records　　2012

1stの4年後にリリースされた2枚目のフルレングス。今回はカナダのMaple Metal Recordsから、CDとデジタル音源で発売された。ボーカル、キーボードをIlija Stevanović、ギターをBora JovanovićとZoltan Kovač、ベースをテクニカル・デスメタルNekropolisでも活動するDavor Menzildžic、ドラムをMiloš Armušが担当。フィンランドのゴシックメタルReflexionのJuha Kylmänen、同じくフィンランドのメロディック・デスEternal Tears of SorrowのJarmo Kylmänen、セルビアのゴシック／ドゥームTales of Dark...のJovana Karajanovら5名がゲストとして一部でボーカルを披露している。1stに比べてブラック感は薄まったが、勢いの増したメロディック・デスになっている。

Satifer

Melodic Black Metal　　セルビア

Mass Grave of Humanity
Independent　　2013

チャチャクで2006年に結成。1年間ほど活動した後、音源をリリースせずにいったん解散し、2012年に再結成し今に至る。今作は1stフルレングスで、初回は自主制作のデジタル音源でリリースされた。2015年にはセルビアのGrim Reaper RecordsからCD-Rも出ている。ラインナップは、オリジナルメンバーでボーカルのIことNemanja Vučićević、スラッシュメタルDeadly Moshなどでも活動するギターのLuka Milošević、現在ブラックメタルZloslutに在籍するドラムのNikola Milićevićの3人。プリミティブなサウンドプロダクションで、胸をかきむしられるような物悲しげなリフを炸裂させるメロディック・ブラックメタル。音の輪郭はややぼやけているが、それがまたミサントロピックな雰囲気を醸し出している。20分弱とコンパクトだが聴きごたえのある1枚だ。

Shadowdream

Ambient, Neoclassical　　セルビア

De Sphaera Volvelle
Depressive Illusions Records　　2010

ノヴィ・サドで2004年に活動開始。スウェーデンで映画学の博士号を取得し、後にセルビアでも映画芸術の学士号を取得、さらにバイオリンや音楽理論についても学んでいるというMagister NocturnalことRastko Perisicによるワンマン・プロジェクト。今作は5枚目のフルレングスで、初回はウクライナのDepressive Illusions Recordsから66本限定のカセットでリリースされた。翌年にはドイツのNaturmacht ProductionsからCDとデジタル音源も出ている。演奏からレコーディングまですべて彼1人で担当。チェンバロのような楽器が華麗に響くバロック音楽を思わせるイントロから入り、ダークさを湛えたネオクラシカルが展開される。初期の頃はブラックメタルをやっていたが、今作ではボーカルも無く、インテリ感漂うアンビエント作品になっている。

Simargal

Atmospheric Black Metal　　セルビア

Meeting with...
Rock Express Records　　2001

トレステニクで1995年に結成。結成当初はAbadonというバンド名で活動していたが、すぐに現在の名前に変更している。Simargalはスラヴの神。今作は1stフルレングスで、セルビアのRock Express Recordsからリリースされた。同時にカセットも発売されている。ラインナップは、デスメタルNecrophiliacs Terrorの元メンバーでボーカル、ベースのGoran Smiljković、ギターのIgor ŠkrinjarとDanijel Pešić、デス／スラッシュInfestにも在籍するドラムのZoran "Zombie" Dragojević、キーボードのMilica Gabor。物寂しげだが、そこはかとなく希望を感じさせるような明るいメロディーも盛り込んだ、ややゴシックらしさも感じさせるブラックメタル。聖歌のような歌声も挿入され、神秘的な雰囲気も纏う。

Stone to Flesh

セルビア

Some Wounds Bleed Forever
CCP Records　　2000

ベオグラードで 1996 年に結成。2001 年からは The Stone とバンド名を変えて活動している。今作は Stone to Flesh 名義では最初で最後のフルレングスで、オーストリアの CCP Records からリリースされた。後に The Stone でも 2018 年までボーカルを務めた Nefas がボーカル、ブラックメタル Kozeljnik、May Result でも活動する Kozeljnik がギター、デス / スラッシュ Soul in Cage の God of Perversion がベース、スピード / スラッシュメタル Bombarder やスラッジ / ストーナーメタル In from the Cold の元メンバー Adimiron がドラムをプレイ。プリミティブな音質にがむしゃらなドタバタドラム、荒々しくスラッシーなギターリフが初期衝動を感じさせるが、印象的なメロウパートも聴けるアルバムだ。

Strahor

Pagan Black Metal　　セルビア

Call ov the Ancient
Independent　　2017

レバネで 2016 年に活動開始。同市出身のパンクバンド Razočarenje でも活動する Volkh という青年によるワンマン・プロジェクト。今作は 1 枚目のフルレングス。初回は自主制作のデジタル音源でリリースされた。翌年にはセルビアの Jesboligakurac Records から CD-R とカセットも発売されている。なお、このアルバムは同郷のブラックメタル The Stone に 2001 〜 2018 年まで在籍していた Nefas と、M. という謎の人物に捧げられているそうだ。カバー写真はまるでデプレッシブ・ブラックのような雰囲気が漂うが、スラヴの神話や伝説について歌うペイガン・ブラック。しかし、ささくれ立ったロウな音で奏でられる悲しげながらもメロウな旋律は、やはりペイガンというよりデプレッシブ寄りに聴こえなくもない。ドイツのワンマン・ブラックメタル Nargaroth のカバーも収録されている。

Svartgren

Melodic Black Metal　　セルビア

Prazan grob
Hidden Marly Production　　2015

ベオグラードで 2005 年に結成。前身バンドは 2003 年に活動開始した Astaroth で、すぐに Klit Commander、さらに Лапот と改名し、2005 年からは現在のバンド名で活動している。今作は 1 枚目のフルレングスで、日本の Hidden Marly Production からリリースされた。同時にアメリカの Dullest Records からカセット、数か月後にはイギリスの Legion Blotan Records & Distribution など 4 つのレーベルから 12 インチも出ている。ボーカル、ギターを Aleksandar Stefanović、ギターを Vuk がプレイ。また、テクニカル・スラッシュ Quasarborn のメンバーもゲストでベースとドラムを演奏している。タイトルは『空虚な墓』。妙に爽やかにも聴こえる、疾走感あるメロウで独特な旋律が耳に残るメロディック・ブラックメタルだ。

Terrörhammer

Thrash/Black Metal　　セルビア

Under the Unholy Command
Deathrune Records　　2015

パンチェヴォで 2010 年に結成。今作は 1 枚目のフルレングスで、スペインの Deathrune Records から CD とデジタル音源でリリースされた。2017 年には同レーベルから、ボーナストラックが 1 曲追加された 12 インチも 500 枚限定で出ている。ラインナップは、アトモスフェリック・ブラック All My Sins などでも活動するボーカル、ギターの Pentagramator、プログレッシブメタル Organized Chaos にも在籍するベースの B.B.K. Necro Doctor。またゲストとして、チェコの Master's Hammer の Honza Kapák がドラムを、ギリシャのペイガン・ブラック Kawir や Therthonax がイントロ制作の一部に携わっている。軽快で小気味良いギターリフのスラッシュサウンドに、ブラックメタルライクなシャウトが乗るスラッシュ / ブラック。

検索しにくい名前に改名余儀なくされても旧ユーゴ領域で最も有名

The Stone

出身地 ベオグラード　　　　　　　　　**活動時期** 2001 〜
主要人物 Kozeljnik　　　　　**メンバー** Glad(Vo)、Kozeljnik(Gt.Ba)、Demonetras(Gt.Ba) Vrag(Ba)、Honza Kapák(Dr)
類似バンド　**世界** Gehenna、Ragnarok　**東欧** Kozeljnik、May Result、Inferno、

　ベオグラードで 2001 年に結成。1996 〜 2001 年までは Stone to Flesh というバンド名で活動していた。The Stone に改名した当初のメンバーは、Kozeljnik（Gt.Ba）、Nefas（Vo）、Ilija Vasiljević（Dr）、Urok（Key）の 4 人。
　2002 年、1st フルレングス『Словенска крв』をドイツの Wolfcult Records から CD でリリース。Urok を抜いた 3 人で制作している。
　翌年、Stone to Flesh 時代の音源なども含むコンピレーションを発表。2004 年には 2nd フルレングス『Закон Венеца』を、Behemoth の音源なども出しているドイツの Solistitium Records からリリース。今作からは、2003 年に加入した Aksinomantijan がドラムをプレイしている。そして同年に、2 曲入り EP も 7 インチで発表。2006 年、メンバーの数人が在籍する May Result とのスプリット DVD を発売。同じ月に 3rd フルレングス『Магла』を、May Result でも活動する Demonetras をギターとベースに迎えてリリースした。翌年、チェコのブラックメタル Inferno とのスプリットを 7 インチで出し、4th フルレングスとなる『Неке ране крваре вечно』も出している。2008 年、1997 年にレコーディングされた Stone to Flesh 時代の 4 曲入り EP『Serbian Woods』を 7 インチで発表。2009 年にはイタリアのブラックメタル Kult とのスプリットを 7 インチでリリースした。その翌月、5th フルレングス『Umro』をドイツの Folter Records と契約を結んで発表。2010 年には、Slayer とチェコの Master's Hammer のカバー曲を含む EP を 10 インチでリリース。2011 年、6th となるフルレングス『Golet』を、2013 年には過去のスプリット収録曲などを含んだコンピレーションを出した。2014 年、イタリアの Frostmoon Eclipse、スロベニアの Somrak、デンマークの Horned Almighty らとスプリットを制作。同年に 7th フルレングス『Nekroza』も出している。2016 年、ノルウェーの Isvind とのスプリットを、翌 2017 年には Kozeljnik がレーベルを始め、自身のレーベルから 8th フルレングス『Teatar apsurda』をリリースしている。

The Stone

Black Metal　　セルビア

Словенска крв
Wolfcult Records　　2002

ベオグラードで 2001 年に結成。前身バンドは 1996 年から活動する Stone to Flesh。1st フルレングスの今作は、フィンランドの Horna などの音源なども出しているドイツのレーベル、Solistitium Records のサブレーベル Wolfcult Records からリリースされた。2008 年にはドイツの Folter Records から 12 インチ、2013 年にはカナダの Sepulchral Productions から CD 再発盤も出ている。ボーカルを Nefas、ギター、ベースを Kozeljnik、ドラムを Ilija が担当。写真撮影は、時々キーボードも演奏している Urok が手掛けた。演奏やサウンドプロダクションはチープで粗い仕上がりになっているが、オーセンティックなブラックメタルの基礎を保ちつつ、The Stone らしいフックの効いたメロディーやメランコリックなリフが聴ける。

The Stone

Black Metal　　セルビア

Закон Велеса
Solistitium Records　　2004

2004 年にリリースされた 2 枚目のフルレングス。1st をリリースしたレーベルの親レーベル、Solistitium Records からのリリース。前作同様、2010 年には Folter Records から 12 インチ、2013 年には Sepulchral Productions から CD 再発盤が出ている。今回は、Stone to Flesh 時代から在籍していたドラムの Ilija が脱退し、現在はブラックメタル Propast や Svartgren で活動している Aksinomantijan が加入した。また、Urok がセッションメンバーとして一部でキーボードを演奏している。カバーアートは、May Result などのカバーアートも手掛けるセルビア出身の女性アーティスト Jelena Bodrožić によるもの。音質は相変わらずローファイでドタバタした演奏だが、今作でもメロディアスなパートを披露してくれる。

The Stone

Black Metal　　セルビア

Магла
Folter Records　　2006

2nd の約 2 年後に発売された 3 枚目のフルレングス。今作はドイツの Folter Records からリリースされた。同レーベルから 12 インチも出ており、2008 年にはマケドニアの Terror Blast Production からカセットも出ている。今回からは、ブラックメタル May Result などでも活動する Demonetras が加入し、ギターとベースを弾いている。また、前回はセッションメンバーとして参加していた Urok が正式メンバーとしてキーボードを演奏。カバーアートはゴシック / パワーメタル Demether の元メンバー Milijana Tadin が手掛けた。サウンドクオリティと演奏のキレがやや向上し、デスメタル的なリフさばきとともに疾走するブラックメタルになっている。派手さと激しさがグンと増したが、これまでのメロウさが減ってデス / ブラックのような仕上がりになっている。

The Stone

Black Metal　　セルビア

Неке ране крваре вечно
Grom Records　　2007

3rd リリースの約半年後に発表された 4 枚目のフルレングス。Urok が 2001 年から運営しているレーベル Grom Records からリリースされた。2010 年には、ドイツの Fog of the Apocalypse Records から、2013 年にはセルビアの Miner Recordings からも 12 インチが出ている。今作は、Stone to Flesh 時代に制作した 1st フルレングス『Some Wounds Bleed Forever』を再録したもの。ラインナップは、これまで同様 Nefas（Vo）と Kozeljnik（Gt）の他、今作にだけ参加している Nebojša Đurković（Ba）と Adimiron（Dr）の 4 人。演奏はオリジナルより若干タイトになっているものの、再現度が高く、あまりアレンジは加えられていない。また、2004 年に出した EP 収録曲や 2005 年のライブビデオも入っている。

The Stone

Black Metal　　セルビア

Umro
Folter Records　　2009

2009年にリリースされた5枚目のフルレングス。3rdをリリースしたFolter Recordsに契約を戻してのリリースとなった。翌年には同レーベルから、ポスター付きの12インチが333枚限定で発売されている。今作ではNefasとKozeljnikに加えて、ギターとベースをDemonetras、ドラムをKozeljnikやMay Resultでも活動するL.G.、キーボードをUrok、アディショナルボーカルをGladが担当している。アートワークは、KozeljnikやデンマークのひとりブラックメタルFjorsvartnir、フォーク・ヴァイキングHeidraなどのカバーアートも手掛けるセルビア出身のDragan Paunovićによるもの。あまりメロディーの無いカオスで凶暴なリフに混ざって、たまにメロウなパートが現れる。最後の方に挟まれるインスト曲も、不気味ながら神聖な雰囲気を醸し出していて印象的。

The Stone

Black Metal　　セルビア

Golet
Folter Records　　2011

ドイツのFolter Recordsからリリースされた6枚目のフルレングス。同レーベルから12インチも出ており、翌年にはデンマークのSatanic Deathcult Productionsからカセットが、2014年にはアメリカのMetalhitからデジタル音源が発売されている。ボーカルと作詞をNefas、ギターと作曲をDemonetrasとKozeljnik、L.G.がドラムと作詞を担当。また、ハンガリーのデス/ブラックNeokhromeの元メンバーOdiousがゲストでベースをプレイしている。プロデューサーを務めたのはチェコのMaster's HammerのHonza Kapák。前作はデスメタル要素も含んでいたが、今作はミドルテンポ主体でメロディアスな曲が増えている。しかし依然としてアグレッシブでイーヴルなところは変わらない。

The Stone

Black Metal　　セルビア

Nekroza
Folter Records　　2014

6thから3年を経てリリースされた7枚目のフルレングス。今回もFolter Recordsからのリリースで、12インチも出ている。2016年にはMiner Recordingsから100本限定のカセットも発売された。ラインナップは6thとほぼ同じだが、ベーシストとしてブラックメタルTriumfallやSvartgrenなどにも在籍していたUsudが加入。イントロを制作したのは、映画音楽などの作曲家として活動し、ギリシャのブラックメタルRotting Christの音源にもオーケストレーションでゲスト参加している、セルビア出身のNikola Nikita Jeremić。また、テクニカル・デスメタルQuasarbornなどに在籍するLuka Matkovićが、プロデューサー、レコーディング、ミキシング、マスタリングを務めた。7thにもなると演奏もしっかりし安心して聴けるが、いまいち特徴のない仕上がりになっている。

The Stone

Black Metal　　セルビア

Teatar apsurda
Mizantropeon Records　　2017

2017年にリリースされた8枚目のフルレングス。今作はKozeljnikが同年に始めたレーベルMizantropeon Recordsから発売された。2018年には300枚限定の12インチも出ている。ギターのDemonetras、ベースのUsud、ドラムのL.G.が脱退し、スラッジ/ストーナーメタルIn from the Coldでも活動するVragがベーシストとして加入した。また、アディショナルボーカルとして2002〜2004年まで在籍していたBlizzardがゲスト参加。チェコのMaster's HammerのHonza Kapákも、ゲストでドラムとアコースティックギターを演奏している。全体的に霞がかかったような音質、ほんの時々挟み込まれるクワイアのようなコーラスなどが、神聖でオカルティックな雰囲気を放っており、The Stoneらしいメロウさも戻ってきている。

回答者：Kozeljnik

Q：インタビューに応じていただきありがとうございます。まず最初に、日本のメタルヘッドに向けて簡単にバイオグラフィを教えてください。

A：このバンドは、1996年に元ボーカリストのNefasによって結成されたんだ。最初の数年はStone to Fleshというバンド名で活動し、2001年にThe Stoneに改名した。それから、8枚のフルアルバムといくつかのEPをリリースしている。ライブ活動もヨーロッパ中で活発に行っているよ。

Q：なぜ途中でバンド名を変えたのでしょうか？「The Stone」というバンド名はインターネットで検索されにくそうですけど……（笑）

A：その時契約していたレーベルとの間に問題が生じて、ちょっとした事情で改名することになったんだ。自由にバンド活動を続けていくには、バンド名を変えるしかなかったんだよ。もちろん、バンド名の変更はあまり一般的ではないということは認識していたけど、俺たちの場合、そうせざるを得なかったんだ。

Q：あなたたちの作品には、何度かチェコのMaster's HammerのHonza Kapákがセッションメンバーとして参加していますね。また、8thフルアルバム『Teatar apsurda』は、彼のスタジオでレコーディングされています。彼とはどのような関係なのでしょうか？

A：俺たちはもともとずいぶん長い付き合いで、音楽関係でも協力し合ってきたんだ。The Stoneの他に、Murder、May Result、Oculus、Ophidian Coilのような他のプロジェクトにも彼は関わっている。Honzaは一応バンドの正式メンバーなんだけど、彼は自身のスタジオでの仕事がコンスタントにあるから、ライブに参加するのは稀なんだ。それで、ライブではセッションメンバーにドラムをプレイしてもらっているよ。

Q：The Stoneの曲は、セルビア語の歌詞が多いですね。母国語の歌詞にこだわる理由などはあるのでしょうか？

A：簡単に言うなら、セルビア語は俺たちの考えや、歌詞で伝えたいことを表現するには一番効果的だからだよ。それに、俺たちの母国語の不朽の美しさを追求するという自由を与えてくれる。

Q：前身バンドの頃から一緒に活動していたNefasが2018年に脱退しました。彼の脱退の原因は何だったのでしょうか？

A：俺たちは20年ほど共に活動してきたが、彼はこのバンドでできることはやり尽くしたと感じたようだ。だから彼は別の道を選んだのさ。

Q：音楽を作る時、何からインスピレーションを受けていますか？

A：インスピレーションは様々なところから湧いてくるけど、たいていは火花を引き起こすようなエネルギーが、アーティスティックな衝撃となって俺たちの作曲アイディアに表情を加えてくれるんだ。

Q：10月13日にワルシャワであなたたちのライブを観ました。とても盛り上がって素晴らしいショーでしたね！ The Stoneはすでにポーランドで何度かライブをしていて、その他のヨーロッパ諸国でもライブをしていますね。外国でライブを行った時の特別な思い出はありますか？ また、どこの国もオーディエンスの反応は似たようなものなのでしょうか？

A：嬉しい言葉をありがとう！ うん、ポーランドではすでに何度かライブしたことがあったんだけど、ワル

Iron Maiden『Somewhere in Time』
Venom『Welcome to Hell』
Bathory『Under the Sign of the Black Mark』
Dødheimsgard『Kronet til Konge』
Darkthrone『A Blaze in the Northern Sky』

Q：セルビアのメタルシーンについてどう思いますか？ セルビアにもメタルヘッドは結構いるのでしょうか？

A：セルビアのメタルシーンは大きくはないけど、絶えず成長していて質の高い有望なバンドも出てきている。一方で、ネガティブな局面から免れることもできない。世界レベルで起きている現象だけど、音源の売り上げ数の減少はバンドの将来に直接関わることだ。特にファンからのサポートが必要な新しいバンドはね。残念ながら、ほとんどのファンはCDやビニール、カセットなどの現物ではなく、デジタルのフリー音源で済ませようとしている。これじゃ未来は明るくないよな。

Q：セルビアでオススメのバンドはありますか？

A：もちろん。自分でも気に入っていて、サポートしているバンドがたくさんいるよ。Infest、Zloslut、Svartgren、Dead Shell of Universe、Zaklan、Ophidian Coil、Vehementer、Samrt、Terrorhammer、Kolac、All My Sins、Mor、Bane、Paimonia、Angelgoat、Space Eater、Sacramental Bloodなど。ぜひチェックしてみて。

Q：あなたが子どもだった頃、セルビアはまだユーゴスラビアに所属していましたよね。その時代のことは覚えていますか？

A：俺は1977年生まれだから、15、16歳の頃に紛争が起きたんだ。非常によく覚えているよ。ユーゴスラビア圏内を怒りで満たし、荒廃させた。紛争についての詳しい言及は避けるが、美しく誇り高き国を破壊したことは大きな後悔だということは言える。すべては腐った政治のせいだ。

Q：コソボについてはどう思いますか？ セルビアの一部と見做していますか？

A：そうだね、個人的にはセルビアの一部だと思っている。たとえコソボが独立しようと、セルビアはコソボを取り戻すチャンスを待ち構えているんだ。あからさまな対立は避けられないと思う。きっと時が経てば分かるさ……

Q：音楽活動以外に何か仕事はしていますか？

A：うん、俺はTV局でカメラマンの仕事をしているよ。

Q：日本のアーティストやバンドは知っていますか？

A：いくつか知っているよ。Sigh、Abigail、Metalucifer、Sabbat、Barbatosなんかは大好きだよ。

Q：日本にはどんなイメージがありますか？

A：日本は遠いようで近い気がする。魅力的な文化遺産など、俺の興味をそそるものを見に日本に訪れたいと思っているよ。

Q：インタビューに応じていただきありがとうございました！ 最後に日本のメタルファンに一言お願いします。

A：サポートをありがとう。そして、日本のメタルファンがブラックメタルの芸術でもあるThe Stoneに興味を示してくれることを心から祈るよ。

シャワで演奏したのは初めてだったよ。そして、ワルシャワデビューのあのライブは、俺たちの期待を超えていたね。雰囲気も抜群に良くて、観客のみんなも楽しんでいるのが伝わってきた。様々な場所でライブをすることは、観客と触れ合う際に、それぞれ異なったアプローチの仕方があることを知る機会にもなる。自分たちの音楽やアートに人々がどんな反応をするか、ということを見て感じるのが課題だといつも思っているし、ライブは俺たちのエネルギーをファンと共有する絶好の機会だ。

Q：あなたはどのようにメタルを聴くようになったのでしょうか？

A：10代の頃は、ロックンロールに夢中だった。いつも家族が家で流している音楽を聴いていたんだけど、Iron Maidenを見つけた時にマジックが起きたんだ。メロディーとボーカルと素晴らしいカバーアートは俺に絶大なインパクトを与え、初めて自分の中で何かが起きているのを感じた。それから、Venom、Slayer、Bathory、Mercyful Fate、Sodomのようなバンドにも出会ったよ。まぁ、他のメタルヘッドたちも俺と似たような旅を経てきただろうから、これ以上俺が言うことは何もないよ。

Q：メタル以外の曲は聴きますか？

A：うん、聴くよ。子どもの頃に聴いていたギターがメインの音楽をいまだに聴いている。でも、たいていはメタルばかり聴いているね。

Q：オールタイムベストを教えてください。

A：うーん、際限なくリストアップできるけど……OK、今の時点でのオールタイムベストを挙げるよ。

Triumfall

Melodic Black Metal セルビア

Antithesis of All Flesh
Forces of Satan Records
2009

クラグイェヴァツで 2006 年に結成。今作は 1 枚目のフルレングスで、ノルウェーの Forces of Satan Records からリリースされた。ラインナップは、ノルウェーの大御所ブラックメタル Gorgoroth にも在籍するヴォーカルの Atterigner、ブラックメタル The Stone などでも活動するギターの Usud、デスメタル Emetica のメンバーでギターの Vorzloth、現在ブラックメタル Zloslut で活動するギターの Inomatanas、セルビア初のブラックメタルバンド Introitus の元メンバーでドラムの Defluens、キーボードの Phantom。また、アトモスフェリック・ブラック All My Sins の V がゲストとして一部でクリーンヴォーカルを披露。アグレッシブに爆走しながらも、時折メロウなリフが盛り込まれ、スウェーデンのメロディック・ブラック Dissection を彷彿とさせる。

Utvar

Post Black Metal セルビア

Matr
Independent
2015

ズレニャニンで 2011 年に活動開始。独りブラックメタル Ljuska でも活動する Sifr Shraddha によるワンマン・プロジェクト。今作は 2 枚目のフルレングスで、自主制作でリリースされた。2017 年にはドイツの Der neue Weg Productions から、今作と 1stEP『Bespuća』が収録されたコンピレーションも 500 枚限定で発売されている。Sifr がヴォーカル、楽器演奏をすべて 1 人で担当。「夢の中の月」「嵐の中の瞳」「彼女の居場所は僕の中」などと繊細な曲名が揃うアルバムだが、曲自体もシューゲイザーロック色の強めなポスト・ブラックメタル。しっかりとブラックメタルらしさを失わずも、どこかメランコリックでアトモスフェリックな曲もあれば、クリーンヴォーカルでメタルらしさも排除された線の細そうなロック調の曲も聴ける。

Vranorod

Post Black Metal セルビア

Vranorod
Independent
2010

ピロトで 2006 年に活動開始。ペイガン・フォーク Kagan でも活動する Igor Stamenović のワンマン・プロジェクトとして始まる。その後、彼の恋人でもある Jelena Icić らが加入し、現在は 5 人体制となっている。今作は 2 枚目のフルレングスで、自主制作でリリースされた。同年にフランスの Le Crépuscule du Soir Productions からも、ボーナストラックが 2 曲追加された CD が 500 枚限定で出ている。Igor がヴォーカルと全楽器、Jelena がフィーメールヴォーカル、Dušan がドラムプログラミングを担当。カバー写真やデザインは Igor が手掛けた。フランスのシューゲイザー・ブラック Amesoeurs やアメリカのアトモスフェリック・ブラック Agalloch、さらには Slowdive や Joy Division などからも影響を受けているようで、けだるくアトモスフェリックなポスト・ブラックを聴かせてくれる。

Wolf's Hunger

Melodic Thrash/Black Metal セルビア

Retaliation in Blood
Grom Records
2007

ノヴィ・サドで 1999 年に結成。結成当初は Altair's Stone という名前で活動していた。2 回の活動休止と再開を経て現在に至る。今作はデモ 2 本と、同郷のブラックメタル Posmrtna Liturgija とのスプリットの後にリリースされた 1 枚目のフルレングス。セルビアの Grom Records からリリースされた。ラインナップは、ヴォーカル、ベースの Časlav Nicković、ギター、バッキングヴォーカルの Veljko Ivković、ギターの Dovla、ドラムの Miloš Stanić の 4 人。デスメタルのヘヴィさも兼ね備えたスラッシュ / ブラックメタルで、力強くザクザクと刻まれるリフがクールで小気味よい。さらには、メロディック・ブラックとも言えるくらいに流麗な旋律もそこかしこで耳にすることができ、単なるスラッシュ / ブラックに終始しない内容になっている。

West Balkan 233

Zloslut

Melodic Black Metal　　セルビア

U transu sa nepoznatim siluetama
Dark Chants Productions　　2015

ベオグラードで 2006 年に活動開始。ブラックメタル Kolac などの元メンバーであるAgnarion のワンマン・プロジェクトとして始まる。Zloslut はセルビア語で「不吉な」という意味を持つ。今作は 2 枚目のフルレングスで、Agnarion が運営していたレーベル Dark Chants Productions から 500 枚限定でリリースされた。同時にオーストリアの Winterblast Halls からデジタル音源も出しており、翌年にはアメリカの Den Dolda Solen からカセットも 50 本発売されている。正式ラインナップは Agnarion のみで、彼がボーカル、ギター、ベース、作詞作曲を担当。ゲストで、2013 ～ 2014 年まで在籍していた Lord Gryma がドラム、Angeldust という女性が一部でボーカルを務めた。オカルティックなムードを纏いつつ、ミドルテンポでフックの効いたメロウなリフが炸裂する 1 枚。

Искон

Black Metal　　セルビア

Где круг вечни свој бескрај нуди
Blackness Production　　2010

ノヴィ・サドで 2004 年に活動開始。Искон はラテン文字に直すと Iskon。同名のバンドがスメデレヴォにもいるが、こちらは Valarh という人物によるワンマン・プロジェクト。今作は 3 枚目のフルレングスで、彼が運営する Blackness Production から 1000 枚リリースされた。ボーカル、ギター、ベースを Valarh がプレイ。また、同市出身のグラインドコア Nominal Abuse に在籍する Zoltan Šimon が、セッションメンバーとしてドラムを叩いている。アートワークは、独りブラックメタル Caliginous や Etheric Void などで活動するカナダ出身の Acrimonia によるもの。1 曲 15 分前後の曲が揃う大作志向のアルバムで、ローファイサウンドで奏でられるメロウでゆったりとした旋律に、感情を押し殺したような中音域のがなり声ボーカルが重なる。

Armatus

Thrash/Black Metal　　クロアチア

Pjesme mrtvog guslara
Independent　　2015

シニで 2013 年に結成。スラッシュメタル / クロスオーバーを演奏している Beerkrieg のメンバーらのサイド・プロジェクトとして活動が始まった。今作は 2 枚目のフルレングスで、初回は自主制作のデジタル音源でリリースされた。翌年にはセルビアの Grim Reaper Records から、ボーナストラックが 1 曲追加されたカセットも発売されている。Davor がボーカル、ギター、Branimir がベースをプレイ。ローファイなサウンドクオリティで、むさ苦しいスラッシュ / ブラックかと思いきや、妙に哀愁を感じさせるメロディーをそこかしこで聴くことができる。ハードコアらしさ漂う遮二無二にかすれたボーカルが、テンポの良い疾走感バッチリの旋律に重なる。2 ～ 3 分程度のコンパクトな曲も多いため退屈することもなく、フックの効いたメロディーに引き付けられるアルバムだ。

Ashes You Leave

Death/Doom Metal　　クロアチア

The Passage Back to Life
Morbid Records　　1998

リエカで 1995 年に結成。結成当初は Icon というバンド名で活動していたが、すぐに Ashes You Leave に改名している。今作は 1st フルレングスで、ドイツの Morbid Records からリリースされた。同年にはポーランドの Mad Lion Records からカセットも出ている。翌年にはアメリカの Pavement Music、2002 年にはロシアの CD-Maximum からも CD が発売された。ボーカル、キーボードを Vladimir Krstulja、ギターを Berislav Poje や Neven Mendrila、ベースを Kristijan Milić、ドラムをドゥーム / ストーナーメタル Longhare でも活動する Cenčić Gordan、バイオリンを Marta Batinić、フィーメールボーカル、フルートを Dunja Radetić が担当。メランコリックで悲哀に満ちたデス / ドゥームを聴かせてくれる。

Black Cult

Black Metal   クロアチア

Cathedral of the Black Cult
Another Side Records   2016

リエカで 2013 年に結成。デス / ドゥーム Ashes You Leave やボスニア・ヘルツェゴヴィナのメロディック・ブラック Zvijer などで活動する Insanus と、ブラックメタル Gorthaur's Wrath にも在籍する Morbid のツインピースバンドとして始まった。今作は 2 枚目のフルレングスで、ウクライナの Another Side Records から CD とデジタル音源でリリースされた。Morbid がボーカル、The Fallen がギター（リード）、スラッシュメタル Czaar などでも活動する Azaghal がギター（リズム）、ブラックメタル Kult Perunov や Zvijer のメンバーでもある Lesnik がベース、Insanus がドラムをプレイ。歌詞はサタニズムに一貫しており、曲調もデスメタルの獰猛さを兼ね備えた邪悪さバッチリの正統派ブラックメタル。Motörhead のカバー曲入り。

Bustum

Black Metal   クロアチア

Demonolosophy
Regimental Records   2012

オシエクで 2001 年に結成。ポーランドにも同名のブラックメタルバンドが存在するが、こちらはクロアチア出身。今作は結成後 11 年の時を経てリリースされた 1st フルレングス。アメリカの Regimental Records からリリースされた。2016 年には、ハンガリーの Iron County Records からカセットも 250 本出ている。制作時の正式ラインナップは、ボーカル、ギター担当の Demoniac のみ。ゲストで、デス / スラッシュ War-Head の Dario Turčan がベース、同じく War-Head のメンバーでボスニア・ヘルツェゴヴィナ出身の Eldar Ibrahimović がドラムを演奏している。歌詞は英語とクロアチア語の曲があり、テーマは一貫して悪魔。曲調も、重低音の効いた重く激しい正統派ブラックメタルで、メロウさなどは一切ない辛口スタイル。

Castrum

Symphonic Black Metal   クロアチア

Black Silhouette Enfolded in Sunrise
Folter Records   1998

リエカで 1995 年に結成。デモ 1 本、フルレングス 2 本を出して 2002 年に解散している。今作は 1 枚目のフルレングスで、ドイツの Folter Records からリリースされた。ラインナップは、ボーカルの Morsus Sordahl、現在ドゥームメタル Old Night やスラッシュメタル Czaar で活動するギターの Dirgloch こと Bojan Frlan、Czaar やデス / ドゥーム Ashes You Leave に在籍するギター、キーボードの Insanus、ベース、ドラムの Fra. Mortes Amalthea。また、Lara S. がフィーメールボーカルとバイオリン、Hyperion がキーボードをゲストでプレイしている。妖しいソプラノボイスに、素っ頓狂な金切り声、シアトリカルな雰囲気がイギリスの Cradle of Filth を思わせる。しかしサウンドはあくまでもローファイで、そこがまた奇怪で地下臭い印象を与える。

Defiant

Death/Black Metal   クロアチア

Insurrection Icon
Art Gates Records   2018

ポジェガで 2005 年に結成。2009 年にいったん活動をやめ、2011 年にメンバーを入れ替え再結成している。今作は 4 枚目のフルレングスで、スペインの Art Gates Records からリリースされた。ラインナップは、デス / スラッシュ Chemical Exposure でも活動するボーカルの Tomislav Debelić、唯一のオリジナルメンバーでヘヴィメタル Vrane にも在籍するギターの Kristijan Krpan、ベースの Mislav Gojo、Vrane やプリミティブ・ブラック Necro Forest のメンバーでもあるドラムの Leonardo Marković の 4 人。プロデューサーを務めたのは、チェコの Master's Hammer の Honza Kapák だ。ブラック要素よりデス要素に比重が置かれており、ブラストビートが鳴りやまないアグレッシブでヘヴィな仕上がりになっている。

Depressor

Ambient/Atmospheric Black Metal　　クロアチア

Chernobyl NPP Disaster Part I　　2009
Independent

ジャコヴォで 2001 年に活動開始。Vanja Gvozdanović という人物によるワンマン・プロジェクトで、2011 年からは本名で活動している。一貫してヴォーカルなしのインスト音楽を制作している。今作は 3 枚目のフルレングスで、自主制作のデジタル音源でリリースされた。Vanja が楽器の演奏をすべて 1 人で担当。タイトルにある NPP は「Nuclear Power Plant」のことで、「チェルノブイリ原子力発電所事故 Part1」という訳になる。同年にリリースされた 2nd フルレングスのカバーアートにもプリピャチ遊園地の観覧車の写真を使うなどしており、この当時はチェルノブイリに対する想いがやたらと強かったようだ。25:39 の長尺曲が 1 曲のみ収録されており、怒涛の泣きのギターが炸裂するメロディアスでドラマティックなもの悲しいアルバムになっている。ヴォーカルが入っていればそのまま良質アトモスフェリック・ブラックになりそうだ。

Durthang

Epic Black Metal　　クロアチア

Gathering in Dol Guldur　　2015
Winterwolf Records

ハンガリーの国境にほど近い、クロアチア東北部のベリ・マナスティルで 2014 年に活動開始。ブラックメタル Wasteland にも在籍する Morgoth のワンマン・プロジェクトだ。今作は 1st フルレングスで、ドイツの Winterwolf Records からリリースされた。翌月にはオーストリアの Schwarz Klang Produktionen からカセットで 50 本発売され、2017 年にはメキシコの Silentium in Foresta Records からデジタル音源と CD も出ている。ヴォーカル、楽器演奏をすべて Morgoth が担当。テーマは一貫して、トールキンの世界。サウンドはチープではあるが、同じくトールキンを愛すオーストリアのアトモスフェリック・ブラック Summoning（今作にカバー曲も収録）にも通ずるエピックな曲を聴かせてくれる。インスト曲も多いが、不気味にこもったヴォーカルが入った曲も聴ける。

Exterior Palnet

Avant-Garde Black Metal　　クロアチア

Dorsia　　2017
Independent

ザグレブで 2015 年に結成。今作は 1 枚目のフルレングスで、初回は自主制作のデジタル音源でリリースされた。翌年にはロシアの Narcoleptica Productions から 300 枚限定で発売されている。ノイズコア Bagmans でも活動する Tomislav Hrastovec がヴォーカル、作詞、プログレッシブ / グルーヴメタル Deuel の Bruno Čavara がギター、ベース、パーカッション、作曲、同じく Deuel に在籍する Josip Vladić がドラム、作曲、フォーク・ブラック Stribog の元メンバー Mario Bošnir がキーボードをプレイ。カバーアートは、後に正式メンバーになる Saša Brnić が手掛けた。「Sci-Fi Black Metal」とのことだが、SF 感があるかどうかと聞かれたら不明なものの、アヴァンギャルドな空気を纏った一風変わったブラックメタルをやっている。

Frozen Forest

Black Metal　　クロアチア

Ancient Ritual　　2016
Independent

ザグレブで 2005 年に結成。今作はデモと EP の後にリリースされた 1 枚目のフルレングス。自主制作の CD-R で発表された。自主制作のデジタル音源も出ている。ラインナップは、スラッシュメタル LIV やブラックメタル Melkor の元メンバーでヴォーカル、ギターの Mihovil Konečni、ベースの Danijel Delibašić、現在はスラッシュメタル Sufosia で活動するドラムの Matko Staudacher の 3 人。ややロウなサウンドクオリティで、ビリビリとしたベース音がよく効いたヘヴィな仕上がりになっている。メンバーは、コープスペイントと黒衣に身を包んだゴリゴリの正統派ブラックメタル風だが、曲は意外にもメロディアスで、ところどころスラッシュメタルのようにノリが良いパートもあり、キャッチーさすら感じさせるアルバムになっている。

Gorthaur's Wrath

Melodic Black Metal　クロアチア

War for Heaven　2013
Eternal Sound Records

リエカで 1998 年に結成。ブラックメタル Black Cult のメンバーらによって結成された。今作は 2 枚目のフルレングスで、ドイツの Eternal Sound Records からリリースされた。2015 年には同レーベルからデジタル音源も出ている。ラインナップは、オリジナルメンバーでボーカルの Morbid、パワーメタル Mercury Tide でも活動するギターの Ross Feratu、ドイツのブラックメタル Ultha などでも活動するギターの Count Van Conrad、ベースの Māra。また、ドイツのメタルコア Heaven Shall Burn の Christian Bass がドラム、ドイツのメロディック・ブラック Dark Fortress の V. Santura がボーカルをゲストで務めた。映画のサントラのような壮大なイントロから始まり、パワーメタルさながらのスピード感とクサめのメロディーが炸裂する 1 枚。

Hysteria

Depressive Black Metal　クロアチア

To Walk Alone Eternally　2015
Winterwolf Records

2014 年に活動開始。結成地は不明。同名のメタルバンドは世界中に 10 ほど存在するが、こちらはクロアチア産。Lonewolf という 1997 年生まれの青年によるワンマン・プロジェクトだ。今作は 1st フルレングスで、デプレッシブ系を中心に取り扱うドイツのレーベル Winterwolf Records から CD とデジタル音源でリリースされた。Lonewolf がボーカル、楽器演奏をすべて 1 人で担当。彼は 17 ～ 18 歳の頃に制作された作品になると思うのだが、「亡霊も泣いている」「生気のない空気が僕を包む」「ついに自由だ」など陰鬱さに満ちた曲名が揃っている。プリミティブなサウンドクオリティや低い演奏技術はデプレッシブ・ブラックにありがちなので気にはならないものの、作曲センスが実にイマイチで残念。フックの効いたリフを作ろうとしているのは分かるが、メロディーラインは今一つといった具合だ。

Infernal Tenebra

Melodic Death/Black Metal　クロアチア

The Essence of Chaos　2007
Independent

1999 年に結成。出身地はイストリア半島ということになっている。今作は 2 枚目のフルレングスで、自主制作でリリースされた。ラインナップは、メロディック・デス Forlorn Legacy などの元メンバーでボーカル、ギターの Darko Etinger、オリジナルメンバーでギターの Igor Jurišević、スラッシュメタル Wargrave でも活動していたベースの Paolo Grižonić、現在プログレッシブメタル Ivo Petrović に在籍するドラムの Sandi Orbanić の 4 人。作詞は、デス / スラッシュ Ashen Divinity の元メンバーである Enver Jurdana が担当した。ヘヴィなリフはデスメタル風だが、ボーカルは中音域のシャウトタイプ。全体的にもっさりとした垢抜けなさは漂うものの、なかなかに聴かせるメロディアスなパートも出てきて侮れない。

Johann Wolfgang Pozoj

Avant-Garde Black Metal　クロアチア

Escape of Pozoj　2011
Code666 Records

サモボルで 2004 年に結成。デスメタル True で活動していたメンバーらによって結成された。今作は 4 枚目のフルレングスで、ブルガリアのアトモスフェリック・ブラック Negură Bunget も所属していたイタリアの Code666 Records からリリースされた。ラインナップは、現在デス / ブラック Muka で活動するボーカルの Ivan Borčić、ギター、プログラミングの Filip Fabek、ギターの Marko Balaban、ベースの Slaven Milić、ドラムの Luka Kovač。また、過去に正式メンバーとして在籍していた Darko Šimunović がゲストでバッキングボーカルを務めた。アヴァンギャルドな空気感の漂うミドルテンポに、どこかかったるそうなかすれきった絶叫ボーカルが乗る。そこまで急な曲展開や変拍子などが出てくるわけでもないのだが、掴みどころのない奇妙な雰囲気を纏っている。

West Balkan

Kult Perunov

Melodic Pagan Black Metal　　クロアチア

Urlik Bjesova i Jada　　2014
Thelema Promotions

スラヴォンスキ・ブロド / リエカで 2006 年に結成。2008 年に活動休止し、2011 年に再結成している。今作は 1 枚目のフルレングスで、クロアチアの Thelema Promotions から 50 枚限定の CD でリリースされた。同時に自主制作のデジタル音源も出ている。ブラックメタル Black Cult やメロディック・ブラック Zvijer でも活動する Lesnik がボーカル、ギター、ベース、同じく Black Cult や Zvijer などで活動する Insanus がドラムをプレイ。カバーアートは、クロアチアの数々のバンドのアートワークやデザインを手がけていた Ana Sambol によるもの（残念ながら彼女は 2018 年 7 月に天逝している）。そこはかとなく泥臭さがまとわりついた、叙情的でメロウな旋律がミドルテンポで流れるペイガン・ブラック。サウンドもローファイで無骨ではあるものの、グッとくるリフが次から次へと炸裂する。

Manheim

Black Metal　　クロアチア

Nihil　　2013
Eternal Sound Records

クロアチア北部の小さな町ザボクで 2007 年に結成。メンバーはこのバンドでのみ活動しているようで、どうやら同じ町出身の青年らで集まって結成された地元バンドといった様子。今作は 1 枚目のフルレングスで、ドイツの Eternal Sound Records からリリースされた。ボーカル、ベースを Mamut、ギターを Stonesurfer、ギター、キーボードを Tumor、ドラムを Sandor がプレイ。多国籍フォークメタルバンド Folkearth に在籍するクロアチア出身の Filip Vučković も、ゲストでアディショナルボーカルを担当している。アートワークは、世界各国のエクストリーム系バンドのロゴやカバーアートを手掛けるスペイン出身の Luiight によるもの。ボーカルは金切り声やがむしゃらシャウトではなく抑えめのスタイルで、パンキッシュなノリを感じさせるナンバーもある。Mayhem のカバー入り。

Mischosen

Epic Black Metal　　クロアチア

Set Afloat　　2009
Independent

ザダルで 2004 年に活動開始。メロディック・パワー / デスメタル Besthial などで活動していた Svarog こと Šime Alavanja によるワンマン・プロジェクト。今作は 1st フルレングスで、自主制作の CD-R でリリースされた。Svarog がボーカル、ベース、キーボード、プログラミングを担当。セッションメンバーとして、Barbara Barić がフィーメールボーカル、ヘヴィメタルバンド Hannibal ad Portas で活動する Zoran-Filip Popov がギターを務めた。ミキシング、マスタリング関連も Svarog が行っている。キーボードの主張が強いエピックなメロディーに、力強いだみ声ボーカルが響く。Barbara のソプラノボーカルも美しく、アトモスフェリック・ブラック Summoning のような荘厳さすら持ち合わせたアルバムになっている。

Necro Forest

Primitive Pagan Black Metal　　クロアチア

Slavic Invasion　　2015
Depressive Illusions Records

ヴィンコヴツィで 2012 年に結成。お互いに独りブラックメタルをやっていた Lycanthrop と Niteris Cultum のツーピースバンドとして活動が始まった。今作は 1st フルレングスで、ウクライナの Depressive Illusions Records から CD-R とカセット、自主制作のデジタル音源でリリースされた。その他ドイツの Wolfmond Production やフランスの Wulfrune Worxxx、イタリアの This Winter Will Last Forever からも CD-R やカセットが出ている。ボーカル、ギター、ベースを Lycanthrop、ドラムプログラミング、キーボードをヘヴィメタル Vrane やデス / ブラック Defiant でも活動する Nyktophilean が担当。クラストらしさも漂う地下臭さ満点のプリミティブサウンドで、オールドスクールなブラックメタルを演奏している。

Nekrist

Black Metal　　クロアチア

Dux Deus
Die Todesrune Records　　2010

スラヴォンスキ・ブロドで 2007 年に結成。デモ 3 本、スプリットとフルレングスをそれぞれ 1 本ずつ発表して 2012 年に解散している。デス / スラッシュ Chemical Exposure などでも活動するメンバーらが在籍していた。今作は最初で最後となったフルレングスで、スペインの Die Todesrune Records からリリースされた。Kletvenik（死因は不明だが 2016 年に亡くなっている）がヴォーカル、メロディック・ヘイガン・ブラック Kult Perunov などの元メンバー Poganin がギター、ベース、Verg がドラムをプレイした。スウェーデンの Marduk のような暴虐性を備えたブルータルなブラックメタルで、ファストなナンバーもしっかり収録されている。もはや爽快なまでに冴えわたる爆速ドラミングが耳に響くアルバムだ。

Pogavranjen

Avant-Garde Black Metal　　クロアチア

Sebi jesi meni nisi
Independent　　2014

ザグレブで 2008 年に結成。今作は 2 枚目のフルレングスで、初回は自主制作のデジタル音源でリリース。後にポーランドの Arachnophobia Records からも 12 インチや CD が出ている。タトゥーアーティストとしても活動する Ivan Eror がヴォーカル、ドゥームメタル Jastreb の Niko Potočnjak がギター、エフェクト、デス / スラッシュ Narednik Lobanja i Vod Smrti の Denis Balaban がギター、ベース、Matej Pećar がベース、ギター、アヴァンギャルド・ブラック Exterior Palnet の Josip Vladić がドラム、Marko Domgjoni がシンセサイザーをプレイ。不穏な空気に満ちた掴みどころのない神秘的なアヴァンギャルド・ブラック。余談だが、このカバーアートでは確認できないものの、バンドロゴがふざけているのかと思うくらい縦に長い。P148 参照。

Slavogorje

Pagan Black Metal　　クロアチア

Priroda opstanka
Folk Produktion　　2008

ザグレブで 2005 年に結成。2009 年に活動休止し、2014 年にポーランド人のメンバーを加入させて活動再開。バンド名はクロアチア語で「スラヴの丘」。今作は 1 枚目のフルレングスで、ドイツの Folk Produktion からリリースされた。制作時はツーピース体制で、ネオクラシカル / アンビエント Dagoth Ur で活動していた Rugiewit がヴォーカル、キーボード、ピアノ、ソピルカ、口琴、Isar がギター、プログラミング、パーカッションを担当。アルバムタイトルはクロアチア語で「生き残りの自然」。アコースティックギターが奏でるフォーキッシュな曲もあれば、ピアノが物悲しく響くメランコリックな曲、さらには絶妙なテンションで民族楽器の音色が投入された曲も聴ける。味のあるローファイサウンドで、ポスト感やアヴァンギャルド感は無いものの、叙情的で独特なメロディーが癖になる作品だ。

Stribog

Folk Black Metal　　クロアチア

U okovima vječnosti
Murderous Music Production　　2010

ザグレブで 2005 年に結成。2007 年に活動をやめたが、2 か月という早さで再結成している。バンド名の Stribog（ストリボーグ）とは、スラヴ神話に出てくる風神。今作は 1 枚目のフルレングスで、チェコの Murderous Music Production からリリースされた。ヴォーカル、ギターを Borna Žeželj、ギターを Nikola Mrkša、ベースをデスメタル Avicularia でも活動する Sergej Šimpraga、同じく Avicularia の Darko Ćosić がドラム、Robert Perica がキーボード、フィーメールヴォーカルを Ana Bačkonja、笛を Ivo が担当。軽快な笛の音色と、フォークらしさを醸し出すしなやかなフィーメールヴォーカルが、疾走するリフとともに詩情豊かに展開される。非常にメロディアスでキャッチーなフォーク・ブラックだ。

West Balkan

Tenebrositas

Primitive Black Metal　クロアチア

Forever Nothing
Independent　2015

ポジェガで 2013 年に活動開始。独りブラックメタル GutterSkull でも活動する kktz のワンマン・プロジェクト。今作は 2 枚目のフルレングスで、初回は自主制作のデジタル音源でリリースされた。数か月後にはフランスの Wulfrune Worxxx からカセットが 33 本、2017 年にはドイツの Dark Ritual からもカセット 100 本、そして kktz が自ら運営するレーベル Olden Sonorities から CD も 50 枚発売されている。制作時のラインナップは不明だが、おそらくゲストなどは呼ばず kktz が 1 人ですべて担当している模様。プリミティブな音質で、休むことなく似たようなリフがひたすら繰り返され、何を言っているのか分からないボーカルが奥の方から聴こえてくる。幼児が描いたような緩いアートワークが特徴的だが、他の作品も例に漏れず、もはや可愛くすら見えてくるカバーアートを採用している。

The Frost

Primitive Black Metal　クロアチア

...of the Forest Unknown
War Productions　2010

ザグレブで 2004 年に結成。コロンビアのブラックメタル Black Fire やノルウェーの Massemord、アメリカの Valdur などとスプリットも出している。今作は 1st フルレングスで、初回はポルトガルの War Productions から 300 本限定のカセットでリリースされた。2012 年にはマケドニアの Darzamadicus Records から CD も出ている。制作時の正式ラインナップは、結成メンバーの Gorgor のみ。セッションメンバーとして D. がベース、後に正式メンバーとして加入する Stanislav Muškinja がドラムをプレイしている。アートワークを手掛けたのは、スウェーデンの Marduk やフィンランドの Horna などのカバーアートも制作するベルギー出身の Kris Verwimp。スカスカのプリミティブサウンドで、スラッシュ感も漂う泥臭いブラックメタルを聴かせてくれる。

Udûn

Atmospheric Metal/Ambient　クロアチア

The Days Before
Winterrealm Records　2013

オシエクで 2010 年に活動開始。メタルバンド Anal Mandica でも活動する Filip Čačić によるワンマン・プロジェクトだ。活動を始めた年に、4 曲入り EP を自主制作のデジタル音源で発表しており、今作はその 3 年半後にリリースされた 1st フルレングス。オーストラリアの Winterrealm Records からリリースされている。ほぼ全編インスト曲なのだが、ほんの時々くぐもったナレーションのようなボーカルも入る。今にも冒険が始まりそうな壮大なメロディーが次から次へと紡ぎだされ、情景が思い浮かぶような静謐で美しいアンビエントパートも顔を出す。ボーカルはほぼ入っていないものの、オーストリアの Summoning のような雰囲気が好きならば気に入るのではないだろうか。哀愁に塗れたメロディアスでクサめのギターリフも良い。

Voloh

Pagan Folk Metal　クロアチア

Gromovi nad Trebišćem
Independent　2015

リエカで 2010 年に結成。バンド名はスラヴの神ヴォーロス (Volos、Veles) のこと。今作はデビュー作の 1st フルレングス。初回は自主制作のデジタル音源でリリースされ、翌年にはロシアの Soundage Productions から CD も発売されている。ギター、ボーカルを Mario Mudrić、ギターをブラックメタル Black Cult でも活動する Danijel Juko、ベース、笛、ボーカルをペイガン・ブラック Kult Perunov にも在籍する Damir Markotić、ドラムを Paul Markotić、キーボード、アコーディオン、ボーカルを Adam Miler が担当。ゲストに Black Cult の Lesnik がリードボーカルを務め、その他 3 名がバイオリン、フルート、コントラバスを演奏。ライブで盛り上がること間違いなしのパワフルなペイガン・フォーク。終始ハイテンションで音質も良くキャッチーである。

Wasteland

Primitive Pagan Black Metal　　クロアチア

Slava palim ratnicima　　2015
Winterrealm Records

クロアチア北東部の小さな町ベリ・マナスティルで 2005 年に結成。同名のバンドは世界各国にいて、日本にも Wasteland というパワーメタルバンドがいた。今作は結成から 10 年の月日を経てリリースされた 1st フルレングス。オーストラリアの Winterrealm Records からリリースされた。ラインナップは、創設メンバーでエピック・ブラック Durthang でも活動するボーカルの Morgoth、ギターの Executor、ベースの Wardog、ドラムの Gothmog、キーボードの Lurtz。タイトルは『戦士に栄光あれ』。ペイガン風の独特のメロディーセンスなのだが、プリミティブでチープな音質と相まってどことなく NS ブラックの香りも漂わせている。そしてやはりメンバーは NS 愛好者なのか、ドイツの NS ブラック Absurd のカバー曲もしっかり収録されている。

Winterfront

Pagan Black Metal　　クロアチア

Northwinds　　2014
Werewolf Promotion

トロギルで 2010 年に結成。Tertt と Sorr のツーピースバンドとして活動が始まった。今作は 1st フルレングスで、ポーランドの Werewolf Promotion から CD で 1000 枚限定でリリースされた。同じくポーランドのレーベル Lower Silesian Stronghold との共同リリースだ。Tertt がボーカル、ギター（リズム）、Sorr がギター（リード）、Mutilator がベース、Hell がドラムをプレイしている。曲のテーマは戦いやペイガニズムなどで、収録曲 7 曲中 6 曲は英語歌詞で、1 曲だけクロアチア語歌詞になっている。ややもたつきがちな演奏もさることながら、サウンドもなんともローファイなので垢抜けなさでいっぱいだ。しかし、地味でシンプルながらも熱意を帯びたペイガンなリフは意外にも見くびることができない。

Wolfenhords

NSBM　　クロアチア

White Power for White People Fight　　2009
Frozen Darkness Productions

ザグレブで 2005 年に活動開始。スラッシュメタル Bronza でも活動する 1991 年生まれの青年 The Nobll のワンマン・プロジェクト。プロフィールに間違いが無ければ、彼が 14 歳の時に始めたプロジェクトということになる。今作は 3 枚目のフルレングスで、イタリアの Frozen Darkness Productions から 500 枚限定でリリースされた。2012 年にはポーランドの Terror Cult Productions からカセットが 300 本、2017 年には韓国の Fallen-Angels Digital Productions からデジタル音源が出ている。The Nobll が 1 人でボーカル、楽器演奏を担当。露骨なアルバムタイトルとアートワークからも察せられるように、軍歌のような曲や爆撃音などがサンプリングされたボロボロ音質の NS ブラックだ。Satanic Warmaster を思わせるようなドタバタミドルテンポの曲も聴ける。

Wolfenhords

NSBM　　クロアチア

The Truth Shall Set You Free　　2012
Frozen Darkness Productions

3rd リリース後、ウクライナのペイガン・フォーク Чиста Криниця とのスプリットをリリース。今作はその後にリリースされた 4 枚目のフルレングス。今回も Frozen Darkness Productions から 500 枚限定でのリリースだ。同年にメキシコの Hateful Noise と Primitivum Productions の共同リリースで、カセットも 88 本出ている。これまでの作品同様、2017 年には Fallen-Angels Digital Productions からデジタル音源も発表された。荒々しい演奏とプリミティブなサウンドは 3rd と変わらないが、スラッシュメタル感がグッと増している。ところどころ、妙に印象的でユニークなリフを盛り込んでくるあたりは相変わらずだ。そして 17 曲収録トータル 1 時間 24 分と大作。Burzum や Hellhammer などのカバー曲も収録。

Zimorog

Black Metal　　　クロアチア

Winter Horns
Independent
2015

リエカで 2014 年に活動開始。ブラックメタル Proklet の元メンバー Sablast によるワンマン・プロジェクト。ウクライナのプリミティブ・ブラック Ancient Funeral Cult や、エルサルバドルの Darlament Norvadian、同郷の Necro Forest などとスプリットも出している。今作は 4 枚目のフルレングスで、初回は自主制作のデジタル音源でリリースされた。同年にドイツの Winterwolf Records から CD も発売されている。アートワークを手掛けたのは、Hell's Ambassador Design の名前で活動するセルビア出身の Lazar Stanković。ジリジリしたロウな音質だが、なかなかにフックの効いたリフが聴ける。ダーク・フォークのような曲もあったり、映画のワンシーンのような音声がサンプリングされていたり、ほんの少しだけ実験的要素も感じさせる 1 枚。

Ater Era

Black Metal　　　スロベニア

In Autumn's Solitary Decline
Mater Tenebrarum Records
2011

2006 年に結成。詳しい出身地は明かされておらず、イストリア半島出身ということになっている。今作は 1 枚目のフルレングスで、スロベニアの Mater Tenebrarum Records から 500 枚限定でリリースされた。ラインナップは、ブラックメタル Torka で活動していたボーカル、ギターの S.S.、現在活動休止中の Krvnik に在籍するベースの I.J.、スラッジ・ブラック Human Host Body のメンバーでもあるドラムの A.S. の 3 人。『秋の孤独な堕落の中で』というデプレッシブ・ブラックかアトモスフェリック・ブラックにありそうなメランコリックなタイトルだが、ややジリジリとしたロウサウンドでソリッドなブラックメタルをやっている。ひねりのきいた展開もなければ、オーソドックスなブラックメタルというわけでもないのだが、独特の雰囲気に満ちている。

Avven

Folk Metal　　　スロベニア

Kastalija
Independent
2011

スロベニア中央部のクレスニツェで 2003 年に結成。人口 600 人台の小さな村なので、ごく近所の若者たちで結成されたのだろう。創設メンバーは全員、どの人脈筋でもない人たちだ。今作は 2 枚目のフルレングスで、自主制作でリリースされた。ボーカル、ギターを Anam、フィーメールボーカルを Evelyn、ギター、アコーディオンを Galvin、ベースを Ierlath、ドラム、パーカッションを Aillan、キーボードを Joc、バイオリンを Morrigan、ティン・ホイッスル、フルートを Anej I. が演奏。また、ほとんどのメンバーがバッキングボーカルも兼任している。その他 5 人のゲストがチェロやトランペットなどをゲストでプレイ。現在はメタルコア色が強いのだが、今作では軽やかなメロディーと様々な楽器の音色が楽しめるフォークメタルを演奏している。カバーアートはフォークらしくないが、なかなか本格的なフォークサウンドだ。

Bleeding Fist

Black Metal　　　スロベニア

Bestial Kruzifix666ion
Moribund Records
2009

イゾラ / コペルで 2004 年に結成。ボスニア・ヘルツェゴヴィナのメロディック・ブラック Zvijer の元メンバーで、現在はブラックメタル Naberius などでも活動する Infernal Karbürator と、同じく Naberius、プリミティブ・ブラック Provocator などに在籍する Hellscream によって活動が始まった。今作は 2 枚目のフルレングスで、アメリカの Moribund Records からリリースされた。2017 年には同レーベルからデジタル音源も出ている。Hellscream がボーカル、ブラックメタル Somrak の元メンバー Angelüs がギター、Infernal Karbürator がベース、ブラックメタル Cvinger でも活動していた Krieg Maschine がドラムをプレイ。タイトルにベスチャルとついているだけあって、猛々しくイーヴルで穢れたブラックメタルをやっている。

242　Eastern European Black Metal Guidebook 2

Brezno

Symphonic Folk Metal　スロベニア

Kri
Independent　2014

リュブリャナで 2007 年に結成。今作は 1st フルレングスで、自主制作の CD とデジタル音源でリリースされた。リードボーカル、ベースを Mitja Usenik、フィーメールボーカルを Sara Jeremič、ギターを Max Petač、ギター、バッキングボーカルをメロディック・デス Asgard や Sagaris で活動していた Luka "Lux" Žnideršič、ドラムを Matej Hrustek、キーボード、バッキングボーカル（フィーメール）を Katarina Snoj が担当。その他 3 名のゲストがバイオリンやフルートを演奏している。フォークメタルとシンフォニックメタルを融合させたような、華やかで哀愁漂う曲調。リードを取るのはフィーメールボーカルで、フォークメタルにありがちな地声に近いボーカルではなく、穏やかなソプラノボーカルを響かせている。

Condemnatio Cristi

Atmospheric Black Metal　スロベニア

Soundtracks
On Parole Productions　2013

ラドムリェ / リュブリャナで 2009 年に結成。今作は 2 枚目のフルレングスで、スロベニアの On Parole Productions から CD とデジタル音源でリリースされた。自称ポップメタル Dreamsphere でも活動する Centurio Dictatus がボーカル、ギター、現在アトモスフェリック・ブラック Dekadent に在籍する Gal Vogrič がギター、Dine がベース、Dekadent やブラックメタル Ivje のメンバーである Tine Horvat がドラム、Cerberus がキーボードをプレイ。プロデューサーを務めたのは、スラッシュメタル Negligence の Ruzz と Jey Master。タイトルも『Soundtracks』だが、確かに映画のバックで流れていそうな感傷的なピアノの音色なども盛り込んだアルバム。しかしボーカルはしっかりだみ声で、ブラックメタルなパートもあるのでご安心を。

Cvinger

Black Metal　スロベニア

Embodied in Incense
Art Gates Records　2016

ドムジャレ / ショーシュタニ / ツェリェで 2012 年に結成。今作は 2 枚目のフルレングスで、スペインの Art Gates Records からリリースされた。同時に自主制作のデジタル音源も出ており、さらには中国の Mort Productions からも CD が発売されている。プログレッシブ・メタル Cordura やブラックメタル Dalkhu でも活動する Lucerus がボーカル、Bagot がギター、ブラックメタル Obscurum やスラッシュメタル Radiostorm にも在籍する Obscurum がベース、Cordura の Morgoth がドラムをプレイ。悪魔を召喚しそうな不気味なイントロから始まり、Marduk や 1349 を思わせるような邪悪でブルータルなブラックメタル。プロデューサー、レコーディング、マスタリング、ミキシングは Marduk のベーシスト Devo が手掛けているようだが、それも納得の出来である。

Dalkhu

Melodic Death/Black Metal　スロベニア

Descend... into Nothingness
Satanath Records　2015

スロベニア北部のスロヴェニ・グラデツで 2003 年に結成。このバンドの結成以前は Wrath of Surt というバンド名で活動していたようだ。今作は 2 枚目のフルレングスで、ロシアの Satanath Records からリリースされた。同年にドイツの Iron Bonehead Productions から 12 インチ、ポーランドの Godz ov War Productions からカセットも出ている。正式ラインナップは 2 人のみで、ボーカル、ベースを P.Ž.、ギター、ベースを Sorg がプレイ。ゲストとして Spawn of the void という男性がドラムを叩いている。アートワークを手掛けたのは、コロンビアのブラックメタル Inquisition のカバーアートなども手掛けるイタリア出身の Paolo Girardi。ボーカルは低くドスの効いたデスボイスだが、曲調はどこか哀愁を感じさせる切なげなメロディック・ブラックだ。

Dekadent

Atmospheric Black Metal　スロベニア

The Deliverance of the Fall　2005
Pentacle

リュブリャナで 2005 年に結成。結成当初は Vigred の名前で活動していたが、すぐに現在のバンド名に改名。今作は 2 枚目のフルレングスで、スイスの Pentacle からリリースされた。ラインナップは、オリジナルメンバーでインダストリアルメタル Noctiferia でも活動していたボーカル、ギター、シンセサイザーの Artur Felicijan、現在メロディック・デス Incubation に在籍するギターの Boštjan Ivančić、同じく Incubation などの元メンバーでベースの Andrej Bohnec、オリジナルメンバーでドラムの Andraž Krpič、シンセサイザーの Alen Felicijan。さらに、2 名のゲストがフィーメールボーカル、ホルン、ワグナーチューバを担当した。壮大ながらもふんわりと優しげなシンセサイザーの音色がアトモスフェリックで美しく、希望を感じさせる空気に満ちている。

Dekadent

Post Black Metal　スロベニア

Venera: Trial & Tribulation　2011
G-Records

2nd リリース後、デジタル音源でシングルを発表。今作は同年にリリースされた 3 枚目のフルレングス。ドイツの G-Records から発売された。2nd が出た後に 2 人のメンバーが抜けてしまい、正式ラインナップは Artur のみとなってしまった。彼がボーカル、ギター、ベース、キーボードを演奏している。また、現在はイタリアのブラックメタル Nefarium で活動中、2009 ～ 2010 年に Dekadent に正式メンバーとして在籍していた Dani "Garghuf" Robnik が、ゲストでドラムをプレイ。また、Artur や写真撮影関連でバンドに携わっている Andraž Sedmak とともに会社を経営する Felicijan Sedmak で、レイアウトを手掛けている。2nd よりもさらにダイナミックで明るいメロディーが増え、もはや曲調だけで言うとブラックメタルではなくなっている。

Exsilium

Pagan Folk Black Metal　スロベニア

Too Many Years of Silence　2012
Independent

ツェリエで 2006 年に結成。デモとフルレングスを 1 本ずつリリースし、2012 年に活動休止している。休止前に発表された 1st フルレングスは、自主制作でリリースされた。デジタル音源も出ている。ボーカル、ベースを Vargrim、ギターを Ajorn と、シンフォニック・ブラック ShadowIcon でも活動また Khronoss、ドラムを ShadowIcon の元メンバー Khors、キーボードを Lif がプレイ。ミキシング、マスタリングは、スウェーデンのデスメタル Abscession などに在籍するドイツ出身の Markus Skroch が手掛けた。キーボードがエピックな雰囲気を醸し出すペイガン・フォーク・ブラックで、ギターソロもクサいとまではいかずともなかなかにメロウ。ミドルテンポで、程よく勇ましくノリの良いメロディーが繰り広げられるアルバムになっている。

Foglet

Ambient Black Metal　スロベニア

Dežela večne žalosti　2017
Noosextreme Productions

2015 年に活動開始。詳しい出身地は不明。Noč という男性によるワンマン・プロジェクトだ。今作は 1st フルレングスで、イタリアの Noosextreme Productions と Land of Fog の共同でリリースされた。500 枚限定。イタリアのアトモスフェリック / デプレッシブ・ブラック Afraid of Destiny や、アンビエント / デプレッシブ・ブラック Solitude Project で活動する Lord Sinister がアートワークを手掛けた。タイトルはスロベニア語で『永遠なる悲しみの地』。37:18 という超大作の曲が 1 曲だけ収録されている。Burzum に影響を受けたかのような反復リフや物悲しげなトレモロリフ、そして暗くも美しいアンビエントパートが挟み込まれている。音質はかなり劣悪なものの、それもまた独特な雰囲気を表現するのに一役買っている。

Grob

Black Metal　スロベニア

Metanoia
Mater Tenebrarum Records　2018

クラス地方で 2016 年に結成。ブラックメタル Human Putrefaction のメンバーを中心に結成された。今作は 1 枚目のフルレングスで、スロベニアの Mater Tenebrarum Records からリリースされた。デジタル音源も出ている。ブラックメタル Magus Noctum などでも活動していた A.M.（Alen Murtić）がボーカル、ギター、A.T.（Alan Trobec）がベース、ブラックメタル Krvnik などにも在籍する A.F.（Andrej Fiorelli）がドラムをプレイ。デス / ブラック Kreation Kodex の元メンバー Jana Sluga が、ゲストでピアノとキーボードを演奏している。マスタリングは、King Diamond に在籍するスウェーデン出身の Andy LaRocque が手掛けた。基本は爆走系だが、ロウな音質で奏でられる叙情的なトレモロリフが美しい。

Human Putrefaction

Black Metal　スロベニア

Anti-Human Nekro Kvlt
Mater Tenebrarum Records　2014

スロベニア西部の人口 600 人台の小さな村コメンで 2009 年に結成。フルレングスを 1 本だけリリースして解散している。最初で最後の作品となった今作だが、スロベニアの Mater Tenebrarum Records から 400 枚限定でリリースされた。デジタル音源も出ている。ボーカル、ギターを Cerberus、ギターを Deadlock、ベースを Blasphemous Whip と、現在ブラックメタル Grob やクラスト / デスメタル Hellcrawler で活動する Lycanthropus、ドラムを Nakker が担当。スウェーデンの Marduk の爆走系のナンバーが好きならば、きっとピンとくるであろう曲が揃う。特にひねりの効いた展開やリフなどは無いが、アグレッシブでサタニックな 1 枚だ。サウンドクオリティは、アマチュアらしいローファイサウンド。

Inexistenz

Depressive Black Metal　スロベニア

Erfundene Welten
Naturmacht Productions　2013

2010 年に活動開始。結成地は不明。B. という人物によるワンマン・プロジェクト。2010 年にデジタル音源で 1st フルレングスをリリースし、今作はその 3 年後に発表された 2 枚目のフルレングス作品。ドイツの Naturmacht Productions から 300 枚限定でリリースされた。B. がボーカルおよび全楽器の演奏を担当している。フューネラル・ドゥーム / ブラックメタル・プロジェクト Dispersed Ashes で活動し、プロの画家、写真家としても活躍するイギリス出身の Mark Thompson がアートワークを手掛けた。タイトルはドイツ語で『架空の世界』。スロベニア出身のはずだが、曲名も歌詞もすべてドイツ語になっている。ジャリジャリの低クオリティな音質で、悲痛感に満ちた身を切るような絶叫ボーカル、寒々しくも美しさを讃えたギターリフが響き渡る。

Ivje

Black Metal　スロベニア

Descending Through Halls of Agony
Independent　2012

スロベニア中部に位置する人口 6000 人の町メンゲシュで 2000 年に結成。2004 年までは Malison というバンド名で活動していた。今作は、結成してから 10 年以上の時を経てリリースされた 1st フルレングス。自主制作の CD とデジタル音源でリリースされた。制作時のラインナップは不明なのだが、当時在籍していたであろうメンバーは次の通り。プログレッシブ・デスメタル Morost でも活動する Jonas Savšek（ボーカル）、Tilen Benda（ギター）、オリジナルメンバーの Tine Bregar（ギター）、同じくオリジナルメンバーで、アトモスフェリック・ブラック Dekadent のメンバーでもある Tine Horvat（ドラム）、Maja Peteh（キーボード）だ。自称「Old School Black Metal」とのことだが、ドロドロとしたややオカルト風な雰囲気を纏ったブラックメタル。

West Balkan 245

Kreation Kodex

Death/Black Metal　　スロベニア

Puzzles of Flesh　　　　　　　　　　　　　　2011
On Parole Productions

イタリアと国境を接するスロベニア西部のセジャーナで結成。2012年に解散している。バンド唯一の音源である今作は、スロベニアのOn Parole Productionsからリリースされたフルレングス。オリジナルメンバーで、現在ブラックメタルGrobで活動するAlen Murtićがボーカル、ギター、デスコアバンドOnce Was NeverのMiha Kosmačもボーカル、ギター、Timotej Franetičがベース、Once Was NeverのGregor Ambrožičがドラム、Jana Slugaがキーボード、Nita Premrovがフィーメールボーカルを担当。スラッシュメタルNegligenceの元メンバーで、同郷の数々のバンドの作品に携わるDyzがプロデューサーを務めた。ドスの効いたデスボイスと、ブラックメタルらしい中音域ボーカルの掛け合いに、ややシンフォニックなメロディーが重なる。

Magus Noctum

Black Metal　　スロベニア

The Fall of Shi'nar　　　　　　　　　　　　　2004
Leather Throne

リュブリャナで2000年に結成。2007年にはNibiruと改名しているが、現在の活動状況は不明。ブラックメタルGrobやMortifixion、インダストリアルメタルNoctiferiaのメンバーなどが在籍していた。今作は2枚目のフルレングスで、スロベニアのLeather Throneからリリースされた。残念ながら、制作時の演奏メンバーは不明。プロデューサー、マスタリングを務めたのは、過去に正式メンバーとして在籍しており、メロディック・デスメタルSweet Sorrowのメンバーでもあったrok Marolt。Aljaž Križajという男性もマスタリングに携わっている。アートワークからも察せられるように、シュメール神話をコンセプトにしており、オリエンタルなメロディーを所々に混ぜたブラックメタルになっている。音質はローファイ気味。

Morana

Melodic Black Metal　　スロベニア

Too Bad for Heavens　　　　　　　　　　　　2012
Independent

クラーニで2006年に結成。モンテネグロにも同名のペイガン・ブラックメタルバンドがいる。今作は1stフルレングスで、自主制作のCDとデジタル音源でリリースされた。ボーカルをTomo、ギターをHarisと、アトモスフェリック・ブラックCondemnatio Cristiなどにも在籍していたDomen、ベースをDavorin Bradeško、ドラムをLeonard、キーボードをTjašaがプレイ。また、フォークメタルBreznoのSara Jeremičが、ゲストとして一部でボーカルを披露している。アートワークはボーカルのTomoと、LostDarkNightという人物が手掛けた。バンド自身はメロディック・デスメタルを標榜しているが、ボーカルはブラックメタルそのもの。曲調も程よく軽快で、クサくてメロディアス。ペイガニズム、民話などをテーマにしているようだが、サウンドにそれらしさは出ていない。

Mordenom

Death/Black Metal　　スロベニア

Agnvs Dei　　　　　　　　　　　　　　　　　2009
Independent

スロベニア南部の小さな町メトリカで2003年に結成。今作は、自主制作でリリースされた1stフルレングス。1000枚限定。デジタル音源も出ている。グルーヴメタルSarcomでも活動するDeni Petrašがボーカル、Rok StoparとMarjan Krajačičがギター、DeniとともにSarcomに在籍するDušan Vukčevičがベース、Jernej Briceljがドラムをプレイ。低音のがなり声ボーカルに、デスメタルライクなヘヴィでしっかりしたリフが炸裂する。しかし、Bandcampの自己紹介欄を見ると、「アトモスフェリックなデスメタル、ブラックメタル、プログレッシブメタルをミックスした、あなたがいまだかつて聴いたこともないような素晴らしいメタルです」という表記があるが、残念ながらそこまで言うほど個性的なわけでもない。

Naberius

Melodic Black Metal　スロベニア

Rebirth of the Blackened Cult　2009
Fog of the Apocalypse Records

リュブリャナで 2004 年に結成。ロシアのデス / ブラック Vedmak とスプリットも出している。今作は 1 枚目のフルレングスで、日本のブラックメタル Arkha Sva やウクライナの Astrofaes なども音源を出している、ドイツの Fog of the Apocalypse Records からリリースされた。ラインナップは、ブラックメタル Bleeding Fist の元メンバーでボーカルの Occultus、ギターの Seb、現在ブラックメタル Smargroth で活動するベースの Vraan、ドラムの Khor の 4 人。アートワークを手掛けたのは、カザフスタン出身の Alexander Balinets。垢抜けない音質なのだが、フックの効いたリフをそこらじゅうで聴くことができる。それでいて、しっかりと疾走するところは疾走し、メリハリのついたアルバムになっている。

Nephrolith

Atmospheric Black Metal　スロベニア

Paleness of the Bled World　2016
Cursed Records

ブレッドで 2008 年に結成。今作は 2 枚目のフルレングスで、オーストリアの Cursed Records から CD とデジタル音源でリリースされた。プログレッシブ・デスメタル Morost の元メンバー Nerthag がボーカル、Skargart と、独りアトモスフェリック・ブラック Veldes でも活動する Isvaroth がギター、デスコア Within Destruction やパワーメタル Fierine にも在籍する Tersagir がベース、同じく Within Destruction のメンバーである Ghul がドラムをプレイ。また、デプレッシブ・ブラック Autumn's Dawn やシューゲイザー・ブラック Germ で活動するオーストラリア出身の Tim Yatras が、ゲストとして一部でボーカルを披露。陶酔感を残すような耽美で美しいメロディーに、本気の絶叫が痛々しくこだまするアトモスフェリック・ブラック。

Nephthys

Symphonic Black Metal　スロベニア

Ghost Asylum　2011
Independent

ノヴォ・メストで 2008 年に結成。現在の活動状況は不明なのだが、2014 年に解散している模様。今作は唯一の音源で、自主制作の CD でリリースされたフルレングス。ボーカル、ギター、ベース、キーボードを Dorian Žulić、ドラムを Matej Kržišnik がプレイ。作詞、レコーディング、ミキシング、デザイン関連は Dorian が担当した。作曲は 2 人で数曲ずつ行っている。アートワークを手掛けたのは、建築家でもあり、世界各国のエクストリームバンドのアートワークを手掛けるグアテマラ出身の Mario E. López M.。キーボードがシアトリカルに主張するシンフォニック・ブラックで、これといったインパクトや際立つ個性は全く感じられない。ごくスタンダードなシンフォニック・ブラックなので、可もなく不可もなくといったところだ。

Neurotech

Industrial Metal　スロベニア

Antagonist　2011
Independent

リュブリャナで 2007 年に結成。過去にはアトモスフェリック・ブラック Dekadent やブラックメタル Ivje のメンバーらが在籍していたが、中期〜後半にかけては Wulf こと Andrej Vovk のワンマン・プロジェクトとして活動していた。2017 年に活動停止。今作は 1 枚目のフルレングスで、自主制作の CD とデジタル音源でリリースされた。ボーカル、ギター、キーボード、ドラムプログラミングを Wulf、ギターを元 Ivje の Sophis、ベースを元 Dekadent の Naur がプレイ。レコーディング、マスタリング、ミキシングは Wulf が手掛けた。勢いのあるインダストリアルサウンドに、程よくシンフォニックなキーボードが重なる。ダンスミュージック系の縦ノリテンポとともに、一分の隙もなく展開するハイクオリティなアルバムだ。後々、ボーカルはクリーンタイプになるのだが、今作ではメタル色の濃いがなり声ボーカルが聴ける。

West Balkan　247

Neurotech

Industrial Metal　スロベニア

Stigma
Independent　2015

Neurotech の 3 枚目のフルレングス。同年に 4th フルレングスも続けてリリースしている。今作も自主制作の CD とデジタル音源でリリースされた。2nd リリースの時点で、すでに Wulf のワンマン・プロジェクト状態になっており、今回も彼がボーカル、ギター、ドラム、キーボード、プログラミングなどすべてを 1 人で担当した。また、デス / スラッシュ Burning Legion のメンバーで、Neurotech のマスタリングも 2 度手掛けた Matic Mlakar が、ギターのリアンプで携わっている。アートワークは、2nd のカバーアートも担当した Surya Djalil によるものだ。今作ではメタルらしさが払拭され、オシャレなダンスミュージック・スタイルになっている。毒気は無いが、アトモスフェリックな空気感とキレのあるサウンドが心地よい。

Noctiferia

Black Metal　スロベニア

Baptism at Savica Fall
Independent　1998

リュブリャナで 1994 年に結成。1992 ～ 1994 年までは Emetica の名前で活動していた。今作は自主制作でリリースされた 1st フルレングス。2004 年にも再度自主制作で CD を出している。ブラックメタル Magus Noctum にも在籍していた David Kiselić がボーカル、ギター、Igor Nardin がギター、Uroš Lipovec がベース、Robert Steblovnik がドラムをプレイ。また、3 名のゲストがフィーメールボーカル、クリーンボーカル、フルート、キーボードを演奏。イタリアとスロベニアのインターナショナルバンド Devil Doll の Jurij Toni が、プロデューサー、ミキシングを務めている。後にインダストリアルメタルを演奏するようになるが、この当時はいかにも地下臭いプリミティブ音質で、ドタバタしたブラックメタルを演奏していた。フルートの音色がペイガンっぽさも感じさせる。

Noctiferia

Symphonic Death/Black Metal　スロベニア

Per Aspera
Arctic Music Group　2002

1st リリース後、7 曲入りデモをカセットでリリース。その 2 年後に発表された 2 枚目のフルレングスだ。アメリカの Arctic Music Group から CD でリリースされた。2014 年にはボーナストラックが 3 曲収録された CD が、スロベニアの On Parole Productions から出ている。1st でボーカル、ギターを務めた David Kiselić が脱退し、現在アトモスフェリック・ブラック Dekadent で活動する Artur Felicijan が代わりに加入。他のメンバーは以前と替わらず、Igor がギターに加えてキーボードを弾いている。タイトルはラテン語の熟語「Per aspera, ad astra（困難を乗り越え、星のように輝く）」から来ている。前作に比べると音質はマシになっており、メロディーにキレも出ている。デスメタルっ気も帯びたブラックメタルで、うっすらとシンフォニックなキーボードが乗る。

Noctiferia

Industrial Metal　スロベニア

Death Culture
Listenable Records　2010

Noctiferia の 4 枚目のフルレングス。フランスの Listenable Records からリリースされた。同レーベルからデジタル音源も出ている。またメンバーチェンジがあり、Igor と Uroš は相変わらずだが、ボーカル、パーカッションを 2002 年に加入した Gianni Poposki、ギターをプログレッシブメタル Prospect でも活動する Roman Fileš、ドラム、パーカッションを 2005 年加入した Matthias Gergeta が演奏している。レコーディングは、パワーメタル Fierine やデス / スラッシュ Dusk Delight に在籍していた Dalibor Sterniša が手掛けた。4th となる今作では、キレッキレのインダストリアルメタルを演奏しており、初期のアンダーグラウンド感は皆無。ニューメタル的なキャッチーさも携えたアルバムになっている。

Provocator

Primitive Black Metal　スロベニア

Antikristus
Moribund Records　2014

イゾラで 2012 年に活動開始。ブラックメタル Bleeding Fist などで活動する Hellscream こと Etienne Chelleri のワンマン・プロジェクトとして始まる。2016 年には、イタリアのブラックメタル Kurgaall の創設者である Lord Astaroth が加入した。今作は 1 枚目のフルレングスで、アメリカの Moribund Records からリリースされた。同時に自主制作のデジタル音源も出ている。当時はまだワンマン状態だったので、正式ラインナップは Hellscream のみ。デス・ブラック Zygoatsis などで活動し、日本のスラッシュ / ブラック Abigail などのカバーアートも手掛けるタイ出身の Sickness 666 がアートワークを担当した。ボロボロのプリミティブな音質なのだが、ボーカルの息継ぎが生々しく聴こえるので不気味さ倍増させている。邪気に包まれた初期衝動に満ちた 1 枚。

Samomor

Black Metal　スロベニア

Ad Te Noctem Increatam
Mater Tenebrarum Records　2013

2008 年に結成。拠点は不明。Morph AZ と Flagellator という人物によるツーピースバンドだ。バンド名はスロベニア語で「自殺」を意味する。同郷のブラックメタル Somrak や Grimoir、Krvnik などとスプリットも出している。今作は 1st フルレングスで、スロベニアの Mater Tenebrarum Records から 300 枚限定でリリースされた。自主制作のデジタル音源も出ている。制作時のラインナップは不明だが、おそらく Morph AZ がボーカル、ギター、ベース、Flagellator がドラムをプレイ。ロウで獰猛なデス / ブラックナンバーから始まるのだが、3 曲目ではどこかデプレッシブ・ブラックを思わせる曲調に変わり、かと思いきやメロウな旋律が胸を打つ曲も。ボーカルは力強さを感じさせつつも、どこか落ち着き払った印象の低い咆哮スタイル。

Smargroth

Melodic Black Metal　スロベニア

Empyreal Cycle
Independent　2011

リュブリャナで 2006 年に活動開始。Smargroth のソロ・プロジェクトとして活動が始まった。今作は 2 枚目のフルレングスで、自主制作の CD とデジタル音源でリリースされた。メロディック・デス Era of Hate の元メンバーである Kos がボーカル、Smargroth がギター、ブラックメタル Naberius で活動していた Vraan もギター、Ulverbite がベース、ブラックメタル Magus Noctum にも在籍していた Oybl がドラムをプレイ。空想、魔法使いなどを歌詞のテーマにしており、バンド自身も「ファンタジー要素にインスパイアされたダイナミックなブラックメタル」と評している。サウンドクオリティはローファイだが、疾走感のあるメロディアスな旋律は秀逸。曲調は割としっかりブラックメタルで、カバーアートほどのファンタジックさは感じられないものの、フックの効いたメロディーに唸らされる。

Somrak

Black Metal　スロベニア

The Abhorred Blessings
Decadence Through Ruination　2007

コベル / マリボルで 2001 年に結成。バンド名はスロベニア語で「黄昏」。セルビアのブラックメタル The Stone やイタリアの Frostmoon Eclipse、デンマークの Horned Almighty、その他同郷のバンドらとスプリットも制作している。今作は 1st フルレングスで、アメリカの Decadence Through Ruination からリリースされた。ボーカルを J.D.、ギターをブラックメタル Krvnik やストーナーメタル Omega Sun でも活動する A.D.、ベースをブラックメタル Grimoir の J.P.、ドラムを M.C. がプレイ。影響を受けたものは「サタン」と断言しているだけあって、オーソドックスで実直なブラックメタルを演奏している。音質は少しローファイ気味だが気になるほどでもない。中音域の淡々としたボーカルが、呪術的な不気味さすら感じさせる 1 枚。

West Balkan　249

Srd

Black Metal　スロベニア

Smrti sel
On Parole Productions　2017

ムルスカ・ソボタ / リュブリャナで2016年に結成。2012〜2016年までは Terrorfront というバンド名で活動。当時は Goran Slekovec のソロ・プロジェクトだったが、改名後の2016年に他のメンバーも加入している。今作は1stフルレングスで、スロベニアの On Parole Productions から CD とデジタル音源でリリースされた。制作時はまだ Goran のワンマン状態だったようで、彼がボーカル、楽器演奏などすべてを担当。レコーディング、ミキシング、マスタリングは、スロベニアやドイツのバンドの音源制作に携わる Tilen Sapač が手掛けた。音楽性を「Black Metal/Black'n'Roll」と自称しているのだが、ロックのグルーヴ感はそこまで感じられない。アメリカのハードコア GG Allin の曲もカバーしており、この曲が一番 Black'n'Roll しているかもしれない。

Stars Will Burn Your Flesh

Ambient Black Metal　スロベニア

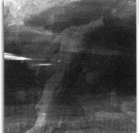

Promethean Dialectic
KarstRecordings　2015

リュブリャナで2005年に結成。2015年に解散している。一部の作品は、英語とノルウェー語、スラヴ圏の言語をミックスした、バンド独自の Slavenor というオリジナル言語で歌われているそうだ。今作は3枚目のフルレングスで、おそらくメンバーが運営しているレーベル KarstRecordings から500枚限定でリリースされた。現在は独りブラックメタル Pale Hands of Cold で活動する N.V. がボーカル、ギター、J.P. がドラムをプレイしている。タイトルは『プロメテウスの弁証』で、全3曲のうち2曲は15分以上の長尺曲。まずはボエボエした妙な音が聴こえる静かで不気味なアンビエントパートから始まり、9分以降でやっとブラックメタルらしいパートが聴ける。ふさぎ込んでくるようなロウな音質が、ミサントロピックで異様な空気感を醸し出す1枚。

Temacnost

NS/Pagan Black Metal　スロベニア

For the Land Blood and Gods of Our Forefathers
Pannonian Winds Productions　2006

ムルスカ・ソボタで2006年に結成。フルレングスを1本だけ出して解散している。その唯一の音源となった今作は、スロベニアの Pannonian Winds Productions から100枚限定でリリースされた。制作時のラインナップは定かではないのだが、おそらく Morgoth がボーカル、Gothmog がバッキングボーカル、ギター、Kain がベースをプレイ。ジリジリとしたロウなギターに、チープながらもどこか華麗なキーボードの音色がうっすらと重なる。ペイガニズムやナショナリズムをテーマにしており、万人受けはしないサウンドだろうが、たまに入るメロウなリフが憎めない。「Gypsy Scum」などという差別的な曲名もあるのだが、音だけを聴くとなんとも味のあるローファイなシンフォニック・ブラックという雰囲気だ。ドイツの NS ブラック Absurd の「Raubritter」のカバー曲も収録されている。

Torka

Primitive Black Metal　スロベニア

Old Hatred
GoatowaRex　2006

イゾラ / ポルトロシュで1998年に結成。2006年に解散している。今作は1stフルレングスで、解散前最後の作品となっている。中国の GoatowaRex からリリースされた。また、Massenmordt Productions というレーベルからもセカンドプレスが CD-R で出ているようだが、いつ出たのかは不明だ。現在はブラックメタル Ater Era で活動する Necros がボーカル、ギター、ブラックメタル Grimoir の Necrohate がベース、Necrotorture こと Svarog がドラムをプレイ。カバーアートを手掛けたのは、ベルギー出身の Kris Verwimp。バンドロゴも彼が制作している。特にこれといった特徴はないオールドスクールなプリミティブ・ブラックを演奏している。全7曲収録ということになっているが、隠しトラックも3曲入っている。

Valuk

Pagan Black Metal　スロベニア

Kri gotove smrti　2017
Independent

スロベニア西部の人口 5000 人台の小さな町イドリヤで 2012 年に結成。2009 ～ 2012 年までは Mrtvo jezero というバンド名で活動していた。何度かメンバーチェンジもあったようだが、全員他のバンドでの活動歴は無い模様。2014 年にセルフタイトルの 4 曲入り EP を自主制作でリリース。今作は、同じく自主制作の CD とデジタル音源でリリースされた 1st フルレングス。ボーカル、ギターを Blaž Čuk、ギターを Uroš Sedej、ベースを Blaž Tratnik、ドラムを Boštjan Vidmar がプレイ。ペスト患者と思われる遺体が転がり、それを防護用の鳥マスクをかぶった医師らしい人物が眺める不気味な構図のアートワークが印象的。メンバーは、黒いマントに身を包んだこれまた薄気味悪い姿でライブを行っている。ところどころで叙情的な疾走メロディーが聴けるペイガン・ブラックだ。

Veldes

Atmospheric Black Metal　スロベニア

To Drown in Bleeding Hope　2013
Razed Soul Productions

ブレッドで 2012 年に活動開始。デスコア Within Destruction の元メンバーで、アトモスフェリック・ブラック Nephrolith でも活動する Isvaroth こと Tilen Šimon のソロ・プロジェクトだ。今作はデビューアルバムにして、アメリカの Razed Soul Productions から 1000 枚限定でリリースされた。自主制作のデジタル音源も出ており、ドイツの Bleichmond Tonschmiede からカセットも 100 本発売されている。楽器演奏は Šimon が行い、彼とともに Nephrolith で活動する Nik Košar がセッションメンバーとしてボーカルを担当。ミキシング、マスタリングはプログレッシブ・デス Morost の Žan Grintov が手掛けた。物悲しく哀愁に満ちた美しいギターリフが、休む間もなく次々に流れるローファイサウンドのアトモスフェリック・ブラック。

Veldes

Atmospheric Black Metal　スロベニア

Ember Breather　2016
Pest Productions

1st リリース後、EP2 本と、ドイツのアンビエント・ブラック Black Autumn とのスプリットをリリース。今作は 2016 年に発表された 2 枚目のフルレングス。中国の Pest Productions から 500 枚限定で発売された。自主制作のデジタル音源も出ている。今回も楽器演奏は Šimon だが、彼がかつて在籍していた Within Destruction のメンバー Rok Rupnik が、ゲストでボーカルとアコースティックギターを演奏している。ミキシング、マスタリングは 1st 同様 Žan Grintov が行った。1st よりも音に厚みが増しており、音質も向上しているのがすぐに分かる。ボーカルもクリアに聴こえ、Rok のエモーショナルな絶叫が切なくも力強く響き渡る。愁いを帯びた寂しげな空気は相変わらずで、ウクライナの Drudkh 的な雰囲気も感じさせる。

Veldes

Atmospheric Black Metal　スロベニア

The Bitterness Prophecy　2017
Razed Soul Productions

2nd の翌年にリリースされた 3 枚目のフルレングス。今回は、1st をリリースしたアメリカの Razed Soul Productions に籍を戻してのリリースとなった。500 枚限定。同時に自主制作のデジタル音源も出ている。2nd と同様のラインナップで、Šimon が楽器演奏、Rok がゲストでボーカルを担当。4 曲目のミキシング、マスタリングはいつもと同じ Tilen Šimon が手掛け、その他は、メロディック・デスコア Until We Die で活動するオーストリア出身の Niko Apostolakis が行った。アトモスフェリックな美しさや感傷的なメロディーはそのままだが、今作ではエピックさすら感じさせる出来になっている。やや荒削りな印象の 2nd に比べると、キーボードが優しくふんわりと重なり繊細なサウンドに聴こえる。心に沁み入るハイセンスなメロディーセンスはさすがだ。

Vigilance

Thrash/Black Metal　　　スロベニア

Hammer of Satan's Vengeance　　　2017
Dying Victims Productions

ポストイナで 2010 年に結成。今作は 3 枚目のフルレングスで、ドイツの Dying Victims Productions からリリースされた。同レーベルから 12 インチも出ている。スピードメタル Rager の元メンバー Gilian Adam がボーカル、ギター、ヘヴィメタルバンド Underground にも在籍していた Rok Kalister がギター、Rager やプログレッシヴ・デス Morost などでも活動していた Andrej Škof がベース、Tine Kaluža がドラムを演奏。また、数々のバンドのアートワークを手掛けるドイツ出身の Karmazid がカバーアートを手掛けた。影響を受けたバンドに Venom などを挙げているのだが、まさに 2017 年にリリースされたとは思えぬ 80 年代スラッシュ / ブラックサウンドに驚かされる。声のかすれ具合もまさに Venom の Cronos を思わせ、初期の Mercyful Fate のような曲も。

1389

Primitive Black Metal　　　ボスニア・ヘルツェゴヴィナ

Zima　　　2009
Independent

バニャ・ルカで 2008 年に活動開始。前身バンドは 2007 年に活動を始めた Black SS Vomit。1389 は、セルビア王国とオスマン帝国によるコソボの戦いが行われた年。メロディック・ブラック Zvijer などでも活動する Vožd Jovan Pogani によるワンマン・プロジェクト。今作は 2 枚目のフルレングスで、自主制作でリリースされた。2014 年にはウクライナの Depressive Illusions Records からカセットも 66 本出ている。ボーカル、ドラムを Vožd がプレイし、独りブラック Goat Ritual の Goat がセッションメンバーとしてギターを演奏している。アートワーク、マスタリング、ミキシングも Vožd が手掛けた。NS バンド扱いされてはいるが、今作ではペイガニズムに焦点を当てている模様。ベース無しのスカスカのローファイサウンドでがむしゃらにドタバタと進むプリミティブ・ブラック。

Agonize

Melodic Death/Black Metal　　　ボスニア・ヘルツェゴヴィナ

When Memory Dies...　　　2004
Walk Records

トゥズラで 1997 年に結成。今作は 2 枚目のフルレングスで、ボスニア・ヘルツェゴヴィナの Walk Records からリリースされた。テクニカル・デス After Oblivion でも活動する Adnan Hatić がボーカル、ギター、Anton Grgić がギター、After Oblivion に在籍する Dario Stevanović がベース、Tihomil Grgić がドラムをプレイ。また、クロアチアのヘヴィメタル Divlje Jagode に在籍していた Samir "Droga" Šestan がゲストでキーボードを弾いている。彼はプロデューサー、レコーディング、ミキシングにも携わっている。メンバー自身は「Technical Melodic Death Metal」とジャンル付けているようだが、ボーカルは中性的な中高音域のシャウト型ボーカルで、スピーディーでメロディアスなデス / ブラックといった具合だ。

Interfector

Progressive Black Metal　　　ボスニア・ヘルツェゴヴィナ

The Force Within　　　2004
Rock Express Records

バニャ・ルカで 2000 年に結成。同名のスラッシュメタルバンドがポーランドにもいる。今作は 1 枚目のフルレングスで、セルビアの Rock Express Records からリリースされた。ラインナップは、現在パワーメタル Parastos で活動するボーカル、ギターの Invictus、ボーカル、ベースの Carcass、ヘヴィメタル Tornado でも活動するセルビア出身の Apeiron、シンフォニック・ブラック / メタルコア Draconic に在籍するセルビア出身の Antares。また、プログレッシブメタル Organized Chaos などの元メンバーであるセルビア人女性 Marta Vlahović と、セルビアのブラックメタル The Stone や Nefas もゲスト参加している。エキゾチックなメロディーが随所に組み込まれたプログレッシブ・ブラック。アメリカのパワー / スラッシュ Iced Earth のカバー曲入り。

Krv

Black Metal　　ボスニア・ヘルツェゴヴィナ

Ograma
Northern Horde Records　　　　　　　　　　　　2010

サラエヴォで2003年に結成。2010年に解散している。バンド名のKrvはセルビア語、その他のスラヴ語圏で「血」を意味する。今作は3枚目のフルレングスで、解散前最後の作品だ。カナダのNorthern Horde RecordsとチェコのZero Budget ProductionsからCDでリリースされた。2012年にはポルトガルのWar Productionsからカセットも出ている。ラインナップは全員プログレッシブロックバンドSilent Kingdomの現/元メンバーで、Ban Krvnikがボーカル、ギター、Vihorがギター、Kralj Terorがベース、Kurvarがドラムをプレイ。くぐもったローファイ音質で、派手な展開があるわけではないのだが、時折流れるメロウなパートに引きつけられる。炸裂するブラストビートと程よくメロディアスなリフが交錯する良作。

Obskuritatem

Primitive Black Metal　　ボスニア・ヘルツェゴヴィナ

U kraljevstvu mrtvih...
Black Gangrene Productions　　　　　　　　　　2017

結成年、結成地ともに不明。ボスニア・ヘルツェゴヴィナの地下ブラックメタルサークルBlack Plague Circleに所属している。知り得る情報は以上のみで、メンバーの詳細も明かされていない謎に包まれたバンドである。今作は1枚目のフルレングスで、ポルトガルのBlack Gangrene Productionsから300枚限定でリリースされた。同時にカセットも150本発売されている（こちらにはクロアチア紛争で亡くなったクロアチア出身のパンクアーティストSatan Panonskiのカバー曲も収録されている）。制作時のラインナップなども明かされていないため、ワンマン・プロジェクトなのかバンド体制なのかも不明だ。同サークルの所属バンドVoid Prayerのようなオカルティックな世界観を漂わせるノイジーなブラックメタルで、邪気に満ちた禍々しいアルバムになっている。

Odar

Black Metal　　ボスニア・ヘルツェゴヴィナ

Zavjet dalekom snu
Walk Records　　　　　　　　　　　　　　　　2008

サラエヴォで2006年に結成。2008年まではCapricorn Silhouetteというバンド名で活動していた。フルレングスを1本だけリリースして2012年に解散している。唯一の音源となった今作は、ボスニア・ヘルツェゴヴィナのWalk Recordsからカセットで発売された。100本限定。翌年にはスロヴァキアのSonic Temple RecordsからCDも1000枚出されている。独りブラックWolfdoomなどでも活動していたOdronがボーカル、スラッシュ/パワーメタルMarawaの元メンバーKobがギター（リード）、Zloがギター（リズム）、ブラックメタルKrvにも在籍していたKurvarがドラムをプレイ。ゲストでIvekという男性がベースを弾いている。ヘヴィなギターリフがブルータリティを感じさせるオーセンティックなブラックメタルでありながら、疾走型のメロウな旋律も耳にすることができる。

Void Prayer

Occult Black Metal　　ボスニア・ヘルツェゴヴィナ

Stillbirth from the Psychotic Void
GoatowaRex　　　　　　　　　　　　　　　　2017

結成年、結成地ともに不明。結成直後から2014年まではCave Ritualというバンド名で活動していた。ボスニア・ヘルツェゴヴィナのアンダーグラウンドなブラックメタルサークルBlack Plague Circleに所属している。今作は1stフルレングスで、初回は中国のGoatowaRexから12インチでリリースされた。半年後にはオランダのThe Throatからカセットも発売されている。ボーカル、ベース、オルガンをK.、ギターをH.、ドラムをO.がプレイ。全員上記のサークルに所属する別バンドでも活動している。アートワークはO.、ミキシング、マスタリングはK.が手掛けた。オカルティックなカバーアートをそのまま音にしたような、不気味ながらもアトモスフェリックでどこか美しい曲を演奏している。ミドルテンポでジメジメとした空気感を纏いながら、気だるげに進むアルバムだ。

West Balkan　253

Zvijer のアーティスト写真

Zvijer

Melodic Black Metal　　ボスニア・ヘルツェゴヴィナ

Vječnost truleži
Iron County Records
2017

バニャ・ルカで 2013 年に結成。バンド名はボスニア語で「獣」。今作は 1 枚目のフルレングスで、ハンガリーの Iron County Records から 100 本限定のカセットでリリースされた。翌月にはポーランドの Werewolf Promotion から CD も 500 枚出ている。ラインナップは、ブラックメタル Sahrana や Satan、インターナショナル・ユニット Macabrum などで活動するボーカルの Knjaz Aleks、NS ブラック 1389 や独りブラック Goat Evil のメンバーでギターの Vožd Jovan Pogani、クロアチア出身でゴシック・ドゥーム Ashes You Leave などにも在籍するベース、ドラムの Insanus の 3 人。その他 4 名のゲストも参加してる。オーソドックスなブラックメタルスタイルでありながら、耳に残るメロディアスなパートも適度に盛り込んでおり、飽きさせないアルバムになっている。

Sahrana

Primitive Black Metal　　ボスニア・ヘルツェゴヴィナ

Kullt ov Sath-Tanas
Okkullt Darkness Records
2009

バニャ・ルカで 2005 年に結成。2009 年に活動休止したが、2011 年に再結成している。バンド名はボスニア語で「葬式」。スウェーデンにも同名バンドがいるが、こちらはアトモスフェリック・ブラックを演奏している。こちらはボスニア・ヘルツェゴヴィナ出身で、スロベニアのブラックメタル Provocator とスプリットも出している。今作は 2 枚目のフルレングスで、フロントマンの .S. "6X6X6II" .A. こと S.A. が運営するレーベル Okkullt Darkness Records から CD-R でリリースされた。666 枚限定。ボーカル、作詞を S.A.、ギター、ベース、ドラム、キーボードを NS ブラック 1389 などにも在籍する Vožd Jovan Pogani がプレイ。ジャリジャリのプリミティブサウンドで、がむしゃらに掻き鳴らされる反復リフと高音絶叫が、初期の Darkthrone を思わせる。

Satan

Primitive Black Metal　　ボスニア・ヘルツェゴヴィナ

Nazaretski lažov
Okkullt Darkness Records
2009

バニャ・ルカで 2009 年に結成。今作はデビュー作の 1st フルレングス。ボスニア・ヘルツェゴヴィナの Okkullt Darkness Records からカセット（20 本）と CD-R（60 枚）でリリースされた。NS ブラック 1389 やメロディック・ブラック Zvijer などにも在籍する Mučitelj こと Vožd Jovan Pogani のワンマン体制で、彼がボーカル、全楽器の演奏を担当している。また、彼とともに Zvijer などで活動し、後に正式メンバーとなる S.A. がゲストとして 3 曲目でボーカルを務めた。まるで子どもの落書きのような雑なカバーアートも気になるが、演奏しているのも初期衝動の塊のようなプリミティブ・ブラックだ。時々聖歌のような神聖なメロディーがサンプリングされているが、ひねりを効かせることなど一切せずに、ドタバタと進む真正のバーバリアン・サウンドだ。

回答者：S.A.（from Zvijer, Sahrana, Satan, etc.）

Q：まず簡単にバイオグラフィを教えてください。
A：Zvijer（英語だとBeast）は、2013年にバニャ・ルカ（スルプスカ共和国）で誕生した。元メンバーのVožd（Dr. Gt）と俺（Vo. Lyrics）の二人で結成されたんだ。他にも地元の何人かをメンバーにしてリハーサルをやったりしていたんだが、そのうちVoždが他の国に引っ越してしまった。でも、彼は2016年に帰国し、再び一緒に活動しアルバムを作ろうと決めた。その直後にInsanusと連絡を取り、彼がZvijerでドラムをプレイすることになる。彼は旧ユーゴスラビアのブラックメタル界ではゴッドファーザーのような存在なんだよ。この地域でのブラックメタルの誕生を見てきた彼の加入は、俺たちの活動を後押しすることになった。
1stフルレングス『Vječnost Truleži』を制作し、2018年にはオーストリアのデス/ブラックBelphegorが出演するフェスに俺たちも出ることになった。そこでギターのKrvolokとベースのFrost（彼はクロアチアのブラックメタルバンドFrozen Forestで活動しているよ）にも連絡し、フェスに挑んだんだ。しかし、フェスの数か月前にVoždがバンドを去ることになった。代わりに、ライブメンバーとしてAzaghal（Black Cultなどで活動）にリズムギターを担当してもらうことになったよ。そして、Insanus（dr）、Krvolok（Gt）、Azaghal（Gt）、Frost（Ba）、Knjaz（Vo）のラインナップで最初のライブを決行したんだ。このライブの様子は俺たちのYouTubeページから観られるよ。
そして俺たちは今、このラインナップで次の作品に取り組んでいる。

Q：Zvijerの現在のメンバーは、あなた以外クロアチア出身ですよね。彼らとはどのように出会ったのですか？また、どこでリハーサルなどを行っているのでしょうか？
A：KrvolokとInsanus、Azaghalはクロアチアのリエカ出身で、Frostはザグレブの出身だ。他のインターナショナルなバンドと同様、普段はインターネットを通して制作を行い、ライブの数日前に全員でしっかりと音合わせするために、実際に会ってリハーサルをしているよ。Belphegorがヘッドライナーのフェスに出演した時は、リエカでリハーサルを行った。俺は今のこのラインナップに非常に満足している。おそらく、俺がこれまで一緒にプレイした中では、最もプロフェッショナルなミュージシャンで、良い友達でもあるよ。

Q：音楽を作る時は何にインスパイアされていますか？
A：俺は音楽を通して自分を表現したいと思っているんだ。そして、ブラックメタルが自分にとって最も身近な音楽だと気付いた。ブラックメタルこそ、俺の考えを表現するに最適だと確信しているよ。だから、自分自身のあらゆる感情を表現したいという願いがインスピレーションになっているんだ。

Q：あなたはBlack SS Vomitにも在籍していましたが、政治的な理由によってこのプロジェクトから脱退したようですね。NSBMについてはどう思いますか？
A：そう、その通り。単に、自分がNSBMバンドで活動している姿は想像できない。誤解の無いよう

West Balkan 255

に言っておくが、俺は NSBM にもアンティファにも、右翼、左翼にも微塵も興味が無い。俺のブラックメタルのビジョンは死や憎悪、闇、人間の邪悪さなどからインスパイアされたもので、政治は関係ない。すでに言ったように、NSBM に関しては何の意見も無いさ。もし君が NSBM 好きだとしても、それは君のことだから俺には関係ない。逆に君が NSBM を嫌いだとしても、俺には関係ないことだ。俺はブラックメタルにおける政治面については無関心なんだよ。俺にとってのブラックメタルは、闇や夜、自分の内に潜む悪魔について表現する芸術のようなものであって、政治的背景はどうでもいい。

Q：どのようにメタルを聴くようになったかを教えてもらえますか？

A：20 世紀の最後にゴアやトランス、エレクトロニカ、そして ZZ Top や Motörhead のようなロックンロールバンドなどのカセットを集めていた。2000 年のある日、俺の兄弟の友達からカセットをもらったんだけど、それが Obituary の『Cause of Death』だった。俺にとっては未知の音楽だったが気に入ったよ。その数か月後に Vožd と出会ったんだ。彼は俺より少し年上でね。そんな彼から Burzum や Marduk、Mayhem、その他ブラックメタルバンドの音源をもらい、すぐにブラックメタルにハマったんだ。ブラックメタルを聴くようになって数年間はたくさんの新しいバンドを見つけて、どんどん彼らの音楽にのめり込んでいった。真新しくて不気味な世界を発見した、そんな感覚だったね。

Q：メタル以外の音楽は聴きますか？

A：俺の「昼間」の仕事は、全ジャンルの音楽を聴くことだから、色々な音楽スタイルにハマっているよ。まずは 90 年代のテクノ音楽（Aphex Twin、The Prodigy、Chemical Brothers など）、ハードコアテクノ、80 年代半ば～90 年代初頭のヒップホップ（N.W.A、Ice T、Beastie Boys、Wu Tang Clan など）、ゴスやダークロック（The Sisters of Mercy、Bauhaus、Echo & the Bunnymen）、エレクトロニカにアートロックとアンビエントを融合させたような、ダークでアトモスフェリックなバンドも好きだ。Dead Can Dance、Nine Inch Nails、Kraftwerk、Laibach、Ulver とか。子どもの頃、近所にはパンクスがいっぱいいたからパンクもよく聴いていた。Sex Pistols、Pekinška Patka、Satan Panonski なんかね。でも、メタル以外で

最も重要視しているバンドやミュージシャンは、The Cure、GG Allin、Hank Williams Jr.、Blue Öyster Cult、George Thorogood、Cypress Hill、The Exploited だね。

Q：子どもの頃、近所にはパンクスがたくさんいたとのことですが、あなたが子どもだった頃はメタルよりパンクの方が人気があったのでしょうか？　また、当時はバルカン半島でもパンクが流行っていたのでしょうか？たとえば、先に挙げたクロアチアの Satan Panonski なども日本ではほぼ無名ですが、80 年代には流行っていたのですか？

A：一般的には、この地域ではメタルもパンクも人気だったことはないよ。俺が言っているは、大人気がそうじゃないかということだけどね。俺の近所にはパンクスや年上のメタルヘッドがたくさんいた。だから、さっき挙げたようなパンクバンドに夢中になったんだ。Satan Panonski や Pekinška Patka、Direktori、Mrtvi Kanal、GG Allin、Sex Pistols、The Exploited、G.B.H. などなど。
Satan Panonski は、元祖バイオレントなロックンローラー GG Allin のバルカン半島バージョンって感じかな。80 年代後半から 90 年代初頭にかけて、クロアチア紛争が始まるまで人気だったね（著者注：Satan Panonski はクロアチア紛争で戦死している）。
そうそう、彼のドラマーについて面白い話があるんだ。Satan Panonski のバックでドラムを叩いていたやつは、俺の故郷バニャ・ルカで殺害されたらしい。とあるバーでのケンカでね。

初期パンクの終わり頃に、俺は Obituary や Sodom、Kreator などのカセットを手に入れて、そこからメタル地獄にまっしぐら。ただ、今でもパンク音楽や古いパンクバンドの大ファンだよ。

Q：オールタイムベストを教えてください。

A：メタルで選ぶならおそらくこんな感じかな。
W.A.S.P.『W.A.S.P.』
Marduk『Heaven Shall Burn... When We Are Gathered』
Beherit『Drawing Down The Moon』
Sepultura『Schizophrenia』
Blasphemy『Fallen Angel of Doom』
他のジャンルで選ぶとなると、膨大なジャンルがあるからメタルよりも難しいなぁ。ベストを尽くして 5 枚を選出するとしたらこんな感じ。
The Cure『Pornography』
Neil Diamond『You Don't Bring Me Flowers』
Sex Pistols『Never Mind The Bollocks Here's The Sex Pistols』
GG Allin & The Murder Junkies『Brutality & Bloodshed for All』
Partibrejkers『Partibrejkers』
この他にもたくさんお気に入りのアルバムはあるんだけど、この 5 枚はいつ聴いても良いね。

Q：あなたはスルプスカ共和国の出身ですよね。あなたが住んでいるバニャ・ルカはどのような街なのでしょうか？　観るべき場所などはありますか？

A：バニャ・ルカは、母なる自然が作った景色の美しい

街だよ。でも最近は、無知で脳みその入っていない奴らも増えていて、クソだなと思うこともあるんだけど。バニャ・ルカの中心部近くには、Kastel と呼ばれる要塞があるんだ。また、Banj Brdo という場所もある。ここは、バニャ・ルカから標高 500 メートルほどのところにあるから、その森からバニャ・ルカの街並みを一望することができる。

Q：あなたの言う「無知で脳みその入っていない奴ら」とは、どんな人たちのことを指すのでしょうか？

A：ここの人たちは、「羊」みたいな精神状態で生きているんだ。屈曲した政治家の一言一言を盲目的に追いかけている。政治家に騙されていようと、彼らは何も変えようとしないし、今のままで良いと思っているんだ。ここに住む人たちは無気力の中に生きている。いわゆる「羊」的精神でね。だから俺は、「無知で脳みその入っていない奴ら」と表現したんだ。

Q：ボスニア・ヘルツェゴヴィナ連邦についてはどう思いますか？

A：世界中の他の国と一緒だよ。スルプスカ共和国もそのひとつで、ボスニア・ヘルツェゴヴィナ連邦の首都サラエボには仲の良い友達も何人かいるし、それまでの話だね。俺は何も特別な考えはないよ。スルプスカ共和国とボスニア・ヘルツェゴヴィナ連邦は、戦争関連の歴史があるが、それは単なる歴史さ。もし新しいものを創造したいなら、過去に生きるのは良くない。

Q：バニャ・ルカにはメタルヘッドはいるのでしょうか？ また、バニャ・ルカやボスニア・ヘルツェゴヴィナのメタルシーンについても教えてください。

A：もし君がバニャ・ルカでメタルヘッドを見つけたり、メタルをプレイしたいなら、それは間違いだよ。メタルヘッドにはいるが、彼らはまだまだ子どもなんだ。俺が思うに、もう少し成長したら彼らはターボ・フォーク（バルカン半島が作り出したクソみたいな音楽だよ）を聴くようになるだろう。大半のメタルヘッドは、メタルとともに成長するも、数年後には突然聴かなくなったりするから。別に珍しいことでもない。俺より少し年上くらいのメタルヘッドはいくらいるが、その他にはいない。

バニャ・ルカでは、失恋やアルコール依存症なんかについて歌う旧ユーゴ圏の古いポップスを演奏する、つまらないトリビュートバンドを楽しむ人が大半なんだ。メタルに関しては、この街では死んだも同然だ。バニャ・ルカのみならず、ボスニア・ヘルツェゴヴィナにはメタルシーン自体が無い。トゥズラやサラエボ、バニャ・ルカにいくつかバンドがいるものの、すでに解散しているか、長いこと活動していないバンドなんだ。バニャ・ルカには Zvijer と Vožd のブラックメタル・プロジェクトが、サラエボには Obskuritatem あたりがいて、その他はボスニア・ヘルツェゴヴィナ全土で見てもこれといったバンドがいない。

Q：あなたの国でメタルをやるのは大変そうですね。今までに他の国への移住を考えたことはありますか？ それとも、これからもずっとバニャ・ルカで暮らすつもりなのでしょうか？

A：もしもこの国で自分のメタル音楽で大成したいなら、それはここでは無理な話だよ。でも別に俺はスルプスカ共和国やボスニア・ヘルツェゴヴィナのメタルシーンはどうでもいいし、Zvijer の音楽をここで認めてもらう気持ちもない。もしこの国の誰かが俺たちの音楽を偶然見つけて、気に入るかどうかは置いといて、とりあえず興味を持ってくれることがあるなら、俺はそれで満足なんだ。

すべて計画通りにいけば、俺は来年にはバニャ・ルカから出ていく予定。スルプスカ共和国やボスニア・ヘルツェゴヴィナのメタルシーンともおさらばだ。移住が成功するかもしれないし、もしかしたら数年後に帰ってくるかもしれない。年老いたら、バニャ・ルカに骨を埋めたいと思うようになるかもしれないが、一生ここで暮らすつもりはないよ。

Q：どこに移住する予定なのですか？ また、政治的な理由で母国を去るのでしょうか？

A：どの国で人生を続けるか、いまだに考えている途中なんだ。だから、100％ の確信を持ってどこかに移住するとは言えない。

いや、移住にあたって政治は何の関係も無いよ。ただ単に、スルプスカ共和国よりマシな国に行きたいだけさ。

Q：もし差し支えなければ、あなたの政治観を教えてもらえますか？

A：ブラックメタルに関する政治観について答えるなら、死や俺個人の厭世的な思考、バルカン半島の夜についてのダークな民話や伝説、夜の生き物や悪鬼についての考えを豊かにするということ。今日の世界政治については、さっきも NSBM の話題で触れた通り、このテーマに関して付け加える情報はないよ。

Q：音楽活動以外に何かお仕事はされているのでしょうか？

A：もちろんさ。この国で音楽だけで、しかもブラックメタルで暮らしていくのは不可能だからね。俺の「昼間」の仕事はジャーナリストなんだ。一般的な音楽や芸術に基づいた多様なカルチャーについて記事を書いている。

Q：知っている日本のバンドやアーティストはいますか？

A：芸術面に関して言うと、三池崇史や黒澤明、北野武（彼の『HANA-BI』は名作だね）の映画がかなり好きだよ。絵画なら、富岡鉄斎。自分の感情を彼の絵画に重ね合わせる時、素晴らしい感情が溢れる。音楽面では、日本には大好きなバンドがたくさんいるんだ。Sabbat や昔の Sigh、Hakuja、Cataplexy、Gnome、陰陽座、Gallhammer、Metalucifer、そして伝説的バンド G.I.S.M. や Rosenfeld などもね。

Q：日本にはどんなイメージをお持ちでしょうか？

A：まず最初に思い浮かぶのは、完璧な仕事、文化、古代の絵画、侍文化、興味深い歴史、そして最後に、マジでうまい日本食。

Q：インタビューに応じていただきありがとうございました！ 最後に日本のメタルヘッドに一言お願いします。

A：Zvijer に興味を持って、時間を割いてくれてありがとう。君の新しい本に Zvijer を選んでくれてとても嬉しいよ。

「空が暗くなり太陽が消えると、獣は死の可能性の痕跡を漂わせるだろう！」BALKANIAN BARBARIC BLACK METAL

ボスニア・ヘルツェゴヴィナの中の「スルプスカ共和国」とは

ソコルル・メフメト・パシャ橋

　ボスニア・ヘルツェゴヴィナに「スルプスカ共和国」と呼ばれる共和国があるのをご存知だろうか。本著でインタビューを行ったブラックメタル Zvijer も、ここスルプスカ共和国出身のバンドだ。
　ボスニア・ヘルツェゴヴィナは連邦国家であり、ボシュニャク人、クロアチア人が住む地域がボスニア・ヘルツェゴヴィナ連邦、セルビア人が住む地域がスルプスカ共和国となっている。なお、2013 年時点でのスルプスカ共和国の人口は 132.7 万人。事実上の首都はバニャ・ルカ（法律上の首都はイストチノ・サラエヴォになっている）で、19.92 万人（2013 年）が住んでおり、ボスニア・ヘルツェゴヴィナの中では 2 番目に大きい都市だ。なお、「スルプスカ共和国」はセルビア語で「セルビア人共和国」という意味を持つ。
　この共和国の誕生には、無残で悲劇的な歴史がある。1992 年、ユーゴスラビアの解体に際し、ボスニア・ヘルツェゴヴィナの独立を望むボシュニャク人（44％）とクロアチア人（17％）、それに反対したセルビア人（33％）の間で衝突が生じるようになった。ユーゴスラビアからの独立に反対派のセルビア人は、自分たちの自治区を設立して対抗しようとする。しかし、ボシュニャク人が主体のボスニア・ヘルツェゴヴィナ独立賛成派はこれを認めなかった。そして、セルビア人の意見を無視し、1992 年の 2 月から 3 月にかけて、独立の賛否に関する選挙を行う。大半のセルビア人がこの選挙をボイコットし、投票結果は 90％ 以上が独立賛成という結果となった。これにより、セルビア人は「スルプスカ共和国」として独立を宣言。こうして、ボスニア・ヘルツェゴヴィナ紛争へと発展する。1992 年 4 月 1 日に始まった紛争は、3 年半にもわたり 20 万人以上の死者を出した。1995 年 12 月のデイトン合意によって、ボスニア・ヘルツェゴヴィナ連邦とスルプスカ共和国がそれぞれ和平的に独立することが決まり、今なお二つの国家が一国に並立する形を取っている。
　クロアチア人とボシュニャク人の間でも対立が起きたが、特筆すべきはやはり「民族浄化」だ。その中でも有名なのがスレブレニツァの虐殺。スレブレニツァは国連平和維持軍によって「安全地帯」に指定されていた都市で、この場所では武力行使は不可とされていた。それにもかかわらず、1995 年 7 月 6 日にセルビア軍が侵攻。10 日間で約 8000 人ものボシュニャク人が虐殺された。殺害されたのは男性がほとんどだったが、子どもや女性も殺されている。女性は男性とは別に分けられ、強制的にボスニア政府支配地域に送られたようだが、無事に辿り着けなかった者たちもいた。
　ボスニア・ヘルツェゴヴィナ紛争は、「第二次世界大戦以降最も悲惨な戦争」と言われている。
　そんな凄惨な歴史を持つ「スルプスカ共和国」だが、現在は至って平和な場所である。特に観光資源に恵まれているわけではないものの、山や川のある自然豊かな地

Andricgrad の町並み

域で、自然のアクティビティを好む観光客には穴場的な地域かもしれない。また、世界遺産にもなっているソコルル・メフメト・パシャ橋が、東部の町ヴィシェグラードにある（ヴィシェグラードはハンガリーにもあるので要注意）。この橋は、16世紀にオスマン帝国の宮廷建築家ミマール・スィナンによって建てられたもので、その高度な建築技術から産業遺産として2007年に世界遺産に登録された。またヴィシェグラードには、サラエヴォ出身のセルビア人映画監督エミール・クストリツァのプロジェクト、Andricgrad（Andrictown）という観光スポットもできた。しかし、スルプスカ共和国とボスニア・ヘルツェゴヴィナ連邦の境界付近には、いまだに紛争時の地雷が残存しているという事実も抱えている。

バニャ・ルカにある Kastel と呼ばれる要塞

バニャ・ルカの街並みを一望できる Banj Brdo

Column 259

Aeon Arcanum

Melodic Death/Black Metal　　マケドニア

Monuments　　2011
Independent

コチャニで2008年に結成。2003～2008年まではArcanumというバンド名でメロディック・デスメタルを演奏していた。今作は1stフルレングスで、自主制作でリリースされた。ボーカル、ギター、シンセサイザー、タンブラをAleksandar Ivanov、ベースをDarko Avramovski、ドラム、パーカッション、バッキングボーカルをDragan Teodosievが担当。3人とも前身バンドArcanumでも活動していた。また、ブラックメタルMarasのAndrej Karadzoskiら3人が、ゲストでギターやキーボードをプレイ。ミキシング、マスタリングはMarasのRisto Alchinovが手掛けた。ボーカルはドスの効いた低いグロウルで、ヘヴィに刻まれるリフにメランコリックな旋律が乗るメロディック・デス/ブラックを演奏している。

Ambroz

Symphonic Death/Black Metal　　マケドニア

Into the Endless Void　　2015
Independent

スコピエで2004年に結成。Cvetan Spirkovski（ギター）、Dijana Pesevska（キーボード）の2人で活動が始まる。今作は1枚目のフルレングスで、自主制作でリリースされた。ボーカルをThy Infernium、ギターをCvetanとIvan Jamandilovski、ベースをIgor Blackmore、ドラムをメロディック・デスBeyond the Horizonにも在籍していたIvan Tomic、キーボードをDijanaがプレイ。アートワークは、ボーカルのThy InferniumがDamjan Klincharevskiの名で担当している。キーボードの音色がうっすらと全体をシンフォニックに覆い、デスメタルライクなギターリフと、中音域ながらも迫力のあるボーカルがリードするデス/ブラックメタルだ。

Arkonian

Pagan Black Metal　　マケドニア

Арконско воскресение　　2006
Independent

ゲヴゲリヤで2006年に活動開始し、デモを1本だけリリースし同年に活動を停止している。ブラックメタルMarasに在籍するAvetによるワンマン・プロジェクトだ。その唯一の音源となった今作だが、初回は自主制作で発表された。2008年にはフランスのSabbath's Fire Recordsからカセットも出ている。ボーカル、全楽器の演奏、さらにはレコーディングやカバーアートまでAvetが担当。また、独りアンビエント・ブラックDissidensで活動していたObscurus DissidensもカバーアートにはAvetが協力している。歌詞のテーマは反ユダヤ・キリスト教やペイガニズムだが、やはりスラヴの民礼賛といった具合の愛国的でペイガニックな内容。ミサントロピックなノイジーサウンドで、時に勇壮なクリーンボーカルを織り交ぜながら疾走するペイガン・ブラック。

Dissidens

Ambient Black Metal　　マケドニア

Brumalis Apostata　　2006
Independent

ビトラで2000年に活動開始。Obscurus Dissidensという人物によるワンマン・プロジェクト。カナダのアンビエント・ブラックHeirdrainとのスプリットを最後に活動停止している。今作は唯一のフルレングスで、自主制作でリリースされた。Dissidensがアンビエントサウンドなどの環境音を担当。また、ペイガン・ブラックArkonianやブラックメタルMarasのAvetがゲストでボーカル、ギター、シンセサイザー、ドラムプログラミング、ノイズなどほぼすべての演奏を務めている。もはやAvetのプロジェクトのような気がしなくもないが、Dissidensが気合を入れてアンビエントパートを制作したのか、ホラー映画を思わせるような不気味でおどろおどろしい曲も聴くことができる。ダークなアンビエントが流れたかと思うと、急にプリミティブな激烈ブラックメタルが始まったりする。

Gargoyles

Sludge/Thrash/Black Metal　　マケドニア

Gargoyles
Independent　　2016

スコピエで 2013 年に結成。今作は自主制作でリリースされた 1st フルレングス。ドゥーム / スラッジメタル Spawn でも活動する Martin Georgievski がヴォーカル、ドラム、スラッシュメタル Furion にも在籍する Ivo Pavlovski がギター、Stefan Smiljanoski がベース、バッキングヴォーカルを務めた。また、Martin とともに Spawn で活動する Matej Joshevski が、セッションメンバーとして 5 曲目でギターを弾いている。レコーディング、マスタリング、ミキシングは、Alshar Studio というスタジオのオーナー Ivica Jankulovski – Shtraf が手掛けた。ダウンチューニングされたギターとベースの音がビリビリと響き、グルーヴ感のあるテンポで進むスラッシーなスラッジ / ブラックメタルが堪能できるアルバムだ。

Maras

Black Metal　　マケドニア

Раскол
Alatir Promotions　　2008

ゲヴゲリヤで 2003 年に結成。結成当初は、ペイガン・ブラック Arkonian などで活動していた Andrej Karadzoski のワンマン・プロジェクトだった。今作は 1st フルレングスで、彼が運営するレーベル Alatir Promotions から CD-R でリリースされた。同時にマケドニアの Terror Blast Production からも CD-R が出ている。2009 年にはフランスの Sabbath's Fire Records からカセットも発売されている。正式ラインナップは 2 人で、Andrej がヴォーカル、ギター、ブズーキ（バルカン半島で使われる弦楽器）、Risto Alchinov がドラム、ヴォーカルを担当。タイトルはロシア語で『分割』。いかにもペイガン・フォーク風のカバーアートだが、ペイガンらしさはあまり感じられず、オーソドックスでアグレッシブなブラックメタルを演奏している。

Saint of Fear and Rage

Symphonic Black Metal　　マケドニア

Behind the Falling Star
Independent　　2009

スコピエで 2005 年に結成。それぞれ異なる音楽性のメンバーたちによって結成された。現在はすでに解散している。今作は 1st フルレングスで、自主制作でリリースされた。ラインナップは、ヴォーカルの Riste Paunkov、アメリカのブルータル・デスメタル Leukorrhea で活動するギターの Damir Omerovikj、ベースの Pance Zahariev、ドラムの Vladimir Sumanov、キーボードの Ognen Bojkovski、フィーメールヴォーカルの Sanja Zukik の 6 人。また、ゴシックメタル Fusnota の元メンバーで、後に正式メンバーとなる Dino Zukik がゲストでギターをプレイしている。音質こそチープなものの、ややオーバーなキーボードと Sanja のフィーメールヴォーカルが妖しく優雅に響くシンフォニック・ブラック。メロディアスなギターリフも聴けるアルバムだ。

Siniac

Symphonic Black Metal　　マケドニア

Timeless Gatherings
Lithium Records　　2003

スコピエで 1999 年に結成。初期は Ravencoloured という名前で活動していた。今作は 1st フルレングスで、マケドニアの Lithium Records からリリースされた。メロディック・デス Mindfist にも在籍し、現在はスウェーデンに移住している Daniel Naumovski がヴォーカル、ギター、プログレッシブ・ドゥーム Лелек のメンバーでもある Zoran Boskov がギター、アディショナルヴォーカル、同じく Лелек の Sergej Nichev がベース、Tome Siljanoski がドラム、Kostadin Coklev がキーボードをプレイ。全体的にもっさりとしていて垢抜けなさを感じるのだが、クサめの猛烈なギターソロやメロウなキーボードの旋律、突如として入るクリーンヴォーカルなど、何かと聴きどころの多いアルバムになっている。

West Balkan　261

Потоп

Drone/Doom Metal　マケドニア

Канали
Iron Pig Records　2008

スコピエで結成。フルレングスとスプリットを1本ずつ出して解散している。バンド名の Потоп (Potop) は、スラヴ語圏で「洪水」を意味する。今作はイギリスの Iron Pig Records からリリースされたフルレングス。2014年には、このバンドのボーカリストであり、現在はドゥーム・スラッジ Садо Зора などで活動する Ivan が営むレーベル Fuck Yoga Records からデジタル音源も出ている。ラインナップは、ボーカル、ギターの Marko と Goran、ベースの Saso、シンフォニック・ブラック Siniac、プログレッシブ・ドゥーム Лелек に在籍するドラムの Tome。ドゥームらしいディストーションのかかった歪んだギターにヘヴィなベースが重々しくのしかかり、そこに憑りつかれたような絶叫が不気味に響く。さらにスラッジメタルの気だるさとドローンの浮遊感が加わった1枚だ。

Abhoth

Atmospheric Death/Black Metal　モンテネグロ

Abhoth
Independent　2014

ポドゴリツァで2006年に結成。今作は結成から8年の月日を経てようやくリリースされた初の音源で1stEP。初回は自主制作のデジタル音源だったが、同年にロシアの Satanath Records から500枚限定の CD とデジタル音源が、またロシアの Darknagar Records や Grotesque Sounds Productions からもデジタル音源が出ている。デス/スラッシュ Hostis でもボーカル、スラッジメタル KK Street Bangers、ブラックメタル Zaimus にも在籍する Miloš Klikovac がギター、Branko Jugović がベース、プログラミングを担当。カバーアートからも分かる通り、クトゥルフ神話をコンセプトにしている。ベースとなるのはデスメタルで、低く凄味の効いたグロウルと重くヘヴィなリフに、アトモスフェリックな要素が巧みにプラスされている。

Morana

Pagan Black Metal　モンテネグロ

Odmazda
Independent　2018

ポドゴリツァで2017年に結成。パワーメタル Eternity にも在籍する Ivan Radnić と、このバンドでのみ活動する Nemanja Grbović によって活動が始まった。ちなみに Ivan はセルビアのシャバツ出身で、7歳の頃からギターを弾き始めたそうだ。ネオクラシカル界でも活動していたことがあり、巷では速弾きギタリストとして知られているという噂である。今作は1st フルレングスで、初回は自主制作のデジタル音源でリリースされた。3か月後にはウクライナの Depressive Illusions Records からカセットも発売されている。制作時のラインナップは不明だが、おそらく Ivan がギターを弾いていると思われる。しかし、音質がローファイで明瞭ではないため、自慢の演奏技術がいまいち発揮できていないのが少し残念だ。スラヴ神話をテーマにしたペイガン・ブラックだが、物悲しげなトレモロリフなどアトモスフェリック・ブラックらしさも感じられる。

Placid Art

Atmospheric Doom Death/Black Metal　モンテネグロ

Rainbow Destruction Process
TPG Records　2012

ポドゴリツァで2010年に結成。今作はバンド初の音源で、アメリカの TPG Records からリリースされた1st フルレングス。現在は6人編成の大所帯バンドだが、1st リリース時の正式ラインナップは2名のみ。Nikola Radovic がボーカル、ギター、ベース、プログラミング、その他の楽器、Sonja Milićević がフィーメールボーカル、楽器を演奏している。アートワークは Nikola が手掛けた。物憂げで線の細そうな Sonja のボーカルと、Nikola の威圧的ながなり声が織りなすハーモニーはゴシックメタルのようなメランコリックさを帯びている。そこにどこか浮遊感のある伴奏が重なるアトモスフェリックなドゥームメタル。バンド自身はアトモスフェリック・ドゥーム/デスとジャンル付けしているようだが、ボーカルやサウンドはそこまでヘヴィではなく、ブラックメタルファンにもアプローチできる作品だ。

Rikavac

Death/Black Metal　　モンテネグロ

Rikavac
Independent　　2017

バールで 2014 年に結成。このバンドでのみ活動する 3 人の青年によって活動が始まった。全員 1990 年代生まれで、一番若いメンバーは 1997 年生まれとかなりフレッシュ。バンド名は彼らの地元を流れる川の名前だそうだ。今作は 1st フルレングスで、自主制作の CD とデジタル音源でリリースされた。ボーカル、ベースを Ucenjivač、ギターを Podmuklać、ドラムを Ološ がプレイ。また、アトモスフェリック・デス / ブラック Abhoth や、デス / スラッシュ Hostis で活動する Srđan Mišović がボーカルとしてゲスト参加している。デスメタル要素に比重が置かれているが、スラッシーなノリもあり、節々にブラックメタルらしさも感じられる。ただこれと言ってオリジナリティがあるわけではなく、もう一歩と言った具合だ。まだまだ若いバンドなので、これからに期待したい。

Zaimus

Melodic Black Metal　　モンテネグロ

The Unholy Spells of Night
Independent　　2009

ポドゴリツァで 2003 年に結成。今作は 1st デモの後に出た 1stEP で、自主制作の CD でリリースされた。その後、2014 年と 2015 年に、イギリスの Cold Raw Records から CD-R が 186 枚出ている。アトモスフェリック・デス / ブラック Abhoth の元メンバーで、現在はスラッシュメタル KK Street Bangers でも活動する Khamul がボーカル、ベース、プログラミング、作詞、同じく KK Street Bangers、Abhoth に在籍する Asmodai がギターをプレイ。バンドロゴを制作したのは、Abhoth のボーカリスト Srđan Mišović。プログラミングドラムによるバチバチのブラストビートが冴えわたるオーセンティックなブラックメタルリフに、主張しすぎない程度にキーボードが乗る。フックの効いたローファイサウンドの曲が堪能できる 4 曲トータル約 24 分の EP。

Визант

UnBlack Metal　　モンテネグロ

Благовјесник
Independent　　2013

ニクシッチで 2006 年に結成。経済学の博士号を保持しているという Aleksandar Saša Zejak によって活動が始まる。今作は 3 枚目のフルレングスで、自主制作でリリースされた。正式ラインナップは Aleksandar のみで、彼がボーカル、ギター、ベースをプレイ。ゲストで、Vlado Perišić が一部でギター、Srđan Mrkaja がアディショナルボーカル、オルタナティブ・ロックバンド Autogeni trening で活動する Bojan Bojanić がドラムを演奏している。カバーアートはセルビア出身の Aleksandar Mirković によるもの。正教や信仰などをテーマにしたいわゆるクリスチャンメタル。セルビアの歴史などについても歌っている。プログレッシブな空気感が漂う曲調なのだが、ノーマルボーカルの歌唱パートはどこか聖歌を彷彿とさせる不思議なアルバムだ。

Nihil

Melodic Black Metal　　アルバニア

Nën thundrën e dhunës
Independent　　2014

ティラナで 2009 年に結成。Lord Natesai という人物を中心に活動が始まった。今作は 2 本のデモの後にリリースされた 1stEP。自主制作のデジタル音源での発表だ。ボーカル、ベースを Lord Natesai、ギターをデスメタル Aten で活動する Baltion や Atris、ドラムを Aten、プログレッシブ・デス Gverr などにも在籍する Enea が担当。バンド名の通り、ニヒリズムや反宗教をテーマにしており、3 曲入り 10 分弱の短い作品だが、キーボードなども使用したメロディアスなブラックメタルを演奏している。1 曲 3 分程で非常にコンパクトなものの、ほどほどに叙情的でメロウなギターリフなどを聴くことができる。取り立てて素晴らしい楽曲と言うわけではないが、メロディーセンスにきらりと光るものがあり、フルレングス作品も期待できるバンドだ。

West Balkan　263

Shiptarian Darkness

NSBM　　アルバニア

The Dawn of Shiptaryan Supremacy
Independent　　2013

ドゥラスで結成。結成年や現在の活動状況、メンバーの詳細などは一切不明の謎に包まれたバンドだ。バンド名に冠されている Shiptarian の shiptar とは、アルバニアのことを意味する（正式には Shqiptar で、アルバニア自身も自分たちのことをこの名称で呼んでいる）。今作は 2 枚目のデモ作品で、自主制作でリリースされた。プリミティブなサウンドでひたすら猛烈に繰り返される激烈なギターリフに、ギャーギャーとノイジー極まりない絶叫ボーカルが重なる。時折シリアスなボーカルやロマの民謡のような女性の歌声が入るのだが、それもまた胡散臭さを上乗せしてカオスなムードを作り上げている。自国を礼賛するかのような曲名や、アルバニアの国章が描かれたカバーアートからも察せられるように、隅々から異常なまでの愛国主義が感じられる 1 枚だ。

コソヴォにブラックメタルは皆無

本著では、コソヴォのバンドは紹介していない。コソヴォ地域にはブラックメタルおよびエクストリーム系のメタルバンドは見当たらなかった。コソヴォについて少し解説をしておくと、コソヴォはプリシュティナを首都とする人口約 183 万人の国家で、国境をセルビア、モンテネグロ、アルバニア、マケドニアと接している。住民の 90％ 以上がアルバニア人。コソヴォは 1912 年からセルビアの一部だったが、2008 年に独立を宣言。しかし、独立を承認しているのは 110 か国ほどで、セルビアはもちろん独立を承認しておらず、非承認の国家はコソヴォをセルビア領土の一部とみなしている。なお、コソヴォのプリシュティナには 1990 年から活動する Troja というメタルバンドがいる。エクストリーム性は全く無いが、人生や反政府などをテーマにしている。

コソヴォ地域にある世界遺産のひとつ、デチャニ修道院。

独特なデザインが目を引く国立図書館。

レーベル紹介

ウクライナ

Oriana Music

ペイガン・ブラック Nokturnal Mortum が運営するレーベル。過去にはブラックメタル Astrofaes、ペイガン・ブラック Khors、シンフォニック・フォーク・ブラック Munruthel など、同郷のバンドの音源もリリースしている。現在は閉鎖してしまったが、Kolovrat Productions というサブレーベルも運営しており、ウクライナの Dub Buk やポーランドの Graveland などの音源をカセットで出していた。

Dub Buk Katafrakt

ペイガン・ブラック Burshtyn が運営している。リリース作品は、現在、Burshtyn と前身バンド Dub Buk の 1st フルレングスの再発盤のみ。

Stuza Productions

アトモスフェリック・ブラック Drudkh などで活動する Thurios のレーベル。リリース作品の大半はカセット。彼が以前在籍していたブラックメタル Astrofaes の音源も出している。現在、ホームページは消えており、在籍バンドもおらず閉鎖状態になっている。

Night Birds Records

アトモスフェリック・ブラック Drudkh などで活動する Roman Saenko が運営している。カセットで再発盤をリリースしており、自身のバンド Drudkh はもちろん、ポーランドのペイガン・ブラック Graveland や Arkona、アメリカのアトモスフェリック・ブラック Agalloch などの音源も出している。現在は閉鎖。

Depressive Illusions Records

アンビエント・ブラック Moloch のフロントマン Sergiy Fjordsson が運営するレーベル。かなりの数の音源を精力的にリリースしており、フォーマットも CD-R、カセット、12 インチなどと様々。生産数量も 66 枚限定などとごく少量。なお、彼はこのレーベルの他にも、フロッピーディスクでロウなブラックメタルバンドの音源をリリースする Floppy Noise Records などいくつかのレーベルも同時に運営している。また、Moloch の音源はもちろん、ブルガリアのアトモスフェリック・ブラック Aryan Art などの音源も CD-R でリリースしていた De Profundis Productions も彼が以前運営していたレーベルだ。

Propaganda

ブラックメタル Lucifugum のメンバーが運営しており、サタニックでミサントロピックなブラックメタルに特化している。主なフォーマットは CD やカセットで、ポーランド人女性がボーカルを務めるドイツのブラックメタル Darkened Nocturn Slaughtercult の音源もカセットで出している。もちろん、Lucifugum の音源もほぼここから出ている。

ベラルーシ

Svarga Music

2012 年に開設されたレーベルで、2014 年からはドイツのドルトムントに拠点を移して活動している。主にペイガン／フォーク系のバンドを取り扱っている。現在の在籍バンドはウクライナのバンドのみで、シンフォニック・フォーク・ブラック Munruthel、ペイガン・ブラック Paganland や Zgard など。過去にはペイガン・ブラック Khors なども在籍していた。

Morak Production

2010 年に、Pavel "Smutak" Seliun という男性が立ち上げたレーベル。彼は 2012 年に、自分の妻および、Omega Productions というレーベルを運営し、Lifeless Visions の名で画家としても活動していた男性を殺害。2013 年に死刑判決が下され、2014 年には刑が実行されたという情報も出回っている。このレーベルからリリースしたバンドは、ベラルーシのブラックメタル Desolate Heaven、Defunctus Astrum、フィンランドのアンビエント・ブラック Omegathrum Moon、スロヴァキアのアヴァンギャルド・ブラック Abbey ov Thelema。

Hammermark Art

ペイガン・フォーク・ブラック Kroda のフロントマン Eisenslav が運営するレーベル。現在の活動状況は不明だが、過去には Kroda の音源を筆頭に、Eisenslav がもともと在籍していたデス／ブラック Ruina、フィンランドのペイガン・ブラック Ancestors Blood、ロシアのブラックメタル Vspolokh などの音源もリリースしていた。

Omega Productions

先ほど紹介した Morak Production のオーナーに殺害された Lifeless Visions こと Kronum のレーベル。自国のプリミティブ・ブラックメタル Pestilentia やデプレッシブ・ブラック Ordo Templi Orientis、その他ウクライナのブラックメタル До Скону やロシアのバンドなどもリリースしていた。彼が亡き後、もちろんレーベルは閉鎖してしまったのだが、サイトはいまだに虚しく現存している。

Possession Productions

マヒリョウにある、ベラルーシ最古のエクストリームメタルレーベル。同国のベテランバンド Gods Tower やセルビアの Kozeljnik など、東欧を中心に様々なブラックメタルバンドを取り扱っている。過去には、デンマークのフューネラル・ドゥーム Nortt のカセットなども出している。

Symbol of Domination Prod.

ミンスクにあるエクストリーム系音楽専門レーベル。意外にも自国ベラルーシのバンドは取り扱っておらず、ロシアからコスタリカ、イラクなど、世界各国のバンドを取り扱っている。取扱いジャンルもデプレッシブ・ブラックからグラインドコアまで多岐にわたる。

Werewolves Records

NS ブラック Šturm の元メンバーで、現在はワンマン・ブラック Pagan で活動する Kathaarian のレーベル。自身のプロジェクトやロシアのスラッシュメタル、ヘヴィメタルバンドが所属している。過去には、ドラッグについて歌っていた同郷のスラッシュメタル Anti などの音源もリリースしている。

リトアニア

Inferna Profundus Records

シャウレイにあるレーベルで、現在はデプレッシブ・ブラック Pergalė やスラッシュ / ブラック Fuck Off and Die! など、主にリトアニアのバンドを取り扱っている。過去には、スウェーデンのノイズ / アンビエント・ブラック Abruptum のリイシュー盤や Marduk のライブアルバムなども出している。

Ledo Takas Records

ブラックメタル Nahash などに在籍していた Lorey が、1996 年から運営しているレーベル。創設当初は Sanahtas Mod Distribution というレーベル名だったが、何度か名前を変えて今に至る。現在は、リトアニアのスラッシュ / ブラック Dissimulation やウクライナの Lair などが在籍している。以前は、リトアニアのペイガン・ブラック Obtest やエストニアのブラックメタル Loits なども多数音源をリリースしていた。

Dangus Productions

ヴィリニュスにあるレーベルで、リトアニアのバンドに特化している。取り扱っているバンドはフォーク / ペイガン色の強いバンドが多い。現在はペイガン・ブラック Andaja などが在籍しており、過去にはアヴァンギャルド・ブラック Anubi やペイガン・フォーク Ha Lela などの音源も出している。

Column 267

ラトビア

Beverina Productions
Juris Silders という男性が 1996 年に創設したレーベル。自国ラトビアのバンドのみならず、ドイツやロシア、ウクライナのバンドの音源もリリースしている。Hate Forest の初の音源『Scythia』もこのレーベルからリリースされている。

エストニア

Nailboard Records
タリンにある、エストニアのエクストリーム系メタルに特化したレーベル。過去には、ブラックメタル Loits や、フォークメタル Metsatöll なども在籍していた。アトモスフェリック・ブラック Thou Shell of Death と、ドイツのデプレッシブ・ブラック Wedard とのスプリットも出している。

セルビア

Mizantropeon Records
ブラックメタル The Stone などで活動する Kozeljnik のレーベル。2017 年にできたばかりのレーベルで、現在のリリース作品は The Stone の『Teatar Apsurda』のみ。

Grom Records
ブラックメタル May Result の現メンバーで、The Stone にも在籍していた Urok と、Marko Simic という人物によって 2001 年に立ち上げられた。レーベル活動のみならず、ライブやフェスの企画もしている。過去には The Stone や May Result の他、同郷のブラックメタルバンド Bane や、チェコのブラックメタル Inferno などの音源も出している。

Grim Reaper Records
スプリットばかりを出しまくっているブラックメタル Eris の Miroslav Ďurčik が 2012 年に始めたレーベル。セルビアのバンドを筆頭に、ボスニア・ヘルツェゴヴィナのプリミティブ・ブラック 1389 や、日本のスラッシュ / ブラック Abigail などの音源も出している。

Miner Recordings
Milan Radosavljević と Nenad という 2 人の人物によって、2012 年に立ち上げられたレーベル。旧ユーゴ圏の正統派ヘヴィメタルからブラック、デス系まで幅広く取り扱っている。The Stone やアトモスフェリック・ブラック All My Sins の音源も出している。

ボスニア・ヘルツェゴヴィナ

Okkullt Darkness Records
ブラックメタル Zvijer などで活動する S.A. が 2008 年に立ち上げたレーベル。現在は閉鎖。彼の別バンド Sahrana、ブラックメタル Satan、プリミティブ・ブラック 1389 など、身近なバンドの音源を中心にリリースしていた。

マケドニア

MRT
全ジャンルの音楽を取り扱うレーベルで、ユーゴスラビア時代は国営レーベルだった。レーベル名は「Muzicka i kasetna produkcija na makedonskata radio televizija（マケドニアのラジオテレビの音楽とカセット）」の略。現在は閉鎖。メタル系では、自国のスラッシュ／スピードメタルバンド Sanatorium の 1st フルレングスを出している。

ブルガリア

A.M.F. Productions
ブルガリアのアトモスフェリック・ブラック Aryan Art の Alexander が営むレーベル。2002 年に創設され、サブレーベル Rites for Immortality も 2011 年から運営していた。現在の活動状況は不明だが、自身のバンドはもちろん、ベラルーシのペイガン・フォーク Яр や、ウクライナのアンビエント・ブラック Moloch などの音源も出していた。

ルーマニア

Electrecord
ブカレストに拠点を置くレーベルで、1932年に創設された老舗。共産主義時代には国営レーベルとなり、ルーマニアで唯一のレーベルだった。伝統音楽やジプシー音楽などを中心に取り扱っているものの、ルーマニアのベテランハードロックバンド Celelalte Cuvinte などメタル系バンドの音源もリリースしている。

Sun & Moon Records
2006年に創設されたレーベルで、主にブラックメタルを取り扱っている。サブレーベルもいくつかあり、インターナショナル・ブラックメタル・プロジェクト Deep-pression の音源を9本も出してる Valse Sinistre Productions や、ブラック、デス系を取り扱う Mirgilus Siculorum、ノイズ系専門の Mask of The Slave、ドゥームメタルをカセットや7インチでリリースする The Arcane Tapes など。

Bestial Records
1996年に創設されたティミショアラのレーベル。2007年に閉鎖してしまったが、現在はオンラインショップとして、メタル系のマーチを販売している。過去には、自国の人気アトモスフェリック・ブラック Negură Bunget の音源も10本出していた。

Lupii Daciei Records
2002年にクルジュ＝ナポカで立ち上げられたペイガン、フォーク系のブラックメタルレーベル。ルーマニアの右翼シーンと関係があると推測され、警察によって閉鎖を余儀なくされてしまった。フォーク・ブラック Bucovina やブラックメタル Ordinul Negru などの音源をリリースしている。

第5章　東バルカン

ブルガリア

　ブルガリア共和国はバルカン半島に位置する共和制国家。人口 713 万人（2016 年）。面積は 11.09 万 km²。南にトルコとギリシャ、西にマケドニア、セルビア、北にルーマニアと国境を接し、東は黒海に面している。首都はソフィアで、通貨はレフを使用。公用語はブルガリア語で、24 ある EU 公用語の中で唯一キリル文字が使われている言語でもある。民族は、ブルガリア人が約 80%、トルコ人 10%、その他ロマ人などもいる。GDP は 532.38 億ドル、一人当たりの GDP は 7,469 ドル（2016 年）。宗教はブルガリア正教が 82.6% と多数派で、次いでイスラム教（12.2%）、その他カトリック、プロテスタント、ユダヤ教などの信者もいる。

　現在のブルガリアにあたる地域には、世界最古の黄金文明を築いたトラキア人が住んでいた。紀元前 4 世紀頃にトラキア人の王国は最盛期を迎えるが、1 世紀にはローマ帝国の属州となる。4 世紀には東ローマ（ビザンチン帝国）の属州に。6 世紀になるとスラヴ人が南下し、7 世紀に入るとアジアからやってきたブルガール人と混血し、現在のブルガリア人の祖先が誕生した。681 年、ブルガール人によって第一次ブルガリア帝国が建国される。9 世紀にはキリスト教を受容し、ブルガリア正教会を確立。この頃が第一次ブルガリア帝国の最盛期だったが、1018 年には東ローマ帝国に滅ぼされて再び属州となるが、1185 年には第二次ブルガリア帝国として独立する。当時はヴェリコ・タルノヴォに首都が置かれていた。13 世紀初頭のイヴァン・アセン 2 世の時代に最盛期となったものの、1242 年にはモンゴル人に襲撃され国は衰退し、1396 年にオスマン帝国に占領される。その後、約 500 年もの間、オスマン帝国の支配下に置かれた。19 世紀には民族主義運動が盛んになり、1876 年に 4 月蜂起が勃発。オスマン帝国に鎮圧されるも、1878 年露土戦争でオスマン帝国が敗北し、ブルガリアは大ブルガリア公国として事実上独立する。1908 年には、ブルガリア王国として完全独立。しかし、第二次バルカン戦争で領土を大幅に失ってしまう。これにより、現在もブルガリアには「大ブルガリア主義者」が多い。1941 年に第二次世界大戦が始まると枢軸国側につく。しかし 1944 年にソビエト軍に侵攻され、戦後の 1946 年にブルガリア人民共和国としてソ連の衛星国となる。1989 年には東欧革命の波に乗って、それまで 35 年間にもわたって政権を握り続けていたトドル・ジフコフが辞任。1990 年にブルガリア共和国と国名を変え、民主主義国家となった。

ソフィア　София

　ブルガリア西部に位置する同国の首都。人口約 121 万人。ヨーロッパ最古の都市のひとつとされている。市内には、4 世紀に建てられた聖ゲオルギ聖堂というキリスト教の聖堂が現存している。こうした古代ローマやビザンチン帝国時代の建築物のみならず、ソ連支配下に建てられたスターリン様式の建物も多く見受けられる。ソフィア出身のバンドは、アトモスフェリック・ブラック Aryan Art、フォークコア Khanъ、NS ブラック Paganblut など。

プロヴディフ　Пловдив

　ブルガリア中南部に位置する第二の都市。人口約 33.8 万人。プロヴディフも長い歴史を有した都市である。地中海の影響を受けた温帯に属しており、夏場は平均最高気温が 30℃ と非常に暑い。また、ローマ劇場やオスマン帝国時代の浴場、中世の城壁跡などの考古学的遺跡が 200 以上もある。本著で紹介しているプロヴディフ出身のバンドは、ペイガン・ブラック Sarakt のみ。

ヴァルナ　Варна

　ブルガリア北東部の黒海に面した第三の都市。人口約 33.4 万人。「夏の首都」「海の首都」などと呼ばれ、ビーチリゾートとして人気がある。観光などのサービス産業が 60% の収益を占めており、ブルガリアでは唯一の国際的なクルーズ船の寄港地になっている。ヴァルナ出身のバンドは、ドゥーム・ブラック Darkflight、シンフォニック・ブラック Zaratustra など。

ブルガス　Бургас

　ブルガリア東部の黒海に面した第四の都市。人口約 20 万人。こちらも黒海のビーチリゾートとして観光地になっている。古代ギリシャの都市ピルゴスが前身となっており、19 世紀末の時点ではまだ住民のほとんどがギリシャ人だった。ブルガス出身のバンドは、シンフォニック／メロディック・ブラック Dark Inversion、ペイガン・ブラック Diabolism や Vrani Volosa など。

ルセ　Русе

　ルーマニアと国境を接するブルガリア北部の第五の都市。人口約 14.8 万人。19 世紀後半にはブルガリアの経済・文化・物流の拠点となった。この頃に、民間銀行、保険会社、商工会など、多くのブルガリア初となるものがルセから生まれた。本著で紹介しているルセ出身のバンドは、シンフォニック・ブラック Claymore のみ。

ブラゴエヴグラト　Благоевград

　ブルガリア南西部に位置する都市。人口約 7.7 万人。旧称はゴルナ・ジュマヤで、オスマン帝国時代にはユカル・ジュマと呼ばれていた。リラ山脈、ピリン山脈のふもとにあり、周辺には有名なスキーリゾート地がある。街の中心では 19 世紀の建築物が見られる。出身バンドは、アトモスフェリック・フォーク Shambless、シンフォニック・ブラック Inspell など。

ルーマニア

ルーマニアは東ヨーロッパに位置する共和制国家。人口約 1,976 万人（2016 年）。面積は約 23.8 万 km²。南にブルガリア、セルビア、西にハンガリー、北にウクライナ、東にモルドバと国境を接しており、東部は黒海に面している。首都はブカレスト。通貨はルーマニア・レイ。公用語はルーマニア語で、東欧圏ではモルドバ語と並び、唯一のロマンス系言語。その他、ハンガリー語、フランス語、ドイツ語なども一部で話されている。民族はルーマニア人が 83.5%、ハンガリー人（マジャル人）が 6.1%、その他ロマ人やセルビア人、ウクライナ人、ドイツ人なども住んでいる。GDP は約 1,865 億ドル、一人当たりの GDP は 9,438 ドル。宗教はルーマニア正教が主流で、その他プロテスタント、カトリックなど。

ルーマニアは「ローマ人の国」を意味しており、かつてはローマ帝国に支配されていたこともある。ダキア人とローマ人の混血がルーマニア人の祖先とされている。10 世紀頃には村落を中心に小国ができ始め、13 世紀にモンゴルからの襲撃を受ける。そして 14 世紀には、ワラキア、トランシルバニア、モルドヴィアの 3 公国ができあがった。しかし、完全なる独立ではなく、当時権力のあったオスマン帝国やハプスブルク家の支配下にあった。ドラキュラ公として有名なヴラド 3 世が台頭したのは 15 世紀のワラキアで、オスマン国と抗戦した猛者としてルーマニアの英雄とされている。1600 年、ワラキアのミハイ王がトランシルバニアとモルドヴィアを含む 3 国を短期統一するも、結局すぐに再びオスマン帝国に統治される。トランシルヴァニア地方はオーストリア・ハンガリーの統治下にあり、第一次世界大戦が終わるまで占領状態が続く。1821 年、独立を目指しワラキア蜂起を起こすも、オスマン帝国に鎮圧される。1848 年、今度は 3 公国で革命を起こし、1878 年にはワラキアとモルドヴィアからなるルーマニア公国が国際的に承認された。1881 年にはルーマニア公カロル 1 世が国王となり、ルーマニア王国になる。第一次世界大戦後の 1918 年、トランシルバニアもルーマニア王国に統一される。しかし、第二次世界大戦が始まった 1940 年にはソ連がベッサラビアを占領、ドイツ側について戦うも、1944 年には連合国側に鞍替えしてソ連とともに戦う。1947 年、王政が廃止され、ソ連軍の圧力の下でルーマニア人民共和国が誕生する。1965 年、チャウシェスク政権が権力を握り、国号をルーマニア社会主義共和国と変更。しかし、彼の独裁体制に不満を募らせた国民によって革命が起き（ルーマニア革命）、チャウシェスクは妻ともども処刑された。1991 年には新憲法が承認された。

ブカレスト　Bucureşti

ルーマニア南部に位置する同国の首都。人口約 186 万人。戦時中は「小パリ」と呼ばれるほど美しい建築物が立ち並んでいたが、戦争や地震などで多くが破壊されてしまった。また、かつてはチャウシェスクの中絶・避妊法案により人口が急増したものの、近年は人口減少の傾向にある。ブカレストの人口は約 97% がルーマニア人。ブカレスト出身のバンドは、アトモスフェリック・ブラック Argus Megere、フォークメタル Bucium、Ka Gaia An など。

ヤシ　Iaşi

モルドバとの国境にほど近い、ルーマニア北東部に位置する第二の都市。人口約 31.9 万人。かつてはモルダヴィア公国の首都が置かれていた。18 世紀にはウクライナからユダヤ人が大量に移住してきたため、19 世紀後半には正教会の教会を凌ぐほどのシナゴーグがあった。文化宮殿などの壮麗で美しい建築物も見られる。ヤシ出身のバンドは、フォーク・ブラック Bucovina、ペイガン・フォーク God など。

クルジュ＝ナポカ　Cluj-Napoca

ルーマニア中北部に位置する都市。人口約 30.3 万人。オーストリア＝ハンガリー帝国に支配されていたこともあり、街並みにはその当時の雰囲気が残る。ビール、木製家具、乳製品、毛織物などの生産が盛ん。また、ルーマニア最大の大学であるバベシュ＝ボーヤイ大学を始め、多数の大学が集中しており、教育の中心にもなっている。本著で紹介したクルジュ＝ナポカ出身のバンドは、シンフォニックメタルの The Hourglass のみ。

ティミショアラ　Timişoara

ルーマニア西部に位置する都市。人口約 30.6 万人。ルーマニア革命の発端の地でもある。18 世紀には、ビールやたばこ工場が建設され工業で栄えた。また、オーストリア・ハンガリー帝国時代に、ヨーロッパ初の電気の街路灯が設置されたことでも知られる。人口の割にティミショアラ出身のバンドはかなり多く、アトモスフェリック・ブラック Negură Bunget を筆頭に、同バンドのメンバーで結成された Ordinul Negru、シンフォニック・ブラック Syn Ze Şase Tri などがいる。

ブラショヴ　Braşov

ルーマニア中部に位置する都市。人口約 27.5 万人。ドラキュラ公として知られるヴラド・ツェペシュが住んでいたブラン城まではバスで 30 分程度の距離にある。また、国内外からアーティストが参加する、チェルブル・デ・アウル国際音楽祭が毎年開催されている。ブラショヴ出身のバンドは、メロディック・デス／ブラック False Reality やシンフォニック・ゴシック／ブラック Indian Fall など。

アラド　Arad

ルーマニア西部に位置する都市。ハンガリーの国境にほど近い。人口約 16 万人。衣類や綿物、食品、家具、自動車など、多岐にわたる産業が盛ん。また、ルーマニア正教会の主教座が置かれている。20 世紀初頭にはハンガリー人が 70% 以上を占めていたが、現在はルーマニア人が約 85% と多数派で、ハンガリー人は 10% にとどまっている。アラド出身のバンドは、ドゥーム・デス／ブラック Grimegod、プリミティブ・ブラック Vermilion など。

モルドバ

モルドバ共和国は東ヨーロッパに位置する共和制国家。人口355.2万人（2016年）。面積は3万3843km²と九州よりやや小さく、ルーマニア、ウクライナと国境を接している。首都はキシナウ。通貨はモルドバ・レイ。公用語は2013年からルーマニア語のみとされている。未承認国家の沿ドニエストル共和国内では今なおモルドバ語が使われているが、両者の違いはほとんどないそうだ。なお、ロシア語も話されている。民族はモルドバ人（ルーマニア人）が約75％、ウクライナ人約6.6％、ロシア人4.1％、ガガウス人4.6％、その他ブルガリア人やロマ人など。GDPは67.7億ドル、一人当たりのGDPは1,910ドルで、ヨーロッパ最貧国とも呼ばれている。宗教は大多数が正教会を信仰しており、ルーマニア正教会とモルドバ正教会がある。ユダヤ教徒もわずかながら存在する。

キエフのルーシやタタール人（モンゴル）、ハンガリーなどに占領されつつ、14世紀半ばにルーマニア人がモルダヴィア公国を建国。15世紀には最盛期を迎え、オスマン帝国と戦う。結果として16世紀初頭にオスマン帝国の属国となったが部分的な支配に留まり、モルダヴィア公国は自治を認められていた。1812年、露土戦争に勝利したロシア帝国に北東部のベッサラビア地方（現在のモルドバ共和国のほぼ全土）が割譲された。1918年モルダヴィア民主共和国として独立するも、国民はルーマニア王国との連合を望み、すぐにルーマニア王国と統合。ベッサラビア地方を奪還しようとするソ連は、1924年にウクライナ領にモルダヴィア自治共和国の名で、現在の沿ドニエストル共和国が作られる。そして1940年にソ連に再占領され、モルダヴィア・ソビエト社会主義共和国としてソ連の構成国となり、モルダヴィア自治共和国もその一部に含まれた。1980年代後半にペレストロイカが起きたことでソ連の力は弱まり、1991年8月にモルドバ共和国として独立した。一方、トランスニストリアは沿ドニエストル共和国として1990年9月に独立を宣言。1992年に、モルドバ共和国とトランスニストリア戦争が起きる。結果としてロシアの支援を受けた沿ドニエストル共和国側が有利となり、2か月で休戦となった。今なお承認はされていないものの、事実上は独立状態で独自の国旗や政府、通貨などを持っている。

キシナウ

キシナウ　Chișinău

モルドバ中部に位置する同国の首都。人口約67万人。キシナウはもともと、15世紀に僧院の集落として形成された。中世から葡萄栽培が盛んで、世界一広いワイナリーがキシナウ近郊にある。第二次世界大戦後にはソ連からの移住が推奨されており、5年で人口が5倍にも増えた。近年の民族構成は、モルドバ人が約67％、ルーマニア人が約14.5％、ロシア人が約9％、ウクライナ人が約6％。キシナウ出身のバンドは、シンフォニックメタルEsperoza、フォークメタルHarmasarなど。

ティラスポリ　Тирáсполь

モルドバの南東に位置する都市。人口約13万人。1792年に、ロシア帝国の軍人アレクサンドル・スヴォーロフによって作られた。もともとロシア人やウクライナ人が多く住む地域で、1991年にモルドバが独立し、ルーマニアとの併合を望んだことをきっかけに、沿ドニエストル共和国として独立を宣言。しかし、国際的には認められておらず未承認国家になっている。本著で紹介したティラスポリ出身のバンドは、シンフォニック・ブラックのAdvent Fogとプリミティブ・ブラックRed Star Kommando。

88（ブルガリア）

Aryan Art（ブルガリア）

Dimholt（ブルガリア）

Darkflight（ブルガリア）

Frozen Tears（ブルガリア）

Gaskammer（ブルガリア）

Khanъ（ブルガリア）

Korozy（ブルガリア）

Orenda（ブルガリア）

Paganblut（ブルガリア）

Sarakt（ブルガリア）

Serpentine Creation（ブルガリア）

Shambless（ブルガリア）

Svarrogh（ブルガリア）

The Revenge Project（ブルガリア）

Vrani Volosa（ブルガリア）

East Balkan 275

Akral Necrosis（ルーマニア）

An Theos（ルーマニア）

Apa Simbetii（ルーマニア）

Argus Megere（ルーマニア）

Ashaena（ルーマニア）

Bloodway（ルーマニア）

Bucium（ルーマニア）

Descend into Despair（ルーマニア）

Dordeduh（ルーマニア）

God（ルーマニア）

Grimegod（ルーマニア）

Inbreed Aborted Divinity（ルーマニア）

Indian Fall（ルーマニア）

Ka Gaia An（ルーマニア）

Kistvaen（ルーマニア）

Kultika（ルーマニア）

East Balkan 277

Ordinul Negru（ルーマニア）

Prohod（ルーマニア）

Sorgnatt（ルーマニア）

Syn Ze Șase Tri（ルーマニア）

Tenebres（ルーマニア）

Advent Fog（モルドバ / ティラスポリ）

Esperoza（モルドバ）

Harmasar（モルドバ）

Amor e Morte

Symphonic Black Metal　　　ブルガリア

About These Thornless Wilds　　　2007
Deus Mortuus Productions

ドゥプニツァで 2004 年に結成。デモとフルレングスを 1 本ずつリリースして 2008 年には解散している。同名のバンドがフランスとイギリスにもいるが、こちらはブルガリア出身。バンド名はフランス語で「愛と死」を意味する。フルレングス作品の今作は、アメリカの Deus Mortuus Productions からリリースされた。ボーカル、キーボード、サンプリングを Shamash、フィーメールボーカルを Vera Bathory、ギターを Milen、ベースを Adriana、ドラムをブラックメタル Ork にも在籍していた Nocturnal Silence がプレイ。まるで怪しげな仮面舞踏会でもイメージさせるようなシアトリカルで優雅なキーボード使いや、その雰囲気に映えるオペラ風のフィーメールボーカルなど、ゴシック要素も取り込んだシンフォニック・ブラックメタルを演奏している。

Aryan Art

Atmospheric Black Metal　　　ブルガリア

…и берем плодовете на нашето нехайство　　　2009
Werewolf Promotion

ソフィアで 2001 年に活動開始。途中で何度かメンバーの出入りもあったが、現在はレーベル A.M.F. Productions のオーナーで、ブラックメタル Ненавист の元メンバーでもある Alexander のワンマン・プロジェクトとなっている。今作は 3rd フルレングスで、初回はポーランドの Werewolf Promotion からカセットでリリースされた。翌年にはフランスの Thor's Hammer Productions から CD、イギリスの Legion Blotan Records & Distribution から 12 インチも出ている。ボーカル、ベース、ドラムを Alexander、ギターを I.V.T. がプレイ。ローファイサウンドでかき鳴らされる切なく美しいトレモロリフに、デプレッシブ・ブラックにも通ずるような捨て身の絶叫が響き渡る。NS 扱いされているが、アトモスフェリックでポスト・ブラックの感触も帯びた作品になっている。

Aryan Art

Atmospheric Black Metal　　　ブルガリア

Хармония - Вечност – Вселена　　　2015
Darker than Black Records

3rd リリース後、ポルトガルのブラックメタル Cripta Oculta とのスプリットを、ポルトガルの Master of All Evil からカセットでリリース。その後、4 枚目のフルレングスとなる今作を、ドイツの Darker than Black Records とポーランドの Lower Silesian Stronghold の共同で発表した。翌年にはカセットと 12 インチも出ている。ボーカル、ベース、ドラム、口琴を Alexander、現在彼とともにブラックメタルバンド Flamen で活動するイタリア人 Bartlett Green がギター、マンドリンを演奏している。また、3 曲目で Lachtnaen というブルガリア人男性がメロトロンをゲストでプレイ。前作のアトモスフェリックな雰囲気を残しつつ、初期のエピックさをも感じさせる荘厳なアルバムへと昇華している。

Bagatur

Atmospheric Pagan Black Metal　　　ブルガリア

Сказание за древнобългарското величие　　　2010
Bubonic Productions

ソフィアで 2005 年に結成。アトモスフェリック・ブラック Aryan Art の Alexander と、Aryan Art のアートワークを手掛けたこともあるブルガリア出身の女性 Yanga のツーピースバンド。オーストリアのネオフォーク Hrefnesholt、イタリアのダークアンビエント Symbiosis らとのスプリット、EP を 1 本出して 2010 年に解散。EP である今作は、ポルトガルの Bubonic Productions、フランスの Thor's Hammer Productions から CD でリリースされた。アメリカの Winter Solace Productions からカセットも出ている。ボーカル、カバーアートを Yanga、楽器演奏を Alexander が担当。タイトルは「古代ブルガリアの雄大な物語」。戦いを思わせるサンプリングが挿入されており、Aryan Art にも似たローファイでメロウな美旋律が聴ける 1 枚。

Belgarath

Black Metal　　ブルガリア

Wanderer
Independent　　2014

ソフィアで 2003 年に活動開始。Belgarath のワンマン・プロジェクトとして始まるが、すぐに活動を休止し、2007 年にドラマーの The Clansman とともに再結成。今作は 1st フルレングスで、初回は自主制作の CD-R で 50 枚限定でリリースされた。2014 年にはデジタル音源も出しており、ブルガリアの Pänzer Productions からカセットも 50 本発売された。ボーカル、ギター、作詞作曲を Belgarath、ベースを Negthorn、ドラムを The Clansman がプレイ。マスタリングは、プログレッシブメタル Analgin の元メンバーである Peter Bratanov が手掛けた。ビリビリとした低いベースに、パタパタと忙しくドラムが鳴り続けるブラックメタルで、時折メロディアスなパートも顔を出す。しかし、UG でもなければメジャーサウンドでもなく、全体的にもう一歩といったところ。

Biophobia

Death/Black Metal　　ブルガリア

You Are God, You Are Nothing
Riva Sound　　1995

ブルガスで 1992 年に結成。同郷のデス/スラッシュメタル Kartzer とのスプリットでデビューし、フルレングス、デモを 3 本ずつ出して 2003 年には解散している。今作は 1 枚目のフルレングスで、ブルガリアの Riva Sound からカセットでリリースされた。ブラックメタル Diabolism にも在籍していた Ivan Ganchev がボーカル、2016 年に他界してしまった Rosen Yanev がギター、バイオリン、シンフォニック・ブラック Korozy の元メンバー Velin Ivanov がベース、ボーカル、現在デスメタル Necromancer で活動する Tihomir Liutzkanov がドラムをプレイ。これぞ 90 年代という香りが立ちこめる古臭いサウンドで、デスメタルやスラッシュメタルらしさも感じさせるカオティックな曲を演奏している。これといって特別なことも無いが、初期衝動がひしひしと伝わってくる作品だ。

Bleeding Black

Avant-Garde Black Metal　　ブルガリア

Too Black
Blackwhite Inc.　　2001

ヴラツァで 1999 年に結成。2004 年からは Orenda というバンド名で活動している。今作は 1st フルレングスで、ブルガリアの Blackwhite Inc. から CD とカセットでリリースされた。ボーカルを Pagane、ギターをスラッシュメタル Nightmare でも活動していた Agan、ベースを Vampiriac、ドラムを Pericles が担当。アートワークは、Agan とブルガリア出身の男性 Plamen が手掛けた。Pagane は女性なのだが、まさに絶叫と言うにふさわしいボーカルを披露しており、聴いていて心配になるようなヒステリックな歌唱法は非常に個性的。曲調もどこか掴みどころのないアヴァンギャルドなテンポで、ローファイな音質が不気味さに拍車をかけている。Pagane 以外のメンバーはその後 Orenda で活動を続けるが、ユニークなボーカルスタイルを誇る Pagane の消息が不明なのが残念だ。

Bolg

Black Metal　　ブルガリア

Plague Vaccine
Serpent Eve Records　　2017

ラドミルで 2003 年に結成。バンド名の Bolg は古ブルガリア語で「狼」を意味する。今作は結成から 14 年の月日を経てリリースされた 1st フルレングス。初回はブルガリアの Serpent Eve Records からカセットで発表され、翌年にフランスの Hass Weg Productions から CD が 500 枚限定で発売されている。ボーカル、ギターを Krum Kostov、ギターを Asen、ベースをデスメタル Mass Grave などでも活動する Andrey Iliev、ドラムを Kamael がプレイ。スタスタと疾走するドラムとともに走り抜けるオーソドックスなブラックメタルだが、個性を感じさせるメロディアスパートもちょくちょく盛り込まれている。『疫病のワクチン』というタイトルのため、おどろおどろしさを期待するが、ドロドロした空気感より、暴虐性に満ちたブルータルなアルバムになっている。

Claymore

Symphonic Black Metal　　　ブルガリア

Vengeance Is Near　　2013
RedRivet Records

ルセで 1999 年に結成。世界各国に同名バンドが存在するが、こちらはブルガリア産シンフォニック・ブラック。メンバーチェンジを繰り返し、現在は 2013 年加入の Emil Kehayov（ボーカル、ベース）、オリジナルメンバーの Martin Manev（ギター）、Kamen Manev（ドラム）、Tsvetelin Baltov（キーボード）の 4 人編成。今作は 2 枚目のフルレングスで、全ジャンルのメタルを取り扱う日本の RedRivet Records から 500 枚限定でリリースされた。折々披露されるこれでもかと言うほどクサい泣きのギターや、大仰な女性コーラス、シアトリカルなキーボードなど、とにかく怪しい要素満載のシンフォニック・ブラック。過剰なオーケストレーションや、演歌並みのクサいメロディーを好むリスナーには垂涎必須のアルバムではないだろうか。

Cupola

Symphonic Black Metal　　　ブルガリア

Pandæmonium　　2015
Independent

ソフィアで 2005 年に結成。今作は 2 枚目のフルレングスで、自主制作の CD とデジタル音源でリリースされた。ラインナップは、デスメタル Hyperborea でも活動するボーカルの Dancho Ivanov、ギターの Vasil Gochev と Michail Sergeev、ベースの Simeon "Justice" Manolov、ドラムの Angel "Geleto" Sergeev、キーボードの Rumen Tonchev の 6 人。ボーカルはデス っ気を帯びたスタイルで、そこにキーボードでシンフォニックに味付けされたメロディーが乗る。シンフォニックと言えど、オーケストラのような豪華絢爛なタイプのものではなく、さりげなく壮麗さをプラスする役割を果たしている。カバーアートからはブルータルなブラックメタルを連想してしまうが、スピーディーに流れるようなメロディアスパートも聴けるブラックメタル。

Dark Inversion

Symphonic/Melodic Black Metal　　　ブルガリア

The Land of the Dead Warriors　　2001
Counter Attack Productions

ブルガスで 1996 年に結成。後に拠点をソフィアに移し、2013 年に解散している。今作は唯一のフルレングスで、カバーアートなども手掛けるブルガリア出身の Emil Saparevski が運営していたレーベル Counter Attack Productions からリリースされた。翌年にはロシアの Irond Records からも CD が出ている。ブラックメタル Biophobia、Occultum などにも在籍していた Shurale がボーカル、ギター、同じく Occultum の元メンバー Sirlon がギター、クリーンボーカル、ペイガン・ブラック Vrani Volosa などの元メンバーである Belfegor がベース、シンフォニック・ブラック Korozy でも活動していた Agrax がドラム、Haures がキーボードをプレイ。感動的なまでにドラマティックに展開される旋律が耳に残る、メロディアスなシンフォニック・ブラック。

Darkflight

Black/Doom Metal　　　ブルガリア

Perfectly Calm　　2008
Ars Magna Recordings

ヴァルナで 2000 年に活動開始。フランスとのインターナショナル・ブラックメタル・ユニット Notre Amertume でも活動する Ivo Iliev のワンマン・プロジェクトとして始まった。今作は 2 枚目のフルレングスで、アメリカの Ars Magna Recordings からリリースされた。ボーカル、ギター、キーボードを Ivo、ベース、パーカッションを 2005 〜 2017 年まで在籍していた Dean Todorov が担当。アートワークを手掛けたのは、Stidesigner という名前で活動するブルガリア人男性だ。ディストーションのかかったギターの音色とともに、ずるずると闇に引き込まれるようなドゥーミーさを備えつつ、うっすらと神聖さすら漂わせる美しいメロディーが魅力的だ。ダーク一辺倒でなく、ファンタジックでエピックなムードがアトモスフェリック・ブラックにも通ずる 1 枚。

Erilyne こと Georgi Georgiev。1978 年生まれ、サンダンスキ出身。Acclaim Records のオーナー。Okupator や Calth、Archon Winters と言った名義でも活動。アメリカのアリゾナ州に住んでいたこともある。以下の一連の作品に関与しているので、まとめて紹介する。

88

NSBM　ブルガリア

War Eagle
Winter Solace Productions　2014

サンダンスキで 2006 年に結成。現在はブルガリアに拠点を置くレーベル Acclaim Records のオーナーで、NS ブラック Gaskammer やペイガン・ブラック Raggradarh、独りブラック Perverse Monastyr などで活動する Okupator こと Georgi Georgiev によるワンマン・プロジェクト。結成後、ハイペースでデモやスプリットをリリースしていたが、フルレングス作品は今作が初だ。アメリカの Winter Solace Productions からリリースされ、翌年には同レーベルからカセットも出ている。Okupator がボーカル、ギター、ベースを担当。ドラムはおそらくプログラミング。バンド名かられっきとした NS 思想を持つことがうかがえるが、演奏している曲も、荒みきった劣悪な音質で怒涛の勢いとともに奏でられる NS らしい厭世的なサウンドになっている。

Calth

Melodic Black Metal　ブルガリア

Unrevelation
Black Metal Cult Records　2015

サンダンスキで 2005 年に活動開始。Calth こと Georgi Georgiev の独りブラックメタル。結成後〜 2009 年辺りまでコンスタントにデモやシングルを発表し続けており、今作は 2015 年に出た 2 枚目のフルレングス。88 の音源もリリースしているアメリカの Black Metal Cult Records から 500 枚限定で発売された。2016 年にはアルゼンチンの Southern Plague Records からカセットも 200 本出ている。ボーカル、楽器演奏などすべて Calth が担当。なお、レコーディングはアメリカのアリゾナ州フェニックスで行われている。ジャリジャリした音質の楽器の音で完全にボーカルが埋もれており、低くうなるベースのサウンドと相まって不穏な空気を醸し出している。その空気を纏いつつ奏でられるメロウなリフがなかなかに胸を打つ 1 枚。

Exile

Black Metal　ブルガリア

Hatenight
Ah Puch Records　2013

サンダンスキで 2004 年に活動開始。Erilyne のワンマン・プロジェクトとして始まった。現在はデスメタル Forgotten Forests の元メンバーで構成されており、Erilyne（ボーカル、ギター）、Vassil（ギター）、Leidolf（ドラム）のスリーピースバンドになっている。今作は 1st フルレングスで、アメリカの Ah Puch Records から 1000 枚リリースされた。2015 年にはアメリカの Acclaim Records からデジタル音源も出されている。籠もり気味のロウなサウンドクオリティで、ひたすらドラムがスタスタとブラストビートを鳴らし続ける地下臭いブラックメタル。味気ない反復リフが多用され、全体的に起伏が無いため、集中して聴かないと全曲同じように聴こえてしまう恐れあり。

Gaskammer

NSBM　　ブルガリア

Judocarnage
Black Metal Cult Records　　2015

サンダンスキーで 2009 年に活動開始。初期は Okupator のワンマン・プロジェクトだった。バンド名の Gaskammer はドイツ語で「ガス室」を意味する。今作は 1st フルレングスで、メンバーが運営するアメリカのレーベル Black Metal Cult Records から 500 枚限定でリリースされた。オリジナルメンバーで、NS ブラック 88 などでも活動する Okupator がボーカル、ギター、レーベルオーナーで NS ブラック Xilentium などにも在籍する Lord Demogorgon がドラムスでプレイ。ハードコアにも通じるようなミドルテンポののがむしゃらなサウンドで、イーヴル極まりない曲を演奏している。非常に衝動的でプリミティブではあるものの、きちんとそれなりにメロディーがあり、ブラックメタルとハードコアパンクを足して 2 で割ったような音だ。

Morth

Atmospheric Black Metal　　ブルガリア

Towards the Endless Path
Symbol of Domination Prod.　　2015

サンダンスキーで 2002 年に活動開始。同名のバンドがロシアにもいるが、こちらはブルガリア出身のアトモスフェリック・ブラック。Erilyne こと Georgi Georgiev によるワンマン・プロジェクトだ。今作は 1st フルレングスで、ベラルーシの Symbol of Domination Prod. と、彼が運営するレーベル Acclaim Records の共同でリリースされた。500 枚限定。また、Symbol of Domination Prod. からデジタル音源も出ている。ロールプレイングゲームのバックで流れていそうな、チープなゲームミュージック風のサウンドは人によって好き嫌いが分かれそうだが、キーボードによって作り出される絶妙なエピック感と、粗いトーンで刻まれるギターリフによる地下臭さがいかにも怪しげなムードを放つ異色のアルバム。

Perverse Monastyr

Primitive Black Metal　　ブルガリア

Perverse Monastyr
Old Cemetery Records　　2007

サンダンスキーで 2000 年に結成。Erilyne による（ここでは Archon Winters と名乗っている）のワンマン・プロジェクトになっている。今作は 2 枚目のフルレングスで、アメリカの Old Cemetery Records からリリースされた。同時にブラジルの Holokaostor Productions からカセットも出ている。Archon が楽器演奏、Vex というベラルーシとのインターナショナル・ブラックメタル・プロジェクトで活動する Merciless Sgan Exekutor がボーカルを担当。ベスチャルな雰囲気のアートワークは Archon が手掛けた。ミサントロピックにささくれ立ったギターリフに、これまた籠もった邪悪なボーカルが不気味にこだますイーヴルな 1 枚。

Raggradarh

Pagan Black Metal　　ブルガリア

Raggradarh
Eastside　　2009

サンダンスキーで 2005 年に結成。Erilyne による独りペイガン・ブラック。コンスタントにデモやシングルを大量にリリースしており、イタリアの NS ブラック Via Dolorosa、ポーランドの Flame of War、イギリスのエピック・ブラック Vanyar などとスプリットも出している。今作は 2009 年に発表された 1st フルレングスだ。ポーランドの Eastside から 500 枚限定でリリースされた。プリミティブな音質とグダグダな演奏で、拍子抜けする緩さの曲を演奏しているのだが、意外にも哀愁漂うメロディーが聴け、ペイガニックなリフなども盛り込まれている。サウンドプロダクションと演奏面のせいでかなり地下臭いムードを香らせているが、なかなかに味わい深いメロウなパートが散りばめられたアルバムだ。

East Balkan

回答者：Georgi Georgiev

まず簡単にバイオグラフィを教えていただけますか。
A：俺は1978年に、東欧圏に位置する国ブルガリア人民共和国に生まれた。共産主義国家は、俺が11歳の時に終わりを告げた。俺はずいぶん子どもの頃から音楽に興味は持っていたが、他の子どもたちのように音楽を演奏することはなかった。長い間、単なる音楽ファンだったんだが、それが演奏技術にこだわるだけでなく、フィーリングに焦点を当てる今のスタイルに役立っている。1996年にヘヴィメタルバンドをやろうと思ったんだが、まだ準備が十分ではなく、そうこうしているうちに兵役が始まってしまったんだ。1年後、ようやくバンドを始めて、俺の人生は変わった。それからずっと音楽と関わり続けているよ。

Q：メタルを聴くようになったきっかけは何ですか？
A：メタルを聴く前はハードロックを聴いていたんだが、このジャンルもかなり好きなんだよ。俺が子どもだった頃に友人が俺のためにテープに焼いてくれたんだ。まずはManowarから入り、その後HelloweenやMotorheadなんかも聴くようになった。最初にブラックメタルを聴いたのは1996年だ。すぐにファンになったよ。Enslavedの1stフルアルバムとEmperorのEPを持っていたな。ちなみに一番最初に買ったアルバムはManowarの『Kings of Metal』だ。

Q：メタル以外の音楽も聴きますか？
A：時々聴くよ。どんなジャンルでもレトロな曲が好きだな。フォーク音楽も聴く。ブルガリアのフォークは最高で唯一無二の楽曲が多い。俺のお気に入りのフォークソングは、俺の生まれ故郷であるブラゴエヴグラト地方のものだ。ロックも好きだし、いくつかエレクトロ系やアンビエントでも好きな曲がある。他のジャンルを聴くことに抵抗は無いよ。ただ、メタル以外では特別好きなアーティストや音楽ジャンルはこれといって無い。ジャンルは関係なく良い曲は良い曲だと思うけどな。

Q：オールタイムベストを教えてください。
A：Manowar『The Triumph of Steel』
Emperor『Emperor』
Enslaved『Vikingligr Veldi』
Burzum『Filosofem』
Helloween『Keeper of the Seven Keys』
Yngwie Malmsteen『Magnum Opus』

Q：音楽を作る時、何にインスパイアされていますか？
A：思うに、すべてのものに影響を受けている。自然、怒り、普段の生活で目や耳にするイメージすべてから影響を受けている。自分はアーティストタイプの人間で、自分のやり方で自分のスタイルの音楽を作り続けてきた。俺がバンドを始めた90年代半ばのブラックメタルは素晴らしかったし、今でもこのジャンルは俺の人間性にピッタリだと感じる。だから、ブラックメタルのミュージシャンをやっているのさ。

Q：あなたはたくさんのプロジェクトやバンドで活動していますよね。あなたにとって一番重要なのはどれですか？
A：一番重要なプロジェクトおよびバンドは、その時自

分が力を注いでいるものだよ。ただ音楽活動は好きなんだが、バンドとして誰かと一緒に活動するとなると、自分の思うようにやるのは難しいんだよな。俺は音楽で食っているわけじゃないから、締切や契約、ツアーに悩む必要はない。というか、「音楽産業」という表現が大嫌いだ。まるで動物にやる餌のように制作された大衆音楽はつまらない。アーティスティックな面や、全身全霊を込めての創造とは対極だ。人々がジャンクフードを買うのをやめないのと同じで、こういった音楽を支持する奴らも後が絶たないだろうね。

俺はいつも新曲をレコーディングする時、何のプランも練らなければ、誰かが気に入るかどうかなんて気にしちゃいないよ。時々バンドでライブをやったりもするが、それだって数週間～１ヶ月前にプランを練るくらいだ。

Q：あなたは 88 や Gaskammer などで NSBM も演奏していますね。わたしたち、いわば黄色人種がNSBM を聴くことに関してはどう思いますか？

A：日本やその他アジアの国々にも、NSBM を聴く人たちがいるのは知っている。なんなら、何人かその手のバンドが好きな人と連絡を取り合っているよ。南米や中米に住む NSBM ファンともね。君がたとえ白人じゃなかろうと、NSBM や RAC を聴くことはできる。もちろん、メディアや政治家は君をそういった思考から遠ざけようとする。88 と Gaskammer は政治的主張を帯びたバンドじゃないよ。歌詞を読んでもらえば分かると思うが、そこに政治的主張が無いことが見て取れるはずだ。単に、戦争や抵抗といった面にフォーカスしたブラックメタルだ。社会主義・共産主義との闘いと、政治や宗教的抑圧に対する抵抗について歌っている。西側の多くのミュージシャンとは違って、俺は１つの音楽スタイルにこだわるべきだという洗脳はない。誰かが俺のことをレイシストやネオナチと呼ぼうが別に気にしないよ。俺は自分がやりたい音楽をやる。自由な世界に生きる自由な人間だからな。これはすべての人間に当てはまるべきだ。もし誰かが俺自身や俺の音楽にレッテルを貼りたいなら、それはそれでかまわない。思考とスピーチの自由を尊重するよ。

Q：差し支えなければ政治観を教えてください。

A：俺は政治的な人間ではない。存在する政党をいかなる理由でも信頼していない。君主、大統領、首相に関しても同じだ。政党や政治家はただ金を無駄にしているだけだろ。必要な医療、食品産業の発展、ソーラーシステムなど、他に金の使い道は山ほどあるのに。そういう用途に金を使った方が、政治家につぎ込むよりはずいぶんとマシだ。かつて、民族主義運動に共鳴していた時期もあったが、結局この組織も政治的、社会的構造の一部と同じように無意味で、勤勉な人々に寄生する金食い虫でしかないことに気づいたね。

Q：あなたはアメリカに移住したようですが、なぜ移住を決意したのですか？

A：アメリカのアリゾナ州に住んでいたのはほんの少しの間で、今はもうブルガリアに戻ってきているよ。俺にとってはヨーロッパの方がはるかに良いね。さまざまな場所を訪れたり、人生についての諸々の判断をくだすために世界を旅するのは良いものだ。

Q：なぜブルガリアに戻ってきたのですか？

A：ブルガリアに戻ってきた理由はたくさんあった。最大の理由は、俺が想像していたものと現実があまりにもかけ離れていたことかな。正直言って、アメリカは自由な国だとは思わないね。あの国じゃ、手足だけでなく脳内までも政治や法律に縛られている。政治や法律は強者を救うけど、君のことは救ってくれない。俺が見たところ、市場やメディア、生活全般までもが自分の思うようにコントロールできないんだ。あ、誤解しないでくれよ。ブルガリアの状況はもっとひどいからな！　だけど、少なくともここは俺の故郷だし、アメリカよりもずっと快適に感じるよ。

Q：ブルガリアのメタルシーンについてはどうお考えですか？　ブルガリアとアメリカのメタルシーンに相違点はありますか？

A：ブルガリアとアメリカのシーンの差はものすごく大きい。アメリカは大都市を擁する多文化に溢れた大きな国で、影響力も強いよな。一方ブルガリアは、経済的問題を抱えたバルカン半島の一国にすぎない。1/3のヨーロッパの国々がバルカン半島に集中していて（注：実際はヨーロッパおよそ 50 カ国の中でバルカンに位置する国は 10）、領土は小さいながらも歴史的遺産などにプライドを持っている。しかし、ブルガリア、ギリシャ、セルビア、ルーマニアと色々な国があるが、たとえ同じ人種や文化、宗教的なバックグラウンドがあったとして、うまくやっていくことや一緒に仕事をするのは難しい。その点アメリカは反対だ。ありとあらゆる人々がともに働くことができる。だけど、俺の見た限り、アメリカにはメタルファンは多くないな。メタルは大して人気がないようだ。そして、アメリカ人が「メタル」と呼ぶ音楽は本物のメタルではない。ギターとドラムを使ったヒップホップみたいなもんだ。俺がどういうバンドのことを言ってるか、君も分かるだろ。

ブルガリアのメタルシーンは小さいが、非常に強くていつも優れたバンドを輩出している。もちろんギリシャほど大きなシーンでもなければ大成功を収めてきたわけでもないが。まぁ、ギリシャは 50 年に及ぶ共産主義時代を過ごしてこなかったからな。とはいえ現在、ブルガリアには素晴らしい音源をリリースしたり、バルカンやヨーロッパをツアーでまわるバンドも多い。そして、ブルガリアやヨーロッパにはアメリカよりも多くのメタルファンがいる。しかもかなり熱心なファンだ。

Q：あなたのいう真のメタルとは何なのでしょうか？

A：真のメタルとは、心と魂で奏でるアグレッシブで正直な音楽だ。リスナーたちは、「ソフト」メタルなんてものはこの世に存在しないということを知っておくべきだよ。メタルはあらゆるセンスや歌詞、音楽、イメージにおいてシャープなものだ。この生々しいパワーと心構えがなければ、それは単にメタルではない。まぁ、それをメタルと呼ぶかどうかはその人次第だけどな。

Q：ブルガリアでおすすめのバンドはいますか？

A：自分のバンド以外にも山ほどおすすめのバンドがいるよ。数えきれないくらいいるから、興味がある人は自分で検索して気に入るバンドを見つけ出してくれ。俺が思うに、良いバンドっていうのはどこの国出身かなんて関係ないんだ。世界中どこでも良い音楽を見つけることができる。イスラムに支配されたアフリカや中東は除くが。

East Balkan 285

Q：音楽活動以外に仕事はしていますか？
A：音楽活動は仕事にはしていない。生きていくために他にもいくつかの仕事をしなければならないのが事実だ。つまらない仕事だよ。だけど、この世の中をどうにか生きていかなきゃいけないからな。宗教、政治、犯罪以外で金を稼ぐのは問題ないと思っている。

Q：知っている日本のバンドやアーティストはいますか？
A：日本のバンドはいくつか知っているけど、親しいバンドやアーティストはいないよ。それに、俺はあまり社交的な人間じゃないんだ。誰かとコンタクトを取り合うことに躊躇しているわけじゃないんだが、いつも忙しくてな。だけど、将来もっとたくさんの人々と知り合うことができればと思っている。

Q：日本についてどんなイメージをお持ちですか？
A：日本は伝統こそがすべて、というように見えるかな。日本は独自の文化を持っていて、しかもそれがきちんと受け継がれている。日本人は、西洋の文化や休日、服装や表現などを取り入れたにも関わらず、君たちの基本的な文化となっている重要な伝統を失わずにいる。あと、日本には名誉が大きな意味を持つということも知っているよ。以前、日本の政治家が約束を達成できなかったせいで自殺したというのを読んだんだけど……バルカンの政治家とは大違いだね。

あと、日本人は同族同士を好むようだね。日本人は日本人同士で付き合ったり結婚したりするイメージだ。あと、イスラム教が日本で禁止されていることも知ってる（注：ママ）。とにかく日本の文化は俺たちの文化とかけ離れているし、なかなか理解するのが難しい。あ、100歳以上の長生きな人が多いということも知ってる。

Q：あなたはブルガリアのサンダンスキ出身ですが、ここはどのような街なのでしょうか？　この街でどこかおすすめの場所はありますか？
A：サンダンスキは、4つの山の谷間に位置する小さなリゾートタウンだ。まわりに重工業の工場などもないし、空気が綺麗で気候も良い。特に夏場は最高だよ。散歩をしたり、外でのんびりリラックスするにはもってこいの場所だね。ちなみにここら辺で、スパルタクスが生まれ育ったんだ。旅行先としては有名ではないけど、綺麗で自然が美しい街だよ。

Q：インタビューに答えてくださってありがとうございました！　最後に日本のメタルヘッドに一言お願いします！
A：日本のメタルファンのみんなが、愛情を持ってメタルを聴いていることを知っているし、とても尊敬しているよ。君たちの幸せを心から願っているし、いつかみんなに会えたら良いなとも思っているよ！

Dimholt

Avant-Garde Black Metal　　ブルガリア

Liberation Funeral　　2014
Independent

ブルガスで 2003 年に結成。バンドは自らの音楽性を Psychedelic Black Metal とジャンル付けしている。今作は 1st フルレングスで、自主制作でリリースされた。デスメタル Impenitence でも活動する Woundheir がボーカル、Asen と Rumen がギター、スラッジ / ポストメタル Trysth にも在籍する Yavor がベース、Stanimir がドラムを担当。エンジニアリングを手掛けたのは、オーストリアのブラックメタル Abigor の T.T. こと Thomas Tannenberger。また、国内のみならずフィンランドやオーストラリアのバンドのアートワークも担当するブルガリア出身の Mirko Stanchev がカバーアートを制作した。低く落ち着いたボーカルに、どこかグルーヴ感のあるフックの効いたメロディーが炸裂する、癖になる曲の揃うアルバムだ。

Forest Troll

Ambient Black Metal　　ブルガリア

Hex　　2015
Werewolf Promotion

ブルガスで 2005 年に結成。Abaddon という人物と、2005 〜 2007 年まで在籍していた Shu、今なお在籍する唯一のオリジナルメンバー Iksrog の 3 人で活動が始まる。現在は、Iksrog と Naazakh のツーピースバンドになっている。今作は 2 枚目のフルレングスで、ポーランドの Werewolf Promotion からカセットとデジタル音源でリリースされた。Iksrog がボーカル、キーボード、Naazakh がギター、ドラムをプレイ。音の分離の悪い劣悪なギターのサウンドで地下臭さを振りまきつつも、ふんわりとしたキーボードの旋律が神秘性を香り立たせる。決して万人受けする音楽ではないが、メランコリックで儚げなメロディーなど、アンビエント・ブラック、アトモスフェリック・ブラック好きにはたまらないであろう 1 枚になっている。

Frozen Tears

Symphonic/Folk Black Metal　　ブルガリア

Свят все още несъздаден (Uncreated World)　　2002
Counter Attack Productions

ブルガリア南東部の小さな町エルホヴォで 1998 年に結成。デモ 1 本とフルレングス 2 本をリリースして 2004 年に解散している。今作は解散前最後の作品となった 2 枚目のフルレングス。ブルガリアの Counter Attack Productions から CD とカセットでリリースされた。ボーカルを Stoyan Dimitrov、フィーメールボーカルを Yana Dimitrova、ギターを Zheliazko Dimitrov、ドラムを Pencho Penchev、キーボードを Radko Zhelev がプレイ。他の作品にもゲスト参加している Vesko という男性が、今作でもベースを弾いている。ブルガリアの民話などをテーマにしているようだが、フォーク的サウンドはあまり感じられない。Yana のどこか愁いを帯びたボーカルが儚く響くシンフォニックなブラックメタルだ。

Inspell

Symphonic Black Metal　　ブルガリア

Murder Tales: I Confess　　2017
Metal Renaissance Records

ブラゴエヴグラトで 2003 年に結成。今作は 2 枚目のフルレングスで、ロシアの Metal Renaissance Records からリリースされた。初期からのメンバーで、デスメタル Distorted Reality や、アメリカのフューネラル・ドゥーム Chalice of Suffering などでも活動する Nikolay Velev がボーカル、ギター、ドラム、キーボード、2009 年に加入した Nikolay Stefanov がベースをプレイ。『殺人物語：わたしは告白する』という、まるで推理小説のようなタイトルとカバーアートだが、中身は良質なシンフォニック・ブラックメタルだ。次から次へとメロディアスに流れる旋律が、物憂げなキーボードの音色やフィーメールソプラノボーカルと絡み合い、ドラマティックな世界観を繰り広げるアルバムになっている。

East Balkan　287

Invidia

Black Metal　　ブルガリア

Deep into the Moonlight　2014
Independent

スタラ・ザゴラで 2010 年に結成。今作は 1st フルレングスで、自主制作でリリースされた。デジタル音源も出ている。ラインアップは、ボーカルの C.Gorbag、ギターの Atanatus、ギター、ベースの Georgi Mihaylov、一部のドラムを Ivan Ivanov、さらに Trayan Lechev と、現在ブラックメタル Serpentine Creation にも在籍する Mephisto Diabolis にもドラムをプレイしている。また、「Face Death」のリミックスバージョンでは、Lachezar Georgiev という男性がセッションメンバーとしてドラムを演奏。真新しさやこれと言った特徴はないのだが、実直でオーソドックスなブラックメタルを聴かせてくれる。全 12 曲収録のアルバムだが、初期デモ『Night Storms』の 4 曲も後半に含まれている。

Khanъ

Folkcore　　ブルガリア

Знамение　2016
Independent

ソフィアで 2009 年に結成。大所帯バンドで、現在のメンバーは Jo Vasilev（ボーカル）、Simeon Krustev（ギター）、Dimitar Proynov（ギター）、メロディック・デス Demenzia や Vokyl などにも在籍する Yavor Mechev（ベース）、ブルータル・デス Mizerere の Ivo Maslarov（ドラム）、Zdravko Peev（タンブラ）、Kamen（バグパイプ）の 7 人編成だ。今作はデモ 2 本の後にリリースされた 1st フルレングスで、自主制作の CD とデジタル音源で発表された。バンド自身はフォークコアと形容しているが、まさにメタルコアを織り交ぜたような軽快なノリの斬新なサウンドだ。それでいて、しっかりとフォークらしさも醸し出しており、エキゾチックなタンブラのメロディーや野太いクリーンボーカルが哀愁を誘う。

Korozy

Symphonic Black Metal　　ブルガリア

From the Cradle to the Grave　2000
О.Ч.З. Records

ブルガスで 1994 年に結成。後にソフィアに拠点を移し、2009 年に解散している。今作は 3 枚目のフルレングスで、ブルガリアの О.Ч.З. Records から CD とカセットでリリースされた。翌年にはロシアの Irond Records からも CD が出ている。ラインアップは、プログレッシブ・デス / ブラック The Revenge Project にも在籍するボーカル、ギターの G. McManus、ブラックメタル Biophobia でも活動していたベースの V. Necron、The Revenge Project の現メンバーでドラムの Kalhas、キーボードの P.Volgoth。また、フォークシンガーとして活動する Gergana Dimitrova などがゲストでボーカルを務めている。クサいメロディーがひっきりなしに惜しみなく披露されるシンフォニック・ブラックで、独特な世界観が癖になる 1 枚。

Melancholic Journey

Atmospheric/Depressive Black Metal　　ブルガリア

Зимни поверия　2014
Independent

ソフィアで 2011 年に活動開始。ワンマン・スラッシュ / スピードメタル Enodia でも活動する Oväder の独りブラックメタルだ。ちなみに彼は 1995 年生まれなので、弱冠 16 歳にしてこのプロジェクトを始めている。今作は 1st フルレングスで、初回は自主制作の CD-R でたったの 10 枚限定という少量生産でのリリースだった。その数か月後に、ウクライナの Depressive Illusions Records から CD-R が 66 枚出ている。タイトルはブルガリア語で「冬の迷信」で、全 6 曲中 4 曲はインスト曲だ。デプレッシブ・ブラックのような悲壮感を漂わせつつ、うっすらと重なるキーボードがアトモスフェリックな雰囲気をプラスしている。ローファイな音で物憂げに奏でられるメロディーは、まさにプロジェクト名さながらメランコリックな旅を思わせる。

Orenda

Black Metal　ブルガリア

Only Death Lives Here
No Colours Records
2012

ヴラツァで 2004 年に結成。1994 〜 2004 年までは、Bleeding Black というバンド名で活動していた。Bleeding Black でボーカルを務めていた女性が脱退し、残りの男性メンバー 3 人によってバンドが引き継がれた。今作は 3 枚目のフルレングスで、ドイツの No Colours Records からリリースされた。ボーカル、ベース、作詞を Vampiriac、ギター、作曲、アートワークを Agan、ドラムを Pericles がプレイ。前身バンドではアヴァンギャルドな曲調だったが、そのどこか奇妙なムードはそのままに、ドラムがスタスタと走り続けるオカルティックで不気味なブラックメタルを演奏している。Vampiriac の絞り出すような声の一本調子なボーカルスタイルも呪術的で気味悪い印象を与え、ひたすら繰り返される反復リフと相まって不安感を煽る。

Ork

Melodic Black Metal　ブルガリア

Blessed by Evil
Folter Records
2000

ドゥブニツァで 1995 年に結成。2012 年に解散している。今作は 1 枚目のフルレングスで、ドイツの Folter Records からリリースされた。同時にブルガリアの Wizard からカセットも出ている。ブラックメタル Iudicium などで活動していた Count Vassilium がボーカル、Hell Thorn がギター、シンフォニック・ブラック Amor e Morte の元メンバー Frosthammer がギター、キーボード、Grim Lord がベース、Frosthammer とともに Amor e Morte に在籍していた Nocturnal Silence がドラムをプレイ。ミキシングを手掛けたのは、プログレッシブメタル Domain of Dreams や Solaris の元メンバー Ognian Kyosovski。ジャリジャリしたギターリフに、かすかに怪しげなキーボードが乗るメロディック・ブラックメタル。

Paganblut

NSBM　ブルガリア

Ruf aus der Vergangenheit
Thor's Hammer Productions
2006

ソフィアで 2003 年に結成。Aryan Art の元メンバー Isar を中心にヴァイキングメタル・バンドとして始まったが、2005 年に NSBM に方向転換して Isar のワンマン・プロジェクトになる。今作は 2006 年にリリースされたデモ作品。フランスの Thor's Hammer Productions から 300 本限定のカセットで発売された。ゲストなどは呼ばずに、Isar がボーカル、楽器演奏すべてを単独で務めている。超が付くほどボロボロのサウンドクオリティが、いかにも厭世的なムードを放っているのだが、耳を澄ますと意外にもメロウなリフを聴くことができる。さすが NS ブラックだけあって、ナチスドイツの軍歌をブラックメタル風に大胆にアレンジした曲も収録されており、歌詞も一応ドイツ語のようだが、何も聴き取れないレベルのひどい音質だ。しかし哀愁漂う勇ましげなメロディーは妙に味がある。

Sabrax

Symphonic Black Metal　ブルガリア

Devilsspear
Wizard
1999

ソフィアで 1995 年に活動開始。2004 年には活動停止している。ブルガリアとドイツのミックスである Sabrax こと Alexander Petrov という人物によるワンマン・プロジェクト。ちなみに真偽は不明だが、彼はプロのタイボクサーとしても活躍しているそうだ。今作は唯一のフルレングス作品で、ブルガリアの Wizard からカセットでリリースされた。2003 年にはブルガリアの Counter Attack Productions から CD も出ている。非情に突っ走る打ち込みドラムとノイジーなギターリフ、喉をつぶすような高音ボーカルなどがノルウェーのインダストリアル・ブラック Mysticum を彷彿とするのだが、こちらはインダストリアル感はゼロ。薄気味悪く響くキーボードの不気味な旋律が、オカルティックな雰囲気を蔓延させるシンフォニック・ブラックメタルだ。

Sarakt

Pagan Black Metal　ブルガリア

Сaракт
Distributor of Pain　2005

プロヴディフで 1996 年に結成。デモとフルレングスを 1 本ずつリリースして解散している。今作はブルガリアの Distributor of Pain からリリースされたフルレングス。1996 年にだけ活動していたブラックメタル Verecundia のメンバー Kiril Nenov がヴォーカル、ギター、Julian Raychev がギター、Verecundia やデスメタル Unhumanity の元メンバー Nikola Kaloferov がキーボードを演奏。また、Alexander Alexiev という人物がセッションメンバーとしてドラムを叩いている。脱力するような緩いカバーアートだが、中身はボロボロのサウンドプロダクションで奏でられるペイガン・ブラック。ボーカルは、いかにもマイナーなペイガン・ブラックらしいだみ声と、少し音程が外れ気味な勇壮クリーンボーカル。寂しげで叙情的なメロディーが印象深い作品だ。

Serpentine Creation

Black Metal　ブルガリア

Dystopia
Independent　2009

ソフィアで 2004 年に結成。2001 〜 2004 年までは Dystopy というバンド名で活動していた。今作は 1st フルレングスで、自主制作の CD でリリースされた。デジタル音源も出ている。シンフォニック・ブラック Korozy の元メンバーで、メロディック・ドゥーム Embrace by Dark でも活動する Vlad がヴォーカル、ギター、ブラックメタル Occultum の Jafar がギター、ベース、ブラックメタル Invidia のメンバーでもある Mephistophel がドラムをプレイ。また、ゲストとしてペイガン・ブラック Vrani Volosa の Hristo Krasimirov が、一部でクリーンボーカルを披露している。「Road to Satan」「Satan Is Here」などと分かりやすいほど直球な曲名が揃うが、ほどよくメロディアスで聴きやすいブラックメタルを演奏している。

Shambless

Atmospheric/Folk Death/Black Metal　ブルガリア

Menra Eneidalen
Discord Records　2011

ブラゴエヴグラトで 1997 年に活動開始。Noctiflorous Thorns や Samhain というブラックメタルバンドで活動していた Arvelss Elfaros（本名は Pavel Rekarski）によるワンマン・プロジェクト。今作は 3 枚目のフルレングスで、ブルガリアの Discord Records からリリースされた。翌年にはロシアの Stygian Crypt Productions からも CD が、2017 年には韓国の Fallen-Angels Digital Productions からデジタル音源も出ている。ボーカル、キーボード、ドラムを Arvelss が担当。ゲストでシンフォニック・ブラック Inspell の Nikolay Velev などがギターを弾いている。オーストリアのアトモスフェリック・ブラック Summoning のようなエピックさ満点の曲で、今にも冒険が始まりそうなファンタジックなアルバムだ。

Shambless

Atmospheric/Folk Death/Black Metal　ブルガリア

Irke Ranefas
Furias Records | Orion Music Entertainment　2013

2nd の約 1 年半後にリリースされた 4 枚目のフルレングス。今作は、アルゼンチンの Furias Records | Orion Music Entertainment からリリースされた。3rd 同様、2017 年には Fallen-Angels Digital Productions からデジタル音源も出ている。3rd では 3 名のゲストを呼んでいたが、今回は Arvelss がボーカルから楽器演奏まですべてを務めた。前作よりもさらに浮き立つようなファンタジー要素が増し、映画のサウンドトラックのようなアトモスフェリックで勇壮なメロディーに、相変わらずの絶叫ボーカルが重なる。大げさなまでに派手に展開されるクサめの旋律は、メロディック・ブラックや、はたまたシンフォニック・ブラックにも通ずる。54 分間、ひたすらダイナミックでエピックな世界を堪能できる。

Svarrogh

Ambient Folk/Neofolk　　ブルガリア

Balkan Renaissance　　2007
Ahnstern Industries

ドイツのブラックメタル Hatred Divine などで活動する、ブルガリア出身の Dimo Dimov によって 2001 年に活動が始まる。結成当初はブルガリアで活動していたが、後にドイツに移住。中期まではフォーク・ブラックを演奏していたが、後期はアンビエント・フォーク色が濃くなっている。2012 年に活動停止。今作は 4 枚目のフルレングスで、オーストリアの Ahnstern Industries から 500 枚限定でリリースされた。ボーカルおよび民族楽器を含めた全楽器の演奏を Dimo が 1 人で担当している。アートワークはブルガリア人女性 HaateKaate が手掛けた。歌詞にはブルガリアのあらゆる作家や詩人の叙述が含まれている。時にノイジーなギターも聴けるが、メタルらしさは薄い。情景が浮かぶような影のある物悲しげなアンビエント・フォークで、ボーカルも叫ぶわけでなく、静かにブルガリア語の歌詞をつぶやいている。

The Revenge Project

Melodic Death/Black Metal　　ブルガリア

The Dawn of Nothingness　　2005
Independent

ブルガスで 2000 年に結成。ブラックメタル Biophobia の元メンバーらによって活動が始まる。今作は 1st フルレングスで、自主制作でリリースされた。Max Pain がボーカル、元 Biophobia、現在はスラッシュメタル The Outer Limits でも活動する Deimoz がギター、ボーカル、ワンマン・スラッシュメタル Staffa、スラッシュ/パワーメタル Mosh-Pit Justice などにも在籍する Staffa もギター、ボーカル、Astaroth がベース、ボーカル、元 Biophobia の Kalhas がドラムをプレイ。アートワークは、デスメタル Act of Grotesque の Firebliss によるもの。ヘヴィでパワフルにテンポよく進むリフに、低音グロウルとクリーンボイスが絡み合うデス／ブラックメタル。メロディアスな旋律が耳に心地よいアルバムだ。

Vrani Volosa

Pagan Black Metal　　ブルガリア

Where the Heart Burns　　2005
Arma Records

ブルガスで 2003 年に活動開始。Hristo Krasimirov のワンマン・プロジェクトとして始まる。バンド名の Vrani Volosa は古代ブルガリア語で「黒髪」を意味する。今作は 1st フルレングスで、ブルガリアの Arma Records からリリースされた。2011 年にはフォーク系のブラックメタルを得意とするドイツの Einheit Produktionen からも CD が出ている。ラインナップは、ブラックメタル Biophobia、シンフォニック・ブラック Dark Inversion の元メンバー Belfegor がボーカル、Hristo がギター、クリーンボーカル、Angeboo がベースを担当。エンジニアリング面も Astaroth が手掛けた。時折クリーンボーカルが乗り、うっすらとペイガン色を漂わせる、ミドルテンポのメロディアスなペイガン・ブラックを演奏している。

Zaratustra

Symphonic Black Metal　　ブルガリア

It Was a Night　　1999
Counter Attack Productions

ヴァルナで 1995 年に結成。デモとフルレングスを 1 本ずつ出して解散している。今作のフルレングスは、ブルガリアの Counter Attack Productions からリリースされた。同時にカセットも出ている。ブルガリアのエスニック・フォークバンド Irfan の元メンバー Kiril Bakardjiev がボーカル、ギター、Radoslav Groudev がギター、ベース、Dean Pavlov がドラム、Nina Petrova がシンセサイザーを担当。アートワークは、この作品を出したレーベルのオーナーである Emil Saparevski と、ゴシック・ドゥーム Nightsky Bequest の元メンバー Andre Mateev の共同で仕上げられた。ニーチェイズムをテーマにしており、ペラペラなローファイサウンドでかき鳴らされるギターリフに、シンセサイザーの怪しくも流麗な音色が重なる。

East Balkan 291

Ненавист

Depressive Black Metal　　ブルガリア

Nenavist
Wraith Productions　　2008

ソフィアで 2004 年に結成。2011 年に解散している。バンド名はブルガリア語で「憎しみ」。現在ドゥームメタル Obsidian Sea で活動する Anton と、アトモスフェリック・ブラック Aryan Art の Alexander らによって活動が始まる。今作は 1st フルレングスで、アメリカの Wraith Productions からリリースされた。2010 年にはスペインの Titan Woods Productions からカセットも出ている。制作時の正式メンバーは Anton のみで、彼がボーカル、ギター、ベースをプレイしている。また、ゲストで Hegemon という人物がドラムを演奏した。物悲しげな反復メロディーがこだまするデプレッシブ・ブラックで、ジャリジャリのプリミティブなサウンドプロダクションが、輪をかけて悲壮感を醸し出している。

Пантократор

Primitive Black Metal　　ブルガリア

Тайнствените владения на мрака
Independent　　1996

ブルガリア西部の都市で、国内有数の温泉地でもあるキュステンディルで 1996 年に結成。前身バンドは、1995 〜 1996 年の間に活動していた Eternal Darkness。今作はこのバンド唯一の音源であるデモで、リリース後、いつとはなしに解散している。自主制作のカセットでリリースされたが、2004 年には A.M.F. Productions からボーナストラックが 3 曲追加されたものがカセットで発売されている。ボーカル、ギターをブラックメタル Aguares で現在活動中の Naw、ベースを Marin、ドラムを Necromant がプレイ。タイトルはブルガリア語で『暗黒の神秘的な可能性』。デモなので仕方ないのだろうが、まるでリハーサル音源をそのまま録音したかのような低クオリティの音質と演奏力。これぞアンダーグラウンド・ブラックメタルといった近寄りがたい雰囲気を十二分に醸し出している。

Полуврак

Pagan Black Metal　　ブルガリア

Черна изповед
Werewolf Promotion　　2017

2016 年に結成。前身バンドは、ソフィア出身のブラックメタル Dying in the Woods。バンド名は古代ブルガリア語で「鷲の視界」を意味する。今作は 2017 年に出されたデモ音源で、ポーランドの Werewolf Promotion から 200 本限定のカセットでリリースされた。自主制作のデジタル音源も出ている。タイトルはブルガリア語で『暗黒の自白』。ボーカル、ギターを Горски Пътник、ベースを Балкх、ドラムを Кан Челбир がプレイ。ミキシング、マスタリングを手掛けたのは、Aryan Art の Alexander だ。地声に近いがなり声ボーカルが印象深く、曲全体に独特な雰囲気を与えている。厭世的な空気を纏い、ローファイサウンドで奏でられるペイガン・ブラック。2018 年には 1st フルレングスも出ているのだが、こちらも Горски のボーカルが冴えるメロウな仕上がりになっている。

Родна Защита

NSBM　　ブルガリア

Могжществото на българския духъ
Winter Solace Productions　　2013

ソフィアで 2008 年に結成。バンド名は、1923 〜 1936 年まで活動していたブルガリアの民族主義組織からきている。現在は活動停止中。過去には、元 Aryan Art のメンバーで、現在は NS ブラック Paganblut で活動する Isar もライブメンバーを務めていた。ゴリゴリの NS ブラックで、アメリカの Aryan Kommando 88(とにかく黒人差別がひどい)やカナダの Nachtkrieger らとスプリットも出している。今作は 3 枚目のデモで、アメリカの Winter Solace Productions から 300 本限定のカセットでリリースされた。ボーカル、ギターを D.N.、ドラムを M.T. が担当。タイトルはブルガリア語で『ブルガリア人の精神力』。まるで 2013 年の作品とは思えないプリミティブなサウンドで、バタついたドラムとともに奏でられるどこかメロウなリフが NS らしさを漂わせている。

Aabsynthum

Funeral Doom Metal　　ルーマニア

Inanimus
Marche Funebre Productions　　2011

ブルラドで 2007 年に活動開始。Groza Gabriel という青年によるワンマン・プロジェクト。2004 〜 2007 年までは Adrasteia という名前で、Lovin Catalin という人物と一緒にエクスペリメンタル・ブラックメタルユニットを組んでいた。Aabsynthum に名前を変えてから 1 年ほどは Lovin も在籍していたが、現在は Groza1 人で活動している。今作は 2 枚目のフルレングスで、フューネラル・ドゥームを専門に取り扱うロシアの Marche Funebre Productions からリリースされた。自主制作のデジタル音源も出ている。ボーカルから演奏まですべて Groza が担当した。タイトルはラテン語で『無慈悲』。低い唸り声とともに重々しくスローテンポで進むフューネラル・ドゥーム。時々入るクワイアのような音色が神聖さを醸し出す。いかにもこのジャンルらしい 20 分超えの長尺曲も 2 曲収録されている。

Akral Necrosis

Black Metal　　ルーマニア

Underlight
Loud Rage Music　　2016

ブカレストで 2006 年に結成。今作は 2 枚目のフルレングスで、ルーマニアの Loud Rage Music から CD とデジタル音源でリリースされた。ブラックメタル Wormgod にも在籍していた Octav Necrosis がボーカル、同じく Wormgod で今も活動する Victor がギター、アルゼンチン出身だが現在はルーマニアに移住した Damian がギター、バッキングボーカルを務めた。また、Soyos と SullensuN という人物がそれぞれベースとドラムをゲストでプレイ。アートワークを手掛けたのは、プログレッシブ・ブラック Bloodway のメンバーで、様々なバンドやレーベルなどのアートワークを制作している Costin Chioreanu。アグレッシブなボーカルに程よく緩急のついたリフが流れるように奏でられる。スタンダードなスタイルのブラックメタルだが、時々メロウなパートが挟み込まれたりして面白い。

An Theos

Folk Metal　　ルーマニア

Seminția dacă
Rusidava Music　　2016

ブカレストで 2010 年に結成。ペイガン・フォーク Ka Gaia An のメンバーらを中心に活動が始まった。今作は 1st フルレングスで、ルーマニアの Rusidava Music から CD-R とデジタル音源でリリースされた。シンフォニック・ブラック Syn Ze Șase Tri でも活動する Florin Costăchiță がボーカル、口琴、民族楽器、Gabi がギター、バッキングボーカル、Teddy がギター、Tudor Nică がベース、Tudor がドラム、Elmas Lamya がフィーメールボーカル、Melissa Ünal がキーボード、Alice Muller がバイオリンとかなりの大所帯。テンション高めのリードボーカル、突然ノリノリで歌い始める地声フィーメールボーカルなどツッコみどころの多いアップテンポなフォークメタル。チープながらも味があるキーボードや笛の音色も聴ける。

Apa Simbetii

Experimental Death/Black Metal　　ルーマニア

Nihil Sapient
Independent　　2013

ブカレストで 2008 年に結成。結成当初は Smoke and Ash、その後すぐに Unmade と名前を変えて、2009 年に現在のバンド名に落ち着く。今作は 1st フルレングスで、自主制作の CD でリリースされた。2017 年にはデジタル音源も出している。デプレッシブ・ブラック Kistvaen でも活動する Stege がボーカル、Adrian Constantin がギター、メタルコア Negative Core Project にも在籍する Mihai Dinca がギター、ドラム、Radu Udroiu がベース、Mihai "Misu" Petrosel がドラムをプレイ。時にデスメタルライクなグロウル、時に呪術的で不気味な歌唱スタイルのボーカルで、ドロドロとした雰囲気を纏いながら展開されるエクスペリメンタル・デス / ブラック。ロウな音質と変拍子が薄気味悪さをより一層際立たせている。

East Balkan

Argus Megere

Atmospheric Black Metal　　ルーマニア

VEII
Loud Rage Music　　2017

ティミショアラで 2005 年に結成。Negură Bunget の元メンバーらを中心に結成された。今作は 3 枚目のフルレングスで、ルーマニアの Loud Rage Music からのリリース。フォーク・ブラック Fogland でも活動する Fulmineos がボーカル、ギター、キーボード、エフェクト、作詞、同じく Fogland の Ageru Pământului がボーカル、ギター、ブラックメタル Nocturn の Urmuz がベース、ブラックメタル Ordinul Negru などにも在籍する Andrei Jumugă がドラム、Inia Dinia がキーボードをプレイ。2006 年に出された 1st フルレングスの時点で、すでに物悲しく怪しげなメロディーが癖になる味わい深い曲を演奏していたが、その雰囲気を残しつつも音質や演奏力はしっかりパワーアップしている。ポスト・ブラックのような感触も帯びたアトモスフェリック・ブラック。

Ashaena

Pagan Black Metal　　ルーマニア

Calea
Loud Rage Music　　2016

ブルラドで 2006 年に活動開始。Cosmin "Hultanu" Duduc のワンマン・プロジェクトとして始まった。現在はクルジュ＝ナポカに拠点を移している。今作は 2 枚目のフルレングスで、ルーマニアの Loud Rage Music から CD とデジタル音源でリリースされた。ボーカル、ギター、管楽器、フルートを Cosmin、ギター、ボーカルを Alex Vranceanu、ベースを Marius Gabrian、デスメタル Headless の元メンバー Alex "Mos Strechia" Duduc がドラム、パーカッション、フルートを演奏。アートワークは Alex が手掛けた。哀愁満点の笛の音色が、トレモロリフやペイガニックなリフに乗って疾走するテンポの良いペイガン・ブラックメタル。ペイガン一色というわけでもなく、メロディック・ブラック好きも楽しめそうな仕上がりになっている。

Athene Noctua

Pagan Black Metal　　ルーマニア

I. Cugetarea mitică
Independent　　2016

ピテシュティで 2012 年に活動開始。Faurul Pământului という人物によって始動したワンマン・プロジェクト。2012 年にセルフタイトルの EP をリリースした後、翌年にはデモを 4 本発表。今作は、2016 年に自主制作のデジタル音源で出された 2 枚目のフルレングスだ。ボーカルと楽器演奏が Faurul が担当している。その他、ゲストで同郷のアトモスフェリック・ブラック Prohod でも活動していた Andrei Oltean がフルートとカバル（南東ヨーロッパで使用される笛）、Sorina Ghiţă というルーマニア人女性がピアノとフィーメールボーカルを一部で務めた。ルーマニアの神話をテーマにしたペイガン・ブラックで、サウンドのチープさは否めないものの、壮大で神秘的、リチュアルな雰囲気を帯びた 1 枚になっている。Nokturnal Mortum のカバー曲入り。

Autumn, Leaves, Scars

Post Black Metal　　ルーマニア

Notre pain de tous les jours
Independent　　2017

クルジュ＝ナポカで 2012 年に結成。結成してすぐは独りブラックメタル Anxiety Disorder で活動する V. Răzvan が在籍していたが、現在はこのバンドでのみ活動する P. のソロ・プロジェクトになっている。ブラジルのポスト・ブラック Lumnos や、コロンビアのアトモスフェリック/アンビエント・ブラック Dreams of Nature などとスプリットも出している。今作は 5 枚目のフルレングスで、自主制作のデジタル音源でリリースされた。アートワークは、Kadvit という名前で活動する、ポーランド出身のアーティスト Grzegorz Kiszycki が手掛けた。曲名は、ドイツ語やフランス語で「死」「喪失」「危険」など、どこか陰のある不穏なものが揃う。ボーカルの無いインスト曲オンリーだが、デプレッシブな空気を纏ったアルバムになっている。

Belzebut

Post Black Metal　　ルーマニア

Endless Dangers of Reality　2017
Atmospheric/Depressive Black Metal

かつてはワラキア公国の首都だった、ルーマニア中南部の都市トゥルゴヴィシュテで 2015 年に活動開始。Seqncer というエクスペリメンタル・エレクトロニカ・プロジェクトでも活動する Moskon という人物による独りブラックメタル。今作は 1st フルレングスで、自主制作のデジタル音源でリリースされた。Bandcamp で無料ダウンロードできるようになっている。ボーカル、楽器演奏をすべて Moskon が一人で担当。また、アメリカの独りブラック Tahazu や Derek Jacobsen が一部でボーカル、南アフリカのワンマン・アトモスフェリック・ブラック Scathanna Wept の Daniel Botha が一部でギター、ボーカルをゲストで務めている。こもったロウな音質で鬱々とふさぎ込んだメロディーを刻む、アトモスフェリックでデプレッシブなブラックメタルをやっている。

Bereft of Light

Atmospheric Black Metal　　ルーマニア

Hoinar　2017
Loud Rage Music

2017 年に活動開始。アトモスフェリック・ドゥーム Clouds やフューネラル・ドゥーム Eye of Solitude など、数々のバンドで活動する Daniel Neagoe によるワンマン・プロジェクトだ。今作は結成後間もなくリリースされたプロジェクト初の音源で 1st フルレングス。ルーマニアの Loud Rage Music から CD とデジタル音源でリリースされた。タイトルはルーマニア語で『彷徨い人』。愁いを帯びた静謐で悲しげなインストのパートに、ノイジーにかき鳴らされるブラックメタルパートが違和感なく織り交ぜられる。インスト部分はクリアなサウンドプロダクションだが、それ以外はこもった音質ながら美しく奏でられる、カスケイディアンらしさも感じさせるアトモスフェリック・ブラックメタル。曲名は「忘却」「聖約」「荒れ地」などとシンプルで、アルバム全体を覆う感傷的な雰囲気によく合っている。

Bloodway

Avant-Garde Black Metal　　ルーマニア

A Fragile Riddle Crypting Clues　2017
I, Voidhanger Records

ブカレストで 2013 年に結成。今作は 2 枚目のフルレングスで、イタリアの I, Voidhanger Records から CD とデジタル音源でリリースされた。メロディック・ブラック My Shadow やペイガン・ブラック Kandaon の元メンバーで、Arch Enemy など名だたるバンドのアートワークも手掛ける Costin Chioreanu がボーカル、ギター、エフェクト、メロディック・デス Crize に在籍していた Mihai Andrei がベース、ストーナー/スラッジ RoadkillSoda などでも活動していた Alex Ghita がドラム、パーカッションをプレイ。また、スウェーデンのメロディック・デス At the Gates の Tomas Lindberg らがゲストでナレーションを務めている。アートワークは、Costin が手掛けた。アンニュイさを漂わせつつ、個性的なボーカルとヒネリの効いたリフにまみれた 1 枚。

Bucium

Folk Metal　　ルーマニア

Voievozii　2006
AA Records

ブカレストで 2000 年に結成。バンド名の Bucium は、ルーマニアの山岳地帯で使用されるアルペンホルンのこと。今作は 1st フルレングスで、AA Records からリリースされた。ボーカル、ギターを Andi Dumitrescu、ベースを Dan Simoaică、ドラムを Adrian Rugină（彼は 2015 年に起きたブカレストでのクラブ火災事件で亡くなっている）、さらにバイオリンを Magda Elena Slave、Florina Petrescu、Alexandra Milea と 3 人の女性が演奏。タイトルは『ボイボード（中世～近世の東欧で使われていた称号。もとは軍隊の指揮官を指す言葉）』。まるでクラブミュージックのようなカバーアートだが、シャウトすることなくしっかりとした口調で歌われるルーマニア語歌詞に、3 挺のバイオリンが織りなす優雅なメロディーが乗るフォークメタル。

ポンタ首相を辞任にまで追い込んだルーマニアナイトクラブ火災事故

クラブの前には夥しい数の追悼のキャンドル。

2015年10月30日、ルーマニアの首都ブカレストで痛ましい出来事が起きた。メタルコアバンドGoodbye to Gravityの新譜発売記念ライブの会場で、大規模な火災が起きたのだ。この火災は、「Colectiv nightclub fire」と呼ばれており、ルーマニアで起きた最悪の事故のひとつとされている。

当日、会場には400人程の観客がおり、そのうち64人が死亡。負傷者は146人にものぼった。死者はルーマニア人のみならず、イタリア人、トルコ人も含まれており、負傷者には、スペイン人、ドイツ人、オランダ人もいた。何とも痛ましいことに、2017年の7月には、自身は生き残るも火災でガールフレンドを亡くした男性が自殺している。

この火災の原因は、バンドが演奏中に使用したパイロだった。その火が柱に使われていたポリウレタン素材に点火し、天井および会場全体へと延焼していったようだ。パイロの飛び火による延焼をバンドのパフォーマンスと勘違いした観客もいたせいか、避難が遅れて多数の被害者を出したとも言われている。

焼死者もいたが、死因のほとんどは、燃焼物から発生した毒素を吸い込んだこととされている。演奏していたバンドメンバーも5人中4人が死亡。唯一生き残ったボーカルでありフロントマンのAndrei Gălușも、全身の45%にも及ぶ大火傷、気道熱傷、煙による深刻な中毒など、かなりの重傷を負ってしまった。

Goodbye to Gravityは2011年に結成した。1stフルレングスのリリース後、ルーマニアのUniversal Musicと契約を交わし、着実に人気を集めていた。同郷のアト

モスフェリック・ブラックNegură Bungetなどともライブで共演し、ドイツのSummer Breeze Open Airや、その他ポルトガル、イタリアなどのフェスティバルにも出演し、将来を期待されていた。しかし、この火災によって、バンドは活動停止を余儀なくされてしまう。

また、本著でも紹介したルーマニアのフォークメタルバンド、Buciumのメンバーもこの火災で死亡している。彼は、ひとつしかない出入り口に押しかけて将棋倒しになった人々を助けている。目撃者の証言によると、少なくとも5人の命を救ったそうだ。しかし、それによって逃げ遅れてしまい、無慈悲にも命を失ってしまった。彼の死後、その勇気を評して、ルーマニアの大統領クラウス・ヨハニスが彼に国家功労賞を贈っている。

会場となったClub Colectivは、もともとは靴工場があった建物に入っていた。使える出入り口はひとつ、消防用のスプリンクラーなども設置されておらず、会場の大きさには見合わない消火器が置かれているだけだった。しかも火災発生時には、観音開きの入口の片側しか開いておらず、それも避難の遅れに繋がった（パニックになった観客たちは、倒れた人の上を踏み潰して逃げようとしたため、それにより怪我を負った者もいた）。また、演出に使われたパイロは屋内用のものではなく、屋外用のものを違法に使用していたという。さらには、本来なら80席程度のスペックにも関わらず、当日は400人以上の観客を動員するなど、数々の違法行為が目につくクラブだったのは確かだ。Club Colectivは3人の株主によって経営されており、火災が起きた日にはオーナーは一人も現場にいなかった。彼らは、クラブの内装

実際のライブの様子。派手にパイロが使われている。

イギリスのキャメロン首相も献花に訪れた。

Goodbye to Gravity のメンバーたち。真ん中のボーカル以外全員亡くなった。

　工事の際、費用を削減するために防火タイプの防音材の使用を控えるなどしており、また、以前経営していたクラブも火災被害に遭っている。なお、彼らはこの事故により、過失致死傷罪などで逮捕された。

　事件後、国全体で喪に服すことになり、全国のコンサートのみならず、バーなどで行われるハロウィーンイベントなども自粛された。11月4日には、20以上のアーティストによるチャリティーコンサートが行われた。11月9日～16日には、国中のバーやライブハウス、クラブや映画館、モールなどが一斉に検査され、3200以上もの物件が違法で営業されていることが発覚し、閉鎖、もしくは営業停止に追い込まれた。

　火災後、ルーマニア国民の不満が爆発する。ルーマニアはかねてより汚職が問題視されており、こうしたクラブの安全対策を怠ったのは政府のせいだと主張する一般市民により、大規模なデモが行われたのだ。数日にわたって行われたデモには、35000人以上を動員し、当時の首相であったヴィクトル・ポンタ首相を辞職に追い込んだ。

　世界的にも大きな事故となったこの火災だが、シンパシーを感じたアーティストやバンドがチャリティーライブを行うことも多かった。11月25日にブカレストでコンサートを行ったSepulturaも、火災で生き残った人々に敬意を表し、犠牲者への寄付を行った。その他、Nightwishも12月行われたブカレスト公演後に、負傷者が入院している病院にお見舞いに行っている。

　実に悲惨な事故ではあるが、これによってルーマニアのクラブの取り締まりが厳しくなったのは不幸中の幸いだ。しかし、違法経営されているクラブは世界中にまだまだごまんとあるに違いないし、メタルヘッドのわたしたちにとっても他人ごとではない。どうか二度と同じ悲劇が繰り返されないことを祈るばかりだ。閉鎖されたクラブの前には、3年たった今なお追悼のキャンドルや花が無数に手向けられている。人々の心に深い傷を刻んだこの事故は、きっとこれからも永遠に忘れ去られることはないだろう。

パワーメタル並のクサさで「ブナの国から」来日希望のフォークメタル

Bucovina

出身地 ヤシ　　　　　　　　　　　　　　　　**活動時期** 2000 〜
主要人物 Florin "Crivăț" Țibu
メンバー Florin "Crivăț" Țibu(Vo.Gt), Bogdan Luparu(Vo.Gt), Jorge Augusto Coan(Ba), Bogdan "Vifor" Mihu(Dr)
類似バンド **世界** Primordial, Аркона, Menhir **東欧** Negură Bunget, Skyforger, Metsatöll

　モルドバとの国境にほど近いヤシで 2000 年に結成。ボーカルとギターを務める Florin "Crivăț" Țibu を中心に結成された。現在も在籍する Bogdan Luparu（ギター、ボーカル）、Bogdan "Vifor" Mihu（ドラム）らとともに、ヴァイキング・ブラックメタル・トリオとして活動が始まる。
　まず、アルバムなどを出す前に、2004 年にライブビデオ『Live Sighisoara』を CD-R でリリース。同郷のデス・スラッシュメタルバンド Thy Shadows とのスプリットビデオだ。2 年後の 2006 年にようやく 1st フルレングス『Ceasul aducerii-aminte』を、ルーマニアの Lupii Daciei Records から CD-R で発売した。150 枚限定で、翌年には同レーベルから 500 枚限定の再プレス盤が CD で出ている。また、今作からベーシストの Paolo が加入している。この頃はまだヴァイキング・ブラックの香りを漂わせる楽曲を演奏していた。
　2010 年には 1stEP をリリース。ベースの Paolo が脱退し、ペイガン・ブラック Ashaena にも在籍していた Vlad Stefan Datcu がベースを弾いている。そして、2011 年には人気メタルフェス Wacken Open Air への出場を果たし、本格的に活動していくことを決意。2013 年にはシングルをデジタル音源で発表。またベーシストが変わり、Jorge Augusto Coan が新たに加入した。同年に 2nd フルレングス『Sub stele』を自主制作でリリース。2015 年には、1st フルレングスと 1stEP の曲が収録されたコンピレーションを出した。その半年後、3rd フルレングス『Nestrămutat』をリリース。まず先に自主制作のデジタル音源、数日後にはおそらくバンド自身で運営するレーベル Asociația culturală țara de sus から CD も出ている。今作では、初期の頃のブラックメタルらしさは消え、キャッチーなメロディック・フォークを演奏している。1 年後の 2016 年 12 月、2nd シングルを自主制作のデジタル音源で発表した。
　ルーマニア語の歌詞が個性を際立たせるフォークメタルで、世界にどんどん名を馳せていっており、今後の活躍も楽しみなバンドだ。

Bucovina

Black/Folk Metal　　ルーマニア

Ceasul aducerii-aminte
Lupii Daciei Records　　2006

ヤシで2000年に結成。バンド名はカルパティア山脈とドニエストル川に挟まれた、ルーマニアとウクライナの歴史的な地域ブコビナを指す。今作は1枚目のフルレングスで、ルーマニアのLupii Daciei Recordsから150枚限定のCD-Rでリリースされた。翌年には同レーベルからCDも500枚出ている。Bogdan LuparuとFlorin "Crivăț" Țibuがボーカル、ギター、スウェーデンのゴシック/ドゥームMorito Ergo Sumでも活動していたブラジル出身のPaolo Cito Caminhaがベース、Bogdan "Vifor" Mihuがドラムをプレイ。ヴァイキングメタルのような勇ましさも感じさせるギターリフを、金物が目立つハイテンポのドラムが支え、そこに朗々としたクリーンボーカルが堂々と響き渡る。時々ブラックメタル風のかすれたシャウトも聴ける。

Bucovina

Folk Metal　　ルーマニア

Sub stele
Independent　　2013

1stリリース後、5曲入りEPとシングルを自主制作でリリース。今作はシングルが出た約半年後に発表された2枚目のフルレングス。自主制作のCDで1000枚限定だ。1stに参加していたPaoloが脱退し、新たに彼と同じブラジル出身のJorge Augusto Coanをベーシストとして迎え入れての制作となった。ミキシング、マスタリングを手掛けたのは、Witherscapeなどスウェーデンのいくつかのプログレッシヴ系のバンドで活躍するDan Swanö。アートワークは、ウクライナのペイガン・ブラックZgardやAstrofaes、イギリスのアトモスフェリック・ブラックSaorなどのカバーアートも制作したルーマニア出身のKogaion Artによるもの。タイトルはルーマニア語で『星々の下で』。1stよりも演奏にキレが出ており、クサいメロディーに磨きがかかって、さらにダイナミックになっている。

Bucovina

Folk Metal　　ルーマニア

Nestrămutat
Asociația culturală țara de sus　　2015

2ndリリース後、1stフルレングスと1stEPの曲が収録されたコンピレーションを発表。同年に3枚目のフルレングスとなる今作がリリースされた。ルーマニアのAsociația culturală țara de susからCDが出ており、自主制作のデジタル音源も発売されている。制作時のラインナップは2ndと同様の4人で、ミキシング、マスタリングも前回同様にDan Swanöが務め、カバーアートもKogaion Artが手掛けた。パワーメタルにありそうなインパクト大のアートワークだが、曲調もパワーメタル並みのメロディアスさとクサさを放っている。ボーカルはやはりクリアボイスで、初期の頃に感じられたようなブラックメタルらしさはどこ吹く風といった様子だ。エクストリームらしさは無いが、相変わらずのルーマニア語歌詞が個性的なメロディック・フォークメタル。

回答者：Florin "Crivăț" Țibu

Q：まず簡単にバイオグラフィを教えてください。
A：やあ！　手短に話すと、Bucovinaは2000年に俺が始めたバンドで、当初はヴァイキング・ブラックメタル・トリオだったんだ。後にギターボーカルのBogdan Luparuが加入した。ベースに関しては、まるで何かの「呪い」じゃないかってくらいに何回もメンバーチェンジしているよ。2006年に1stアルバムを出すまでに、俺たちは時々会っては一緒に演奏をしていた。2010年にEPをリリースし、2011年にはWacken Open Airに出演したんだが、その頃辺りからもっと真剣にバンド活動をしようと決意したんだ。

数年後、多くの犠牲と努力を重ねて、ついにルーマニアで最も有名なメタルバンドのひとつになり、海外市場でも順調に勢いを増しているよ。さらに2013年と2015年にフルアルバムを出して、今年の12月にも新作をリリースする予定だ。さらに大きなフェスが俺たちに興味を示し、ツアーが続き、6歳から70歳といった具合で幅広い年齢層のファンを引き寄せるのをこれから楽しみにしている。

Q：なぜBucovinaをバンド名として選んだのでしょうか？
A：Bucovinaは、俺とLuparulが生まれた北ルーマニアの地域のことだ。Luparulはまだブコビナに住んでるが、俺はブコビナから100マイル南東に離れた

場所にある、俺のもともとの故郷に引っ越した。ブコビナは、翻訳すると「ブナの国」だ。「Tara de Sus（高地）」とも呼ばれている。俺は自然と人間がいかに共存していくかについてを歌詞のテーマにしているから、この名前を選ぶのが妥当だと思ったんだ。

Q：ほとんどの曲はルーマニア語で歌われていますね。ルーマニア語で歌うのには、何かこだわりでもあるのでしょうか？ また、何について歌っているのですか？

A：さっきも言ったように、俺たちの歌詞にはいくつかの主要なテーマがある。もしリストアップするとしたら、自然、景色、人間と母なる大地の精神的繋がり、歴史、古い言い伝え、神秘主義、ロマン主義、実存主義などだよ。ルーマニア語で歌うことに関しては賛否両論がある。まず、俺たちの母国語は非常に音楽的で、メロディーに調和しやすいんだ。他の言語だと歌詞にするのが難しい場合も、ルーマニア語でなら考えを簡単に表現できる。あと、少しエキゾチックな響きがするだろ。それも俺たちにとっては恩恵のひとつになっている。

俺たちは英語の曲も歌っているし、「Vinterdoden」（ノルウェーのヴァイキング・ブラックHelheim のカバー）はノルウェー語だ。この曲は、歌詞はそのまま使用し、メロディーだけを変えたカバー曲を作ってもいいかとHelheim から許可をもらったんだ。そんな逸話がある特に面白い曲なんだよ。来るべきアルバムに、この曲をシンフォニックに再調整したバージョンを収録しようかと思っている。2020 年にリリース予定のアルバムには、ドイツ語の曲も入れる予定なんだ。Stahl Kennt Kein Rost (Steel knows no rust) というタイトルにするつもりだ。

Q：ベーシストの Jorge Augusto Coan はブラジル出身だそうですが、彼とはどのように出会ったのでしょうか？ 彼がバンドに加入することになったいきさつを教えてください。

A：実は、ブラジル人のベーシストは Jorge が初めてではないんだ。以前在籍していた Paolo Cito Caminha もブラジル人で、彼はリオデジャネイロからルーマニアに引っ越してきた。Jorge はサンパウロの出身で、彼もルーマニアに引っ越してきた。面白いなぁ。Paolo が脱退したかと思ったら、またブラジル人の Jorge が加入することになったんだから。

この 2 人は、俺の友達のルーマニア人女性と結婚したんだよ。俺はよく彼女らと飲みに行ったりしていたんだが、ある日 Bucovina が話題に上がった。そこで 2 人は「うちの旦那はベーシストだよ、紹介しようか？」と言ってきたんだ。奇妙で面白いだろ。

Q：あなたが音楽に興味を持つようになったきっかけは何だったのですか？

A：俺は中学の時にギターを始めたんだ。俺の兄貴が近所の奴らと、時々趣味で演奏をしていてね。彼らがDire Straits や The Beatles、Eric Clapton を演奏しているのを聴いているうちに、俺も演奏できたら良いなと思うようになったんだ。それで、高校で最初のバンドを始めた。大学時代に実家を出てから、Vintersorg、Borknagar や Falkenbach に多大なる影響を受けた。こうして俺の旅は始まったのさ。

Q：メタルとはどのように出会ったのでしょうか？

A：俺の両親は、60 〜 80 年代のディスコソングを友達と歌うのが大好きだった。そして、俺の父さんはPhil Collis のファンだった。大学に入るまで一緒に住んでいた俺の兄貴は、カントリーからハードロックまで、色々な音楽のカセットやレコードをコレクションしていたよ。こんな具合に、幼い頃から音楽に触れていたんだ。7 年生の時、友達が俺にカセットを渡してきたのを覚えてる。確か、Judas Priest の『Painkiller』とMetallica の『Kill 'Em All』だったと思う。それで俺は最初の一撃を食らったんだ。俺は自分のやっている音楽に疑問を抱かないし、俺の選択について説明する必要もない。俺は 40 を過ぎた今でもデカいDarkthrone のバックパッチがついた「バトルジャケット」を毎日着ているよ（笑）

Q：メタル以外の曲は聴きますか？

A：クラシック音楽をたくさん聴く。ヘンデルやハイドン、バッハ、その他さまざまなバロック音楽もね。少しノスタルジックな気分の時は、90 年代のユーロダンスなんかも聴き返したりしているよ（笑）最近では、Mono Inc. や Blutengel のようなドイツのエレクトロ・ゴシックロックも気に入っているんだ。たまに、リラックスしたり瞑想する時にはテクノトランスを聴いているよ。あとは、フィンランドの Viikate もとにかく大好きだ。その他もちろん、数えきれないくらいのオールドスクール・デスメタルやブラックメタルも聴いてるよ。

Q：あなたのオールタイムベストを教えてください。

A：選ぶのが難しいな……

Vintersorg の全作品
Candlemass『Nightfall』
Falkenbach の全作品
Metallica『Kill 'em All』
Death『Leprosy』
Obituary の全作品
Darkthrone の（ほぼ）全作品
Moonsorrow『Voimasta ja kunniasta』
Judas Priest『Painkiller』
Amorphis『Tales From the Thousand Lakes』
Type O Negative『Bloody Kisses and October Rust』

あぁ、もうこの辺にしておくよ（笑）

Q：あなたの政治観について教えていただけますか？

A：俺は中立派だと思っているけど、色々な政治観が混ざってもいる。そして民主主義と自由主義を信じているよ。俺が言いたいのはアメリカタイプの自由主義ではなくて、現代の核となる理想的なもののことだ。国家は社会的で経済的な生活を統制するべきだと俺は信じているが、個々人の争いが物資と富を作り上げていることを忘れてはいけない。汚職は厳重、なおかつ迅速に罰されるべきだ。

俺はクソみたいな左翼も、極端でしょうもない右翼も好きじゃない。俺は教育と貪欲でいないことが将来をより明るくすると強く信じているが、近いうちに明るすぎる将来が待っているとも思えない。きちんと教育された人間は、変化をもたらすことができる。俺は、自分の子どもを捨てたりするような親は深く軽蔑するが、法的に銃器を所持している人はサポートしたい。資産と安全は俺

にとっては神聖なものなんだ。ジョージ・カーリンも言ってただろ、「汝の宗教は汝の中でとどめろ」と。
Q：ニコラエ・チャウシェスクについてはどう思いますか？ 彼がルーマニアを統治していた時代のことは覚えていますか？
A：幸運にも、その時代のことはよく覚えているよ。正真正銘のクソだったね。チャウシェスクは独裁主義で、立派な統治者ならば決してすべきでないことをした。権力は国民のために使われるべきなのに。いずれにしても、こういうクソはいつの時代にもいるけどな。
共産主義の時代は、ルーマニアを地に落としてしまった。そして、共産主義者たちはいまだに国を支配している。世界大戦前のルーマニアは、文化、科学、芸術で栄えた場所で、世界に大きなインパクトを与えた天才を輩出していたんだ。
アンリ・コアンダとアウレル・ヴライクはジェット機、ヘルマン・オーベルトはロケット、ペトラシェ・ポエナールは万年筆を発明、ニコラエ・パウレスクはインスリンを発見、コンスタンティン・ブランクーシは彫刻、ジョルジェ・エネスクはクラシック音楽、ナディア・コマネチはスポーツで、その他大勢の人々が文明に貢献しているんだ。
共産主義は何もかもをぶち壊し、俺たちを現代の暗黒時代へと後退させやがった。この状態を回復させるのは簡単なことじゃない。やはり、教育が重要だと俺は信じている。寒さや飢え、国家によって課された愚かな制約の中で生きなくても済むように、俺たちは力を合わせて変えて行かないといけない。どんなに大変だろうと。共産主義はこれまでにこの国で起きた最悪な出来事なんだ。
Q：ルーマニアのメタルシーンについてはどう思いますか？
A：他の国と比べたら、ルーマニアの30年間のメタルシーンは思春期のようなもんだ。最近になってやっと定着し始めている。一生懸命活動することは大切だが、メタルヘッドたちは音楽だけで生計を立てるのは難しく、犠牲を払う必要がある。ルーマニアではメタルで食っていけないからな。でも、様々なジャンルの中で、クールで興味深いバンドが登場しているね。
ドラマーが亡くなった後に解散してしまったNegură Bungetは、Dor de DuhやSur Austru、Cenusa Soarelui（最近発見したバンドなんだが、俺たちのアルバムリリースのショーで演奏予定だ）として続いている。Hthethemethもかなり面白いね。ClitgoreとNecrovileは、世界のグラインドシーンで有名だよ。もっと他にも興味深いバンドはいるだろうが、あんまりライブをやらないバンドもいるから見つけるのが難しい。
昔に比べたら、今はだいぶ簡単に音楽が作れるようになったのは良いことだよね。今の50代以上の世代は、自分で楽器やアンプなどを作らないといけなかったからなぁ。共産主義時代は、ロックは破壊的な音楽とみなされて、楽器などの入手が制限されていたから。
今はデジタル技術も発展していて助かるね。まともなコンピュータとサウンドカードを持っていれば、家でも良質な音楽が作れる。そのミキシングとマスタリングをプロに頼めば、まるで大きなスタジオでレコーディングさ

れたかのように聴こえるし。この分野のレベルが上がったおかげで、才能や創造性が日の目を見る機会が増えた。一歩前に出たいかどうかは自分にかかっているけどな。
Q：音楽活動以外に何か仕事はしていますか？
A：俺たちは全員他の仕事もしているよ。俺はフリーランスのジャーナリストで、モバイルテクノロジーとオートバイのサイトに寄稿している。ドラムのMihuはバックラインのレンタル事業を行っている。ギターボーカルのLuparulは美術の先生で、エアブラシのアーティストとして独立しようと計画している。ベースのJorgeはメタルパブを経営しているよ。
Q：日本のアーティストやバンドは知っていますか？
A：残念ながら、日本のバンドで知っているのはSighだけだ。だけど、世界中を飛び回っている友人が言うには、日本のメタルシーンは急成長しているそうじゃないか。日本のバンドの音楽をここでも聴けることを楽しみにしているよ。
Q：日本にはどんなイメージがありますか？
A：日本には一度も行ったことないんだが、2017年にツアーを行う予定だったんだ。結局実現はしなかったが、大阪でのライブをオーガナイズしている女性といまだに連絡を取り合っているよ。来年日本に行くことができたら良いんだけどな。
俺は数年前に少しだけ中国に滞在したことがあったんだが、日本と中国が似ているのかどうかは分からない。俺が思うに、日本は伝統とポスト・モダン、未来的な雰囲気の対比が素晴らしい国だ。ツアー中はゆっくり観光す

る時間が取れないものだが、幸い2016年にブラジルにツアーで訪れた時は観光する時間があったから、日本でも観光できるように願っているよ。
Q：インタビューに応じていただきありがとうございました！　最後に日本のメタルファンに一言お願いします。
A：日本のみんな、君たちが本格的なヨーロッパのフォーク・ヘヴィ・ブラックメタルを垣間見る機会を作るために、日本に行くことを願っているよ。きっとみんなを満足させるから！　日本のRed Rivet Recordsでいくつか音源を販売してもらったこともあるし、ニューアルバム『Septentrion』をリリースしたら、彼にまたCDを送ると思うよ。あと、このインタビューのおかげで、さっきも話したオーガナイザーの女性Yeznuを思い出したから、ちょっとしたジャパンツアーができないか連絡してみよう。Osoreirimasu!（間違ってなければいいんだけど）

Carpatica

Pagan Black Metal　　ルーマニア

La capătul vremii　　2013
Independent

ブカレストで 2009 年に結成。このバンドでのみ活動している様子の若者らによって活動が始まった。結成の翌年にルーマニア中部の山岳地帯ブシュテニで開催された Ost Mountain Fest に出演し、同郷のフォークメタル Bucovina やオーストリアのデス / ブラック Belphegor との共演を果たす。現在は活動休止中。今作はバンド初の音源で 1 枚目のフルレングス。自主制作のデジタル音源でリリースされた。Matei がボーカル、トゥルニク（羊飼いなどが使う長い笛）、カバル、Andrei がギター、バッキングボーカル、Sorin がギター、Sobo がベース、Paul がドラム、紅一点の Sasa がバイオリンを演奏。アルバムタイトルはルーマニア語で『一日の終わりに』。ルーマニアの伝説や神話をテーマにしたペイガンメタルで、笛の音色やギターリフが抒情的に炸裂する。5 曲目は観客の声のようなものが入っていて臨場感に溢れた 1 曲。

Cursed Cemetery

Ambient/Post Black Metal　　ルーマニア

Chambers of Exile　　2014
Banatian Darkness

ティミショアラで 1997 年に活動開始。Negură Bunget の元メンバーで、現在はブラックメタル Ordinul Negru などでも活動する Fulmineos のワンマン・プロジェクトとして始まる。ごく初期はデス / ブラックをやっていたが、その後スウェーデンのノイズ・アンビエント Abruptum などに影響を受けたスタイルに変わる。今作は 3 枚目のフルレングスで、ルーマニアの Banatian Darkness から CD とデジタル音源でリリースされた。Fulmineos がギター、エフェクト、M がベース、Ulfur がドラムを担当。ゲストで、フォーク・ブラック Fogland の Altheea がフィーメールボーカルを務めた。かつては不気味なブラックメタルをやっていたが、今作はジリジリとしたベースが反復リフを刻み、そこに物憂げなフィーメールボーカルが乗るアンビエントなムードの曲から始まる。浮遊感漂うギターが美しいポスト・ブラックメタルだ。

Death Nöize

Thrash/Black Metal　　ルーマニア

Fullmoon Fury Ritual　　2017
Bestial Burst

2012 年に結成。出身地はトランシルヴァニアということになっている。現在のメンバーは、ブラックメタル Wolfsgrey でも活動する Nekroführer（ギター）、同じく Wolfsgrey やスラッシュ / ブラック Labyrinth of Abyss などに在籍する József Kerti の 2 人だ。今作は 1st フルレングスで、ハンガリーの Metal ör Die Records から 500 枚限定でリリースされた。同年に、ルーマニアの Sun & Moon Records のサブレーベル Mirgilus Siculorum からカセットも出ている。メンバー自身は「Apocalyptic Metal/Crust」とジャンルづけしているが、パンク色強めのスラッシーなブラックメタル。荒々しいリフにノイジーなサウンドプロダクションなど、アンダーグラウンド感満載の 1 枚だ。

Descend into Despair

Doom Metal　　ルーマニア

The Bearer of All Storms　　2014
Domestic Genocide Records

ラドウツィで 2010 年に結成。後にクルジュ＝ナポカに拠点を移す。今作は 1 枚目のフルレングスで、アメリカの Domestic Genocide Records から 2CD 仕様でリリースされた。ブラックメタル Donkerland でも活動していた Denis Ungurean がボーカル、ベース、イギリスのフューネラル・ドゥーム Deos でも活動する Alex Cozaciuc がギター、ドラム、プログラミング、キーボード、ブラックメタル Getica の元メンバー Bogdan Florea がギター、ボーカル（コーラス、スクリーム）、Florentin がキーボード、ボーカル（クリーン）、ギター（アコースティック）をプレイ。クリーンボーカルも頻繁に使用されており、うっすらとキーボードが重なるメランコリックなメロディーはフューネラル・ドゥームほど重苦しくないものの、沈み込むような鬱々とした印象を与えるアルバム。

East Balkan　　303

Dordeduh

Atmospheric Folk/Black Metal　　ルーマニア

Dar de duh
Lupus Lounge　　2012

ティミショアラで 2009 年に結成。Negură Bunget の Sol Faur と Hupogrammos によって活動が始まる。バンド名の Dordeduh は 3 つのルーマニア語が合わさったもので、意味は「神霊への憧憬」。今作は 1 枚目のフルレングスで、ドイツの Lupus Lounge からリリースされた。同時にドイツの Prophecy Productions からデジタル音源も出ている。ヴォーカル、ギター、キーボード、ダルシマー、トゥルニク、パーカッションを Hupogrammos、ヴォーカル、ギター、キーボード、ダルシマー、バッキングヴォーカルを Sol Faur、ベース、民族楽器、バッキングヴォーカルを Flavius Misarăș、ドラム、パーカッションを Ovidiu Mihăiță が担当。さすが Negură Bunget のメンバーが在籍するだけあって、怪しげでリチュアル、神秘的なアトモスフェリック / フォーク・ブラックを聴かせてくれる。

False Reality

Melodic Death/Black Metal　　ルーマニア

End of Eternity
Loud Rage Music　　2016

ブラショヴで 1998 年に結成。2003 年に活動を休止し、2011 年に再開している。今作は結成後 18 年の月日を経てリリースされた 1st フルレングス。ルーマニアの Loud Rage Music から CD とデジタル音源で出された。ラインナップは、ヴォーカル、ギターの Ioan Alexandru Crișan、ギターの Silviu Stan、アヴァンギャルドメタル Hteththemeth でも活動中のギター、ヴォーカルの Lucian Popa、ベースの Marc Spedalska、Hteththemeth のメンバーでもあるドラムの Codrut Costea、キーボード、ヴォーカルの Vlad Amariei。アートワークを手掛けたのは、ベルギーのブラックメタル De Vermis Mysteriis で活動するルーマニア出身女性 Claudia Negrilă。愁いを帯びたメロウな旋律にデスヴォイスが乗るメロディック・デス / ブラック。

Fogland

Folk/Melodic Black Metal　　ルーマニア

Quasiascetica
Lupii Daciei Records　　2006

ティミショアラで 1997 年に結成。2007 年にいったん活動をやめているが、いつからともなく活動を再開。今作は 2 枚目のフルレングスで、ルーマニアの Lupii Daciei Records から 200 枚限定の CD-R でリリースされた。Negură Bunget の元メンバーで現在はアトモスフェリック・ブラック Argus Megere でも活動する Ageru Pământului がヴォーカル、ギター（アコースティック）、ベース、同じく Negură Bunget の元メンバーで彼とともに Argus Megere に在籍する Fulmineos がヴォーカル、ベース、キーボード、Odhin がギター、Alteea がフィーメールヴォーカルをプレイ。キーボードのメロディーやローファイな音質、やや音程が外れ気味のヴォーカルなど、全体的にあか抜けない空気が漂うのだが、美しく響き渡るフィーメールヴォーカルと意外と癖になるメロディーが楽しめる。

Funeral Baptism

Black Metal　　ルーマニア

The Venom of God
Loud Rage Music　　2017

ブカレストで 2012 年に結成。今作は EP を 2 本リリースした後に発表された 1 枚目のフルレングス。ルーマニアの Loud Rage Music からリリースされた。同時に自主制作のデジタル音源も出ている。ヴォーカルをゴシックメタル DinUmbră にも在籍する Liviu Ustinescu、ギターを Nick R、ギター、バッキングヴォーカルをアルゼンチン出身の Damian Batista、ベースをデスメタル Concurrency in Knowledge でも活動する Valentin Cristocea、ドラムを Doru Florin がプレイ。ホラーチックなイントロから始まり、オールドスクールなスタイルで爆走しつつ、アトモスフェリックなムードをも漂わせる。ほぼ全編でアグレッシブなブラストビートが聴け、あっという間に駆け抜ける 30 分弱のアルバムだ。

God

Pagan Folk Metal　ルーマニア

Sufletul neamului
Independent　2016

1994 年にヤシで結成。1992 〜 1994 年までは V.O.M.A. というバンド名でデスメタルを演奏していた。現在はポルトガルに拠点を移しているようだ。今作は 4 枚目のフルレングスで、自主制作でリリースされた。デジタル音源も出ている。ボーカルを Constantin Lăpușneanu、ギターを Eugen Lăpușneanu、ベースを Ciprian Bogdan Pomohaci、ドラムをメロディック・デス Halmyris で活動する 1999 年生まれの若手 Robert Ulian、バンパイプを Teodora Albu、キーボードをメロディック・ドゥーム Tenebres のメンバー Emanuel 'Manu' Filip がプレイ。威厳のあるボーカルがリードを取り、時にエピックに時にテンポよく展開されるペイガン・フォークを聴かせてくれる。

Grimegod

Doom Death/Black Metal　ルーマニア

Dreamside of Me
Bestial Records　1997

アラドで 1991 年に結成。今作は 1 枚目のフルレングスで、ルーマニアの Bestial Records からカセットでリリースされた。翌年には同レーベルから、タイトルが『The Darkside (Pain in Another Dimension)』に変更され、B 面の収録曲が違うカセットも発売されている。制作時のラインナップは不明だが、当時在籍していたのは Negură Bunget の元メンバー Tibor Kati（ボーカル、ギター、キーボード）、メロディック・デス Indefiance の Hoit（ギター）、Danny（ベース）、Gabor（ドラム）、Ciungu（キーボード）。A 面が「Dark Side」、B 面が「Dream Side」とコンセプトが分かれており、ドゥーミーでメランコリックなサウンドに、音程が外れ気味の気だるさ満点のボーカルが乗っかる怪しいアルバムだ。

Hoyt

Primitive Black Metal　ルーマニア

Nighthymns
Independent　2011

2009 年に結成。出身はトランシルヴァニアということになっている。バンド名の Hoyt は、ルーマニア語で「腐肉、死体」の意味を持つ Hoit に由来する。今作は 1 枚目のフルレングスで、自主制作でリリースされた。ボーカル、ギターを Sherpe、ギター、ドラムプログラミングを Bosho、ベースを Asmodeu がプレイ。パッと見で演奏ジャンルを判断できるカバーアートだが、タイトルは『夜の讃美歌』とどこか神秘的。しかしアートワークの通り、これぞプリミティブ・ブラックといった籠ったボロボロのサウンドクオリティで、エフェクトがかかったような不気味なボーカルが死霊のごとく高音でがなり立てる。ブルータルで初期衝動を感じさせるアンダーグラウンドな空気に満ちているが、禍々しい音でメロウなリフが奏でられるパートもちらほら出てきて侮れない。Belphegor のカバー曲も収録されている。

Inbreed Aborted Divinity

Death/Black Metal　ルーマニア

Inbreed Aborted Divinity
Independent　2013

ティミショアラで 2010 年に結成。今作は 1 枚目のフルレングスで、自主制作の CD-R でリリースされた。デジタル音源も出ている。制作時の在籍メンバーは、国籍は不明だが全員ドイツ出身のようだ。ボーカル、ギターを Amen、ギターを Mortician こと Carol Rovescu、ベースを Sick6six、ドラムをドイツのブラックメタル IAD でも活動する Diabolical Deluge が担当。カバーアートは Sick6six が手掛けている。熾烈なブラストビートが炸裂するイーヴルでデス/ブラックなメロディーに、ベスチャルな雰囲気が漂うデスメタルライクなドスの効いたグロウルが鈍く響く。グロテスクでサタニックなアートワークさながらの、邪悪で穢らわしい楽曲が揃うアルバムだ。Mayhem の「Freezing Moon」のカバー入り。

Indian Fall

Symphonic Gothic/Black Metal　　ルーマニア

Pathfinder
Promusic Production
2001

ブラショヴで 1997 年に結成。2004 年に活動休止し、2007 年に再開。今作は 1st フルレングスで、ルーマニアの Promusic Production から CD とカセットでリリースされた。現在デスメタル CodeRed や Spectral で活動する Andrei Calmuc がボーカル、CodeRed の元メンバー Adrian Vitanescu がギター、Adrian Nagy がベース、Gabi Barani がドラム、Mircea Fulea がキーボードをプレイ。プロデューサーを務めたのは、ヘヴィメタルバンド C.A.S.H. の元メンバーである Prostănacul こと Nelu Brândusan。牧歌的にすら聴こえるメロディーを挟みつつも、物悲しくメランコリックに進むシンフォニック / ゴシック・ブラックメタル。派手さは無く垢抜けなさも漂うが、のんびりしたムードが魅力的な 1 枚。

Ka Gaia An

Folk Metal　　ルーマニア

Neamul Dacilor
Rusidava Music
2016

ブカレストで 2008 年に結成。フォークメタル An Theos のメンバーらで結成された。今作は 1st フルレングスで、ルーマニアの Rusidava Music から CD-R でリリースされた。自主制作のデジタル音源も出ている。メインボーカルを Florin Costachita、フィーメールボーカルを Ariadna Chitu、ギター、バッキングボーカルを Gabi Andrei、ギターを Teddy Bejenaru、ベースを Vali Cristocea、ドラムを Tudor Uscoi、キーボード、バッキングボーカルを Irina Movileanu が担当。タイトルはルーマニア語で『ダキア人（ルーマニア人の先祖とされる民族）』。踊りたくなるようなライブ感のあるアップテンポなメロディーに、雄々しいダミ声ボーカルと飾りすぎないフィーメールボーカルが響き合うフォークメタル。

Kandaon

Primitive Pagan Black Metal　　ルーマニア

Bria Getae
Arcana Noctis
2007

ピアトラ・ネアムツで 2005 年に結成。現在は、オリジナルメンバーである Ciprian のワンマン状態になっている。今作は 1 枚目のフルレングスで、ルーマニアの Arcana Noctis から 600 枚限定でリリースされた。ボーカル、全楽器の演奏を Ciprian、バッキングボーカルを Iina Sirghi が担当。アートワークは、ルーマニア出身で 11 歳の頃にオーストリアに移り住んだグラフィック・アーティスト Dr.Winter が手掛けた。何を歌っているのか判別不能な極限まで潰れたようなボーカル、ジャリジャリのノイジーなサウンドで演奏される、デプレッシブ・ブラックにも通じるような寒々しく悲壮漂うリフのブラックメタルだが、意外にもペイガニズムをテーマにしたペイガン・ブラックをやっている。Burzum の「Black spell of destruction」のカバー入り。

Katharos XIII

Depressive Black Metal　　ルーマニア

Negativity
Loud Rage Music
2017

ティミショアラで 2007 年に結成。同郷のブラックメタル Ordinul Negru とスプリットも出している。今作は 2 枚目のフルレングスで、ルーマニアの Loud Rage Music からリリースされた。ラインナップは、ボーカル、ギター、キーボードの F、ポストメタル Kultika の元メンバーでギターの Andrei、ベースの sQ、ドラムの Sabbat。レコーディング、マスタリング、ミキシングは Sabbat が担当。アートワーク、デザイン面は、Argus Megere や Ordinul Negru などのアートワークも手掛ける Alexandru Das だ。ポスト・ブラックを感じさせるトレモロリフや、メランコリックで線の細そうなメロディーが印象的なデプレッシブ・ブラック。とはいえ、ボーカルは割とノーマルなスタイルで、厭世的なムードはそこはかとなく漂うが、全体的に鬱度は低め。

土着宗教的ポストブラック、「土」も限定販売してフロントマン急死

Negură Bunget

出身地 ティミショアラ　　　　　　　　**活動時期** 1995 〜 2017
主要人物 Negru
メンバー Tibor Kati(Vo.Gt.Key), Adi "OQ" Neagoe(Gt.Vo.Key), Ovidiu Corodan(Ba), Negru(Dr.Percussion.Other), Petrică Ionuțescu(Flute, Nai, Kaval, Tulnic), Daniel Dorobanțu(Visual design)
類似バンド **世界** Enslaved, Blut aus Nord, Primordial **東欧** Dordeduh, Nokturnal Mortum, Drudkh

　ティミショアラで 1995 年に結成。前身バンドは、1994 〜 1995 年にシンフォニック・ブラックを演奏していた Wiccan Rede。そちらでも活動していた Negru と Hupogrammos のツーピースバンドとして始まった。
　1996 年に 1st フルレングス『Zîrnindu-să』を Bestial Records からカセットでリリース。音質はチープではあるものの、この当時からすでにオリジナリティ溢れる曲を演奏していた。1998 年にデモと EP をリリースし、2000 年に 2nd フルレングス『Măiastru sfetnic』を発表。今作から Sol Faur が加入し、プログレッシヴな作風になっている。2002 年には同じメンツで 3rd フルレングス『'n crugu bradului』を、アヴァンギャルドなメタルに強いイタリアの Code666 Records からリリースした。この頃には民族楽器の音色も取り込むようになっている。その後、ウクライナの Dub Buk やポーランドの Besatt などとスプリットを出し、ボックスセットや EP もリリース。
　2006 年に 4th フルレングス『Om』を発表。これまでよりさらにアトモスフェリックな雰囲気が強まり、アンビエント要素も増している。2008 年にコンピレーションを出し、2010 年に 5th フルレングス『Măiestrit』をいつものメンバーでリリース。今作は、2nd をアレンジして再録したものになっている。そして、続けて 6th フルレングス『Vîrstele pămîntului』も発表。一気にメンバーを入れ替えており、シンフォニック・ブラック Syn Ze Șase Tri や、アトモスフェリック・ブラック Argus Megere のメンバーらが加入。残るオリジナルメンバーは Negru のみとなってしまった。2011 年にライブアルバムと EP、2013 年にシングルを出し、2013 年に 7th フルレングス『Tău』をリリース。ここでまた Negru 以外のメンバーがガラッと変わっている。そして、2016 年に最後の作品となる 8th フルレングス『Zi』を発表。
　2017 年の 3 月にこのバンドの顔ともいえる Negru が心臓発作によって亡くなってしまい、残念ながらバンドは解散に追い込まれてしまった。ルーマニアのみならず、バルカン半島の中でも一際人気のバンドだっただけに、Negru の逝去が悔やまれる。

Negură Bunget

Atmospheric/Symphpnic Black Metal　　ルーマニア

Zîrnindu-să　　1996
Bestial Records

ティミショアラで 1995 年に結成。2017 年に解散。今作は 1 枚目のフルレングスで、初回はルーマニアの Bestial Records からカセットでリリースされた。翌年にはアメリカの Breath of Night Records から CD も出ており、2002 年にはドイツの Darkland Records から 12 インチも発売。その後も様々なレーベルからリイシュー盤などが出ている。現在はアトモスフェリック・フォーク / ブラック Dordeduh で活動する Hupogrammos がボーカル、ギター、ベース、キーボード、2017 年に亡くなってしまった Negru がドラムをプレイ。チープな薄い音質ではあるが、幽玄さすら漂うキーボードのサウンドがアトモスフェリックに広がる。衝動性が強く、地下ブラックメタルの趣が濃い作品だが、「アンダーグラウンド」の一言では片づけられない個性と美しさに満ちている。

Negură Bunget

Progressive/Atmospheric Black Metal　　ルーマニア

Măiastru sfetnic　　2000
Bestial Records

1st リリース後、デモと EP をカセットでリリース。2000 年に 2 枚目のフルレングスとなる今作をリリースした。1st と同じ Bestial Records から、1000 枚限定の CD でのリリースとなった。同年にカセットも出ており、2008 年にはドイツの Lupus Lounge から再発盤、同じくドイツの Prophecy Productions からデジタル音源も出ている。ラインナップは、ボーカル、ギターを Hupogrammos、ギター、ベースを 1998 年から加入した Sol Faur、ドラムを Negru がプレイしている。カバーアートは、その後も数々のアートワークで協力する Daniel Spătaru が手掛けた。4 分前後の曲が多かった 1st に比べると、10 分前後の大作志向になっている。音質はロウではあるものの、アトモスフェリックさが増し、グッとアヴァンギャルドな曲調に変化している。

Negură Bunget

Progressive/Atmospheric Black Metal　　ルーマニア

'n crugu bradului　　2002
Code666 Records

2nd アルバムの 2 年後にリリースされた 3 枚目のフルレングス。イタリアの Code666 Records に契約を移してのリリースとなった。同時にボーナストラックが 1 曲追加されたものも発売。翌年には Bestial Records からカセット、2007 年には中国の AreaDeath Productions からも 1000 枚限定 CD、その後もフランスの Those Opposed Records から 12 インチなども出ている。ラインナップは 2nd と変わらず、Hupogrammos がボーカル、ギター、キーボード、トゥルニク、Sol Faur がギター、Negru がドラム、パーカッション、木琴を演奏。また、ブルータル・デス Malpraxis の Ursu がゲストでベースを弾いている。突然テンポがガラリと変わるプログレッシヴ性が 2nd よりも強くなり、カオスな印象を受ける。さりげなく入る民族楽器の音色も怪しさをプラス。

Negură Bunget

Progressive/Atmospheric Black Metal　　ルーマニア

Om　　2006
Code666 Records

3rd リリース後、ポーランドのブラックメタル Besatt やウクライナのペイガン・ブラック Dub Buk、チェコのカルト・ブラック Inferno などとスプリットをリリース。今作は、3rd リリースの 4 年後にリリースされた 4 枚目のフルレングス。今回も Code666 Records からのリリースだ。翌年以降も様々なレーベルから 12 インチやカセット、リイシュー盤 CD などが出ている。ラインナップはこれまでと同じ 3 人。前作にも参加した Ursu がまたゲストでベースを弾いており、フォーク・ブラック Marțolea の Alin Drimuș もフルートとナイ（パンフルートの一種）をゲスト演奏している。タイトルはルーマニア語で『人類』。土着宗教的なリチュアルサウンドを織り交ぜつつ、ポスト・メタルにも通ずるような繊細なギターリフなども聴ける 1 枚。よりアトモスフェリックでアンビエントな面が強調された美しいアルバムだ。

Negură Bunget

Progressive/Atmospheric Black Metal　　ルーマニア

Măiestrit
Lupus Lounge　　2010

4th リリース後、コンピレーションを発表し、2010 年に 5 枚目となるフルレングスをリリース。ドイツの Lupus Lounge からのリリースだ。同レーベルの親レーベルとなる Prophecy Productions からデジタル音源も出ている。ラインナップはいつもの 3 人で、ドイツのブラックメタル Odem Arcarum や Secrets of the Moon などで活動する Arioch がセッションメンバーとしてベースをプレイしている（彼はエンジニアリングも担当）。プロデューサーは、過去作品のリマスタリングなどにも携わっており、フランスのポストメタル Alcest のプロデューサーも務めたドイツ出身の Martin Koller です。今作は 2nd 『Măiastru sfetnic』を多少アレンジして再録したものになっている。まだまだロウで荒々しさが残っていた 2nd に比べると、こなれたアトモスフェリック・ブラックになっている。

Negură Bunget

Progressive/Atmospheric Black Metal　　ルーマニア

Vîrstele pămîntului
Code666 Records　　2010

5th リリースのわずか 16 日後にリリースされた 6 枚目のフルレングス。Code666 Records からのリリースで、同時に 2 枚組 12 インチ、555 個限定のボックスセット（トランシルバニアの土入り）が発売されている。今作から一気にメンバーチェンジ。ボーカル、フルート、カバル、その他民族楽器を、ブラックメタル Argus Megere などで活動する Ageru Pământului、ボーカル、ギター、ダルシマーをシンフォニック・ブラック Syn Ze Șase Tri や Corb、同バンドに在籍する Spin がベース、ナイ、そしてドラム、パーカッションを唯一のオリジナルメンバー Negru、キーボードを Argus Megere の Inia Dinia がプレイ。4th の『Om』ではアンビエント色が濃く出ていたが、今作はアトモスフェリック一辺倒に偏るわけでもなく、しっかりとブラックメタルらしいパートも楽しめる。

Negură Bunget

Progressive/Atmospheric Black Metal　　ルーマニア

Tău
Lupus Lounge　　2015

6th リリース後、ライブアルバム、EP、シングルをリリース。今作は 2015 年に発表された 7 枚目のフルレングスだ。Lupus Lounge から CD、12 インチ、さらにビデオクリップとインタビューが収録された DVD 付き CD でリリースされた。再び Negru 以外のメンバーがガラリと変わっている。ドゥーム / デス Grimegod の Tibor Kati がボーカル、ギター、キーボード、プログラミング、プログレッシブメタル Anarhia の OQ がギター、ボーカル、キーボード、Grimegod の Ovidiu Corodan がベース、Petrică Ionuțescu がフルート、その他民族楽器、Negru がドラムを演奏。ゲストで Aura Noir や Rotting Christ のメンバーも参加している。メンバーチェンジを経てなかなかスタイルが定まらないのか、フックに富んだパートも少なく、全体的に印象が薄めなのが残念。

Negură Bunget

Atmospheric Black Metal　　ルーマニア

Zi
Lupus Lounge　　2016

7th リリースの翌年に発表された 8 枚目のフルレングス。今作リリース後にフロントマンの Negru が亡くなり、バンドは解散。これが最後の作品となってしまった。今回も Lupus Lounge からのリリースだ。正式ラインナップは前作と同じ 5 人。また、3 人のルーマニア人男女がゲストでフィーメールボーカル、ダルシマー、ギターを一部でプレイ。アートワークを手掛けたのは、1997 〜 1998 年にライブメンバーを務めていた Daniel Dorobanțu。タイトルはルーマニア語で『一昼夜』という意味。クリーンボーカルが主体となっており、メタル色はかなり薄く、アトモスフェリックな空気に満ちたアンビエント・フォークロックといった仕上がりになっている。シューゲイザーのようなトレモロリフ、しなやかなフィーメールボーカルに、ゆったりと漂うようなメロディーが神秘的で美しい。

Kistvaen

Depressive Black Metal　　ルーマニア

Desolate Ways
Independent　　2014

ブカレストで 2008 年に結成。今作は 2 枚目のフルレングスで、自主制作でリリースされた。デス / ブラック Apa Simbetii でも活動する Stege がボーカル、Vlad と、ドゥーム・デス Sincarnate の元メンバー Fenrir がギター、Gabriel がベース、ブラックメタル Akral Necrosis に在籍していた Alex がドラムをプレイ。マスタリングを行ったのは、Candlemass や Scorpions、Gorgoroth、Katatonia など有名バンドのマスタリングやプロデューサーも手掛けていた、スウェーデン出身の Mats Lindfors (2017 年没)。物悲しさに満ちた暗く静かな曲から始まり、2 曲目の途中で突然激しい曲調に変化。その後も愁いに満ちたメロディーに、こもった絶叫がこだまするデプレッシブな曲が続く。スウェーデンの Shining のような、絶望的でありながらどこかモダンな 1 枚。

Kultika

Post Metal　　ルーマニア

The Strange Innerdweller
Independent　　2013

ティミショアラで 2008 年に結成。今作は 1 枚目のフルレングスで、自主制作でリリースされた。デジタル音源も出ている。元 Negură Bunget、現在はブラックメタル Ordinul Negru などでも活動するオリジナルメンバーの Fulmineos がボーカル、ギター、Bruno Mark Hutiu もボーカル、ギター、Dragos Voda がベース、Seba Baltean がドラム、ブラックメタル Argus Megere の元メンバー Jack Popescu がキーボード、ボーカルを担当。また、2 名のゲストがボーカルとギターで参加している。アートワークは、現在オーストリアで活動するルーマニア出身の Dr.Winter によるもの。小刻みに掻き鳴らされるトレモロリフや、急に流れる中東を思わせるエキゾチックなメロディーなど、ポスト要素がふんだんに盛り込まれたアルバムになっている。

Marțolea

Folk Black Metal　　ルーマニア

Noaptea dihăniilor
Independent　　2010

クンプルング・モルドヴェネスクで 2008 年に活動開始。Negură Bunget のライブメンバーとしても活動していた Alin Drimuş によるワンマン・プロジェクト。Marțolea とは、ルーマニアの神話に出てくる悪魔の 1 人。今作は 1st フルレングスで、初回は自主制作のデジタル音源でリリースされた。翌年にはルーマニアの Dedesubtul Rarăului Întunecat から CD-R も出ている。Alin がボーカルからギター、ベース、ドラム、ブシウム（ルーマニアで使われている長いラッパ）、カバル、口琴、木製フルートなど、様々な民族楽器を含め 1 人で演奏している。ルーマニアのダークな神話などをテーマにしており、派手に叫ぶわけでも朗々と歌い上げるわけでもない、テンションの低いのっぺりとしたボーカルが不気味に響く。笛の音色を交えながらジメジメとしたロウなサウンドで奏でられるダークなフォーク・ブラック。

Ordinul Negru

Atmospheric Black Metal　　ルーマニア

Sorcery of Darkness
Loud Rage Music　　2015

ティミショアラで 2004 年に結成。バンド名はルーマニア語で「暗黒の命令」という意味。元 Negură Bunget の Fulmineos のワンマン・プロジェクトとして始まった。現在は彼と共にアトモスフェリック・ブラック Argus Megere で活動するメンバーも加入し、4 人編成になっている。今作は 7 枚目のフルレングスで、ルーマニアの Loud Rage Music から CD とデジタル音源でリリースされた。ボーカルを S、ギター、ベースを Fulmineos、ドラムを Andrei Jumugă がプレイ。レコーディング、マスタリング、ミキシングは、Argus Megere の音源制作にも携わっている Attila Lukinich。少しくぐもったローファイサウンドで奏でられる浮遊感漂う感傷的なギターリフが、妖しくも美しいアトモスフェリック・ブラックメタル。

Prohod

Atmospheric Black Metal　ルーマニア

Hotarul imbrelor　2013
Totemic Forest Productions

シビウで 2013 年に結成。フルレングス 1 本と、ウクライナのペイガン・ブラック Zgard とのスプリットをリリースし、結成の翌年には解散している。唯一のフルレングス作品となった今作は、Totemic Forest Productions から 100 本限定でリリースされた。数か月後にはイタリアの Visionaire Records からデジタル音源も出ている。ボーカル、ドラムプログラミング、バグパイプ、アコーディオン、ホイッスルを Andrei Oltean、ギターを Raluca Damian、ギター、ボーカルを Vali Mandeal、ベースを Alin Federiga がプレイ。その他 2 名のゲストがギターを演奏している。どこかオカルティックでユニークなメロディーに、突然バグパイプやホイッスルの音色が舞う。エモーショナルで叙情的な旋律は、一度聴いたら忘れないような個性的なサウンドだ。

RA

Gothic Metal/Darkwave　ルーマニア

Geniu pustiu　1999
Codex Gigas

ブカレストで 1999 年に結成。1995 ～ 1999 年まではDrususという名前で、ドイツのブラックメタル Agathodaimon の元メンバー Andrei Rusu のワンマン・プロジェクトとして活動していた。改名後の RA は、彼の名前のイニシャルに由来する。今作は、1 枚目のフルレングスで、Codex Gigas からリリースされた。翌年にはルーマニアの Bestial Records からカセットも出ている。ボーカル、フルート、ピアノ、ギターを Dan Byron、ギター、ドラムプログラミング、シンセサイザー、アディショナルボーカルを Andrei が担当。プロデューサー、エンジニアリングを務めたのは、Negură Bunget の制作にも携わっていた Cristi Soloman。ダークウェーブの暗さと気だるさをふんだんに取り込んだゴシック寄りのメタル。ブラック要素はほぼ無いが、静謐でロマンチックな 1 枚。

Satanochio

Avant-Garde Black Metal　ルーマニア

From Beyond (You Are Completely Dead Only When the World Forgets You)　2008
Diachell Musik

ブカレストで 2004 年に結成。今作は 2 枚目のフルレングスで、ポーランドの Diachell Musik からリリースされた。ボーカル、ギター、ピアノ、エフェクトを Satanochio、ベース、ギター、バッキングボーカルをデスコア Cap de Craniu やポストメタル Ucigan でも活動する Călin Răduță、ドラムを Nimenea が演奏。また、ノルウェーのブラックメタル Dødheimsgard の元メンバーでイギリス出身の Kvohst が、セッションメンバーとして一部でギターを弾いている。ミキシング、マスタリングを手掛けたのは、ドローン・アンビエント Environments で活動する Marius Costache。アヴァンギャルドな空気に満ちたアグレッシヴなメタルで、「Lethe」は PV も制作されている。包帯でグルグル巻きのメンバー（おそらく Satanochio）が車いすに座って絶叫しまくる狂気に満ちたものだ。

Siculicidium

Melodic Black Metal　ルーマニア

Utolsó vágta az Univerzumban　2009
Sun & Moon Records

ルーマニア中部のハルギタ県で 2003 年に結成。ブラックメタル Wolfsgrey で活動するメンバーらによって結成された。バンド名は 18 世紀にルーマニアで起きた大虐殺に由来する。今作は 1st フルレングスで、ルーマニアの Sun & Moon Records からリリースされた。翌年にはウクライナの Night Birds Records からカセットも 300 本限定で出ている。ボーカルを Béla Lugosi、ギター、ベースを Pestifer、ハンガリーの独りブラックメタル Funebre の Khrul がドラムをプレイ。ハンガリー出身の Khrul はもちろん、他のメンバーもハンガリー系ルーマニア人（もしくはルーマニア出身ハンガリー人）のようで、歌詞はハンガリー語。ノイジーなサウンドながら、もいわれぬフックの効いたメロウな旋律に、一本調子で呪術的なダミ声ボーカルがどよめく。ハンガリー語歌詞が作品全体に奇妙な雰囲気をプラスしている。

East Balkan 311

Sorgnatt

Depressive Black Metal　　ルーマニア

Stillness
Ancient Beliefs　　2013

シビウで 2005 年に結成。どの人脈筋でもない 2 人の人物によって活動が始まる。今作は 1 枚目のフルレングスで、ルーマニアの Ancient Beliefs からカセットでリリースされた。正式ラインナップは Hadenskog と Gravstein の 2 人で、どちらもボーカル、ギター、ベース、ドラムを担当。ダークアンビエント Abbilding で活動する L. と C. がゲストで一部の環境音を制作している。また、2 人はデザイン、写真撮影にも携わった。「お前の鬱地獄の深遠へ」「戻るところはどこにもない」「静寂の中でぶら下がる」など、強烈な曲名が並ぶデプレッシブ・ブラック。Xasthur などを筆頭に、数々のデプレッシブ系のバンドに影響を受けているとのことだ。アンビエント色強めのノイジーなリフと気が触れたような絶叫、あらゆる鬱要素をひとまとめにしたような悲壮感に溢れた危険極まりない 1 枚だ。

Syn Ze Șase Tri

Symphonic Black Metal　　ルーマニア

Sub semnul lupului
Code666 Records　　2012

ティミショアラで 2007 年に結成。バンド名はルーマニア語で「我はトリプルシックス（666）とともに」。元 Negură Bunget のメンバーらを中心に結成された。今作は 2 枚目のフルレングスで、イタリアの Code666 Records から CD とデジタル音源でリリースされた。ボーカルを Lycan、ボーカル、ギター、ブズーキ、オーケストレーションを元 Negură Bunget の Corb、ベースを現在ゴシック/パワーメタル Staccato で活動する Hultan、ドラム、パーカッションをアトモスフェリック・ブラック Ordinul Negru などに在籍する Putrid がプレイ。その他、総勢 10 人のゲストがチェロやバイオリン、管楽器を演奏している。スピード感あるメロディーに、本格的なオーケストラサウンドが重なる豪華なシンフォニック・ブラックだ。ボーカルはツインなので、高音シャウトと低音グロウルのどちらも楽しめる。

Syn Ze Șase Tri

Symphonic Black Metal　　ルーマニア

Zăul moș
Code666 Records　　2017

Syn Ze Șase Tri の 4 枚目のフルレングス。今作も Code666 Records からリリースされた。ラインナップは、2016 年から加入し、ペイガン・フォーク Ka Gaia An やフォークメタル An Theos でも活動する Șuier こと Florin Costăchiță、ギター、パーカッション、民族楽器、キーボード、オーケストレーション、バッキングボーカルの Corb、ギターの Moș、アトモスフェリック・ブラック Prohod の元メンバーでドラムの Florin。今回も、プログレッシブ・デス Taine の Adrian Ionescu やペイガン・フォーク God の Constantin Lăpușneanu、ヘヴィメタル Cargo の Ovidiu Ioncu などを筆頭に 14 名ものゲストが参加している。メロディックさは以前のままに、エピックさが更に増した 1 枚になっている。

Tenebres

Symphonic/Gothic/Doom Black Metal　　ルーマニア

Pain Eternal
Independent　　2017

ヤシで 2015 年に結成。結成後間もなく、音源もリリースしていない状態でライブを行っている。今作は 1 枚目のフルレングスで、自主制作の CD とデジタル音源でリリースされた。制作時のラインナップは不明なのだが、最新メンバーはボーカルの Demetrius Daine、ギター、バッキングボーカルの Dorian、ベース、バッキングボーカルの Theo、ドラム、パーカッションの Rudolf、チェロの Daiana、ペイガン・フォーク God でも活動するキーボードの Emanuel Filip の 6 人。伸びやかで中性的なクリーンボーカルと、勢いのあるシャウトを一度に楽しむことができ、そこにチェロの豊かな旋律とドゥーミーなギターリフがゆったりと流れる。ゴシック、ドゥーム、ブラックの要素をふんだんに盛り込んだ、センチメンタルでロマンチックなアルバムになっている。

The Hourglass

Symphonic Metal　　　ルーマニア

Through Darkness and Light　　　2014
Independent

クルジュ＝ナポカで 2010 年に結成。今作は 1 枚目のフルレングスで、自主制作でリリースされた。デジタル音源も出ている。ボーカルを Alma Vomastek、ギターをインダストリアルメタル Vespera でも活動する Vlad Negrea、ベースを Cristian Florea、ドラムを Bogdan Mara、キーボードを Ioana Dîrvă が演奏。Alma のボーカルはオペラチックなフィーメールボーカルなので、シャウトパートなどは全くなく、エクストリームメタル好きには物足りないかもしれない。一方、曲もかなりキャッチーにまとまっている。バンド自身は「インダストリアルサウンドを含んだシンフォニックメタル」と形容しているが、インダストリアル色はそこまで強くなく、さらには強い癖もないため、メタル初心者でも安心して聴ける作品だ。

Vermilion

Primitive Black Metal　　　ルーマニア

Ylem　　　2013
Independent

アラドで 2008 年に結成。フルレングスとデモを 1 本ずつリリースし、2015 年に解散している。今作は最初で最後のフルレングス作品で、自主制作でリリースされた。たったの 30 枚限定だ。デジタル音源も出ている。ボーカル、ベース、キーボードを Atlach-Nacha Lugh、リードギターを Zathog Kandaon、ドラム、アコースティックギターを Hastur Baldur がプレイ。3 人ともこのバンドでのみ活動していたようで、現在の活動状況は不明。メンバーたちは、自分たちを「Thaumaturgic Transcendental Black Metal（魔術的超越ブラックメタル）」とジャンル付けていたが、確かに魔術的というか、奇妙な空気感に満ち満ちた音楽性。プリミティブなサウンドも相まって、聴いていて不安になってくるような狂気を感じさせる曲展開が実に不気味である。

Vokodlok

Black Metal　　　ルーマニア

Mass Murder Genesis　　　2003
Beauty of Pain

ティミショアラで 2000 年に結成。バンド名は、トランシルバニアの数々の伝説に出てくる狼男「vukodlak」に由来する。今作は 1 枚目のフルレングスで、ルーマニアの Beauty of Pain からリリースされた。同年にルーマニアの Bestial Records からカセットも出ている。制作時のラインナップは定かではないが、おそらくボーカルをデスメタル Purulente Uretre などでも活動していた Strigoi、ギターを現在スウェーデンのメロディック・ブラック Burning Darkness に在籍する Gardrak、ベースをドゥーム・デス / ブラック Grimegod の元メンバー Blestemat、ドラムを同じく Grimegod で活動していた Freak がプレイしたと思われる。ドラムがバタバタと疾走し、似たようなリフが繰り返されるスタイルで、真新しさは何一つないのだが、愚直なブラックメタルを聴かせてくれる。

Wolfsgrey

Thrash/Black Metal　　　ルーマニア

Transylvanian Plaguespreader Committee　　　2013
Tenebrd Music

ミエルクレア＝チュクで 2007 年に結成。結成後デモを 5 本続けてリリースし、今作は 2013 年に発表された 1st フルレングス。フランスの Drakkar Productions のサブレーベル Tenebrd Music から 300 枚限定でリリースされた。2015 年にはデジタル音源も出ている。ボーカルをメロディック・ブラック Siculicidium でも活動する Béla Lugosi、ギターを同じく Siculicidium のメンバーである Pestifer、ギター、ベースをスラッシュ / ブラック Death Nöize の Nekrofführer、ドラムを同じく Death Nöize の József Kerti がプレイ。Siculicidium でも聴ける Béla の投げやりで単調なボーカルはこちらでも聴くことができ、おそらくハンガリー語の歌詞とともにローファイサウンドでスラッシーに進む曲調は、バルカンのパンクを彷彿とさせる。

陰毛ロゴで話題かっさらった睡眠導入剤的アンビエントブラック

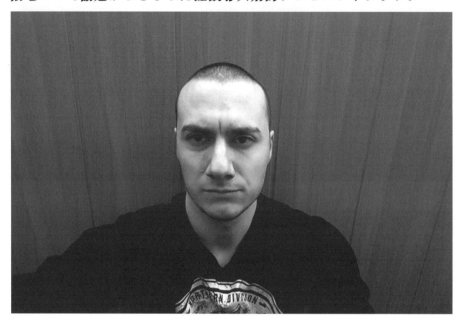

Basarabian Hills

出身地 ファレシュティ　　　　　　　　　**活動時期** 2011 〜
主要人物 Spirit of the Forest　　**メンバー** Spirit of the Forest(All)
類似バンド　**世界** Lustre, Elderwind, ColdWorld　**東欧** Moloch, Evilfeast

　モルドバの北西部に位置する、人口 1 万 2 千人程の小さな町ファレシュティで 2011 年に活動開始。Spirit of the Forest（本名は Florin Fistic）という男性によるワンマン・プロジェクト。全く読むことのできないバンドロゴ（本人が言うには、折り曲げられた枝を意味していて、注視すればロゴも読めるそうだ）で話題になり、モルドバのエクストリーム系メタルでは断トツで知名度が高い。

　2012 年 5 月、初の音源である 3 曲入り EP『Spirit of the Native Land』を、フランスの Le Crépuscule du Soir Productions から CD-R でリリース。同年 11 月には、1st フルレングスとなる『A Breath of the Wide Valley』を CD-R で発売する。今作は、2015 年にアルゼンチンの Twilight Records から CD が、2017 年にはイギリスの Slime Citadel からカセットが出ている。2013 年 6 月、2nd フルレングス『In the Stillness of the Codrii』を CD でリリース。翌年にはイギリスの Mithrim Records からカセットが、2015 年には前作同様に Twilight Records から CD 再発盤が出ている。2014 年 3 月、3rd フルレングス『Groping in a Misty Spread』をデジタル音源で発表。後に Slime Citadel からカセット、メキシコの Silentium in Foresta Records から CD-R も発売された。2015 年 4 月、4th フルレングス『Enveloped in the Velvet Cloak of Midnight』をデジタル音源で、後にロシアの Der Schwarze Tod、COD Music and Distro などから CD でリリース。2016 年 5 月、5th フルレングス『Attraction』をデジタル音源でリリースし、2017 年には Silentium In Foresta Records から CD-R を出している。

　過去に行われた唯一のインタビューで、Negură Bunget をお気に入りのバンドのひとつとし、Burzum とスウェーデンのアトモスフェリック / アンビエント・ブラックメタル Lustre から多大な影響を受けたと答えている。また、彼自身はモルドバ出身のようだがルーマニアの市民権を持ち、いつかモルドバとルーマニアが合併することを望んでいるという。余談ではあるが、飲酒と喫煙も一切しないそうだ。

Basarabian Hills

Ambient Black Metal　　モルドバ

A Breath of the Wide Valley　　2012
Le Crépuscule du Soir Productions

モルドバ西北部のファレシュティで2011年に結成。Spirit of the Forestという人物によるワンマン・プロジェクト。今作は1stEPリリースの半年後に出された1stフルレングス。フランスのLe Crépuscule du Soir ProductionsからCD-Rでリリースされた。2015年にアルゼンチンのTwilight RecordsからCD、その2年後にはイギリスのSlime Citadelからカセットも出ており、自主制作のデジタル音源も発売されている。最初から最後までアンビエント色の非常に強い幻想的なメロディーがひたすら流れ、歌詞をうたっているとは思えないエフェクトのかかった絶叫がさりげなく重なる。また、スズメやカラスらしき鳥のさえずりや、川のせせらぎのような音がサンプリングされており、自然を感じさせるアンビエント・ブラックになっている。

Basarabian Hills

Ambient Black Metal　　モルドバ

In the Stillness of the Codrii　　2013
Le Crépuscule du Soir Productions

1stリリースの7か月後に発売された2枚目のフルレングス。1st同様にLe Crépuscule du Soir ProductionsからCDでリリースされた。2014年にはイギリスのMithrim Recordsからカセット、2015年には1stのCDバージョンも出したTwilight RecordsからCD再発盤が出ている。10分ピッタリの大作が4曲収録された今作は、どこか悲しげな旋律は相変わらずなのだが、1stに比べるとそこはかとなく光り輝く明るさのようなものも感じさせる仕上がり。ため息のようなボーカル（もといシャウト）も入っているものの、そこに邪悪さや闇は無い。薄暗く編集されてはいるものの、好天の森の一角を収めた写真が元になったであろうカバーアートも今作のコンセプトに合っている。ちなみにタイトルにあるCodriiとはモルドバ中央に位置する丘陵地帯の森林。

Basarabian Hills

Ambient Black Metal　　モルドバ

Enveloped in the Velvet Cloak of Midnight　　2015
Independent

2015年にリリースされた4枚目のフルレングス。初回はデジタル音源で発表され、2017年にロシアのDer Schwarze Tod、COD Music and DistroなどからCDとしてリリースされた。「深夜のベルベットのマントに包まれて」というそこはかとなくロマンチックで、童話的穏やかさすら感じさせるタイトル。そして、遠目に見ると何が何だか分からないが、木に囲まれた星空（ロゴで隠れて見えないが、どうやら月も出ている）のカバーアートも、まるでタイトル通りのメルヘンな雰囲気を醸し出している。今作は10分前後の曲が3曲、5分の曲が1曲の計4曲が収録されている。ささやき声のようなボーカルや、ゆっくりと流れる美しいシンセサイザーの音色が、タイトルやカバーアートが示すような静かな夜を連想させ、ヒーリングミュージックさながらの睡眠導入アルバムになっている。

Basarabian Hills

Ambient Black Metal　　モルドバ

Attraction　　2016
Independent

2016年にリリースされた5枚目のフルレングス。翌年には、メキシコのSilentium In Foresta RecordsからCD-Rも出ている。今までの大作志向のアルバムとは違い、収録されている4曲はすべて10分以下でEPのような短さだが、一応本人はフルレングス扱いしている。『Attraction（魅力）』というシンプルなタイトルが冠された今作は、これまでのため息かささやき声のようなボーカルは入っておらず、インスト曲オンリー。そして、タイトルになっている4曲目は、オルゴールのような可愛らしいキラキラサウンドに、ファンタジー映画のサウンドトラックに使われていてもおかしくない壮大なメロディーが重なる。今までさりげなく、しかし程よく主張していたボーカルは無くなったが、これまで以上にブラックメタルファン以外の層も取り込めそうなアンビエント作品になっている。

Advent Fog

Symphonic Black Metal　　モルドバ

The Destruction of Centuries: Old Doctrines　　2010
Molot Records

ティラスポリ（沿ドニエストル共和国）で2006年に結成。当初はインストゥルメンタル・プロジェクトとして始まった。2008年に自主制作で3曲入りデモを発表。今作はその2年後に出された1stフルレングスで、1349などの音源も出したロシアのIrond Recordsのサブレーベル、Molot RecordsからCDでリリースされた。ラインナップは、ボーカルのTroll、リードギターのSatinirt、ギター、ベースのDog、ドラムのVolandの4人。『世紀の滅亡：古代の教義』という仰々しいタイトルだが、まさにそのタイトルにふさわしい、ややオーバーなシンフォニックメロディーをキーボードが紡ぎだしている。壮大さすら感じさせるキーボードに、時にクサいメロディアスなギターリフが終始重なる。音質は微妙なところだが、程よく暴虐的、さらに単調ではなく曲展開もしっかりとしており、通して聴いても飽きないアルバムになっている。

Caligo

Black Metal　　モルドバ

Banish the Weakness of Man　　2015
No Life Records

キシナウで2011年に結成。ロシアの独立ブラックメタルIsのカバーアートや、同じくロシアのアトモスフェリック・ブラックTheorothの作詞翻訳などに協力しているDantalionによるワンマン・プロジェクト。今作は3rdデモで、ロシアのNo Life RecordsからCD-Rで66枚リリースされた。同時に自主制作のデジタル音源も出ており、ウクライナのDepressive Illusions RecordsやロシアのFrom the Dark Pastからもカセットが発売されている。楽器演奏と作詞をDantalionが担当し、ロシア出身でTheorothのメンバーであるWinter Vampyrがゲストでボーカルとして参加。いかにもデモらしい荒々しいサウンドで、ブリザードのようにコールドなリフがかき鳴らされる。しかし、ただノイジーで寒々しいだけでなく、フックの効いたメロディーが聴ける秀逸な作品だ。

Chordewa

Progressive Black Metal　　モルドバ

Recast Gear for the Mindcraft Course　　2014
Haarbn Productions

キシナウで2002年に結成。今作は結成から12年の時を経てリリースされた1stフルレングス。ロシアのHaarbn Productionsから100枚限定でリリースされた。ラインナップは、ボーカルのTraumer、ギターのDenis Ganea、デスメタルAbnormyndeffectにも在籍していたベースのTudin、デス / ブラックHathorの元メンバーで現在Abnormyndeffectにも在籍するドラム、パーカッションのDimitrenco Constantin、キーボード、ピアノのNorrehの5人。曲のテーマは思考実験という変わったもので、コロコロと曲調、リズムの変わるプログレッシブなブラックメタル。ボーカルは基本的にはシャウトスタイルだがクリーンボイスを披露することもあり、エクストリーム要素は軽めなので、プログレッシブメタルファンにもアプローチできるだろう。

Esperoza

Symphonic Black Metal　　モルドバ

Esperoza　　2014
Independent

キシナウで2010年に結成。今作は1stフルレングスで、自主制作のCDとデジタル音源でリリースされた。ボーカルはフィーメールボーカルで、ベルギーのシンフォニックメタルGiotopiaにゲスト参加などもしているZoya Belousが担当。ギターはDmitrii Prihodko、ドラムはスラッシュメタルLethal Outcomeの元メンバーVadim "Kravis" Cartovencoがプレイしている。大仰なオーケストレーションに、特別なボーカルトレーニングを受けていることがうかがえる、Zoyaのオペラ歌手並みに伸びのある美声が響くシンフォニックメタル。彼女の歌唱スタイルはバラエティに富んでおり、時にグロウルを披露することもあれば、ノーマルボイスでごく普通に歌うこともあり、声だけで様々な表情を見せてくれる。バックに流れるシンフォニックメロディーも怪しく、奇妙なオペラを鑑賞している気分になる1枚だ。

Harmasar

Folk Metal　　モルドバ

Din pământ
Independent　　2016

キシナウで 2013 年に結成。どの人脈筋でもない人物によって結成された 5 人組バンド。今作は自主制作によってリリースされた 1st フルレングスで、CD とデジタル音源が出ている。ボーカル、ギターを Maxim Miller、ギターを Daniel Bozu、ベースを Ștefan Gîlcă、ドラムを Mircea Grosu、フルート、パンパイプ、カバル（南東ヨーロッパで使用されている笛）を Pavel Ungureanu が担当。また、3 人のゲストがバイオリン、アコーディオン、作詞などで参加している。プロデューサーでもあり、レコーディング、マスタリング、ミキシングを手掛けたのは、プログレッシブ・デス Neuromist などで活動する Dumitru Rusu。正統派ヘヴィメタルといったキャッチーなサウンドに、軽快な笛の音が重なりテンポ良く進むフォークメタルを演奏している。

Red Star Kommando

Primitive Black Metal　　モルドバ

Stupor Mundi / Red Star Kommando
Independent　　2018

ティラスポリで 2018 年に活動開始。Ivan という男性によるワンマン・プロジェクト。音源はまだ 1 タイトルしかリリースしておらず、それが今作のスプリット作品だ。自主制作のデジタル音源でリリースされた。Red Star Kommando という名前からも察せられる通り、歌詞の内容は共産主義、マルクス主義、左翼主義。ティラスポリがある沿ドニエストル共和国に多いといわれている、ソ連への復帰を願う国民の一人なのだろう。サウンドは、ミサントロピックで危険な香りをまき散らす、かなり低音質のロウなブラックメタル。音の輪郭がはっきりしないのだが、メロディー自体は悪くない。くぐもった咆哮ボーカルも、なんとも鬱屈して不気味な印象を与える。対するスプリット相手は、イタリアのワンマン・プロジェクト Stupor Mundi。こちらも左翼思想バンド。しかし、曲のクオリティは「ひどい」の一言。Red Star Kommando が何倍もマシに思えてくる。

Witch Desire

Primitive Black Metal　　モルドバ

Stupor Mundi / Red Star Kommando
Pagan Wisdom　　1996

モルドバ中部の町オルヘイで 1993 年に結成。この町の近くには、モルドバの観光地として有名な岩窟修道院がある。キシナウ出身のブラックメタル Severegore や Ad Patres のメンバーらが在籍していた。セルフタイトルのデモを 1 本だけ出して、いつの間にか解散している。このデモは、ロシアの Pagan Wisdom からカセットでリリースされた。ボーカル、ギターを Witch、ベースを Bulldozer、ドラムを Desire が演奏。6 分台の曲が 4 曲収録されている。初期衝動を感じさせるバリバリとしたプリミティブなサウンドクオリティで、Witch Desire（魔女の欲望）というバンド名に違わず、邪悪で薄気味悪いブラックメタルをやっている。こんなボロボロ音質なのだが、イントロが妙に EDM 風で、それがかえって不気味さを増長させている。

Witch Desire の出身地オルヘイから 20 キロほどの村には珍しい岩窟修道院がある。

修道院の外は崖になっている。恐る恐る崖っぷちに座る著者。

沿ドニエストル共和国訪問記

当たり前のように堂々と建つレーニン像。

キシナウからティラスポリまでのミニバス。

　2018年9月3日（月）、未承認国家とされている沿ドニエストル共和国（トランスニストリア）の首都ティラスポリを訪れた。
　この共和国は、1924年に、ルーマニア王国からベッサラビア地方を奪還するために、ソ連がウクライナ領に作ったモルダヴィア自治共和国が元になっている。1990年9月、沿ドニエストル共和国として独立を宣言。ルーマニア語ではトランスニストリアと呼ばれており、ルーマニア（モルドバ）人、ウクライナ人、ロシア人がそれぞれ同等の割合で居住している。公用語はロシア語、モルドバ語、ウクライナ語。独自の通貨や政治体制を有しているものの、国際的には承認されておらず、事実上の独立国となっている。また、本著でもモルドバのバンドとして、ティラスポリ出身のブラックメタル Red Star Kommando を紹介した。このプロジェクトは、左翼思想や共産主義、マルクス主義をテーマにしているのだが、実際に沿ドニエストル共和国では、いまだに彼のようにソ連への回帰を願う人が多いという。
　そんな謎めいた未承認国家なのだが、モルドバ人と沿ドニエストル共和国に住む住民は、ビザなしで自由に行き来できるようになっている。また、観光客も10時間以内なら特別なビザを取得せずとも入国および滞在ができるのだ。さっそくわたしは、モルドバの首都キシナウからバスに乗ってティラスポリへ向かうことにした。
　キシナウからは1時間半ほどで、沿ドニエストル共和

一応これがメインストリートの10月25日通り。

国の国境に到着する。ここで観光客はいったん降りて、入国審査のために建物へ。パスポートを渡し、「今日だけ滞在します」と伝えるだけで簡単に手続きが済んでしまう。そして、東欧諸国にありがちなそっけない対応をされると思いきや、職員は笑顔で愛想もよく親切。英語が話せる職員もいるので安心だ。なお、この手続きの際に小さな紙を渡されるのだが、それが入国証明書なので出国までいちきんと保管しておく必要がある。

国境からティラスポリまでは30分ほど。ティラスポリの鉄道駅前のロータリーで降ろされる（帰りのバスもここから出発）。さて、到着したらまずしておきたいのは、お金の両替だ。沿ドニエストル共和国では、独自の通貨沿ドニエストル・ルーブルが使用されている。モルドバ・レイやユーロ、ドルなどから両替ができるようだ。駅前にも両替所があるが、なぜかわたしは両替ができず、街中の銀行で両替することに（ちなみに銀行職員も愛想が良く、問題なく快適に両替ができた）。なお、沿ドニエストル・ルーブルは、沿ドニエストル共和国を出国したら一切両替ができず、ただの紙くずと化すので両替額は少額が良いだろう。また場所によっては、モルドバ・レイの支払いを受け付けているレストランやお店などもあるようだ。クレジットカードは使えないところも多いようなので注意が必要。

駅は街中から少し外れたところにあるため、街中に行くには駅を背にして右手に歩いていく。すると途中で、

正教会の鐘。ティラスポリに訪れたらまず最初に目にする観光スポットのようなもの。

市庁舎。実に立派な建物。

戦車のモニュメント。

トランスニストリア戦争の戦没者を祀っている。

ティラスポリを建設したロシア帝国の軍人アレクサンドル・スヴォーロフの像。

ティラスポリに来た人がまず最初に目にするであろう観光スポット、正教会の鐘が現れる。たいてい、みんなこの公園でティラスポリ訪問記念の写真を撮っていくのだ。

さらに進んでいくと、10月25日通りというメインストリートに出る。この通りを右に進むと、レーニンの胸像が置かれた市庁舎が現れる。さらに進むと、ティラスポリを建設したといわれているロシア帝国の軍人、アレクサンドル・スヴォーロフの像が見えてくる。通りを挟んだ向かい側には、トランスニストリア戦争での戦没者を祀った記念碑と戦車のモニュメントが。その辺りに歴史博物館もある（月曜日が休館のため、残念ながら見学はできなかった）。

その他、街中を歩いていると目に入るのが、ロシアの国旗だ。沿ドニエストル共和国の国旗カラーの緑と赤に混ざって、ロシアの白、青、赤のカラーの旗がそこかしこに掲げられている。また、同じく未承認国家の「アブハジア共和国」と「南オセチア共和国」の大使館があるというのも興味深い。

この目貫通りを歩いていると、レストランなどもちらほら見かける。しかし、わたしが昼食を取ったのは、通りから少し脇に入ったところにあったスーパーの二階のレストラン。この шериф（シェリフ）というスーパーは、沿ドニエストル全域に展開しているチェーンのスーパーマーケットだ。両替所などもあり、食料品から日用

スーパー шериф。どこの店舗にもあるわけではないが、レストランが入っている店舗もある。

品までが揃う。このスーパーの二階に、ファミリーレストランが入っていた。手頃な値段でちょっとした沿ドニエストル料理（とはいえモルドバと料理の種類はあまり変わらなそう）も食べられる。Wi-Fi も完備されており、またもや親切な女性従業員が、慣れない英語で丁寧に対応してくれた。

　キシナウへ戻る最終バスは 18 時台。帰りの切符は、駅構内の切符売り場で購入できる。なお、市内にはトロリーバスも走っているが、分かりやすい路線図が各所に設置されているわけではないので、少し上級者向けかもしれない。しかし、2017 年からツーリストインフォメーションセンターが駅近くに設立された。親切なスタッフが運営しているようなので、そこで情報を得てから街中を散策すればより楽しめるはずだ。

　今回わたしが訪れたティラスポリは、言ってしまえば、東欧の地方都市といった静かな雰囲気。しかし、よくよく観察してみると、堂々とレーニンの像が建っていたり、自国やロシアの国旗が至る所に飾られていたりと、少し不思議で非現実離れしたような空気に満ちていた。未承認国家という言葉だけ聞くと、どんな恐ろしい場所なのかと身構えてしまうかもしれないが、沿ドニエストル共和国の人々は親切で、ゆっくり時間が過ぎるミステリアスな場所だった。

祝日でもないのに、至る所に国旗が掲げられている。

索引

1389 252
1914 015
88 282
...of Celestial 025
[Für] 119
Aabsynthum...................... 293
Abhoth 262
Advent Fog 316
Aeon Arcanum 260
Aeon Noctis 119
Agares 168
Agonize 252
Agruss 025
Akoman............................ 025
Akral Necrosis 293
Algeia 025
All My Sins 216
Altorių Šešėliai 156
Ambroz 260
Amor e Morte 279
Amžius 156
An Theos 293
Ancient Funeral Cult........... 026
Andaja 156
Angel of Nature 026
Angelgoat 219
Anthropolatri 026
Anubi............................... 156
Apa Simbetii 293
Aparthate 020
Aphoom Zhah 119
Apraxia 120
Argharus 157
Argus Megere 294
Arkonian 260
Armatus 234
Aryadeva 026
Aryan Art 279
Aryan Terrorism 027
Ashaena 294
Ashes You Leave 234
Astrofaes 022
Ater Era 242
Athene Noctua.................... 294
Audrey Fall 168
Autumn, Leaves, Scars 294
Avven............................... 242
Bagatur............................ 279
Balance Interruption 027
Balfor 027
Balrog 120

Bane 219
Basarabian Hills 314
Begotten 169
Belgarath 280
Belzebut 295
Beprasmybė 157
Bereft of Light 295
Bergrizen 028
Beskyd 028
Bestia............................... 183
Bethor 219
Betula 028
Beyond the Darkness............ 121
Bezmir 028
Biophobia 280
Black Cult.......................... 235
Blackthru 157
Blaine Rohmer.................... 121
Bleeding Black.................... 280
Bleeding Fist 242
Blood of Kingu 029
Bloodway 295
Bolg 280
Brezno 243
Bucium 295
Bucovina 298
Burshtyn 031
Bustum 235
Caligo 316
Calth 282
Capitollium 034
Carnival of Flesh................. 220
Carpatica 303
Castrum 235
Catalepsia.......................... 169
Celestial Crown 183
Chapter V:F10 034
Cheerful Depression 157
Chernolesie 121
Chernomor 034
Chordewa 316
Claymore 281
Colotyphus 034
Condemnatio Cristi 243
Cuckoo's Nest 035
Cupola 281
Cursed Cemetery 303
Cvinger 243
Daemonium 035
Dalkhu 243
Dammerung 035
Dark Ages 035
Dark Domination 169
Dark Inversion 281
Dark Ravage 158

Darkflight 281
Darktrance 036
Dead Christ Cult................. 036
Dead Shell of Universe 220
Death Nöize 303
Deathincarnation 036
Def/Light 036
Deferum Sacrum................. 037
Defiant 235
Dekadent 244
Demonium 037
Depressor 236
Deprivacija 158
Descend into Despair........... 303
Desolate Heaven 121
Deviator 037
Devilish Art 037
Devlsy 158
Diagor 038
Dialectic Soul 122
Dies Nefastus 122
Dimholt 287
Dissidens 260
Dissimulation 158
Dissimulation 159
Divina Enema 122
Doomslaughter 122
Door into Emptiness 123
Dordeduh 304
Dothbogria 169
Draconic 220
Dragobrath 038
Drudkh 039
Dub Buk 043
Durthang 236
Dusk Chapel....................... 038
Dying Blaze 038
Dymna Lotva 123
Echalon 045
Ego Depths 045
Elderblood......................... 045
Endarken 220
Endless Battle 045
Endlesshade 046
Endlife 221
Erih 046
Eschatos 170
Eskapism 046
Esperoza 316
Evil Palace 046
Exile 282
Exsilium 244
Exterior Palnet 236
Extravaganth 047
Extravaganza 159

False Reality	304	Infernal Tenebra	237	Manatark	192
Fausttophel	047	Infestum	126	Manheim	238
Finist	047	Inquisitor	160	Maras	261
Fleurs du Mal	047	Inspell	287	Mars Mantra	067
Fogland	304	Interfector	252	Marțolea	310
Foglet	244	Interior Wrath	126	Massenhinrichtung	129
FolCore	123	Introitus	221	May Result	223
Folkvang	123	Invidia	288	Medea	129
Folkvang	124	Iratus Dominus	126	Melancholic Journey	288
Forest Troll	287	Ivje	245	Mental Torment	067
Forgotten Spirit	048	Johann Wolfgang Pozoj	237	Meressin	161
Forgotten Sunrise	183	Joys of Life	222	Metsatöll	193
Frailty	170	Juodvarnis	160	Midgard	067
Frozen Forest	236	Ka Gaia An	306	Mind Propaganda	067
Frozen Tears	287	Kaat	127	Mischosen	238
Fuck Off and Die!	159	Kagan	222	Mistigo Varggoth Darkestra...	068
Funeral Baptism	304	Kamaedzitca	127	Mlekra	068
Funeral Tormently	048	Kandaon	306	Moloch	069
Gardarika	048	Kaosophia	053	Molphar	068
Gargoyles	261	Katharos XIII	306	MoonWay	130
Gaskammer	283	Khanъ	288	Mor	223
Gjallarhorn	048	Khargash	222	Mora Prokaza	130
God	305	Khors	054	Morana(Montenegro)	262
Goddess	221	Khragkh	127	Morana(Slovenia)	246
Gods Tower	124	Kistvaen	310	Mordenom	246
Goliard	049	Kladovest	053	Morkesagn	068
Gorthaur's Wrath	237	Kladovest	053	Mørkt Tre	077
Grafzerk	124	Kolac	222	Morth	283
Green Novice	170	Korozy	288	Munruthel	077
GreyAblaze	049	Kozeljnik	223	Must Missa	192
Grimegod	305	Kreation Kodex	246	My Dying World "Mako"	078
Grob	245	Kripa	128	Myrkvids Draumar	078
Gromm	049	Kroda	058	Mysterion Noctum	078
Grondh	170	Kruk	128	N R C S S S T	162
Grotesque Orchestra	049	Krv	253	N█O	078
Ha Lela	159	Kult Perunov	238	Naberius	247
Haeiresis	160	Kultika	310	Nahash	161
Harmasar	317	Kurgan	053	Nahemoth	079
Hate Forest	050	KZOHH	061	Narrow House	079
Heaven Grey	171	Lair	061	Natural Spirit	079
Heresiarh	171	Lamia Culta	061	Nebulae Come Sweet	130
Hetera	221	Last Battle	062	Necro Forest	238
Hexenmeister	052	Last Decline	171	Negură Bunget	307
Holy Blood	052	Łatanu	119	Nekrist	239
Homoferus	125	Lava Invocator	062	Nephrolith	247
Hoyt	305	Leprous Vortex Sun	128	Nephthys	247
Human Putrefaction	245	Litvintroll	128	Neurotech	247
Hysteria	237	Ljuska	223	Nightside Glance	130
ID:Vision	125	Loits	186	Nihil	263
Ieschure	052	Longa Morte	129	Noctiferia	248
Ignea	052	Lucifugum	063	Nocturnal Amentia	079
I'm Nothing	125	Luctus	160	Nokturnal Mortum	080
Imšar	125	Lugburz Sleed	062	Númenor	224
Inbreed Aborted Divinity	305	Luna	062	Nycticorax	171
Indian Fall	306	Lutavierje	129	Nyksta	161
Inexistenz	245	Magus Noctum	246	Obskuritatem	253

Obtest	165	Satan	254	Terrörhammer	227
Ocean Districts	192	Satanica	092	Tharaphita	198
Odar	253	Satanochio	311	The Frost	240
Ognivir	086	Satan's War Machine	092	The Hourglass	313
Old Scythia	086	Satifer	226	The Misanthropic Apathy	098
Old Silver Key	086	Sauroctonos	092	The Revenge Project	291
Ophidian Coil	224	Screaming Forest	092	The Stone	228
Ordinul Negru	310	Screaming Silence	167	Thou Shalt Fall	139
Ordo Templi Orientis	131	Semargl	093	Thou Shell of Death	198
Orenda	289	Serpens	096	Through	098
Ork	289	Serpentine Creation	290	Thunderkraft	099
Ossadogva	086	Severoth	096	Torka	250
OwlCraft	087	Shadowdances	172	Total Angels Violence	099
Paganblut	289	Shadowdream	226	Triumfall	233
Paganland	087	Shadows Ground	096	Udûn	240
Paimonia	224	Shadows of the Fallen	097	Ūkanose	168
PD SS Totenkopf	131	Shambless	290	Ulvegr	099
Pergalė	166	Shiptarian Darkness	264	Ulvegr	100
Perverse Monastyr	283	Sick	138	Ungern	100
Pestilentia	131	Siculicidium	311	Ungoliantha	101
Piarevaracien	131	Simargal	226	Unholy Triumphant	101
Placid Art	262	Siniac	261	Unholyath	101
Plemя	133	Sisyphean	167	Until My Funerals Began	101
Poccolus	166	Skyforger	173	Urskumug	172
Pogavranjen	239	Slavogorje	239	Urt	198
Pogost	132	Smargroth	249	Urt	199
Põhjast	199	Šmiercieslaŭ	138	Uterus	102
Primogenorum	087	Sobbing Wind	097	Utvar	233
Prohod	311	Sõjaruun	197	Valuk	251
Protean	172	Somnia	097	Vanad Varjud	199
Provocator	249	Somrak	249	Vapor Hiemis	139
Quintessence Mystica	087	Sorgnatt	312	Varang Nord	172
RA	311	Sorts	197	Vastum Silentium	102
Raggradarh	283	Soulcide	138	Veldes	251
Rain Delay	225	Sovvaļnīks	176	Velnezers	183
Raven Throne	132	Srd	250	Vermilion	313
Raventale	088	Stars Will Burn Your Flesh	250	Vermis Mysteriis	102
Realm of Carnivora	192	Stone to Flesh	227	Victim Path	139
Red Star Kommando	317	Strahor	227	Vietah	140
Reido	132	Stribog	239	Vigilance	252
Reusmarkt	091	Stryvigor	097	Virvel av Morkerhatet	102
Revelation	132	Šturm	138	Vitaliy Sytnik	103
Rikavac	263	Sun Devoured Earth	180	Viter	103
Ritual Suicide	091	Süngehel	197	Võedtæmhtëhactått	103
Romuvos	166	Svarrogh	291	Void Prayer	253
Ruina	091	Svartgren	227	Voin Grim	103
Sabrax	289	Svartthron	167	Vojstrau	140
Sahrana	254	Symuran	098	Vokodlok	313
Saint of Fear and Rage	261	Syn Ze Șase Tri	312	Voloh	240
Salamander Funeral	225	Tangorodream	098	Vox Mortuis	140
Samomor	249	Tapper	199	Vrani Volosa	291
Samrt	225	Tarm	197	Vranorod	233
Sanatana	091	Tartavara	139	Wackhanalija	141
Sangre Eterna	225	Temacnost	250	Wartha	141
Sangre Eterna	226	Tenebres	312	Wasteland	241
Sarakt	290	Tenebrositas	240	While They Sleep	104

White Ward	104	Свентояр	110
Windswept	104	Святогор	111
Winter Depression	104	Сказ	111
Winterfront	241	Сокира Перуна	111
Wisdom of Shadows	141	Сымон-Музыка	146
Witch Desire	317	Триглав	112
Woe unto Me	141	Тринадцатый Бубен	112
Wolfenhords	241	Трызна	146
Wolf's Hunger	233	Чиста Криниця	112
Wolfsgrey	313	Чур	112
Wolftomb	105	Яр	146
Xul	105		
Ygg	105		
Yomi	184		
Zaimus	263		
Zaklon	142		
Zaratustra	291		
Zdań	142		
Zgard	105		
Zgard	106		
Zimorog	242		
Zloslut	234		
Zmrok	142		
Znich	142		
Zpoan Vtenz	168		
Zvijer	254		
Буревій	106		
Визант	263		
Вихор	106		
Гетьман	106		
Говерла	107		
Горинь	107		
Дальше Некуда	107		
До Скону	107		
Дрыгва	143		
Дьяволиада	143		
Евроклідон	108		
Заводь	108		
Заповет	143		
Искон	234		
Коло Прави	143		
Лютомысл	108		
Лють	109		
Молат	144		
Морок	109		
Неизбежность	109		
Ненавист	292		
Ніч	109		
Пантократор	292		
Патриарх	110		
Полуврак	292		
Потоп	262		
Родна Защита	292		
Родогост	146		
Русич	110		
Сварга	110		

あとがき

前作の『東欧ブラックメタルガイドブック』の出版からはや一年。わたしは、第二弾となるこの本の最終工程に取り掛かっている。

今から一年半前の2017年4月、編集の濱崎氏から最初に執筆依頼をいただいた時は随分と驚いた。「わたしで良いのか!?」と不安な気持ちも一瞬よぎったが、「こんなチャンスは二度とない」と二つ返事で執筆の依頼を受け、濱崎氏の心強いバックアップの元、8か月後に無事出版となった。幼少の頃からいつか自分の本を出すことを夢見ていた私は、それだけでも天にも昇る勢いで嬉しかったのだが、まさかこうして第二弾を出版する機会まで与えていただき、もうすぐそれが形になろうとしていることに、更なる驚きと喜びを感じている。

今回は、ウクライナ、ベラルーシ、バルト三国、バルカン半島のブラックメタルバンドを取り扱っている。本著を執筆している間は、ほとんどポーランドを拠点に生活していたので、ウクライナ、ベラルーシ、モルドバに赴き、現地の空気を生で感じることができた。また、本著のメインと言っても過言ではないウクライナに足を運んだことにより、今回の目玉であるといっても過言ではないこの国のメタルシーンに、より理解を深めることができたと思う。数年前ではあるものの、リトアニア、ラトビアにも偶然訪れており、現地で感じた空気を思い出しながら筆を進められたのも良かった。

また余談ではあるのだが、この本の執筆がきっかけで連絡を取り合うようになった人物がいる。それが、元Dub Buk、現在はBurshtynで活動するI.Z.V.E.R.G.ことArturだ。彼はインタビューにも応じてくれたのだが、Dub BukはNSBM扱いもされているため、インタビュー打診の連絡をした時は内心ヒヤヒヤしていた。しかし実際にはかなり気さくで、しかも日本の侍文化が大好きという意外な人物だった。彼は、日本の侍とウクライナのコサックにシンパシーを抱いているのか、侍に関する映画などを観たりして知識を深めているそうだ。一時期頻繁にメッセージをやり取りし、日本の文化などについて話をしたのだが、侍や武士などに関してはおそらくわたしより彼の方が知識があるかもしれない。そう思えるほど日本の伝統文化への興味と尊敬が、彼のメッセージから伝わってきたものだ。

他にも、今回インタビューに応じてくれたバンドや、インタビューには至らなかったものの連絡のついたバンドなどもおり、多数のバンドとコンタクトを取った。日本ではあまり情報が出回っておらず、とっつきにくいイメージのあるバンドも、実際に連絡をしてみると気さくに応じてくれたりするものだ。中でも一番驚いたのは、今回表紙を飾ってくれたNokturnal Mortum。それこそNS疑惑の濃いこのバンドのフロントマンVarggothだが、表紙の件やライブでの撮影に関して連絡をするとどちらも快諾してくれ、最後に「では、ライブで会おう！」と社交辞令まで交えてくれたのだ。インタビューは、英語が不得手とのことで、残念ながら断られてしまったのだが……（東欧圏は英語が苦手な人も一定数いるようで、「英語に自信が無いから受けたくない」とインタビューを断られてしまったバンドがちらほらいたのは残念だった）

2018年の初頭から書き始め、年末には前作を超える700枚以上のレビュー、15本のインタビュー、その他なかなか日本語では読めないであろうコラムなどを一通り書き終えた。第一弾の続編となってはいるものの、取り扱っている国が違うため、こちらから読んだとしても十分に楽しんでいただけるはずだ（もし興味がおありならば、ぜひ前作も手に取っていただけたらありがたい）。この本を通して、読者の方々が東欧圏の様々なバンドの魅力を発見し、充実したメタルライフの手助けになれば幸いである。

最後に、書籍の出版というまたとない貴重な機会を二度も与えてくれ、いつも精力的に協力してくださった編集の濱崎氏、快適に執筆ができるようにいつも気遣ってくれた家族、忙しい中インタビューに応じてくれたり協力をしてくれたバンドの面々、そして、前作を購入してくださったり、わたしの活動を応援してくださっている皆様、さらには今作を手に取ってくださった皆様に、心からの感謝を申し上げたい。

元Dub Buk、現BurshtynのI.Z.V.E.R.G.と著者。ポーランドでのライブ後のワンショット

世界過激音楽 Vol.6
東欧ブラックメタルガイドブック

ポーランド・チェコ・スロヴァキア
・ハンガリーの暗黒音楽

岡田早由著

A5 判並製 248 ページ　2200 円+税

反キリスト教・反共主義
白人至上主義・反近代文明

ペイガンフォーク・NSBM
アトモスフェリック
・ポストブラックメタルは東欧が震源地

ポーランドに住み着いてしまった
女性 Metal Mania Sayuki が
丹念に紐解く

■白血病から生還したネルガル率いる最も有名なポーランド出身のブラック **Behemoth**
■修道士風の真っ黒なマントに身を包みカトリックから敵視されるカルトブラック **Batushka**
■爆速ドラマーが在籍する同名ロシアバンドより遥かに先に結成されたペイガン **Arkona**
■来日も果たし、祖国ポーランドでは演劇にも携わる極寒型次世代ブラック **Furia**
■国家社会主義者と目され、中世騎士の格好のペイガンフォーク **Graveland**
■反共バンドとの関わりから極右疑われるブラスト炸裂ブルータルブラック **Infernal War**
■タトラ山脈でライブ拒絶、古ポーランド語熱唱アトモスフェリック **Wędrujący Wiatr**
■「バンド名がない」と主張し ▬▬▬▬ で押し通すアンティファ・ブラック
■ティンパニ・ハチャトゥリアンを活用しヘンテコ奇天烈な **Master's Hammer**
■「森ブラック」自称し下水道に拘り続け、遠足中の保育園児とも戯れる **Trollech**
■トロンボーン等の管楽器をいち早く取り入れていたアトモスフェリック **Sear Bliss**
■現 Mayhem のボーカル Attila が 1985 年から活動していた **Tormentor**

●共産主義時代のメタル事情
●反共主義、極右思想の音楽 RAC
●東欧ライブハウス
●東欧マニアック観光
●読み方がわからないバンド名
●ポーランドの極右ブラックメタル・サークル…など充実したコラムも

Afterword　327

岡田早由 Sayuki Okada

Metal Mania Sayuki

平成生まれ。高校時代に King Diamond に出会い、さらにエクストリームな音楽を求めるうちにブラックメタルを聴くようになる。2014 年にポーランドに Furia のライブを観に行ったのをきっかけに、以後、ポーランドを拠点に活動を始める。ディストロサイト『Dekalog11』を運営しており、東欧諸国のエクストリームバンドの音源やマーチの販売のみならず、バンドへのインタビューなども行っている。Dekalog11 の由来は、ポーランドの著名な映画監督クシシュトフ・キエシロフスキの作品『Dekalog』から来ている。

Dekalog 11
http://dekalog11.com/
Twitter : @MetalSayuki
Mail : qqfr2gn9k@gmail.com

ヒップホップグローバル Vol.2
ヒップホップ東欧
西スラヴ語&マジャル語ラップ読本
平井ナタリア恵美 a.k.a パウラ
共産主義のゲットーから這い上がってきたラッパー達が群雄割拠！共産主義のゲットーから這い上がってきたラッパー達が群雄割拠‼ スラヴの金属質な子音とメランコリー‼「ポーランドのヒップホップ」が東京外国語大学卒論のポーランドと日本のミックスが徹底調査‼
A5 判並製 280 ページ　2200 円＋税

世界過激音楽 Vol.9
東欧ブラックメタルガイドブック 2
ウクライナ・ベラルーシ・バルト・バルカンの暗黒音楽

2019 年 2 月 1 日　初版第 1 刷発行
著者：岡田早由
装幀＆デザイン：合同会社パブリブ
発行人：濱崎誉史朗
発行所：合同会社パブリブ
〒 140-0001
東京都品川区北品川 1-9-7 トップルーム品川 1015
03-6383-1810
office@publibjp.com
印刷＆製本：シナノ印刷株式会社

世界過激音楽 Vol.7
デプレッシヴ・スイサイダル
・ブラックメタル・ガイドブック
DSBM= 鬱・自殺系ブラックメタル
長谷部裕介著
多数のサブジャンルに分派したブラックメタル。その中でも DSBM と呼ばれる一派は反キリスト教や悪魔崇拝といった他者に対する攻撃を放棄し、その矛先を己自身に向けた。その結果、生み出された音楽は余りにも内省的・自虐的・厭世的だった。
A5 判並製 336 ページ　2400 円＋税